U0910936

中国新型政党制度70年

中央社会主义学院中国政党制度研究中心◎编

九州出版社 JIUZHOUPRESS | 全国百佳图书出版单位

图书在版编目(CIP)数据

中国新型政党制度70年 / 中央社会主义学院中国政党制度研究中心编. --北京: 九州出版社, 2022.8

ISBN 978-7-5108-8921-9

Ⅰ.①中… Ⅱ.①中… Ⅲ.①政党—政治制度—中国 Ⅳ.①D665

中国版本图书馆CIP数据核字(2022)第107325号

中国新型政党制度70年

作　　者　中央社会主义学院中国政党制度研究中心　编
责任编辑　毛俊宁
出版发行　九州出版社
地　　址　北京市西城区阜外大街甲35号(100037)
发行电话　(010)68992190/3/5/6
网　　址　www.jiuzhoupress.com
印　　刷　北京洲际印刷有限责任公司
开　　本　710毫米×1000毫米　16开
印　　张　28
字　　数　420千字
版　　次　2022年8月第1版
印　　次　2022年8月第1次印刷
书　　号　ISBN 978-7-5108-8921-9
定　　价　88.00元

★版权所有　侵权必究★

代序一

在“新型政党制度70周年”理论研讨会暨中国政党制度研究中心第17届年会上的讲话

全国政协副主席　邵　鸿

同志们,“新型政党制度70周年”理论研讨会暨中国政党制度研究中心第17届年会今天开幕了。在此,我代表中央社会主义学院对会议的召开表示热烈的祝贺！对与会领导、专家学者和来宾表示诚挚的欢迎！

今年是新中国成立70周年,也是中国新型政党制度确立70周年。年初习近平总书记在同党外人士共迎新春时谈道:“在同心共筑中国梦、共创美好新时代的新长征路上,中国共产党和各民主党派有着共同的理想,也有共同的责任,多党合作舞台广阔、大有可为。”今天来到毕节,大家想必都对这句话有了更直观、真切的体会,也都为我们的政党制度感到自豪、骄傲。毕节曾是极度贫困的地方。习仲勋同志当年就高度关心这里的发展。胡锦涛同志主政贵州期间建立了毕节“开发扶贫、生态建设”试验区。各民主党派、工商联一直在对毕节做定点帮扶。大家结合自身优势,以智力支持为主线、以改善民生为出发点、以示范带动为特色,形成一大批响亮的帮扶品牌,也使毕节有了翻天覆地的变化,实现了人民生活从普遍贫困到基本小康、生态环境从不断恶化到明显改善的两大跨越。各民主党派、工商联和无党派人士参与毕节建设的生动实践，是中国新型政治制度伟大实践的一个缩影。70年来，我们有无数个多党合作共谋民生幸福、民主团结致力民族复兴的经典案例。70年来，中国由积贫积弱到重新崛起，能在经济发展、社会进步各方面取得辉煌成就，关键在于有一个好制度。

进入新时代，我们要坚持和发展中国特色社会主义，就要不断在实践上、理论上进行新探索，不断用创新的理论指导发展的实践。这也是我们始终保持制度优势、不断提升制度效能的长远之道。习近平总书记高度重视加快构建充分体现继承性和民族性、原创性和时代性、系统性和专业性相统一的中国特色哲学社会科学。他号召要“立时代之潮头、通古今之变化、发思想之先声，积极为党和人民述学立论、建言献策，担负起历史赋予的光荣使命。”响应号召，我们这些专门搞统一战线、政党政治研究的专家学者，就应更自觉、更切实地探讨中国问题、中国经验、中国制度和中国理论。我们安排在毕节来开这个会，就是希望大家都能不负总书记嘱托，实事求是、理论联系实际，认真总结70年来中国新型政党制度和民主制度的宝贵经验，为牢固夯实新时代共同思想政治基础，为积极推进新时代理论创新发展，为不断坚持好、完善好我国新型政党制度做更大的贡献。下面我就大家关于新型政党制度的研究提几点期待，供大家参考：

一是要深入研究新型政党制度的历史与现实。鉴往事，能知来者，能有资于治道。我们今天回望、省思新型政党制度70年来的这一段历史，目的在于要更深刻把握深蕴于这一段历史中的政治规律、政治逻辑。我们要更深入发掘中国政治发展与中华政治文化间的内在关联，弄清楚决定中国政治发展、政制建构的中华文明意志与西方政治演进、政制形态的共性与不同；要更深入地解析中国新型政党制度的现实性，在全面把握我们独创的执政方式、独特的政党关系、全新的民主实现方式的基础上，弄清楚决定新型民主、新型政党制度有效运转的实践逻辑，特别是其在体制建构上议行合一、民主集中的合理性，以及其在政治过程中以人民为中心的合伦理性。

二是要深入研究新型政党制度效能提升的问题。中国特色社会主义进入新时代，面对新的天下大势、新的使命任务、新的风险挑战，必须不断推进国家治理的现代化。其中如何提升新型政党制度效能本身就构成极关键的一环。我们要深入研究如何更好发挥民主党派作用,让多党合作、政治协商“更管用”的问题,具体包括:如何不断增强包容性,有效整合新社会群体和新社会阶层;如何实现社会利益有序表达,化解社会矛盾,提升民众的政治信任度和政府公信力;如何协调权利与权力、当下与长远、整体与个体的关系,有效应对复杂多变的新社会矛盾;如何创新协商治理体制机制,有效凝聚社会共识、不断巩固社会团结。习总书记指出,民主不是装饰品,不是用来做摆设的,而是要用来解决人民要解决的问题的。我们在相关研究中要始终牢记这一点。

三是要深入研究新型政党制度的创新发展问题。中国新型政党制度无疑是有着强大动员力、决策力、执行力和凝聚力的政党制度,这些能力、力量,亦即它不竭的生命活力,无疑又都来自自身的开放性和与时俱进的品质。研究新型政党制度创新发展,第一要从长远出发、从整体出发,更深入地探讨规范意义上的相关政治哲学、政治观念问题,特别是包括社会主义中国的政治秩序问题,更深入地探讨制度构造和体系如何体现、实现前述秩序的问题。第二要结合现实矛盾、着眼中微观领域的政治实践、政治过程,不断探讨制度运行中存在的各种具体矛盾和问题,这些问题直接与人民群众、民主党派和无党派人士的政治体验相关,也从方方面面实质性影响到新型政党制度的功能实现和效能提升。

四是要深入研究新型政党制度的文明价值和世界意义。当今中国正面临世界百年未有之变局,世界文明也正在面对数百年未有之变局。伴随西方主导人类现代文明发展的格局就要被打破,伴随我国日益走近世界舞台中央、国际社会在重大问题上更加关注中国。中华文明包容、和平、多元、共赢的价值非常重要,对未来世界的贡献将非常大;民主与和平发展的中国思维、中国方案也将产生更广泛、深远的世界意义。我们不但要为中国人民谋幸福、为中华民族谋复兴,还要为人类谋和平与发展,要对构建人类命运共同体做出重大贡献。为此,我们必须更加积极作为,增强主动性,努力讲好新型民主、新型政党制度的“中国故事”。第一要强化政治学基本问题、基础理论研究,加快完成政治学研究的本土化转换,加快构建中国政党制度理论体系,做好充分的理论和方法准备;第二要敢于“发声”、善于传播,以自己的理性创造为基础，清楚地向外国友人阐明新型政党制度非西方、新民主的文化与政治本质，让他们“吃”到真正道地、见功夫的“中国菜”，破解西方政学界对于中国道路、中国模式的偏见。

同志们，“为者常成，行者常至。”我们要自觉强化使命与担当，做好新时代中国新型政党制度研究的实践者、行动者、传播者。目前，社会主义学院正在致力于落实《社会主义学院工作条例》，推进教培研机制改革，这将为大家未来更深入地研究中国模式和讲好中国故事打下更坚实的基础、提供更优越的条件。为此，我们都应更加奋发进取、积极有为，自觉为社会主义学院的改革发展贡献心力。同志们，让我们继续坚定以习近平统一战线和多党合作思想为指导，真学真懂真信真干、同心同德同道同行，不断增强“四个”自信，不断深化中国新型政党制度理论和实践研究，不断以创新研究的成果贡献于人民民主发展，为新时代多党合作续写新的壮丽篇章！

最后，祝会议取得圆满成功！

代序二

传承与超越:中国新型政党制度的文明价值和意义

中央社会主义学院党组成员、副院长　袁　莎

全国社会主义学院系统理论研讨会暨中国政党制度研究中心第17届年会今天开幕了,在此,我代表中央社会主义学院对会议的召开表示热烈的祝贺!对与会领导、专家学者和来宾表示诚挚的欢迎!

今年是中华人民共和国成立70周年、中国新型政党制度确立70周年。70年来,中国发生了翻天覆地的变化、取得了举世瞩目的成就,中华民族再次走近世界舞台中央,中国特色社会主义进入了新时代。我们深切感受到,这一切都离不开我们国家的好制度。70年来,中国的发展与世界同步,世界改变了中国,中国也在深刻影响和重塑世界。当今世界正面临百年未有之大变局,人类文明正面临数百年来发展的新变局。我们深切感受到,要成功应对变局、实现中华民族伟大复兴,要卓越开创未来、为人类文明贡献更多中华民族的智慧和成果,也还要靠我们的好制度。

进入新时代、面对新变局,我们坚信,尽管国际形势风云激荡,但和平、发展、合作、共赢的时代潮流不可逆转。我们将始终不渝坚持走中国特色社会主义道路,坚定不移促进新全球化进程,一如既往推动文明对话交流,坚

持不懈构建人类命运共同体。但树欲静风不止。西方一些政客不愿与我们相向而行。面对强起来的中国，面对力量对比迅速变化的新国际格局，他们不甘心但又力不从心，自然诋毁我们的理论、道路、制度和文化，千方百计挑起贸易战之类的争端，甚至意欲以此挑起新冷战或文明的冲突。最近美国务院高官科伦·斯金纳就直白地讲，当年美苏竞争是“西方家族内的斗争”，如今与中国的竞争则是“我们第一次面对非白人种族的强大竞争对手”，这是“美国此前从未经历过的、同一种完全不同的文明和意识形态的斗争”。结合美国社会新动态，此种说辞恐非个别言论，也还是有一定的代表性。中西方没有所谓文明冲突，但有意识形态、政治制度的深刻矛盾和严峻斗争。斗争的焦点，就是中国共产党领导的多党合作和政治协商制度。对这一新型政党制度，西方政客是必欲除之而后快，而我们也没有丝毫退缩的余地。

面对斗争，作为民主党派联合党校、作为中国共产党领导的多党合作事业的重要方面，全国社会主义学院系统和中央社会主义学院尤其要有清醒的头脑、深刻的认识，要不断深入学习习近平中国特色社会主义思想，切实搞好教研和培训各方面工作，大家都要不忘初心、牢记使命，履职尽责、创造性地工作，不断强化中国特色社会主义理论、道路、制度和文化自信，不断夯实多党合作、团结奋斗的共同思想政治基础。

一、理解中国新型政党制度是中国传统政治文明的现代结晶

西方政客为什么看不懂中国、读不懂我们的制度？首先是因为他们不愿正视中华民族的政治智慧，不愿正视中国制度的现代本质。蟪不知秋，不敞开心胸、跳脱狭隘的西方中心主义和白人优越主义，只立足浅碟一样日耳曼人的文明特别是两百来年的美国文明，就不能理解深海一般的中国文化、中华文明的广博与深邃。今日之中国当然是现代国家，但它首先还是文化国家。西方政客简单套用自己的民族国家框架来审视中国，注定是要犯错误、闹笑话的。中国向来是、现在是、将来也必定始终是超民族国家的文明

型国家，五千年绵延不断的古老文明，使中国的存在和发展获得了一种一贯的逻辑、独特的根魂：大一统。中国现当代政治的所有经验和实践，以及一切的理论和制度建构，都能从大一统上找到依据。

（一）中国新型政党制度是大一统政治传统的创造性转换

伴随国家统制和整合能力强弱的变化，在中国五千年的历史浮沉、文明接续当中，中国政治的演进基本呈现两种不同的模式设定——分裂和统一，但统一是总的、也是越来越强的趋势。作为超民族国家的文明型国家，中国政治历来突出三种政治价值：秩序、稳定和统一，在理念、制度建构和政治实践中，它们都是基于中华文化、中华民族存续的考虑，因而共同构成中华政治大一统形态与传统的现实性理据、合理性源泉。习近平同志指出："历史多次证明，只要中国维持大一统的局面，国家就能够强盛、安宁、稳定，人民就会幸福安康。一旦国家混乱，就会陷入分裂。老百姓的灾难最惨重。"因此，国土不可分、国家不可乱、民族不可散、文明不可断，这是中国政治文明五千年最深刻、最珍贵的历史教训，也是古往今来中国人民最重要、最广泛的政治共识。

大一统所深蕴的秩序目的和政治惯性决定了中国新型政党、新型政党制度的生成。中国所以会出现中国共产党这样的先进性政党、出现各民主党派这样的进步性政党，而大家又能最终走到一起、亲密无间，长期合作、荣辱与共，关键在于现代中华民族、现代大一统的构建。毕竟，不是为了救国救民，没有捍卫民族独立、保持国家统一、实现民族复兴的自觉，中国人就不会苦苦追寻新的革命理论、革命道路，就不会以"外造政党""党造政权"的模式来组织新的现代社会、建构新的共和国家。大一统内在的实践要求和政治理性从根本上决定了我们国家治理的格局，也决定了中国新型政党制度的基本构造、核心原则。它在客观上要求中国政治形成和维护一个一体多元、最广泛最持久的政治联盟，联盟主体间应是和合、和谐的而非西式竞争、排异的关系。要维持此种联盟，关键是要有一个以民为本、睿智坚强的领导核心——古代靠明君，现在则要靠中国共产党。只有中国共产党才能团结和领导人民维护国家统一、促进民族团结、提升综合国力、实现民族复兴，而各民主党派也正是因此才自觉接受中国共产党领导并与之通力合作的。

整体看,由于文化与文明、国家与民族构造的大一统,我们的政治制度特别是新型政党制度就应当、也必须是大一统传统创造性转换的结果。作为新中国第一个政治制度,新型政党制度将自身禀赋的大一统根魂注入其它现代制度中,并以此为主线索贯穿了、驱动了他们运转的全过程。作为现代大一统的本根与中枢,中国新型政党制度当然是新中国首要的政治制度,它直接关乎我国政治格局的稳定。对此,我们看得很清楚,我们的对手也看得很清楚。

(二)中国新型政党制度是共同体本位及价值的现代显现

大一统是为了谁、究竟是为何而大一统?是为了共同体。共同体本位及价值理想是隐含在大一统背后的中国政治、政制的“法的精神”。古代农耕为主的生活方式和文明传统,决定了中国人惯于倚赖共同体来改造自然、保护自己。中国人相信有国才有家、有家才有我,因而倾向于引抑自我、私我以成就家国、大我,于是形成独特的以家国为原点的共同体本位政治价值,这就根本不同于西方——受日耳曼人早期生活方式影响,西方社会生活的原点在于我,在于原子化个体及其权利本位。这样看来,由于社会交往、秩序构建的起点不同,由于思维取向、行为逻辑不同,中国西方“法的精神”自然迥异。那么,现代中国政治制度特别是新型政党制度就应当、也必须是自己共同体本位及价值的现代显现。

共同体本位及价值的理想建构,在古代就是大同社会、小康社会。到近现代,这一理想深刻影响了中国道路的选择。从文明的根魂上看,中国人是天然的社会主义者,我们今天的现代化建设也仍在继续着通向小康、大同的努力。可以这样讲,共同体本位及价值根本决定了中国社会主义的选择,决定了中国共产党的领导地位、各民主党派的政治地位。共同体本位及价值所决定的这些方面是相辅相成的。一方面,党的领导是中国特色社会主义的本质,我们要坚持中国特色社会主义的理论、道路、制度和文化,就离不开中国共产党的领导。另一方面,中国特色社会主义是中国人民、中华民族共同的事业,离不开共同体内部包括民主党派、无党派人士以及所有社会主义劳动者和建设者的信任和支持、合作和监督，这就需要由新型政党制度及其所派生、驱动的全部民主政治来予以规范和保障。

在现当代中国，传统与现代化非但不冲突，反而相得益彰。我们今天的追求，是先贤未竟的事业；我们今天对于中国共产党、社会主义的选择，也是古老中国文明生命意志的抉择。中国新型政党制度是历史、理论和实践逻辑统一的结果，其现实的合理性、治理的绩效性从根本上源自它对中国社会、中国政治历史规律性的把握。能传承多久远的历史和文明，就能走出多长远的前途与未来。有鉴于此，我们就必须更全面地理解和把握中国新型政党制度及其所承载的文化文明价值。习近平同志反复强调，文化自信是更基础、更广泛、更深厚的自信。中国新型政党制度不是凭空出现、孤立存在的，要不断坚持和完善它，就要不断坚定中国特色社会主义的理论和道路自信，更要始终坚定我们的文化自信。我们自信，坚守中华政治文明的传统与价值从根本上有利于社会主义民主政治发展；我们自信，我们每时每刻着眼共同体本位价值的新的文化与传统的创造，也将从根本上不断强化中华传统政治文明的生命活力；我们自信，中国特色社会主义与中华文明的内在统一必将引领我们实现中华民族的伟大复兴。

二、明确中国新型政党制度是人类现代政治文明的最新成果

西方政客为什么否定、敌视我们的制度？为什么要抓住一切机会，甚至小题大做、不惜将具体政策问题升级到国家战略层面，不遗余力地攻击、破坏我们的制度？表面看，斯金纳等政客意欲把贸易纠纷同文明冲突联系起来，确有几分愚蠢和可笑；更深入思考，还是不难发现其内心深处的焦虑：新型政党制度是一种非西方文化背景、非西方式自由民主的制度，也很不同于苏联传统的制度，更不像其他国家的制度那么容易被同化、被湮灭，所以他们还是恐惧于它对旧民主、旧政党制度及其本质的揭露和批判，恐惧于它的高效能、高成熟度和朝气蓬勃的生命活力，恐惧于它提供了除西方政经—文

化圈以外可资参考的、最新的政治方案和政治思维。其实，如果放弃零和思维、冷战思维，西方人应当能够理解和尊重这一人类现代文明的最新成果，应当能够看到它对于解决困扰西方已久的制度短板、治理困境的启发意义和镜鉴价值。

（一）大一统：对传统政党与国家关系的超越

政党、政党政治是现代国家治理不可或缺的手段，不同的政党制度对应、服务不同的政权模式。政权模式从何而来？从历史和文化中走来，从塑造共同体并显现为政体创造的“法的精神”中来。中西方国家生成和演进的路径是不一样的。中国路径是小共同体不断融入大共同体中，因而形成超大规模文明型国家。西方路径是大共同体不断裂解、逐渐形成碎分化民族国家。由此，中国国家的政治秉性就是不断地聚合，西方国家的政治秉性则是常态化分化。作为超大规模文明型国家，中国政治向来注重大一统政权，注重政治生活中多元力量的向心凝聚，尤其是强调强大的中央集权、中央政府的高度权威，以及对离心、分裂因素的有效遏制或剥离等。在西方国家，所有法政体系皆以个体及其权利为本位，为限制国家对于权利的可能的侵害，所以刻意提出和实践宪政分权制衡的政治原则，结果往往流于分立政府，带来社会断裂、政治撕裂和国家分裂。其实，即便愿意付出这样的代价，宪政分权制衡能否起作用也未可知——因为有这样一个悖论：制衡权力的权力如果腐败了，那该怎么办？这在西方是无解的。

大一统及其所形成的政权模式，以及中国人受其熏陶所养成深沉的家国情怀和责任伦理，决定了当代中国政党与中国国家政权的关系，也创造了一种新执政方式。多民族国家、超大规模文明型国家不变的国情就决定了现当代中国议行合一、人民民主专政的国体政体。与之相对应，中国政治客观上需要一个最强大的政治力量——中国共产党来集中统一领导。同时，中国政治也还需要通过这个最强大的党领导的、包括各民主党派在内的各种有组织的政治或社会力量，来帮助党和政府吸纳参与、整合社会、增进团结。可见一党长期执政，以及多党派长期参政，实际上是人民真正当家作主的人民共和的现实需要。在我国，中国共产党的民主执政对应着政治协商，它的科学执政则对应着参政议政，而其依法执政则又对应着民主监督。这是最合理的安排，相对于传统的多党竞逐和分享国家政权，相对于一些社会主义国家中一党长期垄断政权、不要异体监督的模式，无疑都具有鲜明的超越性。相形之下，普遍适用于民族国家的公民共和、分权制衡理念和实践，特别是多党相争、定期拆装政党政府的政党制度及其做法，显然会引起强烈的排异反应，显然不适用于中国。如果简单套用，就会带来比西方国家更深重的分裂祸患。

（二）公天下：对传统政党与社会关系的扬弃

西方不讲大一统，它的非共同体本位的政体逻辑与政治惯性同样塑造了西方政制、西方政党与政党制度的基本品格。西方政治长期坚持私有财产神圣不可侵犯，西方政党也是可以公开宣称自己就是代表社会上的某个部分的。这在中国就不可想象。没有哪个中国政党敢于公开宣称自己只代表部分，这只会引发民愤、触犯众怒——几千年来中国人都讨厌结党营私。中国政党没有谋私的资格，因为我们的政治传统是公天下，而历史上所有的私天下者都不得善终、即便家天下者也大都被迫扛起了公天下的招牌。近代中国人所以会很快接受了孙中山引进的“政治是众人之事”的说法，因为中国很早就有“天下非一人之天下”的传统理念，就有天下大同、共和天下的政治理想。及至今天，我们早已通过形成确立中国共产党领导的、中华民族和中国人民的新共和，通过广泛多层制度化发展的协商民主特别是商量政府、商量政治的运作，将它变成了鲜活的现实。反倒是在西方，由于资产阶级民主政治的天然阶级属性、私有制社会属性，作为众人之事的政治总还是名不副实，老百姓也还只能像卢梭讲的，定期地去“选王”，一旦投完票他们就什么都不是了。西方传统政党制度代议制竞选游戏徒具其表，不仅不能反映整体的民意，即便所谓多数民意也大都是操纵制造出来的。这样做，目的是为了维护资产阶级专政；这样做，结果是导致民治、民有、民享政治理想的破灭，导致西方民众普遍的政治冷漠或政治反体制化、极端化。

中国特色社会主义的政治只能由人民来做主。这就要有一个始终与群众保持密切联系、全心全意为人民服务的政党政府体制。要产生和运转这一体制，就不能搞西式委托—代理的代议制，而是必须创制和发展中国特色代表制。我们搞代表制根本是要防止西方式权力垄断、避免西方式政治乱局。代表制不同于代议制的地方包括：1.代表的中国式选举——又选又举，既选英才、又举贤才，选举中有协商，选民酝酿产生候选人。2.代表的非职业化，他们必须直接联系人民群众，不像代议士可以自作主张替民做主，而要原汁原味反映人民切实的要求、真正的意志。3.代表的复合性，代表主体多元化，不仅人大代表，党和政府、人民政协等也都反映民意。4.代表的超越性，代表的利益超越了阶级阶层集团的藩篱，着眼长远根本的人民利益。代表政治赋予党和政府最大的权力。执政党及其成员权力越大，责任也越大，但就是不能以权谋私。所以，党和政府对民意舆情有非同寻常的敏感度，同时又要从严治党、依法治国，把权力关进制度笼子里。总之，我们的代表政治是超越代议制旧式民主、形成了一种新型的民主实现形式，也从根本上实现了对各种传统模式政党与社会关系的超越。

（三）致中和：对传统政党与政党关系的再造

有政治的地方就会有斗争。但争和争又有所不同。囿于政党自己及其所代表的部分的私利，西方政党政治往往是为了争而争，即而走向政党恶争。以西方人的认知，私与争皆出于人类本性，所以只能用政治市场公开竞争和制定科学的程序和规则的途径来予以调节和规范。它们希望能通过透明、充分的竞争来实现各方面力量均衡，走出一条“缘私争而成公义”的道路来。但这是不切实际的。片面地强调程序民主并不能营造出良性的政党关系。况且，对于选票和权位的迷恋和争夺，也使得西方政党对于高水平和质量的执政问政的追求逐渐淡薄，对于钩心斗角、一丝一毫的政治得失反倒斤斤计较。不仅如此，西方政党、政客沉迷选举而不能自拔，以致在政府施政的每个环节都有选举考量，如此选举常态化的后果，自然是政争不断劣质化、政党政治和民主政治不断衰朽化，以及“政治瘫痪”。2016 年美国《时代》周刊刊文指出，近年来导致欧美国家混乱的体制积弊、决策困境都与此有关，“政治瘫痪”亦即福山所讲的“弱国家能力”，“已成为解决西方问题的主要绊脚石”。

中国人有和而不同的思想传承,也有朋党相争的历史教训。作为古老文明,中国有丰沛的资源和智慧,现在又有越来越先进的中国化马克思主义科学引领,中国的新型民主、新型政党制度能够超越传统的政党与政党关系,再造一种融会了传统智慧与现代本质的致中和的新型政党关系。中国人也承认争的客观性和必要的政治斗争,但更强调"非争"的中庸与中和。我们今天还是不会允许党争,更不会放任为了争而争的恶争。从政党主体及其实践看,我们有一个非竞争型、和谐和合合作的友党关系。中国共产党的领导、多党派合作和民主监督,以及制度化的政党协商、政协协商,都是我们长期保持此种政党关系健康发展的重要的、必要的领域。从政党与政治发展关系看,我们的新型政党关系源自中国共产党和各民主党派共同奋斗的光辉历程,确立于一起协商建政的光荣历史,完善于一起协商治国、为中华民族伟大复兴而奋斗的伟大时代,是通过历史考验、最新成熟起来的极为优异的政党关系。

(四)守初心:对传统政党本质及其自身发展的反思

"靡不有初,鲜克有终。"政党都有自己的初心。历史地看,早期政党能从派系泥沼中走出来、能成其为现代政党而揖别派系,关键在于它们宣示并践行了自己要联系国家和社会、增进民主和服务公益的使命——也可以说是一种初心。具体来看,现代社会中的几乎所有政党,虽然形形色色、实质代表不同的主体及其利益,但在其具体掌握或控制权力时,也还是要尽可能不忘自己实际或意欲代表全体的初心和秉性。有了这一初心和秉性,派系就能进而为政党;没了这一初心和秉性,政党也就退而为派系。这一进一退,前者是有前途的,后者是没出路的,政党蜕化了,忘记了自己的定位、放弃了自己的责任、背离了政治的伦理,那就必然被人民抛弃、必然会退出历史舞台。20世纪中后期以来,世界范围内很多老党大党,包括一些共产党、民族主义政党,也有曾经显赫一时的西方资产阶级政党都消亡了,为什么?因为没守住作为现代政党的初心。

受西方政治文化生态影响,特别是受近代以来功利主义、自由主义深刻影响,西方政党政治缺乏自觉的需要、缺乏必要的氛围来对自身发展问题做深入反思，一般忽视或没有强有效的自身政治建设，所以更容易背离公众意愿。苏联和东欧一些国家的共产党也曾有过先进的、科学的党的建设经验，但最终还是在思想上、认识上和行动上背离了初心。中国新型政党制度尤其要警醒和应对背离初心的问题。从意欲救国救民开始，中国共产党、各民主党派和无党派人士的初心向来都是相通的、统一的，那就是：为中国人民谋幸福、为中华民族谋复兴。基于这样共同的初心，中国共产党、各民主党派和无党派人士凝聚了共同的思想政治基础，确立了始终坚持中国共产党的领导、始终坚持走中国特色社会主义的政治共识。因为这样的共识，中国共产党、各民主党派始终注意加强自身政治、思想、组织、作风和能力建设，并始终注意在不断强化自身建设的基础上更准确地把握时代潮流、更真切地聆听群众的心声、更忠实地反映人民的意志、更卓越地服务于国家的建设。这是永葆我国政党、政党制度政治本质的不二法门，也是我国新型政党制度取得巨大成功的根本保证。

三、着眼人类政治文明，融会进步讲好中国新型政党制度故事

美国政客近期抓住一切机会煽风点火、鼓吹新冷战与文明冲突，固然是出于其历史的短视、文明的局限，但斯金纳等人的举动所折射出来的问题，却值得我们警醒和深思。我们强调要把意识形态和制度之争同所谓文化和文明之争区分开，我们做得怎么样了？我们当然要否定所谓的文明冲突，那么我们关于文明的交流交融的努力做得怎么样了？我们反感西方中心主义的狭隘，那么我们对于西方文明、西方制度研究透了没有？把西方文明与制度之间的关联搞清楚了没有？我们有没有做到知己知彼？我们判定西方人不懂我们的文化、制度，不懂我们文化与制度之间的关联，那么我们自己把它们说清楚了没有？我们认定敌对势力始终未放弃分化、西化我们的图谋，那么我们守住了自己的政治初心和文明立场了没有？各位专家学者，促进人类政治文明融会进步，讲好中国新型政党制度故事，这是党和人民、是历

史和时代赋予我们的责任,我们社会主义学院必须有担当、必须担起这份沉甸甸的责任。

(一)加强基础问题研究,构建中国特色中国气派的政治科学

当今之世,中国的影响正变得无处不在。由于中国历史与文化、中国政治与经济的独特性,世界也包括我们自己内部对于中国特别是对于中国政治的认知,一直以来都存在着尚未克服的悖论:从经验层面来看,中国的成就和经验举世瞩目、无可辩驳,我们对此非常自信,世界人民对此也是非常得欣羡,当然也有人很嫉妒。但从观念层面来看,社会上、学界中总是有人感到底气不足,他们已习惯于使用基于西方中心主义的视角、理论和方法来研究政治现象,甚至无意间上了人家的船,用所谓"普世价值"来剪裁中国政治而不自知,这是事实。此种经验世界与观念世界的截然不同、深刻纠结,是当前困扰中国政治学研究健康前行的焦点所在。它的历史与逻辑根源,在于近代以来中国一部分知识分子逐渐失落的文化自信。也在于近代以来的政治科学原本就是西方中心主义文化的一部分,是其内生的产物。

人类文明正面临数百年来的新变局,西方文明一枝独秀即将成为过往,多元文明共存共荣的前景呼之欲出,破解悖论、创新政治科学正当其时。习近平同志高度重视加快构建充分体现继承性和民族性、原创性和时代性、系统性和专业性相统一的中国特色哲学社会科学。他号召要"立时代之潮头、通古今之变化、发思想之先声,积极为党和人民述学立论、建言献策,担负起历史赋予的光荣使命。"响应号召,我们就应更自觉更切实地探讨中国问题、中国经验、中国制度和中国理论,更自觉地构建中国特色中国气派的政治科学。为此,就要找准源头、知难而进,以中国化马克思主义最新成果为指导,立足基础问题、基础理论研究,重新解析和把握每一个政治学的概念、范畴,重新反思和检验每一条政治学的命题和原理,重新研究和评判每一个具体的政治文化、政治现象。这是关乎政治学规范理论和实证理论的庞大工程,需要长期艰苦的努力。我这里还要强调的一点是,构建新的政治科学不是要去闭门造车,而是要真正立足于融通多元文明优秀成果的基础之上,真正实现政治立场的民族性与政治价值的现代性的有机统一。

（二）深化教学研究改革，形成基于“四个自信”的学科体系

过去，社院系统办学规范化程度不高、科研能力不强，除专职教师不足外，关键是没有形成自己合理的学科体系。最近几年，中央社院尝试在突出教研专业化、正规化方向上痛下功夫，锐意改革，大力努力推进学理体系、学科体系建设。一是通过研发、打造“五史合一”“五大建设”“十个讲清楚”等系列专题课程，大力调整、优化教研布局，重新组合、配置师资力量，打开了教学改革的突破口，收获了丰硕的教改成果。二是通过创建和充分利用“统一战线理论研究中心”“中华文明研究中心”这两个高端智库、理论研究平台，把握统一相关理论与政策研究的导向，凝聚相关学术、理论和政策研究的学术共同体，积极开展学术研究、学术交流和理论政策宣传活动，带动学院在科研上取得了不菲的成就。突出文化共识、政治共识，以文化共识夯实政治共识的基础，以政治共识引领文化共识的塑造，这是中央社院教研改革的本质内容、宝贵经验，我们也因此受到了中央领导的充分肯定。未来，我们将再接再厉，在习近平新时代中国特色社会主义思想指导下，继续深入融会贯通中华文化与中国政治的教学研究，要更加聚焦马克思主义、中国特色社会主义的教学研究，更加聚焦统一战线、民主政治与中国国家治理现代化的教学与研究，更加聚焦中华文化、全球治理与人类文明进步的教学与研究。我们要围绕这些焦点、主题调配各种院内外资源，继续推动教研改革向纵深挺进，进而在此基础上打造基于“四个自信”的学科体系，具体包括相关课程体系、教材体系、教研（部室）体系、人才体系、培训体系、组织保障体系等，形成社会主义学院、中华文化学院品牌特色的海内外统一战线教培研新模式，切实为讲好中国故事特别是中国新型政党制度故事提供学理化、学科化的坚实支撑。

（三）打造文化对话平台，推动中外政治文明的交流、互鉴

在新的历史起点上，中央社会主义学院已经站在了反独促统、打赢意识形态攻防战的第一线，站到了传播中华文明、讲好中国故事的第一线。我们责无旁贷，要切实行动起来搞好海外文化统战工作，积极传播中华文明、中

国声音，积极推动文化交流、文明互鉴。为此，我们准备充分用足、用好中华文化学院这个得天独厚的教培平台、文化平台、交流平台。一是建立海外文化统战教培体系。要扩大海外培训对象范围，积极拓展海外培训类型；要加强海外教培的学科建设，当前第一个任务是先开发和推广系统的海外文化统战培训课程和教材；要整合海外文化统战培训资源，进一步主动加强同中央统战部、中联部、外交部、台办、港澳办等机构的合作，做好沟通、提供服务，争取成为海外文化统战培训的主阵地。二是建立文化统战理论研究体系。要优化海外文化统战课题研究布局，突出重点研究方向，聚焦中西文明比较、中西政党制度比较、中华民族共同体、人类命运共同体等重点热点难点敏感点问题的研究；要打造海外文化统战权威研究平台，加强与国内外同行机构的科研交流和合作，团结联络中外学者，打造"人类命运共同体"理论研究基地；要打造海外文化统战学术品牌活动，打造中外学术交流论坛，开设海内外名家讲坛。三是要建立中外文明对话交流体系。要不断密切同港澳台同胞、海外华侨华人及西方友华人士的联系，探索与高校、智库中对外文化交流机构的合作，打造一支包括院内外、海内外专家在内的人才队伍，为宣传推广中华文化、加强中外文化交流储备资源。要充分利用统战资源网络，发挥民间往来优势、文化人才优势，走出去、请进来，讲好中国故事、传播中国声音。

各位专家学者，打铁还需自身硬。长期以来，社院系统由于客观条件限制，也由于主观重视不够，积累了一些结构性矛盾问题，它们限制了创造活力，不利于工作开展和社院发展。新时代要建设新型的统一战线政治学院、培训学院和研究型学院。对此，在肯定、结合社院近年来改革经验的基础上，2019 年底中共中央印发《社会主义学院工作条例》，以党内法规形式明确了社会主义学院的发展要求，使学院正规化建设迈上新台阶。各位专家学者，《条例》的颁行，为我们立足本职加强基础理论研究、深化教研改革、搞好共识教育和海外文化统战创造了更好的条件、平添了更足的底气。我们每个人都要站在新时代、大统战的战略高度，充分认识党中央赋予社会主义学院的新使命和新要求，不断提升自己的政治素质、专业素养，踏实工作、积极创新，努力讲好中国故事特别是中国新型政党制度故事。这是我们的本分，也是我们的初心、使命。不忘初心、牢记使命不是口号，它意味着复杂、艰巨的任务，意味着艰苦、卓绝的奋斗。全国社院系统和中央社院都要履职尽责，兢兢业业、开拓创新、无私奉献，不断在自己的阵地上为人民、为社会主义、为党为国为民族做出更多更新的贡献，不负光荣的梦想和伟大的时代！

目　录

中国新型政党制度的生成逻辑

中国新型政党制度的历史进程与经验

中国新型政党制度的创新发展与完善途径

中国新型政党制度的特色优势与功能作用

中国新型政党制度的世界意义与未来展望

中国新型政党制度与参政党

中国新型政党制度的生成逻辑

我国多党合作的文化底蕴及历史文化传承研究

——从“五一口号”的视角

武汉市社会主义学院课题组

习近平总书记多次在讲话中强调:“独特的文化传统,独特的历史命运,独特的基本国情,注定了我们必然要走适合自己特点的发展道路。”①在党的十九大上,习近平总书记也说:“政治制度不能脱离特定社会政治条件和历史文化传统来抽象评判,不能定于一尊,不能生搬硬套外国政治制度模式。”②新时代,要使中国特色、中国风格、中国气派更加鲜明,更具有引领世界的风范,就必然要研究好、传承好、发展好我国独有的政治文化。“五一口号”发布已有70多年,中国共产党领导的政治协商和多党合作制度正是脱胎于“五一口号”的发布。无论从形成逻辑上看,还是从价值凝聚上看,“五一口号”都对多党合作文化的发生与发展起到了非常重大的作用,因而十分有必要理清“五一口号”和多党合作文化的逻辑脉络,来对当前构建和谐稳定的政党文化予以启示。

---

① 习近平:《胸怀大局把握大势着眼大事 努力把宣传思想工作做得更好》,《人民日报》2013年8月21日。

② 习近平:《决胜全面建成小康社会 夺取新时代中国特色社会主义伟大胜利——在中国共产党第十九次全国代表大会上的报告》,《人民日报》2017年10月28日。

一、从“五一口号”的视角看多党合作文化的形成逻辑

（一）意识的共同体：“五一口号”印刻着中共和各民主党派的共同历史记忆

唯物史观认为文化是社会意识的一种升华和表现，而一切社会意识又是由具有主体性的人通过社会实践产生的。促使我国多党合作制度得以形成一种文化、一种精神，和一种内在价值的直接原因和根本原因就在于中国共产党和各民主党派一系列真实的历史实践，而其中最具有代表性的就是“五一口号”的发布。“五一口号”发布前有着错综复杂的时局背景，这之中的每一个环节都凝结着中国共产党人的卓绝智慧和各民主党派的抗争心血，而这正是形成多党合作文化的历史情感基础。

一方面，国民党对和平民主的破坏、中国共产党与各民主党派的英勇抗争是环绕在“五一口号”发布前后的主旋律，它构成了中国共产党与各民主党派鲜明而深刻的共同历史记忆。1946 年 1 月，国共双方签署停战协定。对于停战协定所代表的和平民主新形势的到来，中国共产党和各民主人士是表示欢迎和严格遵守的。但是好景不长，国民党很快暴露出其真实用意。1946 年 2 月至 5 月，国民党右翼势力先后做出许多破坏民主、违背协议的暴行，包括殴打民主人士郭沫若、李公朴等人、指使暴徒捣毁北平军事调处执行部等事件，[①]并于 1946 年 6 月公然发动内战。但中国共产党和各民主党派为争取和平与民主的斗争从来没有停止过。1946 年 6 月，各界民主人士多次发起要求和平的请愿活动，但都没能得到国民党的正面回应，反而遭到了大规模镇压，造成多起惨案。[②] 在官方表态中，国民党也自食其言，行径恶劣，实行独裁统治。这种种行径最终使得各民主党派清醒过来，他们逐步认

① 中共中央党史研究室：《中国共产党历史》（第 1 卷），中共党史出版社 2011 年版，第 702 页。

② 沈建文：《中共中央“五一口号”的发布》，《武汉文史资料》2013 年第 6 期，第 40 页。

清了国民党坚持独裁统治的真面目，意识到第三条道路的幻想破灭。

而另一方面，中国共产党对待各民主党派的态度却与国民党全然相反。1946年7月，“李闻惨案”发生后，中国共产党对各民主党派的遭遇立即表示热切的同情和关心。1947年10月，民盟被国民党强制解散后，新华社立即发表《蒋介石解散民盟》的时评，表明立场，明确批判和抗议了蒋介石的暴行，赞扬了民盟与共产党携手战斗的光辉历程，鼓励民盟不要放弃，重新投入到革命的潮流中。①

这一时期，中国共产党和各民主党派的血泪斗争虽没能争取到和平局面，但却充满了崇高和悲壮的精神意蕴。尤其是在民主事业遭受挫折时，中国共产党和各民主党派相互扶持、同舟共济，使得这一段英勇斗争的历史成为中国共产党和各民主党派共同的记忆，积淀了两者共同的历史情感。而情感正是一切文化的始源。它形成了中国共产党与各民主党派患难与共、肝胆相照的深厚情谊，同时也为后来“五一口号”的发布以及它所得到的响应埋下了伏笔。1948年4月30日，“五一口号”正式发布。它一经发布，就相继得到民革、民盟、民进、农工党、救国会、民促等民主党派的热烈拥护和赞赏。这使得“五一口号”成为中国共产党领导的多党合作和政治协商制度形成路程上的里程碑，对中国结束旧的政治局面，开启新的政治篇章具有重大意义。② 但与此同时，“五一口号”的意义又不仅仅在于政治。它经由中国共产党和各民主党派曲折斗争的历史实践而凝结了集体的意识，升华为一个沉淀了集体记忆、情感与价值的文化符号。而这便是多党合作文化得以传承下去的文化根基。

（二）文化的交汇物：“五一口号”蕴含着近代多元政治文化交互影响的痕迹

从实践的角度来看，“五一口号”的发布作为一个历史事件，得以承载一

① 康彦新，史进平，吴艳丽：《中共中央“五一口号”发布的前前后后》，《文史精华》2012年第2期，第5页。

② 姚兰：《刍议“五一口号”是中国共产党统一战线史上的里程碑》，《辽宁行政学院学报》2010年第51期，第164页。

段历史的共同意识而上升为文化符号，成为多党合作文化的一个发生点；而从“五一口号”的内容来看，其本身就显露出鲜明的文化震荡与文化交互的印记，是近代多元政治文化交互影响的结果。它包括了三方面的影响痕迹。

其一，传统文化的滋养和遗传是多党合作文化的深层根基。首先是“大一统”这一源远流长的政治文化。“大一统”的思想起源于孔子作《春秋》，后由西汉董仲舒进行拔高后，便深深地扎根于各朝各代。上至士大夫下至平民，都把“天下一统”视为凛然不可侵犯的正道。但“大一统”又不仅仅指地域上的统一，它更多地蕴含着政权一统、思想一统、文化一统的意味。尤其是到了近代社会，在经历了一系列丧权辱国的阵痛之后，“大一统”从传统的保卫封建王权的观念升华为了对整个华夏民族、家国命运的强烈关注。这是驱动近代以来中国共产党和各个民主党派进行斗争与合作的深层因素，也是使得双方能够求同存异，携手面对强大的敌人而形成深厚友谊的重要原因。其次是和合精神这一贯穿于儒家文化始终的思想资源。“和”是儒家思想秉持和推崇的精神主旨，也是中华传统文化的重要特征之一。《礼记·中庸》写道：“喜怒哀乐之未发谓之中，发而皆中节谓之和。”和合精神囊括了和谐平稳、和衷共济、包容多样、和而不同的精神，是宝贵的政治文化资源，对多党合作文化有极高的借鉴价值。和合精神并不是否认矛盾、排斥差异，而是在承认差异的基础之上谋求以“中庸之道”来求同存异，从而使各方有进行对话和协商的基础。多党合作与政治协商正是这种精神的写照。多党合作制度使各民主党派与中国共产党能够放下差异，为着共同的根本利益而奋斗，即建设中国特色社会主义的根本目标。这是对传统文化和合精神的良好继承。

其二，马克思主义的政党理论是我国多党合作文化得以形成的最重要内核。马克思、恩格斯与多党合作有关的思想主要有两点：一是必须要确保无产阶级的领导权，只有无产阶级才是打破资本主义旧世界枷锁的根本力量。《共产党宣言》中提道：“共产党人的最近目的是和其他一切无产阶级政党的最近目的一样的：使无产阶级形成为阶级，推翻资产阶级的统治，由无产阶级夺取政权。”①二是在保证无产阶级领导权的前提下，有必要形成与其他阶层的广泛的联合。《宣言》中强调：“共产党人到处都努力争取全世界民主政党之间的团结和协调。”②以此为手段来进一步谋求最后的无产阶级革命的胜利。这两个观点对我国多党合作制度的确立、多党合作文化的形成影响深远。中国共产党为了夺取革命的胜利而建立的统一战线就脱胎于此。毛泽东在 1919 年所作的《民众的大联合》即为统一战线思想的萌芽。在这篇文章中，毛泽东主张各行业工人、农民、教师、学生与女性均结成本阶层内部的“小联合”，并在此基础上形成“民众的大联合”。到后面抗战时期的《论反对日本帝国主义的侵略》以及《共产主义发刊词》，则标志着毛泽东统一战线思想的形成。统一战线思想就成为后来“五一口号”中号召全国各阶层联合起来进行革命的思想资源。

其三，近现代文明中的民主政治观念给予了我国多党合作文化有益的参考。中国近代社会变迁与改革的主题经历了由器物层面、制度层面到文化层面的逐步深化，在这一过程中，中国人为争取富国强民、抵御外侮的重要途径就是向西方求索，实现现代化。自洋务运动清政府派遣政府官员、留学生出国探访以来，中国向西方世界的学习就打开了一个窗口，此后，民主、科学、自由、平等的观念就如波涛一般在近代社会泛起层层涟漪。与此同时，西方的民主政治观念也在中国产生了广泛而深远的影响，并经由中国本土革命斗争的实践，形成了中国独有的民主政治文化。多党合作文化就是在民主政治观念深入中国之后形成的。无论是中国共产党还是各民主党派都是争取民主的积极实践者。中国共产党一经诞生，就为着共产主义而奋斗，提出了为争取民主的民主革命纲领，而各民主党派也从各个角度提出民主政治的构想与途径。第三党明确指出要联合广大劳动人民进行反帝斗争，建立平民政权，青年党态度鲜明地反对国民党一党专制。可见，中国共产党与各民主党派从一开始就有着相同的政治追求，即对民主的追求，而这也成为贯穿多党合作文化的一条主线。但必须看到，我国的多党合作文化

① 《马克思恩格斯选集》(第 1 卷)，人民出版社 1995 年版，第 285 页。

② 同上，第 307 页。

虽受之于多元政治文化的影响,然其主体精神却脱胎于我国独特的革命实践中,经由实践的锻炼凝结成中国共产党和各民主党派戮力同心的崇高精神,成为多党合作文化的内核。

(三)精神的凝结核:“五一口号”凝聚着中国共产党和各民主党派同心奋斗的崇高精神

其一是民主精神。民主观念虽由西方文化的刺激产生,但其一在中国传播开来就立刻被灌注了中国独有的革命斗争实践,从而升华为一种宏大的精神与价值,反过来支撑着中国共产党和各民主党派的艰苦斗争,加深着中国共产党与各民主党派的革命情谊。“五一口号”发布后,中国共产党对各民主人士极尽恭谦,邀请他们共同探讨政协会议的召开事项,在讨论中,中国共产党与各民主党派充分交换意见,反复磋商,言路畅通,气氛平等融洽。反过来,各民主党派也一直是追求民主的坚强斗士。1946 年国民党发动全面内战前,各民主党派一直追求“要把中国造成一个十足道地的民主国家”,[①]走“不偏不倚”的相对中立的第三条道路。然而国民党对全面内战的发动以及对各民主党派的迫害使得民主党派逐渐看清现实,打破幻想,开始反思自己过去的主张。而 1948 年 5 月,“五一口号”的发布更是使各民主党派振聋发聩,他们认识到只有接受中国共产党的领导,加入新政协才是中国民主的希望。从第三条道路到中国共产党领导下的多党合作和政治协商,民主党派虽然在对民主的认识上产生过偏差,但其对民主的追求却始终如一。

其二是爱国、团结精神。在抗日战争时期,各民主党派为国出力,与国共一道为抗战胜利而努力奋斗,进行了大量的宣传、游行和抗议活动。救国会、第三党、中国青年党等纷纷创办报刊,做抗日的舆论宣传。这表现了各民主党派的爱国精神。而对“五一口号”的响应则是各民主党派爱国精神在新形势下的表现。他们认识到响应“五一口号”,支持中国共产党领导下的

---

① 中国民主同盟中央文史资料委员会:《中国民主同盟历史文献》(1941—1949),文史资料出版社 1983 年版,第 87 页。

新政协是对历史潮流的顺应。“五一口号”在这个意义上就具有了发扬各民主党派爱国传统的精神价值。团结精神同样是中国共产党和各民主党派的优良品格。“五一口号”发布前,各民主党派与中国共产党之间是彼此扶持、相互同情的关系。“五一口号”发布后,各民主党派纷纷响应,真正、彻底地站到了中国共产党的这一面。“五一口号”的第四条和第五条号召各阶层联合起来而战斗[①],相当于新中国、新政府的宣言书,亦相当于建立多党合作和政治协商制度的宣言书。它开启了民主政治的新篇章,也使得各民主党派与中国共产党的团结达到了空前的高度。

“五一口号”经由历史事件,凝聚了中国共产党与各民主党派的共同历史情感和历史记忆,升华了中国共产党与各民主党派勠力同心的高尚精神,成为多党合作文化得以形成发展的关键历史节点。而在思想日趋多元化的今天,我们更要重视“五一口号”,做好多党合作文化的传承与创新。

二、新时代多党合作历史文化传承路径探析

2016 年 5 月 17 日,习近平在哲学社会科学工作座谈会上的讲话中强调:“文化自信是更基本、更深沉、更持久的力量。历史和现实都表明,一个抛弃了或者背叛了自己历史文化的民族,不仅不可能发展起来,而且很可能上演一场历史悲剧。”[②]坚持文化自信就要传承好中华优秀传统政治文化,传承好在此基础上形成的多党合作文化。

(一)要传承好“五一口号”发布以来形成的多党合作文化

其一,要加强多党合作文化体系建设,为多党合作文化的传承构建扎实的理论基础。首先,要构建好多党合作文化的纵向发展结构。对多党合作文化中蕴藏的传统文化资源、社会主义文化资源加以深入挖掘,梳理出古代

① 中国人民政协辞典编委会:《中国人民政协辞典》,中共中央党校出版社 1990 年版,第 337 页。

② 习近平:《在哲学社会科学工作座谈会上的讲话》,《光明日报》2016 年 5 月 19 日报道。

有关政党的文化脉络,近现代有关政治文化的理论资源,当代政党文化的新发展,以揭示不同时代、不同社会政党文化的特征与流变。其次,要构建好多党合作文化的横向体系结构。横向体系结构应以新时代环境的新变化、党政关系的新变化、各民主党派在政治生活中发挥的新作用、理论的新发展等为要素,构建起一个全面而又有内部层次结构的体系。以纵向发展结构和横向体系结构为框架建构起多党合作文化体系,是传承多党合作文化的第一要务。

其二,要做好党史国史教育,以情感渲染、共情教育等方式加强对多党合作文化的继承。首先要在教育内容上加大多党合作文化及其历史的比例。习近平强调:"历史是最好的教科书。"①自党的十八大以来,党史国史教育受到了更高的重视,教育系统内部尤其是高校系统加强了国史教育的比例,各级党政机关也加紧落实中央精神,多次举办党史国史专题讲座。但目前仍存在不少问题,即大多数讲座流于形式,教育内容过于枯燥,教育效果不甚理想。因此,要积极探索教育方法的革新。充分利用各种文化氛围和产品进行多党合作文化的教育,加强情境教育,寓教于境。此外,还要学会利用网络和新媒体,在线上传媒加强对多党合作文化与党史国史的教育,以新奇有趣、生动活泼的方式吸引受众,将多党合作文化真正融入人民大众的生活情境之中。

(二)要在继承的基础上进行创新,发展新时代的多党合作文化

其一,要在制度载体上寻求创新。探索出适合我国国情的政党制度模式,弘扬好我国自己的制度文化。进入新时代以来,习近平多次在讲话中强调要坚持"制度自信"。在当前国际竞争中,除去物质文化等硬实力的较量外,一国之根本制度是影响其综合国力的重要因素。西方资本主义代议制民主常常以居高临下的态度对我国的民主制度进行抹黑、批判和歪曲。在这种情况下,我们更应该坚持好、建设好中国特色社会主义民主政治,其中,

---

① 习近平:《在中共中央政治局第七次集体学习时强调 在对历史的深入思考中更好走向未来交出发展中国特色社会主义合格答卷》,《人民日报》2013年6月27日报道。

以多党合作和政治协商为方式的协商民主更是应该着力建设的内容。一方面要坚持协商民主的优势,将协商民主纳入国家治理体系和治理能力现代化的顶层设计中,保障各民主党派的参政议政权。另一方面则要在制度中贯穿制度文化的核心理念,把客观的制度外壳转化为内在的精神文化,砥砺人们在建设中国特色社会主义民主政治的历程中将多党合作文化加以传承和创新。

其二,要在话语体系上寻求变革。探索多党合作文化的话语新意,争夺话语权,让中国声音走向世界,让中国的政治文化为世界所认同。1970 年,福柯在演讲《话语的秩序》中说道:“话语其实是某些要挟力量得以膨胀的良好场所。话语与禁令交锋的地方恰恰说明了它与欲望和权力的联系。”①话语就是权力。能不能讲出中国的声音,让中国的制度文化、政治文化走向世界,最重要的就是是否能够占据话语权的制高点,创造一套让世界认可的话语体系。当前我国多党合作文化的建设存在的问题是,话语体系和话语内容都带有一定的教科书哲学和阶级决定论的色彩,因而无法取得外界认同。此外,由于新媒体的迅猛发展,短平快式的消费主义、后现代主义的话语逐渐占据人们的日常生活,而“政治文化”“政党文化”这一类表彰着传统与权威的、具有宏大叙事意味的话语正面临着被消解和戏谑的挑战。在这双重困境下,多党合作文化的话语创新、话语体系变革就更为紧迫了。变革多党合作文化的话语体系,一要借鉴外国的优秀理论成果和历史研究方法,在坚持马克思主义的前提下寻求研究方法的突破;二要寻求话语方式的创新,及时把握时代的最新动向,善于借助新媒体时代的话语平台,面向广大人民的生活世界,坚守主流话语、价值情怀,牢固树立话语权,让我国的政党文化扎根大众,走向世界。

三、结语

“多党合作文化”这一语词是中国所独有的,它不同于西方多党制以“竞

① 福柯:《话语的秩序》,见许宝强、袁伟编:《语言与翻译的政治》,中央编译出版社 2001 年版。

争”“博弈”和“交易”为内核的政治文化，而是我国政治文化中的一个独特现象。多党合作文化的形成需要一个契机加以激发，这就是“五一口号”的发布，它使得传统文化的底蕴和近代以来中国政党文化的交锋有了一个具体而实在的着力点和生成点。正是围绕着“五一口号”发布前后的一系列斗争实践，多党合作文化得以产生，并逐渐成为一种精神支撑，砥砺着我国的民主事业继续前进。

执笔人：

1.李文献，男（1963.12.15—），武汉市社会主义学院教研室主任。研究方向为统一战线理论与实践。

2.魏心凝，女（1994.2.8—），武汉大学马克思主义学院硕士研究生。研究方向为马克思主义中国化。

中国新型政党制度的历史渊源

张师平

2018年3月4日，习近平总书记在看望参加全国政协十三届一次会议的民盟、致公党、无党派人士、侨联界委员，并参加联组会时指出，“中国共产党领导的多党合作和政治协商制度作为我国一项基本政治制度，是中国共产党、中国人民和各民主党派、无党派人士的伟大政治创造，是从中国土壤中生长出来的新型政党制度。”①中国新型政党制度在70年的发展历程中，从形成、确立到发展、完善再到趋于成熟，经历了一段曲折的路程，越来越成为我国社会主义政治制度的一大鲜明特色和显著优势。从制度生成的过程来看，任何制度都有其特定的生成资源，都遵循着一定的生成逻辑，这些资源和逻辑直接规约这一制度的存续和发展。总体来说，中国新型政党制度的生成资源来自四个方面：马克思主义是形成的理论之基，中华优秀传统文化为其形成提供了充分的历史积淀，中国革命和建设实践经验是形成的现实根基，世界政党政治实践为其形成提供了重要的参考借鉴。

一、马克思主义：新型政党制度的理论之基

谈到理论基础，马克思主义关于无产阶级政党应该与小资产阶级、民族

① 习近平：《坚持多党合作发展社会主义民主政治 为决胜全面建成小康社会而团结奋斗》，《人民日报》2018年3月5日，第1版。

资产阶级政党进行联合等多党合作思想奠定了中国新型政党制度的理论之基。马克思、恩格斯在《共产主义原理》《共产党宣言》等经典著作中，阐述了共产党必须同其他政党建立多党合作关系的基本观点。统一战线、多党合作，曾是马克思、恩格斯的理论设想，早在1840年恩格斯即首次提出了“统一战线”概念，他在篇名为《不来梅通讯》的文章中指出：“在同宗教的黑暗势力进行斗争的任何情况下，我们都应该结成统一战线。”①此后，类似表述频繁出现在马克思主义经典著作之中，如《共产党宣言》提到，“共产党人到处都支持一切反对现存的社会制度和政治制度的革命运动”，“共产党人到处都努力争取全世界的民主政党之间的团结和协议”。②这些著述主要阐释了共产党必须同其他政党建立多党合作关系的基本观点。纵观《共产党宣言》，在多党合作思想理论方面，无不显露出三个主要观点：一是共产党人应该团结其他工人政党；二是无产阶级政党在革命中可以同其他民主政党结成联盟；三是无产阶级政党在同其他政党的联合中，必须保持自己的独立性，坚持对同盟者的批评权利。这些无不深刻揭示出，一方面无产阶级政党在革命进程中可以也应该和当时其他民主政党结成联盟，另一方面又必须要注意保持独立性和掌握领导权。

作为坚定的马克思主义者，列宁在领导俄国革命的过程中，继承并发展了马克思、恩格斯的多党合作思想理论。列宁指出，“要利用一切机会，哪怕是极小的机会，来获得大量的同盟者，尽管这些同盟者是暂时的、动摇的、不稳定的、靠不住的、有条件的。”③十月革命胜利后，列宁曾积极争取与左派社会革命党合作，后因左派社会革命党坚持敌对立场，宣布退出人民委员会和苏维埃，最终形成了布尔什维克党一党执政的局面。正如列宁所指出的，“社会革命党人和孟什维克退出了，这不能怪我们。我们曾经建议同他们分掌政权……我们愿意成立苏维埃联合政府。我们没有把任何人排除于苏维埃之外。”④可见，列宁非常重视争取同盟军的问题，强调要加强多党合作。

① 《马克思恩格斯全集》(第41卷)，人民出版社1982年版，第130页。
② 《马克思恩格斯选集》(第1卷)，人民出版社1972年版，第285页。
③ 《列宁选集》(第4卷)，人民出版社1995年版，第225页。
④ 《列宁全集》(第33卷)，人民出版社1985年版，第30—31页。

毛泽东思想是马克思主义中国化第一次历史性飞跃的伟大成果。毛泽东对我国的政治制度和政党制度进行了长期探索和深入研究，真正将马克思列宁主义关于多党合作的思想理论与中国革命和建设具体实践相结合，为新型政党制度的形成和确立提供了直接的理论指导。1940 年 1 月，毛泽东在《新民主主义论》中开宗明义提出“中国向何处去”的问题，同时郑重宣告：“我们要建立一个新中国”，一个无产阶级领导的各革命阶级联合专政的新民主主义共和国。[①] 1940 年 7 月，毛泽东在《团结到底》一文中提出，“在政权问题上，我们主张统一战线政权，既不赞成别的党派的一党专政，也不主张共产党的一党专政，而主张各党、各派、各界、各军的联合专政，这即是统一战线政权。”[②]这就是要把团结民主党派、无党派人士作为中国共产党的重要方针。1945 年 4 月，毛泽东在中共七大所作《论联合政府》的政治报告中，明确表示中国不搞苏联的一党制，而是建立多党联合政府。“不管国民党人或任何其他党派、集团和个人如何设想，愿意或不愿意，自觉或不自觉，中国只能走这条路。这是一个历史法则，是一个必然的、不可避免的趋势，任何力量，都是扭转不过来的。”[③] 1949 年 3 月，毛泽东在七届二中全会上的讲话，“我党同党外人士长期合作的政策，必须在全党思想上和工作上确定下来。我们必须把党外大多数民主人士看成和自己的干部一样，同他们诚恳地坦白地商量和解决那些必须商量和解决的问题，给他们工作做，使他们在工作岗位上有职有权，使他们在工作上作出成绩来。”[④]正是在毛泽东关于新民主主义理论的有力指导下，我们建立起工人阶级领导的、以工农联盟为基础的、团结民族资产阶级和城市小资产阶级的人民民主专政的新民主主义国家政权，经历新政协和新中国成立，基本建立了中国共产党领导的多党合作和政治协商制度的格局，将马克思、恩格斯提出来的至列宁都未能付诸实施的理论构想在中国变成了伟大的现实。

---

① 《毛泽东选集》（第 2 卷），人民出版社 1991 年版，第 662—663 页。

② 《毛泽东选集》（第 2 卷），人民出版社 1991 年版，第 760 页。

③ 《毛泽东选集》（第 3 卷），人民出版社 1991 年版，第 1069 页。

④ 《毛泽东选集》（第 4 卷），人民出版社 1991 年版，第 1437 页。

二、中华优秀传统文化：新型政党制度的历史积淀

中华民族从五千年绵延不断的悠久历史中走来，创造出博大精深的中华文化，孕育出世界上唯一没有断流的中华文明。世界著名思想家丹尼尔·埃通加·曼格尔曾经说过："文化是制度之母"。文化是孕育政治制度的土壤，任何制度的生成不仅有其直接的理论来源，而且有其深厚的历史文化基因。作为从中国土壤中生长出来的新型政党制度与中国传统文化、政治传统、政治文化是高度契合的。因此，只有坚持与中国传统文化的有机融合，新型政党制度才能在中国大地上蓬勃发展，才能发挥出其应有的制度效能。新型政党制度对中国文化传统的继承和运用是全方位的、总体性的，突出体现在以下方面：

第一，新型政党制度继承和运用了中国传统文化中的"大一统"思想。源远流长的"大一统"思想，非常注重团结统一，强调国家利益、集体利益至上。同时，突出以天下为公的理念，表现出的特征即是家国同构、家国情怀。因而，新型政党制度正是迎合了中华文化的这一核心要义，重视中国共产党与各民主党派、无党派人士的团结协作，围绕社会发展各阶段中的中心工作展开合作，才能在中国大地落地生根。另外，"大一统"思想强调要有中心，要形成一个强有力的核心，这也就解释了在中国政党制度的架构中为什么要以中国共产党为核心，要始终坚定中国共产党的领导。

第二，新型政党制度继承和运用了中国"和合"文化思想。"和合"是中国传统文化的基本理念和显著特色，"和为贵""和而不同""和衷共济"等都是中国文化思想的重要理念，这些理念在中国新型政党制度的形成和发展过程中得到了深刻体现和全面运用。革命战争年代，中国共产党与各民主党派、无党派人士精诚团结、紧密合作，共同致力于民族独立、人民解放的伟大事业，协商建立新中国；在社会主义建设和改革开放新时代，中国共产党与各民主党派亲密无间的政党关系进一步稳固，逐渐确立了"长期共存、互相监督、肝胆相照、荣辱与共"的十六字方针，在全面建成小康社会、夺取新时代中国特色社会主义事业新胜利的伟大征程中携手前进等这些正是"和

合”思想的生动写照。

第三,新型政党制度继承和运用了中国传统政治文明。中国是世界四大文明古国之一,在漫长的历史长河中创造了灿烂辉煌的中华文化,也铸就了绵长悠远的传统政治文明。中国传统政治文明是人们在传统农业文明的基础上改造社会所获得的政治成果的总和。一直以来,传统政治文明注重“尚中庸、喜和谐、重合作”的价值取向,“中庸、和谐、合作”的价值精神绵延几千年,对中华民族的性格和社会制度的形成有着重要影响,必定会对我国当代政党制度的生成起着重要的作用。“中庸”寻求在当时当地条件下最适宜的“中”,“和谐”主张“以和为贵”,“合作”顾名思义要加强协作与团结,不难看出,这些文化元素与我国新型政党制度所宣示的理念不谋而合,正是在这一基础之上,中国新型政党制度的生成深受传统政治文明的影响。

总而言之,中华优秀传统文化中蕴藏的“大一统”“多元一体”“和衷共济”“和而不同”等人文思想为中国新型政党制度的生成准备了丰富的历史积淀,另外,中国新型政党制度也使中国传统文化在政治领域收获了新的现代性意蕴。

三、中国革命建设实践经验:新型政党制度的现实根基

实践是制度生成的现实基础,也是检验制度效能的唯一标准。中国新型政党制度起始于近代中国革命斗争的实践,也必将在中国特色社会主义事业的伟大实践中不断获得新的更大发展。中国新型政党制度是在长期实践中逐步生长起来的,中国革命和建设的伟大实践奠定了中国新型政党制度生成的实践基础,脱离了这个实践,新型政党制度是不可能生长起来的,就成了无源之水、无本之木,可以说,是近现代中国革命的具体实践一步步铸就了当今中国的政党制度形态,也是在联合斗争、协商建国的过程中,中国共产党与各民主党派一步步结成亲密的友党关系。

民国初年就开始了多党合作的实践和尝试。1905 年中国第一个现代政党中国同盟会成立,开启了中国政党政治发展的序幕。诚如美国著名学者吉尔伯特·罗兹曼所言,“随着 1911 年清王朝的覆灭和中华民国的诞生,人

们心中又曾燃起一线希望之光。孙中山的学说无疑是民国时期的主旋律,它预示着经济的发展,并在本质上是主张共和与民主的。"①20世纪初,为挽救民族危机,中国民主革命先行者孙中山先生仿效英美在中国推行议会政治和多党制,但犹如"昙花一现",多党制试验很快以失败而告终。对于学习西方多党制的失败,美国著名学者、美籍华人费正清分析指出,"第一是没有共同目标……第二是缺乏政治体制并缺乏人民参与……最后一点并且最为重要的是,中华民国向西方借鉴,通过立宪议会和内阁而组织政府的想法,是同中国的政治传统脱节的。"②作为历史当事人,孙中山后来在评论中国实行多党制这段历史时也感慨地说:中国照搬外国的多党制和议会制,"不但是学不好,反而学坏了!"③20世纪20年代后期,蒋介石政府彻底抛弃孙中山的思想,转而实施国民党一党专制,这种反动独裁统治无不激起全国人民的反对,最终在大陆宣告破产。可以说,是形势的发展、现实的需要将寻求合适的政党制度的重担落到了中国共产党人的肩上。正如马克思所指出的,"理论在一个国家实现的程度,总是决定于理论满足于这个国家的需要的程度。"④中国新型政党制度的生成同样如此,正是适应了社会发展的需要,正是迎合了当时具体国情,才能够在中国大地上落地生根。

其实,抗战胜利后的中国,面临着"两种命运、两种前途"或者说"两条道路"的战略抉择。1943年3月10日,蒋介石出版《中国之命运》一书,该书公开提出反对共产主义和自由主义,暗指中国共产党领导的武装力量和敌后抗日根据地是"新式封建与变相军阀",其实质是要维持国民党一党专制的独裁统治。与之相对应,中共七大上,毛泽东在开幕词《两个中国之命运》中指出,"中国之命运有两种:一种是有人已经写了书的,我们这个大会是代表另一种中国之命运,我们也要写一本书出来(指《论联合政府》)。我们这个大会要打倒日本帝国主义,把全中国人民解放出来。这个大会是一个打败日本侵略者、建设新中国的大会,是一个团结全中国人民、团结全世界人民、

① [美]吉尔伯特·罗兹曼:《中国的现代化》,江苏人民出版社2005年版,第2页。
② [美]费正清:《美国与中国》,世界知识出版社1999年版,第208页。
③ 《孙中山全集》(第9卷),中华书局1986年版,第319页。
④ 《马克思恩格斯选集》(第1卷),人民出版社1995年版,第11页。

争取最后胜利的大会。"①刚开始的时候，民主党派是走中间路线的，幻想在中国实行资本主义，建立资产阶级共和国，是实践的发展、残酷的环境让民主党派认清了现实，进而彻底放弃"中间路线"，逐步形成了与中国共产党亲密合作、共同反对国民党蒋介石集团独裁专制统治的基本格局。正如周恩来所说："党派的存在与否，不取决于任何政党或个人的主观愿望，而是由客观的历史发展所决定的……我国革命的性质给了我们这个便利。我们的革命是反帝、反封建的资产阶级民主革命。民族资产阶级在帝国主义、封建主义和官僚资本主义的压迫下不能发展，他们想在反帝、反封建、反官僚资本主义的斗争中谋求自己的生存和发展。国民党实行一党专政，压迫民主党派，因此他们就要反对国民党的独裁。这种历史条件，使中国的民族资产阶级、各民主党派能够在民主革命时期逐步在国民党与共产党两个大党的对立斗争中选择了共产党。"②

总之，新型政党制度不仅是政党政治发展的必然结果，更是适应革命、建设、改革和民族复兴伟大斗争新胜利的现实需要。回顾百余年中国政党政治发展史，不难发现，"多党合作制度是在我国长期革命、建设、改革的实践中逐步形成和发展起来的，是中国共产党和各民主党派、各民主人士智慧的结晶，是顺乎时代发展和人民迫切要求的顺势之为，因而它是历史的选择、人民的选择。"③诚如马克思所言，"一切划时代的体系的真正的内容，都是由于产生这些体系的那个时期的需要而形成起来的。"④近现代以来中国革命、建设和改革的伟大实践以及对实践经验的深入总结，是中国新型政党制度形成、发展和完善的动力来源和现实基础。

① 《毛泽东选集》(第3卷)，人民出版社1991年版，第1025页。

② 《周恩来统一战线文选》，人民出版社1984年版，第347—348页。

③ 张师平：《中共中央"五一口号"与当代中国多党合作制度的建立》，《广州社会主义学院学报》，2018年第2期。

④ 《马克思恩格斯全集》(第3卷)，人民出版社2002年版，第54页。

四、世界政党政治发展成果:新型政党制度的重要借鉴

现代政党和政党制度起源于西方,扩展于世界,中国新型政党制度于世界政党政治而言,是全新的制度模式。虽然我们前面一再强调中国新型政党制度生成的马克思主义理论主源、中华优秀传统文化基因和近现代中国革命建设实践基础,但我们不应否定这一政治制度具有广阔的世界历史视野,更不应将之排除在世界政党政治实践之外,一定意义上讲,世界政党政治发展成果为中国新型政党制度的生成提供了重要的参考借鉴。

当代西方资本主义国家大多实行两党制、多党制。西方政党"Party"是由"Part"演变而来,因而,它代表的只是少数人、少数利益集团的利益,是部分利益的代表,不可能代表多数人民的利益。另外,西方在野党是以反对党和竞争对手的身份而存在的,多党轮流坐庄、恶性竞争,势必带来政治体制的不稳定。再次,西方国家所标榜的"一人一票"大众民主,也逐渐背离实质意义的目标追求而日益僵化,选举政治日益演变为"选举秀",势必导致社会撕裂的弊端。中国新型政党制度在制度设计和制度运行的过程中,坚持以人民为中心的利益代表维度,坚持把各个政党和无党派人士紧密团结起来的政党合作维度,坚持将选举民主与协商民主有机结合推动决策科学化民主化的效果维度,注重吸取西方政党制度代表少数人、少数集团利益的经验教训,避免因政党恶性竞争带来的社会动荡,通过制度化、程序化、规范化的安排,整合、调动社会各阶层、各领域人才的力量,共同致力于中国特色社会主义伟大事业。"作为中国民主政治的核心组成,中国新型政党制度提供了有别于西方多党竞争的另一种选择,对于世界政党政治的发展,对于西方民主面临的困局,提供了新的思路、方案和启示。"①

其他社会主义国家政党制度,主要以苏联的一党制和原东欧社会主义国家的政党制度为代表。可以说,这些国家的社会性质与我国一致,它们曾

---

① 齐春雷:《中国新型政党制度的世界意义》,《中央社会主义学院学报》2018 年第 5 期。

经实行的政党制度对我国新型政党制度的形成和确立起到了更为直接和深刻的借鉴作用。十月革命后,列宁曾设想实行多党合作制,但终因外部条件的限制未能实现,而后到了斯大林时期,走向了绝对一党制,但最终是以苏共败亡、苏联解体而告终,这留给我们的教训是极其惨痛的。原东欧人民民主国家,起初大多实行多党合作制,后因冷战爆发,加之受苏联影响,逐渐建立起苏联式的一党体制,最终在苏联解体东欧巨变的背景下,这些国家的政党制度终被西方式的多党制所取代。中国新型政党制度注意吸收其他社会主义国家的经验教训,虽强调中国共产党的领导地位,但绝不是一党体制,而是“共产党领导、多党派合作;共产党执政、多党派参政”,这也是我国政党制度的显著特征。中国共产党与各民主党派互相监督,有利于强化体制内的监督功能,能够提供一种中国共产党自身监督之外更多方面的监督,有利于执政党决策的科学化、民主化,更加自觉地抵制和克服官僚主义和各种消极腐败现象,加强和改进执政党的工作,避免由于缺乏监督而导致的种种弊端。

总之,中国共产党与各民主党派之间以合作取代争斗、以协商取代争辩,借助政党协商,发扬协商民主,有事好商量、遇事多商量,寻求全社会意愿和要求的最大公约数,这种独特的、独有的、独到的民主形式是世界其他国家政党政治所不具备的,这也是我国政党制度的巨大优势。在讨论世界政党政治发展成果提供的借鉴功能时,还应辩证地看待中国新型政党制度所蕴含的世界历史性价值。也即是说,中国新型政党制度与世界政党政治实践成果之间存有交互关系,一方面,世界政党政治实践成果为我国新型政党制度提供了重要借鉴,另一方面,中国新型政党制度本身的制度架构、运行机制,越发显现的制度效能,所累积的成功经验,也为解决世界各类政党制度难题提供了中国方案、贡献了中国智慧,从而能够极大地推进世界政党政治的发展和完善。

(作者单位:江西省社会主义学院)

中国新型政党制度的生成逻辑与制度优势[①]

吉秀华

坚持和完善中国共产党领导的多党合作和政治协商制度是坚持中国特色社会主义道路、发展社会主义民主的题中应有之义，也是巩固共产党执政地位、实现中华民族伟大复兴的必然要求。习近平总书记关于“新型政党制度”的重要论述丰富和发展了多党合作制度的精神内涵，阐明了新型政党制度的生成逻辑与制度优势，彰显出新时代中国和中国共产党人坚定的制度自信，具有鲜明的时代特征和实践价值。

一、新型政党制度具有深厚的历史基础

习近平总书记指出，“中国共产党领导的多党合作和政治协商制度作为我国一项基本政治制度，是中国共产党、中国人民和各民主党派、无党派人士的伟大政治创造，是从中国土壤中生长出来的新型政党制度”。新型政党制度，从根本上来说，是近代以来中国人民在救亡图存的时代背景下，在东西方政治文明的交流碰撞中，历经劫难、屡次试错之后才找到的一条正确新路。正如习近平总书记所说：“1911 年辛亥革命以来，中国人苦苦寻找适合

① 本文系中央社会主义学院统一战线高端智库课题《社会主义国家多党合作的历史考察与比较》（立项编号：ZK20170203）阶段性成果。

中国国情的道路。君主立宪制、复辟帝制、议会制、多党制、总统制都想过了、试过了，结果都行不通。最后，中国选择了社会主义道路。独特的文化传统，独特的历史命运，独特的国情，注定了中国必然走适合自己特点的发展道路。"①经过反复比较、借鉴和探索，中国人民最终选择了共产党领导的多党合作和政治协商制度。

(一)从多党竞争到国民党一党专政的破产

以孙中山为代表的革命先驱，在推翻几千年的封建帝制以后，试图在中国走资产阶级的议会道路，一时之间造成民国初年"政党林立"的热闹场面。但是，好景不长，由于政治、经济、文化背景的巨大差异，这一民主实验在经历了袁世凯复辟帝制的闹剧、军阀割据的混乱之后最终演变为蒋介石一党专制的独裁统治。

1911 年，辛亥革命的胜利和资产阶级共和国的创建，拉开了中国近代政党政治的序幕。《中华人民共和国临时约法》的制定和颁布，以法律的形式保障了人民"言论、结社、出版自由"，掀起了组党热潮，一时间"集会结社，犹如疯狂，而政党之名，如春草怒生。"②据统计，从 1911 年武昌起义至 1913 年底，新成立的公开的团体有 682 个，其中政治类的团体也有 312 个③，真正意义上的政党约 90 个④，形成民国初年特有的"政党林立"时代和纷繁复杂的"政党政治"现象。到 1912 年 8 月，中国同盟会改组为国民党时，其他各小党派经过斗争、分化、重组，大体形成了三个派系四大政党格局，即由革命派组织的国民党、立宪派组织的民主党、拥护袁世凯的共和党和统一党。各政党围绕国会选举和组织责任内阁展开了激烈角逐，试图在中国建立起西方竞争型的政党制度。从 1912 年 12 月至 1913 年 2 月，经过两个多月的明

---

① 2014 年 4 月 1 日，习近平在比利时布鲁日欧洲学院发表的重要演讲。

② 丁世铎：《民国一年来之政党》，《国是》杂志第 1 期，1913 年 5 月。转引自李金河著《中国政党政治研究》(1905—1949)，中央编译出版社 2007 年版，第 72 页。

③ 张玉法：《民国初年的政党》，岳麓出版社 2004 年版，第 32 页。

④ 李金河：《中国政党政治研究》(1905—1949)，中央编译出版社 2007 年版，第 72 页。

争暗斗，国民党在国会选举中获得大胜，似乎给民初的议会多党制开启了一扇新的大门。但是，不幸的是，国民党选举的胜利并没有走向资产阶级议会政党政治的凯歌。1913年3月，袁世凯派人暗杀了宋教仁，打破了国民党议会政党政治的幻想。1913年10月6日，议会进行了总统选举，袁世凯成为经过选举产生的中华民国第一任正式大总统。随后，袁世凯为了给复辟帝制扫清障碍，下令解散国民党、取消国会，撕毁约法。至此，资产阶级议会政党政治的试验宣布破产。

1927年4月18日，蒋介石国民政府在南京成立，开始实行"一个政党、一个主义、一个领袖"的一党专制。蒋介石将孙中山的"以党治国"歪曲为排除其他政党参与的国民党一党独揽的"一党治国"；坚持一党独裁，坚持发动内战，置一党私利于国家和人民利益之上，遭到了全国人民的共同反对和背弃。最终，国民党的一党专制统治随着新中国的成立而被推翻，这也意味着一党专制模式在中国的失败和破产。

（二）从"三三制"政权到多党合作制度的建立

在半殖民地半封建社会的旧中国，大地主、大资产阶级的反动性和民族资产阶级的软弱性决定了他们根本无法带领中国人民完成民族解放、国家富强、人民当家作主的历史重任。这一历史重任只能依靠新的政治力量以新的革命理论为中国指引一条新的道路。经过反复比较、借鉴和探索，中国人民最终选择了共产党领导的中国特色社会主义道路。在实现民族复兴、国家富强的革命征程中，共产党人不仅确立了自己的领导核心地位，而且通过执行正确的联盟政策，形成了最广泛的爱国统一战线，倡导建立包括各阶级、阶层、政党、政团等各革命阶级的联合政权。1940年，中国共产党在陕甘宁抗日根据地建立了"三三制"革命政权，将共产党与民主人士在政权中的合作由政治设想变成政治现实，并把它上升为一种战略高度，正如毛泽东所说："国事是国家的公事，不是一党一派的私事……共产党与这个党外人士实行民主合作的原则是固定不移，永远不变的。"①

① 《毛泽东选集》（第3卷），人民出版社1991年版，第809页。

1944 年 9 月，中共中央提出了建立由各抗日党派、各抗日军队、各地方政府、各民众团体共同组成的民主联合政府的主张，初步提出了关于新民主主义时期的国家形态和政权形态的构想。但是，这一政治构想屡遭国民党反对，在谈判无果的情况下，内战爆发，中国共产党只能依靠革命的武装反对反革命的武装。在人民解放战争行将胜利的关键时刻，中共中央于 1948 年 4 月 30 日发布了著名的“五一口号”，号召“各民主党派、各人民团体、各社会贤达迅速召开政治协商会议，讨论并实现召集人民代表大会，成立民主联合政府”。这一号召得到了各民主党派、人民团体、海外华侨团体和无党派民主人士的热烈响应。1949 年 9 月，中国人民政治协商会议的召开，标志着中国共产党领导的多党合作和政治协商制度的正式确立。

中国共产党领导的多党合作和政治协商制度是中国社会历史发展的必然结果和中国人民对政治发展道路的自主选择。这一制度选择在长期的革命、建设、改革实践中形成和发展，并经过实践检验，符合中国实际，顺应现代化发展潮流，是当代中国人民制度自信的历史根源和合法性基础。

二、新型政党制度具有科学的理论支撑

习近平指出，新型政党制度是“马克思主义政党理论同中国实际相结合的产物”。马克思主义政党理论是新型政党制度的理论源头和立论基础，正是马克思主义政党的性质、使命与资本主义政党有着本质的不同，从而在斗争策略、组织原则、政权建设、政党执政方式等一系列问题上显示出与西方政党制度截然不同的本质特征。围绕着马克思主义政党夺取政权、执掌政权、巩固政权这一政党政治的核心命题，形成了马克思主义政党基本原理、人民民主专政理论、民主集中制理论，这些理论共同构成了多党合作制度的理论基础。

(一)马克思主义政党基本原理

马克思主义关于政党的基本原理是多党合作制度的理论源头。马克思主义认为，政党是阶级斗争的产物。政党是由本阶级的先进分子所组成，先

进性是无产阶级政党的本质要求和典型特征。与资产阶级政党只代表部分阶级、阶层的利益要求不同,无产阶级所进行的一切活动,代表了绝大多数人的利益。马克思、恩格斯指出:“过去的一切运动都是少数人的或者为少数人谋利益的运动。无产阶级的运动是绝大多数人的、为绝大多数人谋利益的独立运动。”①无产阶级政党“没有任何同整个无产阶级不同的利益,共产党人强调和坚持整个无产阶级共同的不分民族的利益。”②共产党领导是新型政党制度的基础和前提,也是区别于西方国家政党制度的根本特征。共产党自身的先进性和人民性决定了共产党的领导不仅仅是执掌国家最高行政权力,而是对整个国家政治、经济、文化、社会各个方面的全面领导,是代表全体人民利益的掌舵人,这就从根本上改变了西方国家政党只代表部分人利益的本质,能够真实、广泛、持久代表和实现最广大人民和全国各族各界根本利益,有效避免旧式政党制度只代表少数人、少数利益集团的弊端。

(二)人民民主专政理论

无产阶级政党主要是通过暴力革命的方式夺取国家政权,彻底打碎一切旧的国家机器,这对于处于经济文化落后的殖民地半殖民地国家来讲,无产阶级政党还承担着现代国家建构的重要任务。与西方政党理论“国家来源于社会,社会决定国家”的社会中心论不同,社会主义国家走过的是一条“以党建国”的历史道路,是无产阶级政党缔造了现代国家,实现了民族独立而后领导并推动整个国家建设。因此,无产阶级政党关于政权建设的理论必然要体现无产阶级政党的领导地位,这是社会主义政党制度区别于西方政党制度的本质特征。

中国共产党将马克思主义关于无产阶级专政的理论发展为人民民主专政理论。人民民主专政本质上是在共产党领导下,在反法西斯统一战线基础上,建立的以工农联盟为主体、包括一部分爱国的资产阶级、小资产阶级

① 《马克思恩格斯选集》(第1卷),人民出版社1995年版,第283页。

② 《共产党宣言》单行本,中央编译局译,人民出版社1997年版,第40页。

及其政党的联合政权。毛泽东在《论人民民主专政》中指出:“团结工人阶级、农民阶级、城市小资产阶级和民族资产阶级,在工人阶级领导之下,结成国内的统一战线,并由此发展到建立工人阶级领导的以工农联盟为基础的人民民主专政的国家。”①各民主党派与中国共产党一道参加了抗日战争和解放战争,成为中国共产党事实上的同盟者和亲密战友,成为民主与进步力量的代表,为联合政权的建立奠定了政治基础。多党合作的联合政权是人民民主专政的制度化创造和具体实践形态。人民民主专政的国体性质,从根本上决定了中国政党制度的核心价值、结构要素和制度特征。

(三)民主集中制理论

现代政党因民主而生,政党、政党制度都是民主政治发展的产物。无产阶级政党在自身建设过程中就把民主集中制作为根本组织原则,把实现最广泛的人民民主作为重要目标。民主集中制不仅是中国共产党的组织原则,也是国家政权建设和政治制度的重要指导原则。1940 年 1 月,毛泽东在《新民主主义论》中明确指出“国体——各革命阶级联合专政。政体——民主集中制。这就是新民主主义的政治,这就是新民主主义的共和国”②。1945 年 4 月,毛泽东在《论联合政府》中进一步指出:“新民主主义的政权组织,应该采取民主集中制,由各级人民代表大会决定大政方针,选举政府。它是民主的,又是集中的,就是说,在民主基础上的集中,在集中指导下的民主。”③邓小平指出:“民主集中制是党和国家的最根本的制度,也是我们传统的制度。坚持这个传统的制度……是关系我们党和国家命运的事情。”④民主集中制渗透到中国政治生活的方方面面,在政党制度上体现为共产党一元领导的核心性与多党派合作的多元性,是民主与集中、集权与分权的制度设计与安排;这与西方国家三权分立、权力制衡的制度设计有着根本不同。民主集中制的核心价值和运行规则决定了中国的政党制度是广泛民主与高

---

① 《毛泽东选集》(第四卷),人民出版社 1991 年版,第 1472 页。

② 《毛泽东选集》(第二卷),人民出版社 1991 年版,第 677 页。

③ 《毛泽东选集》(第三卷),人民出版社 1991 年版,第 1057 页。

④ 《邓小平文选》(第一卷),人民出版社 1994 年版,第 303 页。

度集中的统一,既能集中力量办大事,又能有效避免一党缺乏监督、权力高度集中的弊端和多党轮流坐庄、恶性竞争的弊端。

三、新型政党制度具有丰厚的文化滋养

新型政党制度是优秀中华文化滋养出的中国化的马克思主义成果,植根于中国优秀文化土壤之中,有着独特的文化基因和鲜明的民族特性。正如习近平总书记所指出的那样,新型政党制度“不仅符合当代中国实际,而且符合中华民族一贯倡导的天下为公、兼容并蓄、求同存异等优秀传统文化。”“天下为公”的价值追求、“大一统”的政治理念、“和而不同”的精神特质共同铸造了新型政党制度的文化根脉。

(一)“天下为公”的价值追求

中国传统文化具有浓厚的家国情怀和“天下为公”的价值追求。“修身、齐家、治国、平天下”是数千年来中国人治国安邦的方略。重集权、尚整体的家—国—天下秩序是中国政治建构的起点和政治制度的基因。在家—国—天下的政治逻辑里,“强调当政者对人民负有道义责任,而非西方那样在特权阶层内部进行权力分配。”①以权力—责任为基础建构起来的政党、政权必须最大限度地考虑整体利益而非个人、部分的利益。因此,在中国,国事是众人的事,不是一党一派的私事;中国的政党只能为公、不能为私,只能代表国家民族利益、不能只代表少数人、少数利益集团的利益。中国共产党作为马克思主义政党,除了最广大人民的根本利益,没有自己的任何私利。中国各民主党派组建政党,也不是为了一党之私,而是出于救国救民的民族大义。在“天下为公”的价值理念下,中国各个政党在建党初期尽管秉持着不同的政治理想,存在政见分歧,但是在救国救民、实现民族独立、国家富强的目标上是一致的,都没有各个党派自己的私利。因而,能够在国家利益的基

① 刘志明:《西方人眼里的中西体制新认识》,《人民论坛》,2011 年第 9 期(下),第 33 页。

础上实现政治理想的汇流和政治理念的互相融合、共生。

(二)“大一统”的政治理念

中国传统文化具有“大一统”的核心价值理念。统一不仅是中国五千多年历史的主流和客观现实,而且已经内化为中华人的政治理想和信念,成为中华民族精神的重要组成部分,对于民族性格养成和政治模式选择产生了深远影响。中国古代的主要思想流派,均有着“大一统”的思想元素,并最终通过几千年的意识形态发展、伦理教化和制度实践,成为历代主流价值和全民共识。在“大一统”的政治理念下,中国政治制度、政党制度的选择必然是一个以共产党的统一领导为核心、以民主集中制为原则、以维护团结统一为目标的命运共同体。共产党领导的多党合作和政治协商制度在维护团结统一的大目标下,既能够维护整体利益,又能够兼顾各方利益,有效避免权力分立带来的政治分裂和社会撕裂。

(三)“和而不同”的精神特质

中华文化具有“和而不同、兼容并蓄”的宽广胸襟。“和合”思想是中国传统思想文化的精髓和内核。“天人合一”“和合而谐”“和而不同”对中国人的处世规范、人与自然的关系、人与社会的关系产生了深刻影响。早在春秋时期,《国语·郑语》就记述了史伯关于和、同的论述,“和实生物,同则不继”;晏婴和孔子又进一步把这一思想发展为“和而不同”。“和而不同”的理念首先在于“和”,强调一致性。在政党制度上,体现为各政党根本利益和政治目标的一致性,强调的是合作、协商、共赢的理念。“不同”兼顾的是政治的多样性和差异性,通过协商,最大限度地把“不同”凝聚为最大公约数,实现一致性和多样性的有机统一。在中国共产党统一领导下,通过广泛协商、广泛听取意见建议、广泛接受批评监督,达成最广泛的决策和共识,有效克服党派和利益集团互相倾轧、固执己见、排除异己的弊端。

四、新型政党制度具有独特的制度优势

新型政党制度契合了中国现代化发展需要强有力政党领导、整合社会、推动发展、坚守文化传统的需求,实现了政治现代性与民族性的有机统一,是对旧式政党制度的超越,具有自身独特优势。

(一)新型政党制度具有鲜明的政治现代性

从某种意义上来讲,政党及政党制度都是现代化的产物,政党与政党制度伴随着现代化的发生、发展而不断改变自身功能结构、组织形态、活动方式,以适应现代化发展的需要。无论是西方国家还是东方国家,政党政治发展的经验表明:任何政党尤其是处于执政地位的政党,只有适应现代化发展潮流,不断增强自身的适应性、包容性和开放性才能充分发挥自身功能,更加有效地影响政权和政治运作。国内较早提出政党现代化理论的王长江教授认为,"所谓政党现代化,就是政党适应客观环境及其变化的需要,适应社会发展进程,使自身结构、功能、机制和活动方式不断制度化、规范化、科学化的过程。"①"从理论上说,政党现代化适用于当今世界所有国家的所有政党和政党体制。"②

中国的多党合作制度是在现代化进程中不断调整、适应、选择的结果。自1840年鸦片战争以来,中国被迫裹胁着加入世界现代化潮流之中,民族独立、经济富强、政治民主成为中国现代化的首要目标。半殖民地半封建的社会性质决定了中国只能由一个强有力的政党来领导中国的现代化,在各种各样的政党试验中,之所以选择了中国共产党领导的多党合作和政治协商制度,是因为这一制度能够更加有效地凝聚全体人民的共同意志,实现社会的高度整合。近代以来,在现代中国建构过程中,最大的问题莫过于孙中山先生所说的"四万万人如一盘散沙"。民国初年,虽然政党多如牛毛,但各自

① 王长江:《政党现代化论》,江苏人民出版社2004年版,第29页。

② 王长江:《政党政治原理》,中共中央党校出版社2009年版,第356页。

为政、各行其是,给中国带来军阀混战的局面。中国共产党领导的多党合作和政治协商制度立足于中国复杂的阶级阶层结构,在不同时期制定不同的联盟政策,把不同政党、不同民族、不同阶层的人有效凝聚在实现民族独立、国家富强、人民幸福的旗帜下,解决了社会分裂和动荡问题,实现了政治和社会稳定。同时,这一政党制度与国民党的"一党专政"相比,充分考虑代表广大中间阶层利益的各民主党派,重视"多党"存在的价值,不搞"党外无党""一党集权",而是创造性地将"一党"和"多党"以合作协商的方式结合起来,形成了"共产党领导、多党派合作"的新型政党格局,有利于形成稳定的政治格局和政治秩序。稳定的政治格局和政治秩序恰恰是发展中国家迈向现代化的基础和前提。与中国历史上的政党制度相比,新型政党制度既确保了权威性核心领导,又最大限度地实现了社会整合,契合了中国现代化的核心需求,更具政治现代性和民主性。

(二)新型政党制度具有鲜明的民族特质

政党、政党制度起源于西方,是西方议会政治发展的产物。西方国家的政党制度大多数是在资产阶级革命胜利后在议会和总统选举过程中逐步形成、发展和完善起来的;通过竞争性选举取得对国家政权的控制和政治资源的分配是其典型特征。西方学者从市场经济的竞争性出发,认为在一个由公民、政党与政府组成的政治市场中,同样存在竞争。政党总是代表了"部分"人的利益,不同的政党为公民提供不同的政策方案,而民众总是选择能够实现自身利益最大化的方案。为了赢得民众的支持和认同,不同政党之间必然展开激烈的竞争。"竞争,作为一种保护和促进消费者利益的手段是具有重要意义的,不论是经济的还是政治的消费者。"①竞争体制下的政党联盟从本质上讲是基于相似利益要求而结成的权宜组织,一旦政党间利益发生冲突,政党间的合作就会发生破裂。

从中国土壤中生长出来的新型政党制度,打破了西方政党制度固有的

① [意]G·萨托利:《政党与政党体制》,杨德山主编,商务印书馆2006年版,第302页。

模式,以合作协商代替倾轧竞争,以"执政—参政"代替"在朝—在野"。以共产党为领导核心,共产党执政、各民主党派参政,共同担负起建设国家的责任。这种合作建立在共同利益和奋斗目标基础之上,具有深厚的历史基础、政治基础和制度基础。各民主党派在多党合作制度框架内,具有参加政治协商、参政议政、民主监督的制度化渠道,合作对象固定,合作关系稳固而持久,合作内容渗透到国家政治生活的方方面面。新型政党制度创造了执政与参政相结合、领导与被领导相统一的政权运作方式,形成了全新的和谐共生的合作性政党关系。这种具有中国特色的政党制度融合了不同政党制度的稳定性、监督性等优点,又体现了自身的主导性、包容性特点,体现出"中国模式"独特的制度优势和效能。

总之,习近平关于新型政党制度的论述,立足中国政党制度70年的政治现实和实践经验,深刻阐明了中国政党制度深厚的历史基础、理论根基、文化根脉、独特优势,对于构建具有中国特色、中国气派、中国风格的政党制度理论体系,打破西方政党理论话语霸权、提升中国政党制度理论自信、制度自信具有重要理论意义和实践价值。新型政党制度所展现出来的蓬勃生机与活力,与不断表现出意识形态淡化、选民基础薄弱、党员数量减少、基层组织萎缩等衰弱迹象的西方政党形成了鲜明对比。新型政党制度实现了集中统一领导与广泛政治参与相统一,国家稳定与社会进步相统一、激发活力与富有效率相统一的"中国之治",与多党竞争和多党制下的"西方之乱"形成了鲜明对比。两个"鲜明对比"充分说明,新型政党制度是对西方资本主义政党制度的全面超越,它不仅契合了中国的历史文化传统、现实政治需求,同时也引领中国未来发展、影响国家前途命运。

(作者单位:山东省社会主义学院)

我国新型政党制度对中华传统文化的营养汲取

常庆林

2018年3月4日，习近平总书记在看望参加全国政协会议的民盟、致公党、无党派人士、侨联界委员时讲话指出，“中国共产党领导的多党合作和政治协商制度作为我国一项基本政治制度，是中国共产党、中国人民和各民主党派、无党派人士的伟大政治创造，是从中国土壤中生长出来的新型政党制度”。[①] 中华民族创造的源远流长的中华文化，作为先在的精神环境，为中华民族的发展壮大提供了强大的精神力量，更为我国新型政党制度的形成和发展提供了深厚的思想土壤。从中国土壤中生长出来的新型政党制度不仅符合当代中国实际，而且符合中华民族一贯倡导的天下为公、和而不同、兼容并蓄等优秀传统文化。研究我国新型政党制度中的中华传统文化因子，探究我国新型政党制度对中华传统文化的营养汲取，有助于正确认识和处理我国新型政党制度和中华传统文化的相互关系，有助于丰富和发展中华传统文化，有助于彰显我国新型政党制度的特点和优势。我们要切实加强我国新型政党制度与中华传统文化的理论学习和问题研究，深入挖掘我国新型政党制度的思想根基和文化内涵，充分发挥我国新型政党制度的特点和优势，把我国新型政党制度坚持好、发展好、完善好。

---

① 《坚持多党合作发展社会主义民主政治 为决胜全面建成小康社会而团结奋斗》，《人民日报》，2018年3月5日，第1版。

一、天下为公:我国新型政党制度的价值意蕴

追本溯源我国新型政党制度的建立精神是“公”,是按照“天下为公”的精神展开的,天下为公是价值追求和价值意蕴。“天下为公”语出《礼记》“礼运”篇:“大道之行也 ,天下为公。”[①]“天下为公”追求的社会理想状态是“天下大同”。“天下为公”强调了公义精神,推崇去私尚公、去利怀公、夙夜为公的献身精神。可见,为政治国需要践行公义之德,追求尚公精神,凝练尚公品格,以公平天下,这既是个人修德立身的关键环节,是为政者实现圣王之治的最高价值取向,也是我国新型政党制度建立之初的精神所在。天下为公就是全天下人共有天下。孙中山设想达到天下为公的实践途径是三民主义。把一家一姓的天下变成“公天下”,把官僚、军阀的天下变成人民的天下,把国内各民族融合成文明、强大、统一的中华民族。孙中山先生发动和领导了辛亥革命,推翻了延续几千年的君主专制制度,并效仿西方国家实行议会政治和多党制。但它很快就在中外各种反动势力的冲击下归于失败。正如孙中山先生所总结的,中国的社会既然和欧美不同,管理社会的政治自然也不能完全仿效欧美。2016 年 11 月,习近平同志在纪念孙中山先生诞辰 150 周年大会上的讲话中曾指出:“孙中山先生深知人民是最伟大的力量,强调要实现革命的目的,必须唤起民众。”[②]孙中山先生有着深厚的为民情怀,一生坚持以“天下为公”为最高思想境界,他强调唤起民众,对人民的深厚感情,是他追求真理、矢志革命的力量源泉。中国共产党人更是深知人民是创造历史的动力。以人民立场为党的根本政治立场,一贯强调立党为公、执政为民,我国新型政党制度建立之初的精神也就在于此。只有在中国共产党的领导下,建立符合中国国情的政党制度,以公有制为基础,一切依靠群众,全心全意为人民服务,天下为公才能成为现实。从孙中山到中国共

---

① 杨天宇:《礼记译注》,中华书局 1980 年版,第 264 页。

② 习近平:《在纪念孙中山先生诞辰 150 周年大会上的讲话》,人民出版社,2016 年 12 月 24 日,第 15 页。

产党,历史的进程尽管大浪淘沙、道路曲折,但坚持中国道路、树立民族自信,以及坚持人民主体地位、发挥政党中坚作用,始终代表现代中国的发展方向和建政理念。孙中山先生曾说,政党均以国利民福为前提,政党彼此相待应如兄弟。我国新型政党制度,绝不是各立门户,而是天下为公。

从"十六字方针"到"根本利益的一致性",在新型政党制度的特质中无不渗透着天下为公的思想。中国共产党与各民主党派"长期共存、互相监督、肝胆相照、荣辱与共"的十六字方针,体现了中国各政党在政党制度架构中长期共存的公义精神,这与国民党取消民主党派,搞一党独裁是针锋相对的。毛泽东在20世纪50年代就提出了"两个万岁"的思想,即"共产党万岁""民主党派万岁"。他说:"我们有意识地留下民主党派,这对党,对人民、对社会主义很有利。打倒一切,把其他党派搞得光光的,只剩下共产党的办法,使同志们中很少不同意见,弄得大家无所顾忌,这样做很不好。"①1993年召开的八届人大一次会议,将"中国共产党领导的多党合作和政治协商制度将长期存在和发展"载入宪法,中国共产党与民主党派长期共存得到宪法确认。共产党领导、多党派合作,共产党执政、多党派参政的新型政党制度,强调发挥民主党派政治协商、参政议政、民主监督的作用,充分体现了我国新型政党制度天下为公的价值意蕴。新型政党制度成功实践的重要特质之一在于根本利益的一致性,在于重视各阶层人民的不同利益和要求,坚持全国人民根本利益与各阶层人民具体利益的统一。中国共产党的初心和使命是为中国人民谋幸福、为中华民族谋复兴。各民主党派、无党派人士虽然代表不同社会阶层和社会群体的具体利益,但这是人民内部根本利益一致基础上的具体利益差别。他们选择同共产党团结合作,看到并认同中国共产党的初心和使命。这种根本利益的一致性,是新型政党制度成功实践的前提和基础。如习近平总书记指出:"新型政党制度能够真实、广泛、持久代表和实现最广大人民根本利益、全国各族各界根本利益,有效避免了旧式政党制度代表少数人、少数利益集团的弊端。"我国新型政党制度对天下为公思想的营养汲取充分证明,中国共产党人是中华优秀传统文化的忠实继承者、

① 李维汉:《回忆与研究》下册,中共党史出版社2013年版,第813页。

弘扬者和建设者，同时也是中国先进文化的积极倡导者和发展者。

二、和而不同：我国新型政党制度的构建理念

我国新型政党制度的安排和构建遵循着传统文化中的“和而不同”精神，并不断发展着此种精神，制度的设计是建立在监督理念基础上，强调“和”，而非制衡。《论语·子路》：“君子和而不同，小人同而不和。”①“同”是指无差别的事物放在一起。“和”是指不同的主体在一起相处。和文化承认差别和矛盾的普遍存在，将人与人之间的和谐共处建立在个性差别的基础之上。《道德经》：“有无相生，难易相成，长短相形，高下相盈，音声相和，前后相继，恒也。”②对此，孔子主张“和而不同”，老子主张“智者求同”，庄子主张“海纳百川”。我国新型政党制度的构建基础源于此，我国新型政党制度的包容精神和合作意识就是这些传统文化精髓的汲取。“和而不同”的实质是追求内在的和谐统一，和谐而又不千篇一律，不同而又不相互冲突。和谐以共生共长，不同以相辅相成。新型政党制度对“和而不同”思想的汲取的另一个重要方面是侧重坚持寻求共同基础，坚持原则性和灵活性相结合，紧紧围绕历史和时代的需要，通过寻求“共同点”来消除分歧，最终争取一切可以争取的因素，团结一切可以团结的力量。“和”就是在中国共产党的领导下，我国各民主党派在奋斗目标等重大原则问题上与中国共产党保持高度一致。“不同”是指我国民主党派作为参政党，有自己的组织制度和组织形式。中国共产党充分尊重民主党派的组织独立，不干涉民主党派的内部事务，支持民主党派独立自主地开展工作，照顾同盟者利益。“和而不同”的精神理念蕴含于我国新型政党制度之中，并通过我国新型政党制度得到充分展现。我国新型政党制度是马克思主义政党理论和统一战线学说与中国实际相结合的产物，是符合中国国情的社会主义政党制度，是中国的一项基本政治制度。它是在中国长期革命和建设中形成和发展起来的，是中国共

① 杨伯峻：《论语译注》，中华书局1980年版，第137页。

② （魏）王弼注，楼宇烈校释：《老子道德经注校释》，中华书局2008年版，第97页。

产党、中国人民和各民主党派、无党派人士的伟大政治创造。我国新型政党制度经过长期的发展,形成了与时俱进、独具特色的理论体系,将"和而不同"理念赋予新的特色。我国新型政党制度的实践过程是"和而不同"理念在不同历史时期的实现过程,在我国新型政党制度的不断发展和优化中,也不断丰富着"和而不同"的精神内涵。

我国新型政党制度良性运行的关键在于奋斗目标的同向,在于对"和而不同"中"和"的秉持和诠释。"和"的内质在于和谐。团结和谐是我国新型政党制度的灵魂和核心。孟子说,"天时不如地利,地利不如人和。"①就是说,要办成任何事情,最重要的是人与人之间的和谐与合作。秦汉以后,随着儒家学说在中国古代思想界统治地位的确立,这一"和"思想被普遍应用,逐渐成为中国传统文化普遍的人文精神和行为准则。和谐是指对立事物之间在一定的条件下的辩证统一,是不同事物之间相辅相成、互助合作、互促互补、共同发展的关系。我国新型政党制度秉持广泛包容,促进各种力量的团结联合。秉持互相尊重,努力做到体谅包容。秉持和衷共济,协商中献智慧、合作中见真诚,不断加深相互理解和信任。我国新型政党制度坚持大团结大联合的主题,强调广泛团结、包容差异,注重凝心聚力。倡导思想观念的共识、道路方向的一致,培养共同目标、共同利益和共同情感,引导各民主党派成员与党、与国家、与人民同心,实现最大程度的团结凝聚。对于"和"的另一方面的诠释在于新型政党制度对奋斗目标的同向。在新型政党制度下,各民主党派不是反对党或在野党,是中国特色社会主义参政党。各民主党派是与中国共产党亲密团结、合作共事的友党和诤友,多党合作的基础在于执政党参与政党奋斗目标的同向性。1948 年,中共中央发布"五一口号"明确提出:"全国劳动人民团结起来,联合全国知识分子、自由资产阶级、各民主党派、社会贤达和其他爱国分子,巩固与扩大反对帝国主义、反对封建主义、反对官僚资本主义的统一战线,为着打倒蒋介石,建立新中国而共同奋斗。"各民主党派和无党派人士立即表达了愿为建立新中国献出绵薄之力的良好愿望。在长期的革命、建设、改革实践中,各民主党派始终与中国共

① 杨伯峻:《孟子译注》,中华书局 2000 年版,第 145 页。

产党朝着共同的奋斗目标前行,始终不渝。中国共产党与各民主党派、无党派人士的同向奋斗目标确保了我国新型政党制度从形成、发展到不断坚持、发展、完善的良性运行。如习近平总书记指出:“新型政党制度把各个政党和无党派人士紧密团结起来、为着共同目标而奋斗,有效避免了一党缺乏监督或者多党轮流坐庄、恶性竞争的弊端。”在历史长河中形成的我国新型政党制度既不同于前苏联一党制,也与西方多党制有着根本区别,是把各个政党和无党派人士紧密团结起来的政党制度,属于一种完全不同于旧式政党制度模式的新型政党制度,这是世界政党模式的中国方案,是中国共产党、中国人民和各民主党派、无党派人士对人类政治文明的重大贡献。

三、兼容并蓄:我国新型政党制度的理论进路

我国新型政党制度的理论进路在于形成了一个高效的主体关系,即民主协商运行模式,这种民主协商运行模式汲取了中华传统文化“兼容并蓄、博采众长”的理论思路。“兼容并蓄”出处为明代方孝孺《复郑好义书》:“所贵乎君子者以能兼容并蓄,使才智者有以自见,而愚不肖者有以自全。”①意思是指把不同内容、不同性质的东西收下来,保存起来。唐·韩愈《进学解》:“玉札丹砂,赤箭青芝,牛溲马勃,败鼓之皮,俱收并蓄,待用无遗者,医师之良也。”②“博采众长”出自汉代刘向《说苑·君道》:“凡处尊位者,必以敬下顺德规谏,必开不讳之门,蹲节安静以藉之,谏者勿振以威,毋格其言,博采其辞,乃择可观。”③解释为广泛搜集采纳众人的长处及各方面的优点,或从多方面吸取各家的长处之意。“进路”就是方法,即以某种基本原则,展开并提出具体原则和规范。进路不同,提出的原则或规范也不同,从而呈现出多样性的特色。我国新型政党制度的进路就是制度运行方法,我国新型政党制度的民主协商优势,充分展示了“兼容并蓄、博采众长”的特点。我国

① 《明文海》,中华书局1987年版,中卷一百四十九方孝孺(复郑好义书)。

② 乔象钟、陈铁民主编:《唐代文学史》(上),人民文学出版社1995年版,第35页。

③ (汉)刘向,撰;向宗鲁:《说苑校证》,中华书局1987年版,第148页。

新型政党制度是中国特色协商民主的重要形式,在政治上强调“兼容并蓄”,具有巨大的包容性。其制度设计的目的就是为了团结一切可以团结的力量,调动一切积极因素参与国家建设。我国新型政党制度主张民主协商,侧重“博采众长”,这需要最大程度吸纳各种意见和各方面智慧,实现科学民主决策。我国新型政党制度形成和发展的历史,就是中国共产党领导广大人民争取民主、建设民主的历史,就是中国共产党不断“兼容并蓄、博采众长”的历史。民主协商是我国新型政党制度不可或缺的思想内涵。民主也是跳出“历史周期律”的那条新路。“历史周期律”是指中国历史上的政权经历兴衰治乱,往复循环呈现出的周期性现象。极端的不公导致社会的崩溃,从而达到新的相对公平,周而复始。历史周期律问题,是 1945 年黄炎培先生在延安向毛泽东提出的问题。黄炎培先生问毛主席,中国共产党能不能跳出历史上“其兴也勃焉,其亡也忽焉”的历史周期律。毛泽东同志回答说:我们已经找到新路,这条新路,就是民主。2017 年习近平总书记在党外人士新春座谈时指出:“虚心公听,言无逆逊,唯是之从”,这是执政党应有的胸襟;“凡议国事,惟论是非,不徇好恶”,这是参政党应有的担当。[①] 长期以来,中国共产党坚持向民主党派等党外人士通报有关会议精神,就国家政治、经济、社会等各领域重大问题征求他们意见,已成为传承“兼容并蓄、博采众长”的优良传统。

“兼容并蓄、博采众长”的理念构建了和谐的政党关系,将其特质寓于其中,以合作、协商、包容代替竞争、攻击、倾轧,有效避免了部分利益决策施政的弊端。新型政党制度的政党关系和谐,用合作取代竞争,用协商代替攻击,用包容避免倾轧,使其在制度上保证了能够团结和调动一切积极因素,使党际关系和谐成为一种制度内的和谐,确保了我国新型政党制度的长期性、稳定性。各民主党派通过政党协商、政府协商、政协协商等丰富的形式,履行参政党职能,能够广泛参与国家政治生活,有利于提高党的决策的科学性和民主性,有助于促进政治资源整合,化解各种社会矛盾和冲突,实现社

① 《习近平在同党外人士共迎新春时的讲话》,《人民日报》,2017 年 1 月 22 日,第 1 版。

会和谐。我国新型政党制度在发展和完善过程中，不断萃取中华传统文化的理论精华和实践智慧，形成了既具有中华传统文化一般属性，又体现多党合作特色的新型政党制度形态。我国新型政党制度的这种和谐的政党关系源自中国共产党能够博采众谋、集思广益，能够发扬民主、凝聚共识。我国新型政党制度秉承“兼容并蓄”的理念，突出“博采众长”的优势，使中国共产党与各民主党派的政党关系成为一种关系融洽的政治共同体。这种和谐的政党关系营造了巩固多党合作良好政治格局的发展环境，为坚持好、发展好、完善好我国新型政党制度提供了保障，在中国共产党的领导下，我国新型政党制度使“众人的事情由众人商量”真正变成了现实。如习近平总书记指出：“它通过制度化、程序化、规范化的安排集中各种意见和建议、推动决策科学化民主化，有效避免了旧式政党制度囿于党派利益、阶级利益、区域和集团利益决策施政导致社会撕裂的弊端。”纵观我国新型政党制度的发展脉络，无不传承着中华传统文化的思想观念，既具有深厚历史渊源，又具有广泛现实基础；既体现中国和时代发展进步要求，也反映中国人民意愿。我国新型政党制度植根于中华文化沃土之中，并不断从中华传统文化博大精深的思想、智慧和方法中汲取丰厚营养。

（作者单位：哈尔滨市社会主义学院）

探析中国新型政党制度生成的新视域

殷彦培

习近平总书记指出:“中国共产党领导的多党合作和政治协商制度作为我国一项基本政治制度,是从中国土壤中生长出来的新型政党制度。”深入研究中国新型政党制度的生成过程,对于新时代坚持我国新型政党制度、坚定政党制度自信具有重要的现实意义。中国的政党制度既具有一般政党制度的特性,又具有中国自身的特殊性,要正确认识中国新型政党制度,必须对中国政党制度的生成历史有一个全面细致的了解。本文通过对中国新型政党制度的生成历史进行梳理,并认真阅读和研究历史制度主义相关理论的文献,发现中国新型政党制度的生成历史与历史制度主义理论逻辑上存在一定的耦合性,可以为我们研究新型政党制度的生成带来一些启示,并提供一个新的研究视角,也可以为我们研究中国新型政党制度生成的必然性、合理性与独创性提供支持。因此,本文主要是在借鉴历史制度主义这一学术视域的基础上,探析中国新型政党制度的历史生成。

一、中国新型政党制度生成的必然性

关于历史与制度的关系,历史制度主义将其描述为因果关系,制度既是历史的产物,又推动着历史朝特定的方向发展。历史制度主义著名学者皮尔逊认为:“政治发展必须被理解为一种随时间而发展的过程”, 从中可知,历史制度主义倾向于以“历时性模式”来研究历史与制度的互动关系，从而使得它们的研究时段常常长达数年、数十年甚至数百年。因此，我们分析中国新型政党制度的生成历史，不是只研究它生成的那一年的历史，而是要研究整个生成的历史过程，新型政党制度的生成历史最早可追溯至20世纪20年代第一次国共合作，经过历史发展，直到20世纪40年代末，新型政党制度才正式确立。因此，20世纪20年代到40年代末，这几十年是我们研究历史与制度互动关系的时间过程。

（一）中国历史发展中生成了新型政党制度

卢森堡曾提出：“社会主义的社会制度只应当而且只能是一个历史产物，它是在自己的经验的学校中，在它得到实现的那一时刻，从活动历史发展中产生的。”作为一种制度，新型政党制度亦是在既定的历史条件下生成的，是历史的产物。20世纪20年代，我国进行了新型政党制度的早期探索，即第一次国共合作。那么，为什么会有第一次国共合作呢？这还要从中国有政党开始讲起。19世纪末20世纪初，各主要资本主义国家相继进入帝国主义阶段，并多次向中国发起大规模战争，这给中华民族带来了深重的灾难，中国的有识之士先后发起了一系列救亡图存的斗争，在救亡图存的斗争中，西方政党思想和政党制度被引进中国，此后，通过积极组建政党开展革命运动成为必然的选择。我国第一个政党是孙中山于1905年成立的中国同盟会，之后革命派成功建立了历史上第一个资产阶级共和国，一时间中国呈现出政党林立的局面，最后发展形成对立的两大政党：一是国民党；一是进步党。袁世凯想利用进步党达到组阁的目的，结果失败了，于是便使用武力解散了国民党和国会，进步党也因失去利用价值被袁世凯一脚踢开，从此中国就处在封建军阀的专制统治之下，政党政治销声匿迹了，民国初年的资产阶级多党制和两党制尝试就这样宣告失败。此时，俄国于1917年在布尔什维克党的领导下建立了苏维埃共和国，列宁继承和发展了马克思、恩格斯的政党学说和制度，并将其运用于俄国革命实践，建立起共产党领导的社会主义国家及其政党制度。很快，十月革命胜利的消息传入中国，一起传入的还有马克思列宁主义，在该思想理论的指导下，1921年7月，中国共产党诞生，共产党开始学习运用马列主义的观点来指导实践,提出了建立民主的联合战线的主张,积极推动党派合作,“二七大罢工”失败之后,党认识到敌人是异常强大的,必须争取一切可能的同盟者,增强自身力量,从而加快了国共合作的步伐。而孙中山在抗争过程中,开始对自己的革命行为和建国方案进行反思,并将关注点转移到苏俄政党及其建国方案,逐步形成了政党建国和政党治国思想。孙中山曾提到“我们现在并无国可治,只可说以党建国。待国建好,再去治它”,于是为了尽快建立起新中国,国共两党开始合作,这是中国党派合作的初次实践,也是共产党对建立适合国情的新型政党制度的初步探索。

(二)新型政党制度推动了中国历史发展

凯瑟琳·西伦和斯温·斯坦默提出:“历史制度主义所强调的是制度既约束又折射政治现象,但从来不是导致某一结果产生的唯一因素”,即导致新型政党制度生成的必然性因素中不止制度一种因素,但是这里我们仅仅从制度这一层面来分析新型政党制度生成的必然性。历史制度主义借用经济学中的“路径依赖”理论来研究制度变迁,并将其定义为:一个基于“回报递增”动态的社会过程,其中“回报递增”是自我强化机制或正反馈过程。简言之,路径依赖就是一种自我强化机制。

新型政党制度在历史生成过程中逐步形成了路径依赖,换言之,新型政党制度的生成过程其实就是多党合作和政治协商制度的强化过程。首先,多党合作机制的产生。民国初年,在马克思政党合作理论指导下的共产党,开始与在政党建国和政党治国思想指导下的国民党,实行党内合作,国民党因此一度成为中国第一大党,处于优势地位,并掀起了国民革命运动的高潮。北伐战争顺利推进,取得了空前的胜利,这使共产党和国民党部分官员以及人民群众第一次认识到党派合作的力量和重要性,这是对中国建立多党合作机制的初步探索。其次,多党合作机制的强化。1927 年,国民党当局在帝国主义的支持下,背叛了孙中山的“三大政策”,发动“四一二政变”和“七一五政变”,年轻的共产党伤亡惨重,第一次国共合作全面破裂,但是这使共产党开始认识到在党派合作中保持党的领导权的重要性,为以后共产党进行党派合作提供了经验教训，可以认为是对中国探索建立多党合作机制的一次负强化。1927年，在“八七会议”上，中国共产党开始根本转变统一战线的工作方针，即必须把着眼点转向发动工农上；必须将工人运动和农民武装暴动互相结合，同时也要与国民党左派、下层群众、下层组织联合；必须保持“共产党自己独立的政治面貌”。之后，共产党积极开展土地革命，建立起了工农民主统一战线，同时，又积极开展国统区的统战工作，建立起了国统区工人群众统一战线、军队统一战线等，这些统战工作取得了重大的胜利。比如国民党第二十六路军自愿改编为红军第五军团，农民自愿支持和帮助红军，部分党派成员合作成立了抗日同盟军，有力推动了全国抗日运动，革命根据地不断扩大和巩固，这些成果正是对统一战线、多党合作这种思想与机制的一次正强化，从而更加坚定了共产党进行统战工作的决心，进一步增强了共产党进行多党合作的信心。再次，多党合作和政治协商制度的初步实践。土地革命时期，由于当时中国共产党对民族资产阶级的认识有偏差，因此对代表其阶级利益的各中间党派，基本采取否定态度。“九一八”事变爆发后，中国国内的政治形势发生急剧变化，中日矛盾开始成为中国社会的主要矛盾，在民族危亡的关键时刻，共产党从民族抗战的大局出发，改变了对中间党派的政治态度，开始积极争取和联络中间党派。此时，中间势力也认识到要生存和发展并实现自己的政治理想，就需要与共产党进行合作，于是在共产党和民主党派的合作中，共产党创造性地提出了“三三制”民主政权，这让中国共产党积聚了力量，同时也获得了各民主党派和无党派人士的支持和拥护，最终取得了抗战的全面胜利，这可以看作是共产党对多党合作和政治协商制度的初步实践。最后，多党合作和政治协商制度全面实践和正式确立。1945年8月，抗战即将胜利时，对于如何建国这个问题，共产党和民主党派倾向于协商解决，由于国内外的压力，国民党被迫接受，于是，1946年三方约集召开政治协商会议，这次政协会议的召开可以看作是共产党多党合作理论的全面实践，是多党合作和政治协商建国的全面实践，为后来共产党多党合作协商建国做了前期实验。1946年，国民党挑起内战，中国再次陷入战争深渊，国民党一方面妄图消灭共产党，一方面又试图分化民主党派，最终民主党派中的代表民盟被迫宣布解散，在民主党派急需要帮助的时刻,中国共产党及时伸出援手,积极帮助和争取民盟等民主党派,随着解放战争形势的迅速发展,民主党派中绝大多数人接受了中国共产党的政治主张,1949 年 9 月,新政协成功召开,宣告新中国成立,并在全国正式确立了中国共产党领导的多党合作和政治协商制度,即新型政党制度。总之,中国选择新型政党制度的过程其实就是一种制度的强化过程,并在强化中逐渐锁定,制度锁定的必然结果是制度的正式确立。总之,中国历史发展选择了新型政党制度,新型政党制度又在一定程度上推动了中国历史的发展,正是这种互动关系决定了中国历史只能选择新型政党制度,从而证明中国新型政党制度生成具有必然性。

二、中国新型政党制度生成的合理性

(一)已有制度下的利益诉求

历史制度主义者认为,制度不但塑造了行动者的策略和目标,而且通过调节他们之间的合作与冲突关系而形构政治形势 ,可以看出,制度环境和制度塑造着人们的利益诉求。20 世纪 20 年代至 40 年代,世界大的制度环境就是政党政治时代,政党已经成为西方国家政治生活中最基本、最重要的力量,此外,政治民主化亦是一个大趋势,西方的政治制度和政治民主化思想随着西方列强的入侵被传入中国,而传入中国的西方政治制度特别是政党制度以及民主、平等、共和等政治思想得到了中国有识之士的肯定和认同,一起被传入的还有资本主义经济,随着资本主义经济在中国的发展,中国开始出现资产阶级、无产阶级等,作为阶级利益代表的政党也因此在中国出现,在历史发展中,中国有识之士逐步形成了以政党整合社会、改造国家的共识 ,政党因此登上中国政治舞台,开始争取其自身阶级利益,并实施其所倡导的政治制度,然而不同时期,这些政党以及人民大众有着不同的利益诉求。民国初年,军阀混战,人民陷入无尽的灾难中,此时人民最大的利益诉求是统一,而中国共产党作为无产阶级代表,也明确了自己的利益诉求:统一、和平和独立,为实现该目标,共产党的革命策略是组成各阶级的联合战线。国民党主要的利益诉求是民主、独立、和平和统一，即通过革命的手段建立资产阶级民主共和国，然而国民党是一个以资产阶级、小资产阶级为主体的松散的多阶级的集合体，组织涣散、阶级构成鱼龙混杂，无法有效组织领导资产阶级民主革命，因此，国民党急需建立一个更为严密的政党。于是，孙中山决定改组国民党，与共产党实行党内合作，使国民党成为一个各阶级联盟的政党。革命队伍迅速壮大，并掀起了轰轰烈烈的国民大革命，在战争中，国民党逐步实现了对国家名义上的统一，然而国民党右派发动反革命政变，最终沦为代表大地主、大资产阶级利益的政党，开始实行一党专制的独裁统治。大革命失败以后，国内政治力量分化和组合，形成了第三方力量，主要代表民族资产阶级、城市小资产阶级及其知识分子的利益，主张走中间道路，共产党则依然代表的是工农群众的利益，并开始把工作重心从联合国民党转移到工农群众上来，建立起工农民主统一战线。1931 年，“九一八”事变爆发，中国面临亡国灭种的危险，中华民族陷入水深火热之中，此时独立就成为国人共同的和最大的利益诉求，而要赢得这场战争，获得独立，就迫切需要集全国之力，建立起抗日民族统一战线，然而国民党把政党利益放在第一位，只要战争不触及其所代表的大地主、大资产阶级的利益，它是不愿意进行抗日作战的，这让共产党和各民主党派倍感失望，纷纷起来抵制国民党的不抵抗政策。最后迫于国内外压力，在共产党的积极争取下，国民党开始抗战，形成了以第二次国共合作为基础的全民族抗战，并取得了抗日战争的胜利。抗战胜利后，中国终于赶走了外来侵略者，此时，灾难深重的中国人民最大的利益诉求就是和平，即建立一个不再有战争的新中国，然而国民党继续主张实行一党独裁的政治体制，并发动内战，彻底打破了人民的向往，从另一个层面来说，则是更加加重了人民对和平的利益诉求。

（二）中国新型政党制度满足了多方面的利益诉求

政党代表一定阶级的利益，中国共产党亦不例外，作为一个代表着工农群众利益、广大人民根本利益和整个中华民族利益的政党，共产党自然是要满足人民的利益诉求。近代中国人民的利益诉求主要是独立、和平、民主和阶级利益，因此，我主要从这些方面进行分析。首先，共产党对独立、和平诉求的满足。中国共产党从成立之日起就致力于人民解放和民族独立。比如,在抗日战争中,为了尽快赶走日本侵略者,建立一个独立、和平的新中国,共产党不计前嫌,积极促成抗日民族统一战线,集全国之力进行抗日战争。此外,共产党提出了一系列符合战争情况的政策原则,不仅有效地打退了国民党的反共高潮,而且继续保持了全国抗日的局面,同时共产党领导的人民扛起枪杆子,同日本侵略者作坚决的斗争,并付出了极大的牺牲。正是在长期的战争中,民主党派逐步认识到:“只有最坚决抗日的,才能做中国的天然领袖。”其次,共产党对民主诉求的满足。中国共产党非常注重从各方面实行民主,政治上的、军事上的、经济上的、文化上的,等等,其中最为著名的是共产党根据地民主政权的建设,它从制度上为各阶级的党外人士进入政权并占有一定比例提供了保障,获得了他们的支持和拥护。在面对民主人士黄炎培提出的历史周期律问题时,毛泽东自信地作答:“我们已经找到新路,我们能跳出这周期律。这条新路,就是民主。只有让人民来监督政府,政府才不敢松懈,只有人人起来负责,才不会人亡政息。”最后是共产党对阶级利益的满足。这里我主要从工人阶级、阶级联盟性质的民主党派(中国民主同盟)的利益和农民阶级的利益来分析。一是共产党对工人阶级利益的满足。共产党一经成立便集中力量开展工人运动,为工人争取应得的利益,并成立了相关领导机构,领导工人运动,并于1922年举行了第一次全国劳动大会,主张全国工人联合成一个阶级战线,这次会议后,中国共产党党员队伍快速发展,中国共产党政治影响力加深、阶级基础扩大,并掀起了工人运动高潮,大革命失败后,共产党更是把工作重心转移到发动工农群众上,致力于工农联盟。二是共产党对民主党派利益的满足。抗日战争时期,国民党打压进步民主人士,共产党则给予中间党派和民主人士极大的帮助,不仅帮助他们的领导人安全转移,保障其人身安全,而且支持他们开展自己的活动。解放战争时期,国民党加重了对民主党派的政治迫害,并打算借助旧政协会议代表名额的问题分化和瓦解民盟,共产党对民盟则是即联合又批判,最终成功帮助民盟抵制了敌人的分化策略,取得了政治上的胜利。三是共产党对农民阶级利益的满足。共产党深刻认识到与农民阶级利益息息相关的便是土地,因此,在抗日战争时期,为了激发广大地主和农民的抗日热情,中国共产党在根据地提出了“农民交租交息,地主减租减息”的土地政策,成功维护和巩固了抗日民族统一战线。解放战争时期,中国共产党颁布了《中国土地法大纲》,近1亿农民获得了土地,翻身农民坚定地站在了共产党一边,这也让民主党派看到了中国共产党是真正为人民谋利益的政党,最终中国民主党派与民众选择了中国共产党的领导及其领导的多党合作与政治协商制度,这成为中国新型政党制度的开端。

三、中国新型政党制度生成的独创性

历史制度主义学者戴斯蒙德·金指出:“观念必须被翻译为适合政治决策者的语言和术语,但这一过程又常常使得本来的观念变形①,政党与官员在这一翻译过程中扮演着重要角色。”即在观念转化为制度的过程中,政党及其领导人的行为起着举足轻重的作用。马列主义政党学说作为一种新的理论和观念,在转化为中国新型政党制度的过程中,共产党及其领导人起了举足轻重的作用,并且在与民主党派的合作中,实现了多方面的创新。

(一)中国新型政党制度实现了政党与文化之间关系的创新

制度生成的过程其实就是新观念被认同的过程,而新观念要想得到认同,就需要和本土文化相融合,因为只有契合民族文化特质和文化心理的,才最容易获得民众的认同。比如佛教作为一种外来宗教,引入到中国之后,中国古人便借用当时的文化、语言对佛教进行诠释,成功实现了佛教的中国化,并流传至今。近代中国有识之士在探索救国救民的道路中,开始向西方学习,出现了新文化运动,对传统文化进行全面否定,然而这种对西方的政党制度和文化的复制式学习及尝试在民国初年都以失败告终,无法解决民族命运前途问题。随后,马克思主义传入中国,并在马克思主义理论的指导

① 历史制度主义学者戴斯蒙德·金指出“观念必须被翻译为适合政治决策者的语言和术语,但这一过程又常常使得本来的观念变形”,本文对“变形”的解释更偏向于指对观念的创新和发展。

下成立了中国共产党，共产党人不同于之前复制粘贴式的学习西方政党制度和文化，而是坚持以科学态度区分对待外来文化和传统文化，认为外来文化只有和中国国情结合起来才能发挥其作用，共产党在创建和运行过程中就非常注重处理政党与中外政治文化的关系。一是共产党将马克思主义与中国传统优秀文化进行有机结合。首先，中国传统文化中非常关注民生，“水能载舟，亦能覆舟”，统治者历来主张勤政爱民，明智的皇帝往往比较体恤百姓，通常会实行一些惠民政策，比如“摊丁入亩”政策，一定程度上改善了民众的生活。而马克思主义理论中将无产阶级和全人类联系起来，致力于通过革命的手段使全人类过上没有剥削的生活，中国共产党将上述两种思想进行结合，提出了“全心全意为人民服务”的思想，共产党的文件指出“半殖民地的中国国民革命便是一个农民革命”，所以共产党从一开始就非常注重解决工人和农民问题，发动工人运动，为工人争取应得权利，而且出台政策满足农民对土地的需求，从而获得了广大民众的支持。其次，中国传统文化中提倡“贵和尚中”的和谐文化与“执两用中”的中庸文化，而马克思主义则提倡党派合作，即“共产党人到处都努力争取全世界民主政党之间的团结和协调”，然而实践中这种党派合作始终伴随着十分激烈的政党斗争，最终只能是昙花一现。反观中国共产党，则是将中国传统文化注入马克思党派合作理论中，提出了多党合作制度，主张在和谐共生、求同存异的基础上与民主党派进行平等合作，同时秉持中庸之道，张弛有度，既联合又批判，从而使民主党派充分发挥其作用，民主党派在合作实践中也逐步认同共产党的主张，并自愿同共产党一道完成民族独立和民族复兴的伟大使命。二是共产党将西方的民主、平等的政治文化与中国传统优秀文化进行有机结合。中国传统文化中就具有协商和联合的思想，通常是各小国或者诸侯为了生存或发展，以高级领导人会面商谈的形式结成联盟，比如齐桓公通过“葵丘会盟”联合诸侯，终称霸中原，取得政治上的胜利。共产党将西方现代民主政治中的民主、平等思想注入这一传统文化中，形成了政治协商思想，并付诸实践。比如“三三制”政权中，共产党与民主党派和无党派人士协商解决革命实践中遇到的问题，在共产党取得执政地位之后，共产党并没有忘记政治协商的初心，反而是积极邀请民主党派召开政治协商会议，尊重民主

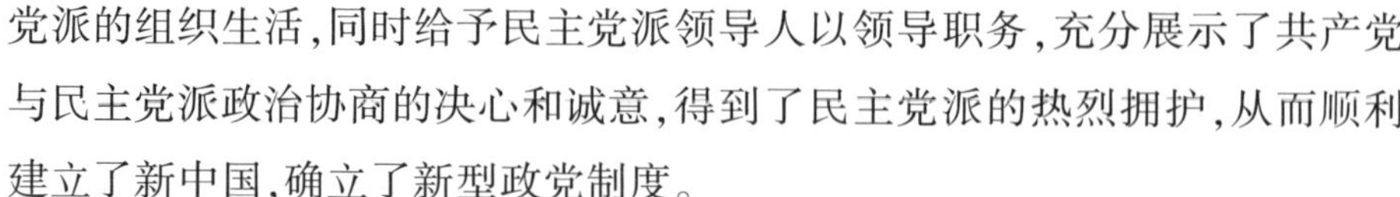

党派的组织生活，同时给予民主党派领导人以领导职务，充分展示了共产党与民主党派政治协商的决心和诚意，得到了民主党派的热烈拥护，从而顺利建立了新中国，确立了新型政党制度。

（二）中国新型政党制度实现了政党与社会之间关系的创新

一个政党若要长久存在和发展，就必须获得社会的认可和支持，这一认可的过程便是政党社会化的过程。政党社会化是指政党在实际运作的过程中，根据社会变化的需要，吸收社会领域的价值理念、沟通方式、组织技巧等内容，并通过调整党组织的领导模式、活动方式等进行内化，从而使整个政党更好地融入社会、服务社会、整合社会。中国共产党在马克思主义的指导下，根据国情和党情的分析，根据社会的变化，不断调整和更新政策，形成了群众路线和统一战线思想，成功实现政党社会化，并顺利建立起新型政党制度。一是共产党的群众路线。中国共产党领导之所以能够领导中国人民取得革命胜利，一个重要的原因就是党的群众路线。一方面，共产党积极发展基层组织，使共产党员广泛深入到各经济组织之中，并用当地通俗易懂的语言大力宣传党的思想政策，加深群众对共产党的了解，并在了解中逐步认同中国共产党的政策和制度，从而通过老带新或者交朋友的方式，发展新党员，当该组织中的共产党员人数达到一定数量或者规模时，则建立起基层党组织，共产党便可以依托于原有领域所具有的经济和社会关系展开工作，此外，在发展基层党组织的同时注重按照群众喜闻乐见的方式实行民主，满足群众当家作主的愿望，比如通过投豆子或者放筷子等办法选出自身满意的代表；另一方面，共产党通过建立或占领不具有政治性的社会联谊或者文娱组织，在发挥其正常作用的同时，潜移默化地引入共产党的意识形态教育，“在群众出于内心自愿的原则之下，帮助群众逐步地组织起来”，组织起来的群众可以更好地团结和吸收尚未组织的群众，从而共产党可以最大范围地获得群众及其组织的支持，这在战争年代给予了中国共产党以强有力的后援。正是如此，中国共产党才能担当起领导革命的重任，才能在党派合作中始终保持住党的领导权，从而获得革命的胜利。二是统一战线思想。政党代表着一定阶级的利益，中国共产党作为无产阶级政党，自然代表着无产阶级利益,所以一开始共产党是反对资产阶级的,但是由于抗日战争爆发,中华民族面临亡国灭种的危险,而中国社会中没有任何一个政党或者社会组织能够单独抗衡强大的侵略者。因此,中国就迫切需要把一切可以动员的社会力量组织起来,彼此之间进行联合,形成强大的合力,此时,整个社会的利益是高于政党利益的,共产党根据社会情况及时调整政策,放弃了狭隘的政党利益,而是把自己看作是全民族利益的代表,适时提出建立最广泛的抗日民族统一战线,抛弃原来的阶级成见,主张与民族资产阶级,甚至是大资产阶级合作,只要他们愿意参与抗日战争,共产党都应该进行联合。正是如此,共产党所领导的统一战线才能涵盖各党派、各阶级和其他社会力量,才能拥有巨大的社会整合力,才能够最终领导新民主主义革命取得胜利,正是在统一战线的实践中,在马克思主义的指导下,中国共产党逐步形成了多党合作的思想和机制,新中国成立后,面临着复杂的国际和国内形势,这时,各种社会力量的支持对于新生政权的巩固来说就显得尤为重要,于是,中国共产党及时调整和完善了统一战线思想,形成了人民民主统一战线,并丰富和完善各种社会力量表达权利和建言献策的渠道,最大可能把各种社会力量纳入新生的政治体制中,并正式确立了共产党领导的多党合作和政治协商制度,从而共产党获得了各民主党派和其他社会力量的支持,有效地巩固了其所建立的新生政权。

(三)中国新型政党制度实现了政党之间关系的创新

纵观世界各个国家的政党关系,无一不是竞争关系,而这种竞争关系无疑会耗费大量的政治资源,降低工作效率,甚至会出现恶性竞争。而中国共产党与各民主党派之间的关系则是和谐共生的关系,是合作共赢的关系,这种关系是在马克思主义党派合作思想的指导下,基于中国共产党与各民主党派共同的政治经历和价值追求而创建的。一方面,抗日战争时期,国民党坚持一党独裁,中国共产党与民主党派都是受打击和排斥的,都没有自身合法的政治地位,即使国民党成立了带有相当的民意性质的机关——国民参政会,但各党派领导人并不是以党派身份参加,而是以"信望见著",或者是以"知名人士"身份参加,如中国共产党就是以经济文化团体名义参加的。

解放战争时期,国民党更是加重了对共产党和民主党派的政治迫害,不仅对共产党发动全面战争,而且大量逮捕民主党派、民主人士和进步师生,迫使民盟解散。另一方面,共产党与各民主党派的政治目标与价值追求有共同性,即两者都主张爱国、和平、民主。一是爱国方面,抗日战争时期,共产党秉承国家和民族利益至上的信念,号召全国人民对日作战,极力促成以国共合作为基础的抗日民族统一战线,爱国的民主党派则成立了全国各界救国联合会,支持共产党所提出的抗日民族统一战线;二是和平方面,抗日战争胜利初期,共产党和各民主党派都力争和平,主张建立联合政府,共产党领导人更是不顾个人安危,为了争取和平,毅然前往蒋介石摆的"鸿门宴",表明了共产党为谋和平的真诚态度;三是民主方面,共产党与民主党派(民盟)在旧政协中对民主的坚持具有共同性,对民主的坚持的共同性主要体现在会议集中争论的问题上双方的态度,比如,关于改组政府,国民党企图通过"联合政府"形式保留国民党原有一党专制统治,共产党和民盟都不同意这一方案;关于国民大会,国民党方面坚持指定国大代表,这亦是遭到共产党和民盟代表一致强烈反对,最终这次政治协商会议成功通过了反映共产党和民主党派意志的协议,这可以看作是共产党和民主党派之间进行政治协商的初步实践,为后来中国新型政党制度的形成积累了经验,并最终建立了新型政党制度。

总之,新型政党制度是历史的选择,是人民的选择,是共产党人的选择。新型政党制度的生成具有必然性,是历史选择的结果;新型政党制度的生成具有合理性,是满足人民利益诉求,获得人民认可的结果;新型政党制度的生成具有独创性,是共产党人将马克思主义与中国实际相结合的基础上创造出来的结果。因此,在新时代,我们更应该认真贯彻新型政党制度,坚定新型政党制度自信,并在此基础上,为进一步发展完善新型政党制度添砖加瓦,使得新型政党制度在与时俱进的同时更好发挥制度引领作用。

参考文献

[1] PaulPierson, *The Path to European Integration: A Historical Institutionalist Analysis*, Comparative Political Studies, 1996.

[2]李德虎，曾 艳，黄金辉：《中国特色社会主义的生成逻辑——基于总体性原则的分析视角》，《四川师范大学学报》（社会科学版），第40卷第3期，2013年5月。

陈钰业：《中国特色政党制度十六讲》，甘肃人民出版社，2017年9月，第58页。

[3]中国社会科学院中国近代史研究所等：《孙中山全集：第9卷》（C），中华书局，2001年。

[4]SvenSteinmo, Kathleen Thelen, and Frank Longstreth eds., *Structuring Politics: Historical Institutionalism in Comparative Analysis*, Cambridge University Press, 1992

[5]Paul Pierson, Increasing Returns, Path Dependence, and the Study of Politics, *The American Political Science Review*, Vol 94, No. 2 (Jun 2000), p.251

[6]中共中央统战部：《中国共产党统一战线史》，华文出版社2017年版，第38页。

[7]Hall, *Governing the Economy*, p.19

[8]章征科：《知识分子与近代中国民主政治演进的逻辑探析》，《天府新论》，2015年第3期。

[9]王继春，方小年，惠郭俭：《浅析国民党改组后的阶级构成》，《山东师大学报》，1983年第1期。

[10]陈延武：《民主党派为什么选择跟共产党走》，《团结报》，2016年7月11日。

[11]中共中央文献研究室编：《毛泽东年谱（一八九三——九四九）》（中），中央文献出版社2013年版，第611页。

[12]本文中对“变形”的解释更偏向于指对观念的创新和发展。

[13]何俊志，任军锋：《新制度主义政治学译文精选》，朱德米编译，天津人民出版社，2007年，第169页。

[14]1926年5月，共产党领导召开的广东省第二次农民代表大会作出了《农民运动在国民革命中之地位决议案》。

[15]中共中央马克思恩格斯列宁斯大林著作编译局编：《共产党宣言》，

人民出版社,2018 年 3 月。

[16]郑琦:《政党社会化:当代基层党组织建设的路径选择》,《中共浙江省委党校学报》,2016 年第 1 期。

[17]毛泽东:《论联合政府》,载《毛泽东选集》(第三卷),人民出版社 1991 年版,第 1095 页。

(作者单位:青海省社会主义学院)

中国新型政党制度的文化基因与发展前景

许奕锋

文化是制度之母,文化基因是政党制度最深刻的历史和文化渊源。中华文化源远流长、博大精深、内涵丰富,在历史的发展与文化的交融中逐步形成了天下为公、兼容并蓄、求同存异、和而不同、兼济天下等优秀文化因子,并一以贯之地蕴含于历代政权更替中,历久弥新,闪烁着耀眼的光芒。新型政党制度之所以在中国得以创立,逐步发展和完善并彰显其强大的生命力,关键就在于这一制度深深根植于中国的社会土壤,是中国五千多年历史积淀和文化传承的产物。中国新型政党制度,以和合文化为基础,以一体多元为主要呈现方式,以兼容并蓄为主要内容,求同存异、争取人心、凝聚力量,契合了天下为公的政治理想和价值导向,体现了实现中华民族伟大复兴中国梦的当代文化元素。

一、根植于中国土壤的文化基因

一个国家采取什么样的政治制度,往往与该国的国家性质、政党力量和经济基础紧密相关,也与该国的历史文化、社会土壤、民族特性紧密相关。中国新型政党制度是在汲取中华优秀传统文化基础上建立和发展起来的,具有深厚的中华文化基因以及鲜明的中华民族特色。正如习近平所指出的:“它不仅符合当代中国实际,而且符合中华民族一贯倡导的天下为公、兼容并蓄、求同存异等优秀传统文化,是对人类政治文明的重大贡献。”

(一)多元一体

在中国传统文化中,一是多中之一,即统摄和支配着万物,贯通天、地、人、社会、政治等各个领域。老子“一生二,二生三,三生万物”的宇宙生成模式为后世思想家们普遍接受。“一”也是和合归一,即是矛盾对立的统一或同一。由于中国古人的整体思维方式和独特的联想类推方式,“一”的概念被从宇宙观本体论的领域广泛地加以引申并运用于各个领域,包括政治领域。在古代政治思想里,“一”的概念为两重意境,即静态意义的“一”是指政治的统一和一元化,动态意义上的“一”是政治秩序的稳定不变,若有变化也是连续性、一惯性、单轨性的发展变化,反对逆向、双向及多向的政治权力关系。“一”集中概括了中国古人们的政治理想,也最典型地反映了他们的政治心态。在墨子的尚同思想中,“一”的理念得到最为透彻的诠释和表达。墨子认为,“一人一义”易致天下大乱,“若禽兽然”,设立“政长”以“一同天下之义”。墨子设想的“尚同”方式,是从民到最基层的里长到乡长到国君及至于天自下而上的层级尚同,全社会通过这种层级绝对尚同就会被同化为一个没有界限、差别和对立的整体。中国或许从未设想过多元与横向的权力关系和结构,整体倾向是构筑纵向的权力关系或者简单化、单向化的权力结构。中华民族就是各民族在历史长河的纠纷、联合、斗争、融合中逐步形成不可分割的文化整体、社会整体和民族整体,中华各族人民从历史的发展和经验中深切认识到以团结抵御外辱,以统一走向繁荣富强,体现了高度统一与多元融合的文化特点。基于中国共产党执政、各民主党派参政这样一种一与多的政党结构建构的政党制度,深深根植于多元一体的政治文化土壤中,有效嵌入了这样一种多元一体的文化元素和文化结构,把集中统一性与保持政治独立有机统一起来,为人类政治文明和世界政治制度建设提供了中国智慧和中国方案。

(二)贵和尚中

贵和思想是中国传统文化的主要内容之一。中国自古以来倡导“以和为贵”,“德莫大于和”“和衷共济”“天时不如地利,地利不如人和”等名言充分彰显了中华民族海纳百川的宽阔胸襟。习近平曾明确指出,中国文化崇尚和谐,蕴涵着天人合一的宇宙观、协和万邦的国际观、和而不同的社会观、人心向善的道德观。在五千多年的文明发展中,中华民族一直追求和传承着和平、和谐、和睦的坚定理念。中国传统文化中没有穷兵黩武的好战基因,崇尚和合在中华历史的政治传承和文化传承中发挥了重要的作用,在政治实践中极大地影响了政治判断、政治理念等方面不走极端、不过偏激、双赢多赢、协和万邦。中国新型政党制度传承了中华优秀传统文化崇尚和合的独特文化基因,彰显出中国人对于未来社会怀有美好憧憬的政治理想。以和合文化作为文化根基,中国新型政党制度在尊重多样性、矛盾和差异的基础上追求动态统一。历史与实践表明,中国新型政党制度嵌入了和合的文化元素,其中一个很重要的方面就是创立创新了协商民主的政治方式。在中国共产党的领导下,各民主党派、各社会团体、各族各界人士等通过广泛的民主协商和深入的协商式监督,建真言谋真策,为我国的多党合作事业凝聚了思想、汇聚了力量。

(三)和而不同

中国传统的文化价值观中,非常重视群体和谐与人际和谐,强调个人应当服从群体,群体利益高于一切。与此同时,中国传统文化又一内核即和而不同,就是在强调群体和谐的前提下,同样主张包容不同的利益、不同的见解、不同的诉求和不同的观念,其基本原则就是要承认多样接受多元、承认差别接受不同,其基本目标就是要让不同的利益、不同的见解、不同的诉求和不同的观念相互作用、相互影响又相辅相成。我国新型政党制度,在中国共产党和各民主党派根本利益和奋斗目标一致前提下,强调合作共事、民主协商,倡导求同存异、体谅包容。中国共产党与各民主党派在长期的革命与建设实践中,正确地处理同与异、一致性与多样性的关系,以多党合作和政治协商的生动实践诠释着和而不同的理念。在政党关系上,中国共产党与各民主党派既是肝胆相照的挚友,又是互相监督的诤友,还是荣辱与共的密友,这样既保证了中国共产党的领导地位和各民主党派的合作地位,又保证了中国共产党的执政地位和各民主党派的参政地位。这样一种政党关系，既能弥补由于缺乏监督带来的种种弊端，又能将政党因不同利益诉求可能引发的阻力转化为政党团结与合作的动力。中国共产党与各民主党派彼此在思想观念、政策主张上求同存异，寻求最佳的政治策略和最优的政策措施，进而能够形成一种良性互动、和谐共生的政党关系。

（四）民本为公

民本思想是中华优秀传统文化的精华。民本思想源远流长，肇始于夏商周时期，发展于春秋战国时期，定型于汉代，此后历朝历代虽有所演变，然而其思想主旨始终没有变化。从“民惟邦本，本固邦宁”到“以德配天”“敬德保民”，从“德治”到“安民利民”“民贵君轻”“平政爱民”“顺从民意”“重民保民”“恤民忧民”等等，都体现了只有赢得民心才能得到天下这一爱民、顺民、安民、利民等思想。《礼记・礼运》：“大道之行也，天下为公”，就是指的全社会都行大道的时候，全体人民都是社会的主人，能够形成和睦气氛以培养品德高尚、讲求诚信的人。可以说，中华文化中积淀下来的民本思想推动了中华优秀文化传统“与人的政治行为紧密结合和追求实用的倾向”，中国新型政党制度以谋求独立、解放、复兴等民族大义，强调天下为公，需要各民主党派在中国特色社会主义的建设和发展中充分发挥其政党职能，需要各阶级、各政党、各团体的通力合作，需要全体中华儿女的共同努力。国外政党制度尤其是旧式的政党制度，政党以追逐自身利益最大化为最终目的，政党之间矛盾比较尖锐、斗争非常激烈。在政治实践中，即便是通过民众选举而执政的政党，也不一定能真正表达民意，往往权衡更多的是政党的自身利益。正如恩格斯所言：“我们在那里却看到两大帮政治投机家，他们轮流执掌政权，以最肮脏的手段来达到最肮脏的目的，而国民却无力对付这两大政客集团，这些人表面上是替国民服务，实际上却是对国民进行统治和掠夺。”中国共产党与各民主党派有共同的价值取向、共同的目标和共同的利益，中国新型政党制度彰显了中国共产党与各民主党派的团结合作和致力为公，是基于民众真实的愿望、合理的诉求等充分表达和有效实现做出的制度安排。

二、浸润在中国优秀传统文化的制度前景

一种文化诞生一种制度，而制度反过来强化这一文化，这一文化在社会变迁中往往又会催生和发展新的制度。文化与制度相辅相成、相互作用会产生制度叠加效应，便也形成了制度变迁和制度完善。中国新型政党制度确立于建国初期，在经历了几十年的风雨洗礼和实践考验之后其运行依然生机勃勃。中国新型政党制度扎根于中华文化土壤，其建构的各个环节深受传统政治文化的影响，其设计理念和运行机制与其他政党制度模式相比可谓独树一帜。中华优秀传统文化为新型政党制度提供了源源不断的文化认同与精神支撑，同时也在制度坚持和制度完善过程中强化了中国新型政党制度的文化民族性和文化独创性。

（一）大一统的文化精神与政治聚合的强化

以“大一统”为追求的政治心态，决定了我国的政治制度设计需要政治领导核心，需要政治向心力。历史充分证明，中华文明在政治、文化、社会等各个方面都具备了西方文明所不具备的向心力，这种向心力又在历史发展中强化了中国社会制度“大一统”因子的嵌入安排。中华民族有着世界上其他民族少有的大一统的历史传统，能够成功地把几亿民众从政治、文化上团结起来。自秦代形成的“大一统”，在“最大限度地整合各种资源，在维护国家统一、社会稳定、发展经济、抵御外来侵略、组织水利工程、防止分裂割据、加强民族交流”等方面做出了贡献，中国长期位于世界前列。中国虽然经历过改朝换代、政权更迭、地方割据，遭遇过外敌入侵、列强瓜分，但统一始终是中国历史发展的主流。而且每一次分裂之后都复归统一，都赢来国家政治、经济、文化、科技的快速发展。在中国历史上，特别是在分裂时期，大多数统治力量都以统一中华为己任，以建立统一的中华政权为历史使命，逐步形成了“各民族相互融合，具有强大的凝聚力，形成崇尚统一、维护统一的价值观念”，可以说，这种政治、文化上统一的本领是无与伦比的。中国新型政党制度传承了“天下一统”的文化基因，在决策上强调“议要多元、行要统一”的

民主集中，立足于充分的协商民主，既避免一党专制、缺乏监督，又能有效避免恶性竞争、决策不畅；在领导上强调一元领导，即中国共产党的领导，可以融会选举政治与贤能政治、兼顾政局稳定与政府权威的领导方式，在政治上强调共识，是正确处理多元与一元关系的共识，实现安定团结的政治局面。在坚持和完善中国新型政党制度上，我们可以聚焦制度本身的稳定功能，通过科学合理的政治运行规则设计，发挥各民主政党和无党派人士的积极性，为着共同目标奋斗；也可以聚焦到制度本身的整合功能，通过制度化、程序化、规范化的安排集中各种意见建议，推动决策科学化民主化，实现国家统一和人民团结，推进实现国家现代化。

（二）求同存异的文化主张与制度效能的提升

中国新型政党制度，能够把各种社会力量有序地吸纳到政治体系和政治过程中，通过把不同政党的合理政治主张输入到公共政策的制定过程，促进国家治理的民主化科学化。这种以团结合作代替对立，以平等协商代替相互否决，既坚持中国共产党的集中统一领导，又实行各民主党派的广泛参与和团结合作，能够把社会整合与政治参与相结合，实现有序参与和有效参与的有机统一。中国新型政党制度在传承了求同存异的文化基因上，可以进一步明确优化政党关系。在长期的革命和建设工作中，中国共产党与各民主党派形成了“风雨同舟、患难与共”的亲密关系，体现了一种合作而非竞争的政党制度特征。中国共产党与各民主党派是领导党与合作党的关系，也是执政党与参政党的关系，不是执政党与在野党的关系，更不是执政党与反对党的关系，可以进一步明晰建构两者之间的“清廉的政治关系”，以区别于西方政党制度的金钱政治关系，同时也区别于政党之间恶性竞争或多党轮流执政的关系，真正构筑成团结、民主合作、和谐的政党关系，营造宽松稳定的政治环境。可以进一步优化合作方式，通过创新多样的协商载体、渠道和方式以实现政党协商式合作。新型政党制度为推进和加强协商民主建设提供了制度规范，各民主党派通过提案、座谈、听证、咨询等多种方式和渠道参政议政、民主协商和民主监督，提高了党委政府决策的科学性、民主性和时效性。中国共产党与各民主党派的政治合作是基于共同政治价值观和政治目标基础上的合作，是坚持中国共产党的领导和中国特色社会主义道路这一政治前提和政治基础上的合作，也是基于共同的价值追求为人民谋幸福、为民族谋复兴、为世界谋大同的合作。志同道合，同向发力，这样的合作是更长久更可持续的政党合作，是能够最大限度地减少政治内耗的政党合作。还可以进一步发挥参政党作用。习近平总书记指出："要坚持和完善中国共产党领导的多党合作和政治协商制度，发挥人民政协协调关系、汇聚力量、建言献策、服务大局的重要作用。"人民政协作为最广泛的爱国统一战线组织，是社会主义协商民主的重要渠道，是专门协商机构，承担着政治协商和为协商民主建设提供借鉴的重任。各民主党派应该聚焦党和国家中心任务，通过政治协商、民主监督、参政议政等过程，发挥自身作用，多建睿智之言，多献务实之策，不断提升多党合作的效能。

（三）贵中尚和的文化理念与政治共识的培育

深入到中华民族血液和骨髓中的尚和思想，已经深深潜入了中华民族的精神世界，形成了中华民族爱好和平的发展理念、和而不同的包容精神和宽容品格。在中华文明的深厚土壤中，"小到修身养性、齐家交友，大到治国理政、邦交抚远，都离不开'和'的价值原则。对于中国人来说，以和为贵、与人为善，信守和平、和睦、和谐，是生活习惯，更是文化认同。可以说，没有'和'的滋养，就没有中华民族的强大凝聚力；没有'和'的润泽，就没有中华文明的生生不息"。契合到我国的新型政党制度，在发展和完善中，我们一方面需要注意在政治诉求方面培育政治共识。中国共产党和各民主党派在中国政治共同体这一制度框架内，尊重彼此利益一致和思想共识基础，不以争权夺利为目标，不存在根本的对立、竞争和对抗，而是"思想上同心同德，目标上同心同向，行动上同心同行"，精诚团结，共同服务于最广泛的人民群众。在新型政党制度运行中，中国共产党的重大决策、重大任命、重大安排，需要获得包括各民主党派在内的最广泛政治共识，以服务于最广泛的人民群众的根本利益，凝聚最广泛的民众共识。另一方面需要在国家发展方面强化政治共识。习近平总书记在党的十九大报告中指出："世界上没有完全相同的政治制度模式，政治制度不能脱离特定社会政治条件和历史文化传统来抽象评判，不能定于一尊，不能生搬硬套外国政治制度模式。”中国新型政党制度与西方基于个体本位文化基因的政治传统不同，是根植于中华文明以“大一统”为核心的共同体传统的。中国新型政党制度的政治格局的形成，与中国基于家这一逻辑起点的“家—国—天下”秩序构建密切相关。习近平指出，历史多次证明，只要中国维持大一统的局面，国家就能够强盛、安宁、稳定，人民就会幸福安康。各民主党派之所以跟着共产党走，就是坚持国土不可分、国家不可乱、民族不可散、文明不可断这一底线思维的具体体现，各民主党派深刻地认识到，当前中国也只有中国共产党才能担当起捍卫民族独立、保持国家统一、引领民族复兴的神圣使命，这也是坚持和完善新型政党制度的重要政治共识。

（四）兼容并蓄的文化元素与政党制度的发展

中国自古以来在国家形成过程中充满了同与异的较量，不同血缘民族多次兼并和吸收最终形成了统一的中华民族，“中国传统政治文化在几千年的发展行程中，在相当长的时期内展现出一种开放性和兼容并蓄的特质”。中华文化以其博大精深和开放包容的特性，能够吸收融合一切外来文明成果，在兼收并蓄中创新发展。一切外来思想理论制度通过中国的实践探索，最终都内化为中华文明的丰富内容，在不断推陈出新中焕发新的活力和巨大创造力。中国新型政党制度的形成，就是以开放包容的积极心态，充分借鉴西方先进的政治制度，结合中国国情创新发展起来的。追溯历史，不难发现多党合作模式并非中国共产党的首创，而是来源于马克思主义政党理论。早在170年前《共产党宣言》发表之际，马克思、恩格斯就明确提出了多党合作的思想，认为：“第一，共产党人应该团结其他工人政党；第二，无产阶级政党在革命过程中可以同其他民主政党结成同盟；第三，无产阶级政党在同其他政党的联合中必须要保持自身的独立性，坚持对同盟者的批判权力。”此后，列宁结合俄国的革命实践提出了“在国家政权中实现社会主义多党制”的构想，并且就“坚持共产党的领导、坚持社会主义方向、拥护无产阶级专政”等问题进行了深刻的论述，丰富了马克思主义政党理论的内涵和要义。中国共产党作为马克思主义政党，始终牢记自身政治属性和行动宗旨，坚持以马克思主义为思想指引，创造了与中国国情相适应的新型政党制度。可以说，中国新型政党制度在坚持马克思主义政党理论基础上，对传统的政治文明和政治制度进行了合理性继承、创造性转化和创新性发展。由于契合了中华民族以优秀传统文化为基石的价值理念与共同体意识，中国新型政党制度有了深切的文化认同和持久的精神支撑，从绵延不断的中华文明中走来，又扎根于中国的现实土壤，经受住了历史风浪的考验。特别是改革开放以来，中国共产党和各民主党派，在领导与合作、执政与参政的政治格局中各得其所，相得益彰，形成了合力，展现了效率，体现了明显的制度优越性。当前，兼容并蓄的文化元素在新型政党制度上得以现代性转换，这一文化理念反过来又促进了中国政治理论和政党制度的坚定不移地践行，推动了中国新型政党制度的不断发展和完善。

“履不必同，期于适足；治不必同，期于利民”（魏源《默觚下·治篇五》），一种新的社会制度，必然有一种与之相契合的文化精神、文化价值。中国新型政党制度充分汲取了中华文化中的优秀因子，对马克思主义政党理论进行了创造性发展，能够为实现中华民族伟大复兴凝聚共识、凝聚智慧、凝聚力量。不可忽视的是，传统文化中的消极因素、社会结构的动态变迁、信息网络和新媒体的快速兴起以及国外民主化浪潮的风起云涌等，给我国政治制度带来了前所未有的挑战。我们要善于从中华优秀传统文化中不断地汲取养料和智慧，在政治建设中对中华优秀传统文化进行创造性转化和创新性发展，积极推进我国新型政党制度的不断发展与完善。

（作者单位：湖南省社会主义学院）

中国新型政党制度的理论源流

周宁宁

新型政党制度的新发展不是孤立的和偶然的,它是在已有基础上的发展,是在前人巨大努力条件下取得的成就。习近平总书记指出,中国共产党领导的多党合作和政治协商制度是“马克思主义政党理论同中国实际相结合的产物”,在国际共产主义运动中,从马克思、恩格斯、列宁到毛泽东,他们关于社会主义国家政党制度的思想是丰富和清晰的,新型政党制度就是在他们的思想指导下建立和发展的,同时中国特色政党制度在中国的实践,又进一步丰富和充实了他们关于社会主义国家政党制度的思想。新型政党制度的理论源流问题,实际上就是中国共产党的理论认识及形成过程问题。追溯和回顾新型政党制度的认识和形成过程,探寻新型政党制度建立的初衷与本源,可以深刻理解坚持和完善新型政党制度的重大意义。

一、马克思主义政党学说是新型政党制度的理论内核

马克思主义政党学说开辟了政党理论研究的新阶段,从政党的阶级实质出发,结合政党的组织和活动,对政党进行全面深入的阐述,应当说是新型政党制度的理论内核。

1. 政党建设思想。政党建设思想是马克思主义的重要组成部分,马克思、恩格斯在长期的理论探索和革命实践中形成了丰富的政党建设思想,并

在《共产党宣言》中对党的阶级性质、党的先进性、党的目标、党的指导思想、组织原则等做了阐述，对无产阶级政党如何夺取政权、掌握政权以后的任务以及如何保持党的工人阶级先锋队性质等做出了科学论断。一个政党的先进性是其他党派接受其领导的重要基础，按照马克思、恩格斯的论述，共产党这个组织不论在实践方面还是在理论方面都是无产阶级中最先进的组织，共产党要保持自身的先进性，才能不断提高其自身的领导水平，才能在与其他党派的合作联盟中居于领导地位。列宁指出："在通常情况下，在多数场合，至少在现代的文明国家内，阶级是由政党来领导的[①]；政党通常是由最有权威、最有影响、最有经验、被选出担任最重要职务而被称为领袖的人们所组成的比较稳定的集团来主持的。这都是起码的常识。""党是阶级的先进觉悟阶层，是阶级的先锋队。"马克思主义政党建设理论中关于执政党建设的理论关乎多党合作事业的成败。

2. 政党关系理论。在科学社会主义创立之初，马克思、恩格斯就明确提出了政党关系的思想，以后经过列宁、毛泽东等无产阶级思想家、革命家的不断反复和完善，已经成为当今社会主义国家实行社会主义政党政治，建立和发展社会主义政党制度的重要指导思想，是中国新型政党制度的重要思想来源。马克思主义政党理论主张无产阶级政党和其他民主政党建立合作关系。历史上无产阶级作为独立的政治力量登上历史舞台，其崇高历史使命决定了无产阶级及其政党必须与其他一切可以团结的阶级、阶层、政党进行联合。《共产党宣言》指出"共产党人到处都努力争取全世界的民主政党之间的团结和协调"。[②] 马克思、恩格斯明确提出"共产党人应该团结其他工人政党；无产阶级政党在革命过程中可以同其他民主政党结成同盟；无产阶级政党在同其他政党的联合中必须要保持自身的独立性，坚持对同盟者的批判权利。"[③]列宁进一步指出，无产阶级不仅在夺取政权之前，要和代表其

---

① 王国勇：《当代西方政党理论述评》，贵州民族学院学报（哲学社会科学版）》，2009 年 10 月 28 日。

② 马克思，恩格斯：《马克思恩格斯选集》（第 1 卷），人民出版社 2012 年版。

③ 孙信：《马克思主义多党合作理论中国化最新成果——学习习近平总书记关于新型政党制度的论述》，《人民论坛 · 学术前沿》，2018 年第七期，第 14—19 页。

他劳动阶级或者阶层利益的政党结成同盟，而且在夺取政权之后，仍然要吸收代表其他劳动阶级或者阶层利益的政党加入到政权中来。① 提出了“在国家政权中实现社会主义多党制”的构想，并且就“坚持共产党的领导、坚持社会主义方向、拥护无产阶级专政”等问题做了深刻阐述，进一步丰富了马克思主义政党理论的内涵和要义。中国共产党从建党开始，历经抗日战争和解放战争的锤炼和洗礼，中国共产党人始终坚持紧密团结民族资产阶级、城市小资产阶级、知识分子和其他民主党派爱国人士，最终创造了与中国政治实情相适应的“多党合作和政治协商”制度，形成一种新的党际关系模式——肝胆相照，荣辱与共。体现在政治上则是民主党派要做中国共产党的诤友和挚友。

3. 统一战线理论。统一战线是马克思主义的一个基本战略和策略，根本问题是解决无产阶级解放运动中的自身团结统一和同盟军问题。马克思、恩格斯在《共产党宣言》中提出了“全世界无产者联合起来”这一鲜明的政治口号。列宁在领导俄国革命中提出了无产阶级掌握领导权和工农联盟、全世界无产者和被压迫民族联合起来等统一战线思想并付诸实践，激荡起欧亚波澜壮阔的革命浪潮。中国早期马克思主义者在传播马克思主义过程中，结合中国国情，在准确分析“每一历史时代的经济生产”和“社会结构”，分析那一时代的经济生产方式和社会构成方式的基础上，从不同角度阐述和宣传全世界无产者联合起来、劳工阶级联合、民众大联合等统一战线思想。中国共产党的统一战线理论分析了政党的属性和政党之间的关系，制定并实施了团结联合各党派政策主张。民主革命时期，中国共产党和各民主党派面临着反帝反封建的历史使命，他们为争取民族独立和人民解放而共同奋斗，并相继建立了合作关系；中华人民共和国成立后，通过统一战线的组织形式，形成并发展了中国共产党领导的多党合作和政治协商制度。改革开放以来，分析了社会经济快速发展带来的社会结构变化，重视新一代、新领域、新群体的工作，进一步巩固大统战工作格局。新的社会阶

① 赵连稳，范宝祥：《习近平新型政党制度思想的深刻内涵》，《前线》，2018 年 7 月 5 日。

层和社会群体使中国共产党领导的多党合作和政治协商制度进入了新的环境。

二、在马克思主义中国化的道路上传承发展

新型政党制度创立时期的思想贡献。1949年3月5日至13日,中国共产党在历史发展的关键时刻召开了具有重大历史意义的七届二中全会,准确地把握了历史发展的脉搏,创造性地解决了历史提出的新课题,把中国共产党与民主党派的联盟关系,发展为中国共产党领导的多党合作和政治协商制度。毛泽东指出"我党同党外民主人士长期合作的政策,必须在全党思想上和工作上确定下来,我们必须把党外大多数民主人士看成和自己的干部一样,同他们诚恳地坦白地商量和解决那些必须商量和解决的问题。"①这些思想十分重要,奠定了中国共产党关于新型政党制度的理论基础,确立了基本指导方针。后来新型政党制度的发展完善,都是以这些思想为出发点的,而一些新观点、新政策的提出,又是对这些思想的丰富和补充。在社会主义改造胜利完成以后,如何看待民主党派的地位和作用,成为当时的一个比较突出的问题,存在着一定的模糊认识。1956年4月,毛泽东在中央政治局扩大会议上,作了《论十大关系》的重要讲话,其中就中国共产党同民主党派的关系问题,明确提出了"长期共存、互相监督"的方针。毛泽东说"究竟是一个党好,还是几个党好?现在看来,恐怕是几个党好,不但过去如此,而且将来也可以如此,就是长期共存,互相监督。"②周恩来对八字方针做了进一步分析,提出"我们党的寿命有多长,民主党派的寿命就有多长,一直共存到将来社会的发展不需要政党的时候为止。"刘少奇还特别分析了"长期共存"与"民主监督"的关系。这些认识正确反映了我国社会的客观实际,从根本上阐明了中国共产党同民主党派必须长期合作的原因。在全面建设社会主义时期,中国共产党正确认识和处理社会主义时期的人民内部矛盾,进一

---

① 《毛泽东选集》(第4卷),人民出版社1991年版,第1436页。

② 《毛泽东著作选读》(下册),人民出版社1986年版,第733页。

步重申“长期共存、互相监督”的方针，提出了六条政治准则，为中国共产党领导的多党合作和政治协商制度的正确发展指明了方向。

新型政党制度巩固和发展时期的理论贡献。以邓小平为核心的第二代中央领导集体，提出了一整套有关多党合作和政治协商的理论和政策。确定了新时期多党合作的方针任务，调整了中国共产党与民主党派的关系，对新时期民主党派的性质、地位和作用重新做出科学判断，重申了中国共产党与民主党派长期合作的基本立场。1986年，中共中央批转了中央统战部《关于新时期党对民主党派工作的方针任务的报告》，并强调：中国共产党领导下的多党派长期合作，是马克思主义基本原理同中国革命和建设实际相结合的一个创造，是建设中国特色社会主义的一个重要特征。“我国社会主义制度下的这种新型政党关系，是任何资本主义国家的两党制或多党制所无法比拟的。”报告进一步重申了邓小平对新时期民主党派性质和作用的科学阐述。在深刻总结多党合作制度的经验教训，对一系列理论进行拨乱反正的基础上，邓小平创造性地将八字方针发展为“长期共存、互相监督、肝胆相照、荣辱与共”的十六字方针。

新型政党制度坚持和完善时期的思想贡献。中共中央1989年颁布的《中共中央关于坚持和完善中国共产党领导的多党合作和政治协商制度的意见》，从政党制度是一个国家政治制度的重要组成部分的战略高度开宗明义地指出：“中国共产党领导的多党合作和政治协商制度是我国的一项基本政治制度。”并明确了新型政党制度的框架结构、运作机制和显著特征。十四大将“坚持共产党领导的多党合作和政治协商制度”正式写入党章，1993年宪法修正案在序言中明确规定“中国共产党领导的多党合作和政治协商制度将长期存在和发展”，从而第一次把这一制度写入宪法。2000年第19次全国统战工作会议上，江泽民对多党合作制度的显著特征作了准确的科学概括，同时阐明了共产党与各民主党派的关系和多党合作的主要方式。即“共产党领导、多党派合作、共产党执政、多党派参政，各民主党派不是在野党和反对党，而是同共产党亲密合作的友党和参政党；共产党和各民主党派在国家重大问题上进行民主协商、科学决策，集中力量办大事；共产党和各民主党派互相监督，促进共产党领导的改善和参政党建设的加强”。会议还明确了衡量我国政治制度和政党制度的标准。

新型政党制度继续推进时期的思想贡献。2005 年,中共中央正式提出《中共中央关于进一步加强中国共产党领导的多党合作和政治协商制度建设的意见》,后又连续发布了相关的两个“意见”和两个“白皮书”,即《中共中央关于加强人民政协工作的意见》《中共中央关于巩固和壮大新世纪新阶段统一战线的意见》和《中国的民主政治建设》白皮书、《中国的政党制度》白皮书等一系列文件,从不同的角度丰富和充实了多党合作的实践,明确提出坚持和完善中国共产党领导的多党合作和政治协商制度是建设社会主义政治文明的重要内容,提出构建和谐的政党关系,全面概括了中国特色政党制度必须坚持和遵循的政治准则,使中国共产党领导的多党合作和政治协商制度理论日臻完善,形成了一个崭新的科学体系。

“时代是思想之母,实践是理论之源。”新型政党制度的实践需要理论的指导,实践的深入发展也推进着理论的创新。习近平总书记说:“这是一个需要理论而且一定能够产生理论的时代,这是一个需要思想而且一定能够产生思想的时代。我们不能辜负了这个时代。”①党的十八大以来,习近平总书记以高度的历史使命感,提出中国共产党领导的多党合作和政治协商制度是“新型政党制度”的论断,论述了新型政党制度的理论渊源、实践基础、根本性质、战略地位、特点优势、价值功能、发展路径以及世界意义。

三、从中华优秀传统文化中汲取营养

习近平始终把中华优秀传统文化视作中华民族独特的文化基因和精神标志,强调“博大精深的中华优秀传统文化是我们在世界文化激荡中站稳脚跟的根基。”②我国的政党制度不仅符合当代中国的实际,而且自觉吸纳了中华优秀传统文化的基因和精髓。

---

① 习近平:《在哲学社会科学工作座谈会上的讲话》,人民出版社 2016 年版,第 8 页。

② 《习近平谈治国理政》(第一卷),外文出版社 2018 年版,第 164 页。

比如“天下为公”的优秀政治文化。《礼记·礼运》有云:“大道之行也,天下为公,选贤与能,讲信修睦”。孟子也说大丈夫要“居天下之广居,立天下之正位,行天下之大道”。大意是指天下是人们共有的,要选举贤能之人,培养和睦气氛,表达的是一种大同的理想社会。在当今社会,“天下为公”构成了新型政党制度动机强旺、意在高远的价值基点。天下是公众的,是人民的,中华民族的伟大复兴是需要全体中华儿女勠力同心的,新型政党制度所建设和发展的中国更是全体中华儿女的中国,不是某个政党、某个集团、某个个人的。新时代中国特色社会主义的建设和发展既需要中国共产党掌好舵,也需要中国共产党和各民主党派充分发挥参政议政、政治协商、民主监督的职能,一起划好桨。

比如以“大一统”为核心要义的国家至上主义。春秋战国时期,中国社会虽然分裂动乱,但却是多种文化思想相互交融发展、共荣共存的繁荣发展时期。“百家争鸣”的结果将原有的“大一统”观念系统化、理论化,催生出政治秩序统一的新内容。孔子提出“天下有道”的理想的秩序社会,蒙古族主张天下“定于一”,管仲提出了具体制度上的大一统等,虽然表述不同,但都强调自上而下的政令统一。新型政党制度坚持一党执政、多党合作,强调坚强有力、以民为本的领导核心,坚守国家统一、民族独立的政治底线,就是根植于中华文明“大一统”的共同体传统。

比如中国传统文化的“和合”思想。中华文化精神讲和谐胜于讲对立,重和而不重斗的文化精神影响了新型政党制度的内韵风格。新型政党制度秉持了中华文化“和谐包容”的意蕴,体现着涵容异质、多元整合却又多元一体、和而不同的文化思想内涵,做到了“和合”思想的最高境界“和而不同”。执政党与参政党具有共同的思想政治基础,既坚持原则又尊重差异,相互碰撞又形成共识,和谐相处又不千篇一律,合作与协商、执政与参政,构成新型政党制度运行的基础,“和合”的内涵在其中得到了充分的体现。

四、以开放的心态吸取世界政治文明优秀成果

政治文明标志着一种政治进步,不同社会形态的政治文明在一定范围

内,在一定程度上都不约而同地实行了民主政治。现代政治文明始于资本主义,资本主义形态的政治文明发展了一整套以民主政治制度为核心的政治制度,包括政党制度、选举制度、代议制、分权制度和监督制度等等。在社会经济大发展条件下,公民科学文化水平不断提高,自主性持续增强,公民参与政治的权利也在普遍扩大,宪政和法治的观念已经普遍确立。特别值得注意的是,资本主义形态的政治文明建立在一套以民主理念为核心的政治思想体系之上,这一思想体系的核心范畴是民主、自由、法制、平等、人权、契约等等。

比如主权在民的原则。“主权在民是指主权属于人民,人民有权参与国家事务的管理”。不论是卢梭在《社会契约论》中提到的“政权掌握在全国公民手中,而不是在少数人手中”,还是托马斯·霍布斯提出的主权者是人民利益的承担者,都说明了主权在民的重要性。还有文艺复兴时期所提出的天赋人权、人人生而平等、主权在民思想,都为中国特色政党理论所倡导的“无产阶级专政思想”“全心全意为人民服务思想”的形成提供了一定的理论思考。比如20世纪90年代开始出现的“治理”理论。一些西方政治家和政治学家提出“少一些统治,多一些治理”的口号,并认为人类政治进程的重心正在从“统治”走向“治理”,从“善政”走向“善治”,最大限度地增进公共利益,实现上下良性互动。还比如西方协商民主理论。西方协商民主理论与中国特色的协商民主理论虽然在理论基础、文化传统、发展进程等方面存在不同,但西方协商民主理论所强调和要求的平等、理性、审慎、宽容、开放的公民意识,对于提高我国的民主观念、民主意识、政治参与的能力意义重大,有一定的启示和借鉴意义。还有现代国家建设理论等等。这些政治思想实际上以民主为基本取向表达了政治价值观,体现了政治文明发展的本质。因此,与其说它是资产阶级的政治思想体系,不如说它是对人类政治文明发展的规律性概括。

在世界民主政治和政党政治发展的大潮中,中国共产党领导的多党合作和政治协商制度在马克思主义理论和原则的指导下兴起和发展。新型政党制度的发展,不仅仅是我国历史文化的延续,更不是简单地应用经典马克思主义作家思想的模板,更不用说是国外现代化发展的副本了。面对世界政党制度的历史变迁和演变,中国共产党领导的多党合作和政治协商制度为人类政治制度的族群贡献了中国智慧,提供了中国范式。

(作者单位:新疆维吾尔自治区社会主义学院)

中国新型政党制度的历史进程与经验

中国新型政党制度70年

王小鸿

1949年新中国成立时，我们既没有学习苏联也没有照搬西方的政党制度，而是把马克思主义与中国实际相结合，创立了中国共产党领导的多党合作和政治协商制度这一崭新的制度模式。中国新型政党制度，以“五一口号”为基石，以第一届中国人民政治协商会议的召开为标志正式确立，以多党合作方针的确定为标志，确立了长期发展的格局，并逐渐走上制度化发展的轨道，进入新时代进一步创新发展，走过了70年波澜壮阔的历程，正在为实现中华民族伟大复兴的中国梦汇聚磅礴力量，彰显强大政治优势。

一、“五一口号”是中国新型政党制度的奠基石

中国近代以来的革命家和先进知识分子都在极力探求，究竟什么样的政党政治模式才能适合中国的国情？中国政党制度模式探索的历史昭示人们，无论是照搬西方多党竞争的政党制度，还是国民党一党独裁的政党制度，都不符合中国的国情和中国人民的愿望，结果都以失败而告终。直到1948年4月30日，中共中央发布《纪念“五一”劳动节口号》，号召“各民主党派、各人民团体、各社会贤达迅速召开政治协商会议，讨论并实现召集人民代表大会，成立民主联合政府”。这一号召，表达了全国人民的要求，也反映了各民主党派和无党派民主人士的政治主张。各民主党派和无党派民主

人士热烈响应、积极拥护"五一口号",是各民主党派公开宣布自觉接受中国共产党领导,与共产党亲密合作,共同为建立新中国而奋斗的重要标志。由此,掀开了中国新型政党制度和民主政治发展的新篇章,也为中国新型政党制度的建立奠定了坚实的基础。

"五一口号"确立了中国共产党的领导地位,奠定了新型政党制度的牢固政治根基。中国共产党的领导地位不是自封的。"五一口号"是在中华民族前途与命运抉择的关键时刻,中国共产党代表最大多数中国人民利益而发出的时代最强音。召开政治协商会议,成立民主联合政府的主张,与国民党反动派独裁专制和倒行逆施,形成鲜明对照,赢得了民心,也赢得了各民主党派和社会各界的真心拥护,成为引领国运大抉择的时代最强音。所以,"五一口号"一经发布,各民主党派立表赞同召开新政协和成立民主联合政府的立场,明确表示愿在中国共产党领导下贡献力量,为中国共产党领导地位的确立,奠定了舆论基础、组织基础和思想政治基础。中国共产党代表历史前进的方向,在领导新民主主义革命走向胜利的艰苦卓绝的伟大斗争中确立了在中国各种革命力量中的核心领导地位。以各民主党派响应"五一口号"为标志,坚定不移地接受中国共产党的领导,成为新型政党制度必须坚持的政治准则。各民主党派形成了接受共产党领导,同共产党团结合作、共同奋斗的优良传统,从而奠定了新型政党制度的牢固政治根基。

"五一口号"教育、感召了各民主党派和无党派民主人士,奠定了新型政党制度的合作基础。响应"五一口号"开展新政协运动,是各民主党派和无党派民主人士,在中国共产党的号召下,为巩固人民民主统一战线而自觉开展的一次自我教育运动。抗日战争胜利以后,民主党派、无党派民主人士中的一些人,对共产党、国民党都心存疑虑,幻想在国共两大政治势力之外,走所谓"中间路线"。在政治上主张实行多党的议会制、内阁制。然而,1947年10月,国民党政府宣布民盟为"非法"团体,民革、民促、农工党、民建、九三学社、民进等民主党派也被迫转入地下活动,这一严酷的现实无情地宣告了"中间路线"的破产。各民主党派和无党派民主人士在共产党的帮助教育和人民革命战争的鼓舞下,经过认真的反思、比较、鉴别,清醒地认识到,主张在中国实行"中间路线",在国共两党的道路之外,另走"第三条道路"是一种幻想，在中国当时的具体历史条件下是根本行不通的。要谋求中国的独立、和平、民主，就必须与代表中国先进力量的工人阶级及其政党合作。中共“五一口号”的发布，使走中间道路失败以及对国民党一党专制和反动统治彻底失望的民主党派，在中国革命形势发生重大转变之际，顺应了时代潮流和历史发展大势，彻底地放弃了中间路线。中国共产党在争取民族独立、人民解放的斗争实践中所表现出来的先进性，以及中国共产党统一战线方针政策所产生的凝聚力，使他们最终选择了中国共产党，走上了接受中国共产党领导的新民主主义道路，从而奠定了新型政党制度的合作基础。

“五一口号”加速了中国革命胜利的进程，催生了中国新型政党制度。响应“五一口号”，使广大民主党派和无党派民主人士加入到人民解放战争中来，加速了蒋介石政权在全国的崩溃和新中国诞生的进程。1948 年，在中国人民解放军转入战略反攻，共产党同国民党进入了生死拼杀的关键时刻，各民主党派和无党派民主人士公开宣告站在人民革命一边，积极响应“五一口号”，聚集在中国共产党的旗帜下，蒋介石集团成为全国人民共同的敌人，各民主党派在共产党的领导下团结起来，同共产党一道为推翻国民党反动统治和建立独立、民主、自由、富强的新中国而共同奋斗。从而催动中国共产党领导的多党合作和政治协商制度这一新型政党制度在中国的土壤中萌发生长。

二、中国新型政党制度的正式确立

1949 年，第一届中国人民政治协商会议的召开，标志着中国新型政党制度的正式确立。中国在民主政治建设方面创造了既不同于苏联一党制，也与西方多党制有着根本区别的共产党领导的多党合作和政治协商制度。这是符合中国国情、具有中国特色的政党制度。

1949 年 3 月 5 日至 13 日，中共中央召开了具有重大历史意义的七届二中全会。这次会议批准了由中国共产党发起并协同各民主党派、人民团体及民主人士，召开没有反动分子参加的新政治协商会议及成立联合政府的建议。同时强调了与民主党派长期合作的必要性。针对党内一些同志流露出来的“共产党打天下，民主党派坐天下”等不利于党派合作的言行，毛泽东在会上批评说，这是“关门主义作风”，是“对待党外民主人士的不正确态度”。毛泽东对夺取全国胜利后继续与党外民主人士保持合作，作了思想理论的战略部署，他指出：“我党同党外民主人士长期合作的政策，必须在全党思想上和工作上确定下来。我们必须把党外大多数民主人士看成和自己的干部一样，同他们诚恳地坦白地商量和解决那些必须商量和解决的问题，给他们工作做，使他们在工作岗位上有职有权，使他们在工作上做出成绩来。从团结他们出发，对他们的错误和缺点进行认真的和适当的批评或斗争，达到团结他们的目的。”①毛泽东的这些重要思想，奠定了中国共产党关于多党合作的理论基础，成为全党处理党派关系的基本指导方针。

1949年4月23日，南京解放，宣告了国民党反动派在中国大陆统治的覆灭。此时，无论在政治上还是军事上，召开新政协会议、成立民主联合政府的时机都已成熟了。经过中国共产党和各民主党派、无党派民主人士的共同努力，1949年9月21日，中国人民政治协商会议第一届全体会议胜利召开。会议正式通过了《中国人民政治协商会议组织法》《中国人民政治协商会议共同纲领》《中华人民共和国中央人民政府组织法》等重要文件及中华人民共和国首都、纪年、国旗、国歌等决议案。会议选举产生了由180人组成的中国人民政治协商会议全国委员会，毛泽东当选为政协主席，周恩来、李济深、沈钧儒、郭沫若、陈叔通为副主席。选举产生了由63人组成的中央人民政府委员会，毛泽东当选为主席，朱德、刘少奇、宋庆龄、李济深、张澜、高岗当选为副主席。新政协的这一阵容，既保证了中国共产党的领导地位，又能体现共产党同各民主党派和各界民主人士的团结合作。

新政协的召开，标志着中国共产党领导的多党合作的新型政党关系格局的形成，也标志着中国新型政党制度的确立。

---

① 《毛泽东选集》(第4卷)，人民出版社1991年版，第1437页。

三、中国新型政党制度长期发展的格局

新中国成立之初,中国新型政党制度虽然建立,但党内外对民主党派和多党合作重要性的认识不足。中共党内一部分同志滋长了骄傲自满情绪和以功臣自居的思想。他们瞧不起民主党派和民主人士,认为民主党派只不过是"一根头发的功劳",对于安排他们的代表人物担任人民政府的领导职务不服气,甚至发牢骚,说什么"早革命不如晚革命,晚革命不如不革命"。民主党派中有些人认为,建立了新中国,民主党派的历史任务完成了,没有必要存在了。因而,救国会在 1949 年宣布解散,有些民主党派也在酝酿解散。

毛泽东严肃批评了轻视民主党派的思想,强调了民主党派在我国政治生活中的重要作用:其一,指出民主党派作为一定阶级政治代表的重要性。"民主党派是一根头发的功劳,一根头发拔不拔去都一样的说法是不对的,从他们背后联系的人们看,就不是一根头发,而是一把头发,不可藐视。"[①]其二,指出在我国政治制度总格局中民主党派存在的重要性。"要向大家说清楚,从长远和整体看,必须要民主党派。""民主党派是联系小资产阶级和资产阶级的,政权中要有他们的代表才行。"[②]其三,提出在国家政权中实行多党合作的重要性。他说:"没有非党干部参加政府就会出毛病。共产党要永远与非党人士合作,这样就不容易做坏事和发生官僚主义。"[③]其四,民主党派的存在有利于共产党听取意见和批评。毛泽东多次谈到,民主党派存在,有利于听到不同的声音。他说,和党内同志在一起,听到的意见总是差不多,不同的意见就不容易听到。民主党派人士敢于讲不同意见,这样就能使执政党及时发现自己的不足,从而及时纠正自己的错误。

孙起孟曾高度评价毛泽东在建国伊始对民主党派存废问题的解决。他

① 《历次全国统战工作会议概况和文献》,档案出版社 1988 年版,第 6 页。

② 《历次全国统战工作会议概况和文献》,档案出版社 1988 年版,第 6 页。

③ 《毛泽东文集》(第 6 卷),人民出版社 1999 年版,第 13—14 页。

说:“现在回顾,在当时的社会条件下和国际环境中做出这样的战略决策是很不平凡的,表明了以毛泽东为代表的中国共产党的远见卓识。”①

1956年对资本主义工商业的社会主义改造基本完成以后,作为民主党派社会基础的民族资产阶级、城市小资产阶级将逐步消灭,中共党内对于民主党派还要不要继续存在下去、在社会主义社会还要不要实行多党合作制度,产生了不同的看法。毛泽东从我国国情出发,深入总结我国多党合作的历史经验和苏联的经验教训,深入思考中国社会主义道路问题,于1956年4月25日在中央政治局扩大会议上做了《论十大关系》的讲话,其中专门谈了党与非党的关系,指出:“究竟是一个党好,还是几个党好?现在看来恐怕是几个党好。不但过去如此,而且将来也可以如此,就是长期共存,互相监督”。② 同年9月,中国八大政治报告正式将其确定为中国共产党对民主党派的基本方针。

“长期共存、互相监督”方针的提出,确立了中国共产党在社会主义整个历史阶段与民主党派长期合作的战略思想。在无产阶级革命斗争历程中,马克思、恩格斯和列宁都提出过无产阶级政党与其他政党进行合作的思想。总的看,马克思、恩格斯关于政党合作的思想,主要着眼于无产阶级在自身解放的斗争中团结和联合各种力量。列宁在马克思主义政治学发展史上首次提出了在无产阶级专政国家中实行多党合作制的构想,并对多党合作制度进行了初步的尝试。但是,列宁关于无产阶级专政国家中实行多党合作的思想,总的看是一种策略思想,认为实行政党合作,是“中立”“战胜”和“消化”小资产阶级政党的需要。毛泽东在继承马克思列宁主义关于政党合作思想基础上,从无产阶级的阶级使命和多党合作的历史经验出发,从人民民主专政国家政权建设的本质要求出发,确立了在社会主义整个历史阶段与民主党派长期共存、团结合作的战略思想。

“长期共存、互相监督”方针的理论价值还在于,它包含了在社会主义国家通过多党合作实行党际监督的重要思想。在国际共产主义运动中,由于

---

① 《人民日报》1988年11月7日,第4版。

② 《毛泽东选集》(第5卷),人民出版社1977年版,第278页。

历史和实践的局限,马克思主义经典作家没有涉及关于政党党际监督问题。在苏联等实行一党制的社会主义国家,由于缺乏监督导致种种弊端。以毛泽东为代表的中国共产党人正是在深入思考和认真总结苏联实行一党制的建议教训后,提出了党际监督的思想。毛泽东指出:打倒一切,把其他政党搞得光光的,只剩下共产党的办法,使同志们很少听到不同意见,弄的大家无所顾忌,这样很不好,我们有意识保留民主党派,就是要听不同意见。[①] 以毛泽东为代表的中国共产党人充分认识到共产党执政需要监督,提出实行多党共存与合作的的重要目的就是要实行互相监督,提出民主党派的监督具有重要政治价值,执政党"需要听到不同的声音"。

"长期共存、互相监督"方针,不仅是作为正确处理人民内部矛盾主题下中国共产党处理与民主党派关系的基本方针,也为社会主义社会中国共产党与民主党派长期合作奠定了坚实的理论基础,使在新民主主义革命胜利后确立的中国共产党领导的多党合作和政治协商制度,在社会主义条件下得到进一步确立,中国新型政党制度长期发展的格局得以建立。

1957 年的反右扩大化 ,1966 年至 1976 年长达十年之久的"文化大革命",使中国共产党同各民主党派的合作遭到巨大损害,对多党合作和政治协商制度造成极大的破坏。十一届三中全会以后,中国共产党迅速纠正了错误,多党合作新局面不断打开。1982 年 9 月,中共十二大将"长期共存、互相监督"方针发展成为"长期共存,互相监督,肝胆相照,荣辱与共"的方针。同年 11 月,邓小平进一步强调了这一方针,他说:"我们一定要坚持'长期共存,互相监督','肝胆相照,荣辱与共'的方针,加强同各民主党派、无党派民主人士和一切爱国的党外朋友们的合作。"[②]"长期共存,互相监督,肝胆相照,荣辱与共"的方针的提出,标志着中国共产党与民主党派的关系在新时期的进一步密切和发展,由过去的阶级关系发展成为建立在劳动人民根本利益一致基础上的团结合作的友党关系。中国新型政党制度长期发展的格局得以巩固。

---

① 李维汉:《回忆与研究(下)》,中共党史出版社 1986 年版,第 814 页。

② 《邓小平论统一战线》,中央文献出版社 1991 年版,第 250 页。

四、中国新型政党制度走上了制度化轨道

改革开放之初，邓小平同志敏锐地把多党合作与我国政治制度联系在一起，鲜明地指出："在中国共产党的领导下，实行多党派合作，这是我国具体历史条件和现实条件所决定的，也是我国政治制度中的一个特点和优点。"①。这就第一次从理论层面将中国共产党领导的多党合作上升到国家政治制度的高度来看待。正是循着这一思路发展，以后多党合作被概括为我国的一项基本政治制度。1989年，中共中央颁布了《关于坚持和完善中国共产党领导的多党合作和政治协商制度的意见》，正式形成了"中国共产党领导的多党合作和政治协商制度"的完整表述。《意见》在总结了新中国成立以来，特别是中共十一届三中全会以来多党合作成功经验和优良传统基础上，提出了一系列新的理论：提出了中国共产党领导的多党合作和政治协商制度是我国一项基本政治制度；中国共产党与民主党派合作的政治原则；在多党合作中必须坚持中国共产党的领导以及中国共产党领导的内涵；在政党与国家政权的关系中，中国共产党是执政党，民主党派是参政党；民主党派参政的基本点和履行监督职责的总原则等，有力地推进了多党合作的理论创新和实践发展。《意见》第一次把"中国共产党领导的多党合作和政治协商制度"作为我国的一项基本政治制度确立下来。它的颁发和实施标志着中国新型政党制度开始走向制度化、规范化，成为多党合作制度化进程中的重要里程碑。1992年，党的十四大把共产党领导的多党合作和政治协商制度，确定为建设有中国特色社会主义理论的重要内容。1993年，八届全国人大一次会议接受中共中央的建议，通过《中华人民共和国宪法修正案》，把"中国共产党领导的多党合作和政治协商制度将长期存在和发展"作为重要内容，载入我国的根本大法，从而把多党合作制度上升为国家意志，为多党合作制度提供了强有力的法律保障。1997年，党的十五大又把坚持和完善中国共产党领导的多党合作和政治协商制度，纳入党在社会主义初级阶

① 《邓小平文选》（第2卷），人民出版社1994年版，第205页。

段的基本纲领。2005 年 2 月,中共中央颁发了《关于进一步加强中国共产党领导的多党合作和政治协商制度建设的意见》,文件定名“制度建设的意见”正是凸现了加强多党合作制度建设的显著特点。2007 年,党的十七大把中国共产党领导的多党合作和政治协商制度与民族区域自治制度、基层群众自治制度并列为三项基本政治制度,进一步完善了我国政治制度体系。

五、新时代中国新型政党制度的创新发展

党的十八大以来,以习近平同志为核心的党中央从坚持和发展中国特色社会主义全局出发,提出并形成了全面建成小康社会、全面深化改革、全面依法治国、全面从严治党的战略布局。习近平从“完善和发展中国特色社会主义制度、推进国家治理体系和治理能力现代化”的战略高度,提出了坚持和完善多党合作制度的一系列新观点、新论断、新要求,中国新型政党制度进一步创新发展。对我国政党制度做出了“新型政党制度”的新概括。

十九大报告指出:“世界上没有完全相同的政治制度模式,政治制度不能脱离特定社会政治条件和历史文化传统来抽象评判,不能定于一尊,不能生搬硬套外国政治制度模式。”习近平总书记在参加全国政协第十三届一次会议联组会时指出:“中国共产党领导的多党合作和政治协商制度作为我国一项基本政治制度,是中国共产党、中国人民和各民主党派、无党派人士的伟大政治创造,是从中国土壤中生长出来的新型政党制度。”从而向世界展示了中国新型政党制度是有根有魂的政党制度,充分体现了我国政党制度的理论自信、制度自信、文化自信,极大地丰富了马克思主义理论宝库,为人类贡献了中国智慧,为世界政党政治发展提供了中国方案,表现了走近世界舞台中央的大国风范。中国的新型政党制度是中华文化滋养出的中国化马克思主义成果,它植根于中国优秀文化土壤之中。习近平总书记指出:“我国的政党制度不仅符合当代中国的实际,而且符合中华民族一贯倡导的天下为公、兼容并蓄、求同存异等优秀文化传统,为人类贡献了中国智慧。”习近平总书记从三个方面论述了中国新型政党制度的政治优势:“说它是新型政党制度,新就新在它是马克思主义政党理论同中国实际相结合的产物,能

够真实、广泛、持久代表和实现最广大人民根本利益、全国各族各界根本利益，有效避免了旧式政党制度代表少数人、少数利益集团的弊端；新就新在它把各个政党和无党派人士紧密团结起来、为着共同目标而奋斗，有效避免了一党缺乏监督或者多党轮流坐庄、恶性竞争的弊端；新就新在它通过制度化、程序化、规范化的安排集中各种意见和建议、推动决策科学化民主化，有效避免了旧式政党制度囿于党派利益、阶级利益、区域和集团利益决策施政导致社会撕裂的弊端。”中国新型政党制度是有根有魂的政党制度，马克思列宁主义统一战线理论、人民民主理论和政党及政党关系理论以及中国共产党人对其创造性的发展形成的多党合作理论是中国新型政党制度的坚实理论根基，中华优秀文化是我国新型政党制度深厚的文化根基，各民主党派与中国共产党团结合作的历程是新型政党制度牢固的历史根基，中国共产党的坚强领导是新型政党制度能够历久弥新的魂之所在。

对新时代民主党派性质和作用做出了科学界定。2013 年初，习近平总书记对民主党派性质做出了“中国特色社会主义参政党”的新概括。他指出：“各民主党派是与中国共产党通力合作的中国特色社会主义参政党。”这一简洁、明确的概括，第一次明确了民主党派的中国特色社会主义性质。在此基础上，2015 年 5 月，中共中央颁布的《中国共产党统一战线工作条例(试行)》以党内法规的形式对民主党派的性质、地位、作用进行了规范，明确：“民主党派是接受中国共产党领导、同中国共产党通力合作的亲密友党，是中国特色社会主义参政党。”这是对各民主党派同中国共产党团结合作历程的科学总结，是对民主党派性质和政治地位的科学论断。这一概括，使中国共产党与各民主党派团结合作的政治基础更加巩固，参政党建设的目标任务进一步明确。

大力推进协商民主制度建设。2012 年，以习近平同志为核心的中共中央在党的十八大报告提出：“社会主义协商民主是我国人民民主的重要形式。要完善协商民主制度和工作机制，推进协商民主广泛、多层、制度化发展。”首次在党的政治报告中明确了协商民主的地位，系统论述、规划和部署了“健全社会主义协商民主制度”。2013 年，十八届三中全会更将“协商民主”定位为“我国社会主义民主政治的特有形式和独特优势，是党的群众路线在政治领域的重要体现。推进协商民主,有利于完善人民有序政治参与、密切党同人民群众的血肉联系、促进决策科学化民主化。”协商民主在新时代的新发展有力地推动了中国新型政党制度的完善和发展。2015 年 2 月,中共中央公布了《关于加强社会主义协商民主建设的意见》,首次提出了“政党协商”的概念,并将政党协商放到协商民主七种协商方式之首。《意见》对政党协商的形式、建言制度、保障机制作了具体的规范,在推动社会主义协商民主制度和多党合作制度方面具有十分重大的意义。习近平总书记在第 21 次中央统战工作会上的讲话中指出:“要完善政党协商的内容和形式,建立健全知情和反馈机制,增加讨论交流的平台和机会,使协商对凝聚共识、优化决策起到作用。”总书记的讲话和《中国共产党统一战线工作条例(试行)》,对政党协商的内容和方式做出了明确的规定。并将“参加中国共产党领导的政治协商”作为民主党派的一项基本职能从参政议政中独立出来。2015 年 12 月,中共中央办公厅公布了《关于加强政党协商的实施意见》,首次对“政党协商”的概念予以完整的表述,指出“政党协商是中国共产党同民主党派基于共同的政治目标,就党和国家重大方针政策和重要事务,在决策之前和决策实施之中,直接进行政治协商的重要民主形式。”并规定无党派人士和工商联也参加政党协商。同时,《实施意见》进一步系统且具体地规定了中央层面政党协商的七大协商内容、三种协商形式、四大保障机制,明确了协商的程序。这是中国多党合作史上第一个系统规范政党协商的制度性文件,开启了我国多党合作的新篇章。

综上所述,中国新型政党制度,从中国土壤中生长出来,在中国建设、改革中不断完善、发展,走过了 70 年波澜壮阔的历程,日臻完善,日益显示出强大的政治优势。

(作者单位:中央社会主义学院)

多党合作制度70年的光辉历程和基本经验

阚秀玲　张宏艳

伴随着新中国的成立、建设和发展，我国的多党合作和政治协商制度走过了70年不平凡的发展历程。70年的实践充分证明，我国的多党合作制度，符合中国特色社会主义事业的发展要求，充分反映了我国社会主义民主政治的本质要求，在我国政治生活中发挥着不可替代的重要作用，显示出巨大的优越性和强大的政治生命力。新形势下，回顾并梳理我国政党制度的历史进程，总结其创新发展的基本经验，对于坚持好发展好完善好我国新型政党制度，开创我国多党合作事业新局面，具有重要的理论价值和实践意义。

一、新中国成立七十年来多党合作制度的建设历程

回顾新中国成立七十年来中国共产党领导的多党合作和政治协商制度的发展历程，总体上可划分为三个重要的发展阶段：站起来时期的多党合作制度；富起来时期的多党合作制度；强起来时期的多党合作制度。

（一）站起来时期的多党合作制度

1. 新中国成立初期，保留了民主党派

1948年以“五一口号”为标志，各民主党派和无党派人士公开表示接受

中国共产党领导,多党合作制度自此拉开了序幕。1949 年 9 月 21 日,中国人民政治协商会议第一届全体会议召开,这次会议通过的具有临时宪法性质的《共同纲领》以及相关的法律文件,对多党合作和政治协商作了法律肯定和制度规定,人民政协的成立,使我国的多党合作有了重要的组织形式和稳固的组织机构,标志着中国共产党领导的多党合作和政治协商制度的正式确立。多党合作制度从确立之时起,就在我国的实际政治生活中得到体现。这个时期,各民主党派、无党派人士参加国家政权建设,在政府部门担任了重要职务,初步形成了多党合作的政治格局。

新中国成立后,中国共产党成了领导全国政权的执政党,当时党内一部分同志因为骄傲情绪和居功思想,瞧不起民主党派,认为他们只不过是"一根头发的功劳",对于安排他们的代表人物担任人民政府的职务不服气。同时,在民主党派内部一些人认为民主革命任务已经完成了,民主党派没有必要存在了。1949 年 12 月,中国人民救国会自行宣布解散。民进提出解散的主张;九三学社着手酝酿解散;农工党也发生了该党"存""废"问题的争论。针对要不要民主党派的问题,毛泽东明确指出:"从长远和整体看必须要民主党派。民主党派是联系小资产阶级和资产阶级的,政权中要有他们的代表才行。"为民主党派是否存在的问题定了调,也为多党合作事业的发展奠定了组织基础。在中国共产党的支持和帮助下,民主党派组织得到巩固和壮大,多党合作事业健康发展。

2. "八字方针"确立了社会主义条件下多党合作政治格局

1956 年底,社会主义改造基本完成,我国进入了社会主义社会。在新的历史条件下,多党合作制度如何发展成为一个重大政治选择。当时国际国内形势发生了巨大变化,国际上,当时处在社会主义阵营的国家,由于受苏联一党制的影响,大都建立了一党制。国内经过"三大改造"之后,民主党派的社会基础发生了重大变化,原私营工商业者大部分转变为自食其力的劳动者,民主党派要不要随着资产阶级的消灭而一并消亡?民主党派面临着"皮之不存,毛将焉附"的存废问题,如何对待民主党派重新成为亟待解决的问题。在政党制度上,中国共产党并没有照抄照搬苏联的一党制,而是吸取了苏联实行一党制的教训,坚决走上多党合作的道路。毛泽东根据中国社会阶级状况发生的深刻变化，在《论十大关系》中提出“究竟是一个党好，还是几个党好？现在看来，恐怕是几个党好。不但过去如此，而且将来也可以如此，就是长期共存，互相监督。”随后，中共八大明确提出了“长期共存、互相监督”的方针。解决了“要不要民主党派”这一重大理论问题，从而在社会主义条件下进一步确立了我国的多党合作制度。

1957年下半年我国的多党合作经历了一个曲折过程。反右斗争扩大化后，多党合作遭受严重损害，“文化大革命”期间甚至被迫中断。

（二）富起来时期的多党合作制度

1. 民主党派性质的新的界定为多党合作制度的恢复和发展奠定了思想理论基础

1978年十一届三中全会后，中国共产党领导的多党合作迎来了新的发展春天。1978年2月，中断十四年之久的全国人民政协会议召开，标志着我国的多党合作制度进入了一个正常的发展时期。1979年6月15日，邓小平在全国政协五届二次会议上重新界定民主党派的性质，指出：各民主党派“都已经成为各自所联系的一部分社会主义劳动者和一部分拥护社会主义的爱国者的政治联盟，都是在中国共产党领导下为社会主义服务的政治力量。”这一论断从发展的角度，对新时期民主党派性质、地位、作用进行了新的阐述，澄清了存在于共产党内部和社会上的一些模糊认识，解决了新的历史条件下民主党派存在和发展的根本问题，为改革开放后巩固和发展多党合作制度提供了思想理论依据。

2. 我国多党合作制度是中国政治制度的特点和优势，明确了多党合作的定位

1979年10月，在全国政协、中央统战部为各民主党派、工商联举行的招待会上，邓小平第一次从政治制度高度认识我国多党合作，指出：“在中国共产党的领导下，实行多党派的合作，这是我国具体历史条件和现实条件所决定的，也是我国政治制度中的一个特点和优点。”首次把多党合作从统一战线政策提升到了国家政治制度的高度，明确了多党合作制度在我国政治格局中的重要地位。1987年10月，十三大正式提出了“共产党领导下的多党

合作和政治协商制度”这一概念,此后的政治报告和有关文件去掉了“下”字,这表明了中国共产党和各民主党派是平等协商的政治联盟关系,不是上下级关系,突出了各民主党派在我国政党制度中的重要地位,充分体现了对各民主党派政治上的承认和尊重。

3. 多党合作的“八字方针”发展到“十六字方针”,巩固了多党合作制度长期发展的格局

1982 年 9 月,胡耀邦在十二大报告中提出:“我们党要继续坚持‘长期共存、互相监督、肝胆相照,荣辱与共’的方针,加强同各民主党派、无党派人士的合作。”“十六字”方针的确立,说明了共产党和民主党派的关系是建立在根本利益一致基础上的相互信任、亲密合作的社会主义新型政党之间的关系,表明中国共产党在新的历史时期坚持和发展多党合作的坚定信心,对于坚持和发展共产党领导的多党合作奠定了坚实的基础。

4. 1989 年中共中央 14 号文件颁布,多党合作理论政策创新突破,多党合作进入了制度化轨道

二十世纪 80 年代末 90 年代初,国际国内相继发生了一系列政治风波。面对错综复杂的国内外形势,以江泽民为核心的党的第三代中央领导集体进一步提出必须巩固多党合作制度。1989 年 12 月,中共中央颁发了《关于坚持和完善中国共产党领导的多党合作和政治协商制度的意见》,第一次将我国的政党制度比较全面系统地以中共中央文件的形式确定和规范下来。《意见》对我国的多党合作理论政策进行了发展和创新,明确多党合作制度是我国一项基本政治制度;提出了“参政党”概念;明确了民主党派参政的基本点;提出了衡量我国政治制度和政党制度的标准等。《意见》使多党合作和政治协商有了制度的保证,不再以哪个政党的个人意志为转移,同时也开创了多党合作的制度化建设的新阶段。

1992 年,党的十四大把坚持和完善多党合作制度正式写入党章。1993 年,全国人大八届一次会议将多党合作制度载入宪法,用根本法的形式确认了多党合作制度,为中国特色政党制度发展完善,提供了宪法保障。1997 年,党的十五大将坚持和完善多党合作制度纳入在社会主义初级阶段的基本纲领。2002 年,党的十六大又将坚持和完善多党合作制度写入今后必须

长期坚持的十条基本经验。多党合作有了执政党纲领和国家宪法的双重保障,有力地推动了多党合作制度化建设进程。

5. 2005 年中共中央 5 号文件颁布,多党合作理论政策丰富发展,多党合作制度化建设深入发展

十六大以来,以胡锦涛为总书记的党中央,积极推进我国多党合作制度稳步健康发展。2005 年 2 月,中共中央颁发了《关于进一步加强中国共产党领导的多党合作和政治协商制度建设的意见》。《意见》的颁布,是多党合作制度建设的又一里程碑,从"进一步加强"的角度提出了一系列新的理论观点和政策思想:明确了坚持和完善多党合作制度是建设社会主义政治文明的重要内容,概括了多党合作必须坚持的政治准则,提出要把发展作为多党合作的根本任务,完善民主党派性质的表述等等。

2006 年 2 月颁布了《中共中央关于加强人民政协工作的意见》,具体规范了人民政协履行职能的内容、形式、程序和机制。2007 年 11 月,《中国的政党制度》白皮书公开发表,全面介绍了中国特色政党制度的发展历程、主要特征、基本内涵以及在中国经济社会发展中发挥的重要作用,从而进一步巩固了多党合作的制度化建设。2012 年 2 月,中共中央颁布《关于加强新形势下党外代表人士队伍建设的意见》,为民主党派代表人士队伍建设提供了制度保障。

(三)强起来时期的多党合作制度

十八大召开后,以习近平同志为核心的党中央,着眼于"四个全面"的战略布局,立足新的时代,在实现中华民族伟大复兴和治国理政实践中就坚持和完善多党合作和政治协商制度提出了一系列新理念新思想新战略,制定颁发了一系列法规政策性文件,尤其是相关的配套性政策文件的出台,逐渐构建起了多党合作制度化的完整体系,使多党合作制度化建设迈上一个新的历史高度,将多党合作制度推进到了一个新的历史发展阶段。

1. 开启协商民主发展的新局面,进一步完善了多党合作制度化体系

2012 年,十八大报告提出要"健全社会主义协商民主制度""推进协商民主广泛、多层、制度化发展",在发展社会主义协商民主新形势下,为多党

合作制度发展迎来了新的发展契机。2015 年 2 月，中共中央颁布《关于加强社会主义协商民主建设的意见》，首次提出了“政党协商”的概念，提出要发挥 7 种协商形式优势，不断健全和完善社会主义协商民主制度。2015 年 6 月，中共中央颁发了《关于加强人民政协协商民主建设的实施意见》，明确了政协协商民主的相关机制和制度问题。2015 年 12 月，中共中央专门颁发了《关于加强政党协商的实施意见》，明确了政党协商的指导思想和重要意义，提出了政党协商的内容、形式和保障机制。2017 年 3 月，中共中央颁发了《关于加强和改进人民政协民主监督工作的意见》，规定了政协监督的主要内容、形式和程序机制，从实际操作层面对政协协商和政党协商以及政协监督做了更为详细的规定。

2.《中国共产党统一战线工作条例》颁布，多党合作制度有了党内法规保障

2015 年 5 月，中共中央颁布的《中国共产党统一战线工作条例》(试行)，从加强统战工作和提高多党合作制度效能两个维度进一步规范了民主党派工作，进一步规范了民主党派履行职能的内容、形式和程序等，使中国特色政党制度有了明确具体可操作的党内规则。

民主党派性质的新概括。《条例》明确“民主党派是中国特色社会主义参政党”。在新的历史起点上，对民主党派性质、地位的科学概括和判断，充分肯定了民主党派历史进步和重要贡献，使民主党派性质更加鲜明了，更准确更科学，更具有理论上的彻底性，更符合事物发展和人类认识的客观规律，为多党合作制度的建立、发展完善筑牢了基石。民主党派基本职能的新拓展。《条例》将民主党派职能完善为“参政议政、民主监督、参加中国共产党领导的政治协商”，对民主党派职能的新发展，更加科学、更加全面和准确地反映了民主党派在我国政治体系和政治生活中的重要作用，拓宽了民主党派发挥作用的领域，进一步提升我国多党合作制度效能。完善了无党派人士的定义及履职要求。

3. 新型政党制度，为世界政党政治发展提供了中国方案

十八大以来提出“四个自信”，表明中国政党制度经过几十年的实践探索、发展完善逐渐趋于成熟。多党合作制度化建设，一系列制度使宪法和法

律规定的基本原则进一步明确和细化为可执行和操作的具体措施，中国政党制度基本成熟定型，成了不同于旧式政党制度的一种全新的政党制度模式，形成了独具特色的中国模式的政党制度。中国日益走向世界舞台中央，在强起来时期，有必要向世界介绍中国政党制度类型，让世界进一步了解中国，认同中国。2018 年 3 月 4 日，习近平总书记在全国政协联组会讲话中指出，我国的政党制度“是中国共产党、中国人民和各民主党派、无党派人士的伟大政治创造，是从中国土壤中生长出来的新型政党制度”。新型政党制度的提出，彰显了强大的制度自信，为坚持好发展好完善好我国多党合作制度指明了方向，为推动多党合作事业提供了根本遵循。

二、新中国成立七十年来多党合作制度完善和发展的基本经验

70 年来，多党合作制度不断进行发展、完善、提高，正逐渐成为稳步健康发展的成熟的政党制度，积累了宝贵的经验，对我们在新时代全面强化多党合作制度的建设具有重要启示。

（一）坚持中国共产党的领导，是多党合作事业发展的根本前提

70 年的实践表明，我国多党合作无论经受多大波折、多少挑战，都能保持活力，始终坚持正确的方向，最根本的就是坚持中国共产党的领导。中国共产党的领导地位，是由中国共产党的根本性质和历史使命所决定的，是包括各民主党派在内的中国人民的选择，是中国特色社会主义制度的最大优势，也是多党合作事业蓬勃发展的根本保证，从根本上决定着多党合作制度的兴衰和成败。在新时代推进多党合作事业发展，必须更加自觉地坚持中国共产党的正确领导，牢固树立“四个意识”，“坚定四个自信”，与以习近平同志为核心的党中央保持高度一致，把智慧和力量凝聚到中共中央的决策部署上来，确保多党合作事业正确的政治方向。

（二）坚持中国特色社会主义，是多党合作事业发展的根本方向

70年的实践表明，正是有了共同的思想政治基础，各民主党派才能在困难和风险考验面前，与中国共产党携手并肩共同致力于社会主义革命、建设和改革事业。多党合作因共识而生，因共识而进。正因为中国共产党同各民主党派有共同的、牢固的思想政治基础，才能够长期合作。习近平总书记指出："中国共产党同各民主党派和无党派人士团结合作，是建立在共同思想政治基础之上的。今天，我们的共同思想政治基础就是中国特色社会主义。"中国特色社会主义根植中国大地，反映了我国社会的根本性质，体现了包括民主党派成员在内的广大中国人民的根本利益，因而也是我国多党合作的思想政治基础、奋斗目标和努力方向。中国共产党领导的多党合作制度只有服从、服务于建设中国特色社会主义伟大事业，才能始终坚持正确的方向，才能得到人民的拥护，不断焕发生机活力，在新时代的广阔舞台更好地发挥作用，大有作为。

（三）坚持制度化建设，是多党合作事业发展的重要举措

70年的实践表明，加强制度建设是我国多党合作不断发展完善，发挥巨大优势的重要举措。制度建设具有根本性、稳定性和长期性。没有稳定的制度保障，多党合作就只是徒具虚名而已。加强制度建设是我国多党合作制度不断发展和巩固的重要路径，是彰显这一政党制度优势和效能的重要动力。经过70年来的制度建设，我国多党合作已经形成了比较完备的制度框架体系，制度化规范化程序化水平大大提升。进入中国特色社会主义新时代，要不断完善多党合作的制度建设，完善健全制度体系，规范运行机制，推进制度创新，强化制度执行力，将我国政党制度的效能发挥落到实处。

（四）坚持加强参政党自身建设，是多党合作事业发展的重要保障

70年的实践表明，只有加强参政党自身建设，才能不断提高履职尽责的能力素质，多党合作优势才能充分彰显。多党合作是以民主党派的存在和

发展为前提的。提高多党合作整体水平，既取决于中国共产党的领导水平和能力，也取决于民主党派的自身建设和参政能力。多党合作的主体既包括执政党，也包括参政党，在多党合作制度中，各个政党都要健康发展，共同进步，多党合作才能保持旺盛活力和持久生命力。因此，只有执政党建设与参政党建设相互促进、共同提高，多党合作事业才能保持活力和生命力。支持和帮助民主党派加强自身建设，既是多党合作的重要内容，也是中国共产党的重要责任。各民主党派要始终把加强自身建设作为一项重要任务，按照中国特色社会主义参政党的定位和标准，研究新情况新问题，全面加强自身建设，进一步增强履行职能的能力和水平，真正成为中国共产党好参谋、好帮手、好同事。

（作者单位：黑龙江省社会主义学院）

中国土壤中生长的“伟大政治创造”

——中国新型政党制度发展历程探析

钟科丞

2019年是新中国成立70周年，是中国共产党领导的多党合作和政治协商的政党合作关系格局形成70周年，同时也是我国新型政党制度随着时代变迁不断丰富和完善的70年。

自1949年9月21日，中国人民政治协商会议第一届全体会议在北平隆重召开，标志着中国共产党领导的多党合作和政治协商制度正式确立，这一新型政党制度具有非常丰富的内涵。70年来，人民政协为新中国的建立和发展做出了巨大贡献，使我们更加坚定中国特色社会主义制度自信，继续坚持并发展中国特色社会主义民主政治。回顾这70年的历程，我们对新型政党制度的理论不断完善、机制不断发展，对其具有的重要意义不断探索并深刻领会。

习近平总书记在2018年全国两会期间，参加民盟、致公党、无党派人士、侨联联组会讨论中发表重要讲话指出，“中国共产党领导的多党合作和政治协商制度，作为我国一项基本政治制度，是中国共产党中国人民和各民主党派无党派人士的伟大政治创造，是从中国土壤中生长出来的新型政党制度。”

一、新型政党制度在中国土壤中生长

中国新型政党制度在人民政协的政治实践中不断发展，人民政协作为中国特色的民主政治的显著特点和优点，作为中国人民大团结的重要象征，是中国近代社会革命发展的必然结果，是中国共产党人把马克思主义原理创造性地运用于中国具体实践的伟大成果，也是中华民族的优秀文化传统和人类文明进步的时代潮流在现代中国的反应①。

70 多年来，人民政协的政治实践为中国新型政党制度在中国土壤中生长提供了实践基础，在中国土壤中不断发展，为中国社会主义革命建设和发展都做出了巨大贡献。在 70 年的发展进程中，人民政协理论也在随着中国政治实践具体情况的变化而不断发展。党和国家的历代领导集体在中国发展的不同时期和不同阶段为中国的现代化建设和祖国的繁荣发展不断探索，与时俱进地创新人民政协理论，使人民政协理论不断完善。

人民政协理论的形成经历了一段艰难的峥嵘岁月。抗日战争时期，中国共产党在抗日根据地实行“三三制”原则，即在政权分配上由共产党员、左派进步分子、中间分子及其他分子各占三分之一，团结了各民主党派和无党派人士，发展和壮大了抗日力量，巩固和扩大了抗日民族统一战线。解放战争时期，中国共产党继续团结各民主党派、无党派人士，包括工人阶级、农民阶级、小资产阶级和民族资产阶级，形成人民民主统一战线，一同反对国民党独裁统治。在对中国国情正确分析的基础上，1940 年毛泽东发表《新民主主义理论》，对中国革命的“两步走”做出明确阐释，强调要建立以中国无产阶级为首的中国各个革命阶级联合专政的新民主主义的社会，中国新民主主义共和国是以各革命阶级联合专政为国体，以民主集中制为政体的社会主义共和国。1945 年 4 月 24 日毛泽东在中国共产党第七次全国代表大会上所作题为《论联合政府》的政治报告，继续深入阐述了要建立几个民主阶级联合政府的主张。1948 年 4 月 30 日，中共中央发布“五一”口号，号召“各民主党派、各人民团体、各社会贤达迅速召开政治协商会议，讨论并实现召集人民代表大会，成立民主联合政府”，这一口号的发布得到了各民主党派及全国人民的积极响应和热烈拥护，也标志着各民主党派和无党派人士自

① 《中国人民政协全书》编辑委员会:《人民政协全书》，中国文史出版社 1999 年出版。

党公开接受中国共产党的领导。在新政协的筹备期间，毛泽东为新政协的召开做了充分的政治和思想上的准备，发表了《将革命进行到底》《论人民民主专政》等重要文献。1949年9月21日，中国人民政治协商会议第一次全体会议在北平隆重召开，全体会议代行全国人民代表大会职权，正式进入中国新型政党制度关系的新时期。

二、新型政党制度的理论不断完善

在人民政协政治实践的发展中，我国历代领导集体不断发展和完善我国的政党制度。以毛泽东为核心的第一代领导集体为人民政协的发展打下了坚实的基础。人民政协的政治基础是由中国共产党同各民主党派及各界民主人士合作的政治基础发展而来。1949年6月毛泽东在《在新政治协商会议筹备会上的讲话》一文中指出："必须打倒帝国主义、封建主义、官僚资本主义和国民党反动派的统治，必须召集一个包含各民主党派、各人民团体、各界民主人士、国内少数民族和海外华侨的代表人物的政治协商会议，宣告中华人民共和国的成立，并选举代表这个共和国的民主联合政府……这是中国共产党各民主党派、各人民团体、各界民主人士、国内少数民族和海外华侨团结奋斗的共同的政治基础，这也是全国人民团结奋斗的共同的政治基础。"①毛泽东还强调，我们的政府是在共产党领导下的民主联合政府，这一思想在《中国人民政治协商会议共同纲领》中得到了更加充分的体现，《纲领》规定，中华人民共和国实行工人阶级领导的、以工农联盟为基础的、团结各民主阶级和国内各民族的人民民主专政，这一思想同时也被写入《中国人民政治协商会议组织法》，成为人民政协的基本宗旨。1954年全国人民代表大会召开，人民政协不再代行全国人民代表大会的职权，毛泽东认为，人民代表大会是权力机关，这不妨碍我们成立政协进行政治协商，各民主党派、无党派人士、各人民团体、各民族和海外华侨共同协商中国的大事依然非常重要。

① 毛泽东：《毛泽东选集》（第四卷），人民出版社1991年版，第1463—1464页。

以邓小平同志为核心的中国共产党第二代中央领导集体明确提出新时期人民政协的性质和任务，确立中国共产党同各民主党派长期共存、互相监督、肝胆相照、荣辱与共的方针，推动人民政协的性质和作用载入宪法①。1978年邓小平在第五届政协全国委员会第二次会议上的开幕词《新时期的统一战线和人民政协的任务》这一重要讲话，是新时期指导人民政协工作的纲领性文件，是人民政协理论新发展的标志②。随着党和国家的工作中心转移到现代化建设上，人民政协的工作重心也开始转向为现代化建设服务。邓小平在《新时期的统一战线和人民政协的任务》中明确指出，在实现社会主义现代化时期，人民政协的任务，“就是要调动一切积极因素，努力化消极因素为积极因素，团结一切可以团结的力量，同心同德，群策群力，维护和发展安定团结的政治局面，为把我国建设成为现代化的社会主义强国而奋斗”③。邓颖超在《发扬统一战线的优良传统和作风》一文中认为，对待协商要有正确的态度：“这种协商是民主的，平等的，真诚的不敷衍应付，不强加于人，而是经过反复商量，充分交换意见，集思广益，真正达到政治上的一致或基本一致。”④

以江泽民同志为核心的中国共产党第三代中央领导集体将中国共产党领导的多党合作和政治协商制度确立为中国的基本政治制度，通过修改宪法明确这一制度将长期存在和发展，进一步明确了人民政协的性质、主题、职能⑤。根据新的时代特征和国内外的新形势，人民政协的工作也在与时俱进，第八届开始的人民政协继续为政协工作和政协理论的发展做出贡献，人民政协理论工作者对政协理论深入研究并首次提出“人民政协理论”这一科学概念，同时也出现了大量关于人民政协的论文、专著等研究成果，如全国

---

① 习近平：《在庆祝中国人民政治协商会议成立65周年大会上的讲话》，人民网2014年9月21日，http://jhsjk.people.cn/article/25704157。

② 王继宣，王国成：《统一战线理论研究综述》，华文出版社2002年版，第289页。

③ 中国人民政治协商会议全国委员会研究室、中共中央文献研究室第四编研部：《老一代革命家论人民政协》，中央文献出版社1997年版。

④ 王继宣、王国成：《统一战线理论研究综述》，华文出版社2002年版，第305页。

⑤ 习近平：《在庆祝中国人民政治协商会议成立65周年大会上的讲话》，人民网2014年9月21日，http://jhsjk.people.cn/article/25704157。

政协干部培训中心编著的《人民政协简明教程》,四川省社会主义学院编写的《人民政协论》,张长珍主编的《人民政协教程》,胡照洲编著的《中国人民政协论》等书。

党的十八大以来,以习近平同志为核心的党中央高度重视政党合作与政治协商的新型政党制度。在庆祝全国人民代表大会成立60周年大会上,习近平总书记强调,中国特色社会主义政治制度之所以行得通、有生命力、有效率,就是因为它是从中国的社会土壤中生长起来的。中国特色社会主义政治制度过去和现在一直生长在中国的社会土壤之中,未来要继续茁壮成长,也必须深深扎根于中国的社会土壤①。新型政党制度是从中国土壤中生长出来的"伟大政治创造",这表明新型政党制度并不是从国外借鉴学习,而是在中国土生土长,符合中国国情,具有中国特色的政治制度,同时它也是具有开创性的、全新的"政治创造"。当今国际政治格局风云多变,我们更要坚定制度自信,继续对新型政党制度理论进行研究并不断完善,为本国政治发展提供制度保障,为建成富强民主文明和谐的美丽新中国提供更加广泛的力量支持。

三、新型政党制度的机制不断发展

新型政党制度的机制发展大体经历了三个时期。新中国成立初期的机制探索与建立,以邓小平为核心的第二代领导集体对新型政党制度机制传统的延续与发展,十八大以来以习近平同志为核心的党中央继续完善协商民主制度和工作机制。

新中国成立初期,为更好实现多党合作和政治协商,实现中国共产党与民主党派、无党派人士及其他组织的联系制度化和常态化,使全国各个方面团结一致为新中国的建设与发展建言献策,我国建立了"最高国务会议""双周座谈会""协商座谈会"等机制。在1950年至1966年期间一共举行了114

① 习近平:《扎根本国土壤 汲取充沛养分的制度最可靠也最管用》,新华网2014年09月05日,http://www.xinhuanet.com//politics/2014-09/05/c_1112384336.htm。

次“双周座谈会”,在这些机制中“最高国务会议”与“双周座谈会”举行频次高、发挥作用大,最具有代表性。但在1966年后,受到“文革”影响,“双周座谈会”停止举行。

“双周座谈会”直到1979年经过邓小平的批准才得以重新召开,使这样一个机制的传统延续下来。邓小平“南巡讲话”过后,全国各方面发展在改革开放的浪潮中飞速前进,各民主党派和无党派人士也都积极投身到为国家的发展建言献策中,提出了一系列符合我国国情、顺应发展形势、具有实际意义的优秀提案,为国家政治、经济、文化、社会发展等领域的建设做出了巨大贡献。1982年6月15日至7月8日,政协全国委员会又连续举行七次《中华人民共和国宪法》修改草案专题座谈会,讨论统一战线和人民政协问题,中国社会主义经济制度和社会主义现代化建设问题,发扬社会主义民主和维护社会主义法制问题,教育和文化事业以及知识分子在四化建设中的作用问题,公民的基本权利和义务问题和民族、宗教、国旗、国徽问题①。在此期间,全国政协召集民主党派和无党派人士召开座谈会,主要讨论的是:加强统一战线和人民政协的工作,总结交流地方政协工作的经验,推动政协工作创新发展;国家经济发展重大问题和科教文卫方面问题;社会治安问题等。②

党的十八大以来,以习近平同志为核心的党中央高度重视新型政党制度的机制发展,提出“健全社会主义协商民主制度。要完善协商民主制度和工作机制,推进协商民主广泛、多层、制度化发展”;“坚持和完善中国共产党领导的多党合作和政治协商制度,充分发挥人民政协作为协商民主重要渠道作用”③;“增加协商密度,提高协商成效”④。在第十二届全国政协的坚持

---

① 《当代中国的人民政协》编辑部:《当代中国的人民政协》,当代中国出版社2009年版,第416页。

② 刘维芳:《改革开放40年中国新型政党制度发展考察》,《统一战线学研究》2018年第3期,第26页。

③ 中共中央文献研究室:《十八大以来重要文献选编》(上),中央文献出版社2014年版,第21页。

④ 《中共中央关于全面深化改革若干重大问题的决定(2013年11月12日中国共产党第十八届中央委员会第三次全体会议通过)》,《求是》2013年第22期,第3—18页。

与探索下，在充分听取了各民主党派及各委员的意见与建议下，创新性地继承并发扬了旧的机制，建立了“双周协商座谈会”，为了突出座谈会具有的协商民主这样一个主要内涵，特别增加了“协商”两个字，使其作为人民政协协商民主的重大制度创新、政协民主协商的重要形式之一重新开展。座谈会积极贯彻习近平总书记所说的，“把人民政协政治协商作为重要环节纳入决策程序，会同政府、政协制定实施协商年度工作计划，对明确规定需要协商的事项必须经过协商后提交决策实施。协商就要真协商，真协商就要协商于决策之前和决策之中，根据各方面的意见和建议来决定和调整我们的决策和工作，从制度上保障协商成果落地，使我们的决策和工作更好顺乎民意、合乎实际。”座谈会每两周举行一次，党内外代表人士选定一个主题展开，讨论后将记录递交决策者。2013 年 10 月 22 日，全国政协在北京召开了重启后的第一次“双周协商座谈会”，座谈会由中央政治局常委、全国政协主席亲自主持。座谈会通过定期邀请各界别委员主要是民主党派成员、无党派人士围绕我国当前政治、经济、文化、医疗、卫生、环境、社会发展等不同领域展开座谈交流，听取意见和建议，使双周协商座谈会成为沟通思想、增进共识、协调关系、凝心聚力的协商平台。一直到 2019 年初，双周协商座谈会共举行了 95 次。会议形式多样，有全体会议、专题议政性常委会会议、专题协商会、网络议政远程协商会、网络讨论会、对口协商会、提案办理协商会等。通过多样的协商形式，进一步建立健全了协商议政的多样化、常态化、制度化、规范化，使得各方面有序参加国家的政治生活，为国家的发展建言献策。这也契合了十八大以来以习近平同志为核心的党中央全面深化改革、推进国家治理体系和治理能力现代化的协商需求。

纵观 70 年来新型政党制度机制的发展历程，这一伟大的政治创造，通过制度化、规范化、程序化不断进行自我完善，新型政党制度发挥作用的范围及涉及人群也在向全方位、多层次、宽领域的方向发展。

四、结语

习近平总书记在 2018 年两会期间参加民盟、致公党、无党派人士、侨联界委员联组会讨论时指出，新型政党制度不仅符合当代中国实际，而且符合中华民族一贯倡导的天下为公、兼容并蓄、求同存异等优秀传统文化，是对人类政治文明的重大贡献。

为世界政党制度发展提供中国方案。我国新型政党制度核心就是积极团结各民主党派、无党派人士，发挥集体智慧的力量，群策群力、集思广益，在民主讨论的过程中统一思想、凝聚共识，使得每一步国家行动都具有科学性、规范性，使得每一个国家政策都符合人民利益和国家利益，也使政策制度能够高效落实。这与西方国家的政党制度截然不同，杜绝了两党或多党相互掣肘，杜绝了党派之间政治主张不同政策无法延续，杜绝了金钱政治、寡头政治的问题，杜绝了一党缺乏监督或者多党轮流坐庄、恶性竞争的弊端，更杜绝了霸权主义的滋生。我国新型政党制度充分体现了中国智慧。

为中国经济社会高速发展提供制度保障。通过新型政党制度，发扬民主协商，积极开展多党合作与政治协商，与各党派及社会各界一同集思广益，广泛听取各民主党派和无党派代表人士对国家发展的意见建议，推动决策科学化民主化，提高决策质量、提高执行效率。正是有新型政党制度作为制度保障，才使我们在世界范围创造了一个又一个发展奇迹。

为中华民族伟大复兴凝聚力量。中华民族伟大复兴的中国梦是中国近代以来最伟大的梦想。实现这一梦想只靠中国共产党一党之力是不够的。我们需要在中华民族伟大复兴的道路上团结一切可以团结的力量，为了同一目标共同奋斗。通过中国新型政党制度团结一切力量，始终坚持团结和民主两大主题，通过民主协商真实、广泛、持久代表和实现最广大人民的根本利益、全国各族各界的根本利益，通过政治制度提供团结平台，通过共同梦想团结全国人民，一同为中华民族的伟大复兴努力奋斗。

（作者单位：甘肃省社会主义学院）

论中国新型政党制度在毕节试验区的实践探索

王　振　左秀微　赵　虎

中国共产党领导的多党合作和政治协商制度作为我国一项基本政治制度，是中国共产党、中国人民和各民主党派、无党派人士的伟大政治创造，是从中国土壤中生长出来的新型政党制度。这一制度不仅仅是当今中国民主政治的重要组成部分，更值得注意的是它源自中国社会的发展，这就意味着中国新型政党制度作用发挥与中国经济社会的全面发展是一个互为推进、互为作用的关系。在新中国建立70年的历史发展中，尤其是改革开放40年来的中国民主实践过程中可以看到，中国新型政党制度在中国经济社会发展中起到了促进执政党领导方式和执政方式转变，促进参政党参政形式和参政能力转变，促进人民民主从“阶级专政”形态向“人民当家作主”形态转变的作用①。这些作用的发挥不仅是中国政治建设顶层设计的充分谋划，更是中国新型政党制度在基层实践的成效显现。作为多党合作示范区的毕节试验区，建立30多年来，已经逐渐成为中国新型政党制度区域实践的政治高地。如果将中国比作肥沃的政治生态园的话，毕节就是这座生态园中的黑土地。站在新时代的时代立场，回顾、思考和展望新型政党制度在毕节试验区实践探索，从中国改革基础薄弱的贵州毕节出发，审视新型政党制度促进毕节全面发展的轨迹及定位，对于整个中国政治建设具有相当重要的价值。

① 林尚立《新中国政党制度研究》，上海人民出版社2015年版，第256页。

一、坚守政治性是新型政党制度在毕节实践的根本原则

政党作为现代政治生活的核心要素，其参与国家政治生活所形成的制度性政党关系、行为规则和运行状态，构成了一个国家的政党制度。从世界政党发展的历史来看，任何国家的政党制度既不完全是国家制度体系所决定的，也不完全是政党自身所决定的，而是决定政党生存和发展的社会和国家所共同决定的。从我国的现实国情与社会现状出发，中国新型政党制度创造性地规范了政党制度中的一系列关系、职能和定位，可以概括为：共产党领导、多党派合作，共产党执政、多党派参政，共产党代表、多党派联系。因此，新型政党的实践过程必须是坚守政治原则，时时处处讲政治的一个过程。唯有如此执政党与参政党才能更好地凝聚共识，党内与党外才能更好地合作协商，国家与社会的发展才能更为稳定。从毕节试验区的设立缘起来看，新型政党制度在毕节试验区的实践开端，从当时情况来解读“是在学习贯彻党的十三大精神过程中逐步形成的，是进一步解放思想、深化改革的产物”①这充分体现了新型政党制度在毕节实践的政治性原则。可以说中国新型政党制度的毕节实践是中国共产党领导各民主党派中央、全国工商联积极围绕国家改革发展大局，针对解决贵州贫困和生态恶化两大问题积极开展的政治实践，是通过政党制度优势的发挥，促进地方经济社会全面发展的政治实践。

在政治信念上坚守政治性是中国新型政党制度在毕节实践的灵魂展现。从历史发展的视野去审视，长期以来，各民主党派与中国共产党一道，为中国革命、建设和改革事业作出重要贡献，这是中国新型政党制度历久弥新的实践积累，这种同心同德、同心同向、同心同行的政治信念是新型政党制度的实践灵魂，同时，这不仅是新型政党制度新时代再出发的初心动力，也是中国新型政党制度在毕节实践的实践内涵。30 年来，中国新型政党制

① 《胡锦涛选》（第一卷），人民出版社 2016 年版，第 1 页。

度的毕节实践始终坚持以“画出最大同心圆，找出最大公约数”为实践路径，在中央统战部的统筹推动下，各民主党派中央、全国工商联把参与支持毕节试验区改革发展作为己任，发挥自身优势，创新帮扶机制，积极协调国家部委和各级各界支持毕节试验区建设，不断增强毕节跨越发展、脱贫攻坚的外部动力，形成了以凝聚各方力量长期共同支持一个贫困地区为形式。在中国共产党的领导下各民主党派、全国工商联以坚定的政治信念全方位地参与到地方经济社会发展之中，有效地将“两个百年目标”与“区域发展目标”在参与实践中联系起来，通过毕节这个实践载体，中国新型政党制度的毕节实践以“两个百年目标”为指引，以民族复兴为方向，助推区域改革发展为目标，经过30多年的发展取得了巨大的跨越成绩。由此可见，中国新型政党制度能够坚守政治性首先体现在实践目标上，而明确的实践目标展现了坚定的政治信念。

在政治立场上坚守政治性是中国新型政党制度在毕节实践的关键所在。中国新型政党制度是能够真实、广泛、持久代表和实现最广大人民根本利益、全国各族各界根本利益的政党制度。这也意味着践行这一制度的主体成员中国共产党和各个民主党派，在国家治理和建设中观察事物和处理问题时所站的价值原点离不开“人民”二字。各民主党派拥护中国共产党领导的多党合作政治协商制度，就是站在执政党的“人民立场”这一政治立场上。因为，只有站在中国共产党这一根本政治立场上，中国新型政党制度才能更加坚定，各民主党派才能更加旗帜鲜明，永不忘合作初心，也唯有如此，各民主党派才拥有政治命运和存在价值。中国新型政党制度在毕节实践的从试验区建立伊始就站在人民立场上，充分体现了在中国共产党领导下的各个民主党派的政治生命力和价值。1988年为了破解经济贫困、生态恶化、人口膨胀“三大难题”，以中央智力支边协调小组（由各民主党派专家组成，后来演变为毕节试验区专家顾问组）为先锋，首先为毕节试验区建立做前期考察工作，认为建立毕节试验区是一项战略任务，将为我国西部地区开发扶贫、生态建设积累经验。随后的实践中，各民主党派中央分期分批进入毕节，并与毕节所辖的县区建立起了对口帮扶的关系，这使得中国新型政党制度的作用发挥有了抓手，各个民主党派充分发挥优势，在党的领导下积极联系基层贫困群众，问民情，察民意，解民忧，从“人民立场”出发，将新型政党制度在毕节的实践推向深入。坚持党的领导，紧紧围绕以人民为中心，不断增强合作、参与、协商，并且自觉对标对表聚焦到党委政府中心任务上来，这样的政治自觉是中国新型政党制度在毕节实践中践行正确政治立场的有力表现。

在政治任务上坚守政治性是中国新型政党制度在毕节实践的作用体现。从中国近代史的演进历程来看，在中国共产党的领导下完成争取民族独立，追求民主进步的政治使命和政治任务，充分体现了中国新型政党制度的政治功能和作用。改革开放以来特别是党的十八大以来，党和国家事业取得的历史性成就充分表明，中国新型政党制度是中国特色社会主义制度的重要组成部分，是符合中国国情的，对于国家建设、国家治理和国家稳定有着凝聚智慧、凝聚人心、凝聚力量的巨大政治作用。习近平总书记指出，“今天，摆在我们面前的一项重大历史任务，就是推动中国特色社会主义制度更加成熟更加定型，为党和国家事业发展、为人民幸福安康、为社会和谐稳定、为国家长治久安提供一整套更完备、更稳定、更管用的制度体系。”推动中国特色社会主义制度更加成熟更加定型的过程，也是中国新型政党制度发挥优势、提升活力和挖掘潜能不断增强和发挥制度作用的过程。中国新型政党制度在毕节试验区实践的30年始终在党的领导下坚持围绕国家工作中心，服务于国家建设大局，服务于改革发展，服务于脱贫攻坚来开展实践。从政治实践的过程来看，中国新型政党制度在毕节的实践，就是一个凝聚政治力量，通过一定的政治途径，完成促进政治经济社会全面发展这一政治任务的过程。首先，在坚持党的的领导方面，中国共产党通过配置政治力量、制定大政方针以及政治引导支持和帮助各民主党派在毕节试验区开展独立自主的活动。在参与毕节试验区建设实践中，民主党派针对毕节的许多提案建议得到了中共中央的高度重视，一些大型项目的立项和实施，也得到了政府部门的大力支持。其次，在多党合作方面，新型政党制度在毕节的实践，不仅从政治功能上展现了各民主党派参政议政、民主监督的功能，而且从实际效果上充分体现了推动改革促进发展的作用。另外，在政党协商方面，毕节试验区多党合作坚持将协商贯穿于决策的全过程，提高了协商质量,有效防止经济建设中重大实践的随意性、盲目性和滞后性。民主党派在党的领导下参与毕节的建设是执政党、参政党共同发挥自身功能完成经济建设政治任务的重要体现,这从目标任务上充分体现了新型政党制度的政治属性。

二、体现人民性是新型政党制度在毕节实践的核心内容

中国新型政党制度区别于西方政党制度的一个根本标志就是,它的目标是实现和维护最广大人民的根本利益,这与西方政党制度服务于资产阶级的根本利益有着本质上的区别。邓小平同志在《目前形势和任务》文章中明确指出:“资本主义国家的多党制有什么好处?那种多党制是资产阶级互相倾轧竞争状态所决定的”,“这种状况是它们的弱点而不是强点。”可见,广泛的群众基础是中国新型政党制度得以建立、成长和发展的关键,新时代中国新型政党制度要继续发展,必须始终坚持人民性,这既是历史的必然,也是人民的选择,同时也是新型政党制度实践主体(执政党、参政党)进行制度实践的核心内容。在全面深化改革发展的今天,毕节试验区作为中国新型政党制度服务改革发展、服务脱贫攻坚的试验田,站在人民立场,体现人民性是新型政党制度在毕节试验区实践探索的核心内容。

第一,在参与毕节建设目标上体现人民性,助推毕节发展,推动试验区经济跨越。时任贵州省委书记的胡锦涛同志在毕节试验区建立工作会议上曾经指出:“在同样的政策条件下,贫困地区与发达地区在经济社会发展上存在着效益差距,其结果将是地区差距扩大。”①因此,找到发展目标,提升发展速度是解决毕节乃至贵州贫困和落后这一主要矛盾的关键。中国新型政党制度在毕节试验区实践伊始,各民主党派中央、全国工商联首先通过项目咨询和派遣专家学者的方式,通过智力支边解决人民实际生活问题。这一方式有效地将国家政治制度的顶层设计与基层经济社会发展,尤其是人民

① 《胡锦涛选》(第一卷),人民出版社 2016 年版,第 1 页。

需求有效结合起来，确立了解决当地贫困和落后矛盾问题的目标方案。通过发挥中国新型政党制度凝聚力量的显著功能，把全社会的智慧和力量充分调动起来、凝聚起来，最大限度地形成统一意志，最大限度地集中社会资源，最大限度地解决效益差距来助推发展。并且在这一过程中建立了“开发扶贫、生态建设、人口控制”的目标主题，这一跨时代的目标主题，不仅得益于中国共产的正确领导，同时也得益于各民主党派、全国工商联和专家顾问组的最新思想成果。实践证明，中国新型政党制度在推动毕节发展的过程中，在“三大主题”目标的引导下，充分发挥各个民主党派“直通车”的政治优势，使得中国新型政党制度在毕节的工作更加科学化、制度化、规范化和具体化，在推动毕节经济社会跨越发展中，增强了900多万人民群众的幸福感、获得感。

第二，在参与毕节建设过程中体现人民性，支持毕节发展，激发试验区自身潜力。中国新型政党制度在毕节的实践一个重要的内容就是在参与毕节实践过程中，通过智力帮扶的形式真正激发毕节自身发展潜力，提升毕节试验区的软实力。从发挥党派自身优势来看，各个民主党派汇聚了来自各行各业的社会精英，具有人才荟萃的优势，这是从外部激发毕节试验区潜力的最好优势。从提升贫困地区的软实力水平看，加强智力帮扶是拔掉穷根、服务党和国家发展大局，脱贫攻坚的治本之策。因此，中国新型政党制度在毕节的实践首先是发挥优势为毕节的经济社会发展把脉。例如，以来自各民主党派的专家组成的专家顾问组每年都要多次赴毕节，围绕“三大主题”开展一系列富有成效的工作，为毕节的重大项目规划问诊把脉。其次是展开人员培训工作，为毕节的全面发展储备人才。各民主党派、全国工商联在毕节积极开展“乌蒙讲坛”“民盟名医大讲堂”“烛光行动”“致公学生培养计划”等活动，通过培训提升的方式着力提升试验区人员素质。除此之外，由于中国新型政党制度在毕节的长期实践，对外产生良好的示范和辐射效应，因此中央统战部牵头建立了东部十省市帮扶机制，北京、天津、河北、辽宁、上海、广东等十省市统一战线共同参与支持毕节试验区建设，充分展示出了中国新型政党制度的魅力，无形之中拓宽了毕节当地群众快速发展的新路子。

第三,在参与毕节建设效果上体现人民性,促进毕节发展,加快试验区民生改善。在党的领导下,中国新型政党制度,深入发挥凝聚人心、汇聚力量的政治优势,调动各民主党派、工商联和社会各界人士共同服务毕节的改革发展和脱贫攻坚事业,促进毕节经济社会发展,构建整体驱动格局,更好地维护了广大人民群众的利益和社会稳定和谐的大局。新型政党制度的一系列实践主要是通过参与和群众生产生活息息相关的民生实事,切实解决群众生产生活遇到的困难和问题而展开的。经过长期的实践发展,在促进毕节自身实质发展的过程中,实现了人民生活从普通贫困到基本小康之变、生态环境从不断恶化到明显改善之变、精神状态从闭关自守到开放创新之变[①],展示出了中国新型政党制度中“接地为民”的情怀。新型政党制度在毕节实践的三十多年中,各民主党派、全国工商联全面而且直接参与毕节各项民生工程的实施,始终把提高群众生活水平作为出发点和落脚点,在医疗、教育以及改善群众生产生活条件方面发挥了重要作用。截止 2018 年,各民主党派、全国工商联组织 986 批次 8356 人次专家学者到试验区考察指导工作,培训各类人才 32.9 万人次;新改扩建各类学校近 200 所,援建乡镇卫生院、村级卫生室 140 多个;组织召开 6 次统一战线,参与毕节试验区建设联席会议,共协调推动项目 900 多个。这些实实在在的实践充分结合毕节实际,有效推动了试验区的社会事业、民生工程的整体发展,使试验区人民获得了实实在在的共享成果。

三、突出创新性是新型政党制度在毕节实践的动力来源

制度创新是一个国家保持长治久安的基本动力和要素,其核心内容是社会政治、经济和治理等制度的革新,是支配人民行为和相互关系的变更,是组织与其外部环境相互关系的变更。中国新型政党制度随着历史潮流的

---

① 商莹:《毕节试验区建设三十周年回眸与展望》,《贵州社会主义学院学报》,2018 年第 3 期,第 11—15 页。

发展不断创新完善,在时代发展中呈现出鲜明的中国特色、独特效能优势和强大的生命力。毕节试验区建立30多年来,在中国共产党的领导下,各民主党派、全国工商联共建毕节,将参与毕节建设和发展作为己任,并在此过程中不断加强制度创新,对中国新型政党制度在基层开展实践的体制机制、运行范式、品牌建设进行了持续深入的探索。这不仅为毕节探索出了一条人口、经济与资源环境协调发展的新路子,同时也为多党合作服务改革发展实践探索了新经验,提供了新动能。为下一步毕节建设贯彻新发展理念示范区积累了重要经验。

第一,制度机制上创新为新型政党制度在毕节实践提供可持续的实践动力。在长期支持毕节试验区建设的过程中,各民主党派以及社会外部力量的积极参与使得同心攻坚、同心共建毕节的"毕节经验"日趋成熟,这是毕节试验区之所能成为中国新型政党制度区域实践成功范例的重要原因。一方面,在对上直通、对内凝聚、对外合作的三个方向上建立全国范围内独一无二的多党合作服务改革发展27项系列制度,通过系列制度的建立,促进多党合作平台的搭建,使得新型政党制度的实践在基层运行有载体,有抓手,接地气。另一方面,在建立系列制度的基础上从发挥各个民主党派职能优势出发,通过丰富实践机制,凝聚党派更大力量促进毕节试验区建设发展。如:争取高端支持机制就是发挥民主党派成员参政议政直通优势,使之成为毕节在国家层面参政议政的建言代表,通过提案、议案、书信等方式,争取国家层面的支持。除此之外,新型政党制度在毕节的长期实践中,逐步形成了中央统战部牵头,各民主党派中央、全国工商联和国家各部委共同参与的路径机制,并在实践中进一步完善创新形成了中央、省市、县乡联动机制,有效地保证了新型政党制度的动能传导,实现了区域发展的新跨越。

第二,运行范式上创新为新型政党制度在毕节实践提供可示范的实践模式。中国新型政党制度在毕节的长期实践证明,发挥政治优势、汇聚发展合力、凝聚人心智慧,是新型政党制度在毕节实践探索的鲜明特色。在这一过程中各民主党派从组织到成员,在毕节试验区这个实践平台上磨炼了意志,发挥了作用,提升了水平,实现了多党合作由单兵作战向整体推进的转变。实践中,各民主党派的基层组织在毕节实现了全覆盖(除台盟以外),这为多党合作的有效开展提供了组织化的保证,同时也为专家顾问机制、定点合作机制、联席会议机制等机制的高效发挥提供了组织载体,真正实现了新型政党制度从组织形式的有型覆盖到参建效果的有效示范。另外经过长期的实践深化,各民主党派已经从建言咨询帮扶逐步向助推发展直接参与的方向转化,30 多年的实践中各民主党派、全国工商联在毕节围绕民生累计实施项目 1242 个。指导毕节制定各类发展规划 46 个。培训各类人才 32.9 万人次。帮助毕节试验区新改扩建各类学校 200 多所。资助贫困学生 11925 名。援建乡镇卫生院、村级卫生室 140 多个,修建 130 所海联卫生室。医治白内障患者 1930 例。打造 9 个精品“同心新村”。援建 14804 口“同心小水窖”。由此可以看出,新型政党制度在毕节实践理念已经从定点自为参加向整体推进的全程自觉参与的运行模式转化。这为新型政党制度优势发挥找到了新的切口。

政治品牌上创新为新型政党制度在毕节实践提供可推广的实践品牌。中国新型政党制度在毕节的长期实践,积累了多党合作服务改革发展的“毕节经验”,产生了多党合作参与毕节试验区建设的“同心工程”,创造了多党合作参与改革发展的标志性品牌——“同心品牌”,这一品牌的创立为中国新型政党制度在区域发展中的实践提供了标准、模式、样本。从“同心品牌”孕育、生成和壮大的历史进程来看,它是中国共产党领导下,各民主党派、全国工商联长期支持、广泛参与地方建设发展的结果,是毕节人民不甘落后、艰苦奋斗与统一战线成员同心攻坚、共同奋斗的结果。“同心品牌”的形成发展过程,完全是一个从实践中来,到实践中去的大胆试验和不断创新的过程,它的创立将中国新型政党制度的基层实践这一政治概念品牌化。使得中国新型政党制度在毕节的实践创新无论在政治层面、经济层面、社会层面、文化层面都具有了较大的推广价值和示范效应。通过政治品牌的打造,新型政党制度的特色和优势得到了有利发挥,促进了毕节各项事业的发展。尤其值得一提的是 2013 年国家发改委出台对毕节试验区的《深入推进毕节试验区改革发展规划(2013—2020 年)》,突出强调毕节试验区的多党合作示范区建设,通过“同心”政治品牌的打造把握好新型政党制度在毕节实践的基本要素,是深度发挥中国新型政党制度效能的基础,更是新时代提升毕节试验区政治价值的新机遇。

中国新型政党制度在中国大地走过了70年,期间用短短30多年的时间助推一个极度贫穷落后的地区发生了历史性变化,走出了一条具有中国特色的贫困治理之路。从政党制度建设的角度审视,中国新型政党制度在毕节的实践探索有效印证了中国特色社会主义道路、中国特色社会主义理论、中国特色社会主义制度、中国特色社会主义文化的强大生命力,尤其是彰显了中国新型政党制度的独特优势。就如习近平总书记在对毕节试验区建立30周年时的指示中明确指出的"30年来,毕节试验区发生了巨大变化,成为贫困地区脱贫攻坚的一个生动典型。"因此在未来的发展中,作为执政党,中国共产党要以高度的自信和宽广的胸怀,积极主动地加强同各民主党派的团结合作,为各民主党派参政议政提供载体和平台,创造条件和渠道,并以具体的制度机制保证民主党派的参与程序化、规范化、常态化、长效化。各民主党派要不断提高自身的参政能力,发挥自身上通下达、智力密集、联系广泛、民主监督等方面的优势,不断深化在政治协商、参政议政、民主监督方面的参与程度,做中国共产党的好参谋、好帮手、好同事,增强责任和担当,共同把中国的事情办好。唯有如此,中国的新型政党制度以合作、参与、协商为基本精神,以团结、民主、和谐为本质属性才能更好地得以彰显。

(作者单位:贵州省社会主义学院)

从中国新型政党制度 70 年看中国政党政治发展前景

王红玉

政党政治是当代世界各国的普遍现象。在我国,新型政党制度已经走过 70 年历程,与新中国相伴相生。70 年来,这一制度从确立到发展以及不断完善,在推进中国政党政治发展进程中发挥了重要作用并形成了宝贵经验。回顾新型政党制度发展史,总结其中的基本经验,是立足中国共产党长期执政的历史使命,着眼我国整体政治生态的环境优化,实现我国政党政治更加科学化、民主化、法治化发展的重要一环。在此基础上,面对深刻变化的国内外形势,展望新时代中国政党政治的发展前景,提出执政党与参政党在新时代的建设目标与路径思考,以此献礼新中国 70 华诞。

一、新型政党制度 70 年发展史考察

新型政党制度是"中国共产党和中国人民历经磨难,探索出的适合中国国情与社会发展"[①]的政党政治模式。七十年的发展,大致经历了建国初期至"文革"结束、改革开放至党的十八大之前、党的十八大召开至今三个阶

① 王红玉:《比较视野下的中国新型政党制度效能优势研究》,《中央社会主义学院学报》,2018 年第 5 期。

段。回顾每个历史阶段的重要节点，是提炼新型政党制度推进中国政党政治发展基本经验的前提。

（一）新型政党制度的确立与彷徨

谈及新型政党制度的确立，必追溯其奠基仪式，正是中共中央在1948年抓住国民党统治由盛转衰的重大转折关头做出果断决策——发布纪念“五一口号”，得到各民主党派的热烈响应，由此拉开多党合作协商建国的历史帷幕。在历史发展的逻辑中，新中国成立，“中国人民政治协商会议”自然而然地成为多党合作的重要机构，新型政党制度在中国土壤扎根生长。

新中国成立初期，关于民主党派的组织发展存在不同观点。一种认为民主革命任务已经完成，民主党派没有必要存在下去；另一种则认为民主党派不仅要继续存在，还应该合并成一个大党。对此，中央领导同志要求统战部切实搞好民主党派工作。1949年12月，民盟召开四中全会扩大会议，周恩来同志亲自出席并明确了中国共产党对民主党派始终坚持极力保留、并与民主党派共同发展的态度；又在1950年4月，中央统战部邀请民主党派领导人的座谈会上，周恩来再次明确指出：“在今天，如果搞单一的资产阶级政党，势必走欧美资产阶级道路……反对共产党。但这条路在中国是行不通的。”①他说，共产党和民主党派“要长期合作，共同努力，建设新中国，完成历史所赋予的任务。”由此，毛泽东同志1956年在《论十大关系》中明确提出，“在社会主义条件下，究竟一个党好还是几个党好，我看还是几个党好。共产党和各民主党派要‘长期共存，互相监督’，从而确立了社会主义条件下共产党领导的多党合作政治格局。”②

与新型政党制度具有天然联系的人民政协，在1954年第一届全国人民代表大会召开后，社会上出现了新的意见，认为人大的召开与宪法的颁布，显得人民政协似乎失去了存在必要。对此，毛泽东同志明确指出，“人大的

① 王兆国：《贯彻“三个代表”要求 发展壮大爱国统一战线》[M]，华文出版社2003年版，第42页。

② 王兆国：《贯彻“三个代表”要求 发展壮大爱国统一战线》[M]，华文出版社2003年版，第45页。

代表当然很大,但它不能包括所有的方面,所以政协仍有存在的必要。”“各党派、各民族、各团体的领导人物一起来协商新中国的大事非常重要。”[①]这样,多党合作政治格局与人民政协重要组织形式,在新中国成立初期确立下来,成为我国社会主义民主政治的一个鲜明特色。

社会主义改造基本完成后,中国共产党对社会主义建设进行了艰辛探索,但由于经验不足,出现“左”倾错误,对民主党派人士就国家建设提出的不同意见给予了不恰当的回应,以致对多党合作形成极大冲击。从反右运动到“文化大革命”结束,新型政党制度在彷徨中经历了曲折发展。

(二)新型政党制度的坚持与巩固

党的十一届三中全会的召开,全面拨乱反正政策的落实,改革开放的正确选择,终使新型政党制度“守得云开见月明”。1979 年 6 月,邓小平在全国政协五届二次会议上,就各民主党派社会基础的根本变化向世人作了郑重宣布,即已经成为“各自所联系的一部分社会主义劳动者和一部分拥护社会主义的爱国者和政治联盟”,使民主党派人士重新焕发生机,也同步激活了新型政党制度。

1982 年,在具有伟大历史意义的中共十二大上,多党合作的八字方针扩展为十六字方针——“长期共存、互相监督、肝胆相照、荣辱与共”。这是对共产党同民主党派合作共事的战略肯定,也是对两大主体新型政党关系的充分体现。

1989 年,面对国内外的双重复杂态势,12 月 30 日中共中央正式颁发《中共中央关于坚持和完善中国共产党领导的多党合作和政治协商制度的意见》,即中发[1989]14 号文件,并于次年 2 月 8 日在《人民日报》全文刊登,同时发表社论,提出中共与民主党派共同的神圣职责就是维护国家长治久安的鲜明观点。文件开篇首句正式宣布:“中国共产党领导的多党合作和

① 王兆国:《贯彻“三个代表”要求 发展壮大爱国统一战线》[M],华文出版社 2003 年版,第 45 页。

政治协商制度是我国一项基本政治制度。”[①]新型政党制度从此嵌入国家政治制度与政治体系,开始走上制度化轨道。发展过程中,新型政党制度面临的一个重要问题就是自身的法律地位。1993 年,八届人大一次会议一致通过把“中国共产党领导的多党合作和政治协商制度将长期存在和发展”载入宪法,从基本政治制度上升为国家意志,表明中国人民坚持社会主义政党制度不动摇的坚强决心。

《意见》颁布后的 15 年间,新型政党制度不断深入政治体系与社会生活,其中在公共政策制定领域绕不开的一个重要问题,就是这一制度的三元素之一,政治协商。而中发[2005]5 号文件及时予以回应,明确提出“政治协商是中国共产党领导的多党合作和政治协商制度的重要组成部分”,“把政治协商纳入决策程序,就重大问题在决策前和决策执行中进行协商,是政治协商的重要原则”[②],直接催生了中国协商民主的诞生。一年后,中发[2006]5 号文件指出“人民通过选举、投票行使权利和人民内部各方面在重大决策之前进行充分协商,尽可能就共同性问题取得一致意见,是我国社会主义民主的两种重要形式。”[③]2007 年 11 月,《中国的政党制度》白皮书明确提出“选举民主与协商民主相结合,是中国社会主义民主的一大特点”[④]。协商民主在新型政党制度的坚持与巩固中孕育而生。

(三)新型政党制度的发展与完善

随着多党合作制度化、规范化、程序化建设的不断加强,党的十八大以来,以习近平同志为核心的党中央,立足中国共产党长期执政历史使命,为实现中华民族伟大复兴,高度重视新型政党制度发展,特别是加强社会主义

---

① 杜青林:《中共十一届三中全会以来多党合作理论、政策和实践的创新与发展》[M],华文出版社 2008 年版,第 245 页。

② 杜青林:《中共十一届三中全会以来多党合作理论、政策和实践的创新与发展》[M],华文出版社 2008 年版,第 253 页。

③ 杜青林:《中共十一届三中全会以来多党合作理论、政策和实践的创新与发展》[M],华文出版社 2008 年版,第 264 页。

④ 中华人民共和国国务院新闻办公室:《中国的政党制度》[M],外文出版社 2007 年版,第 10 页。

协商民主建设。

这一时期,多党合作理论实现多重突破。2013 年 2 月,"中国特色社会主义参政党"概念的提出,是对民主党派取得的历史性进步的充分肯定,是对民主党派在国家政治生活中的准确定位,是"中国式"政党制度的重大创新,更是对世界政党理论和政党政治的伟大贡献。2015 年,《中国共产党统一战线工作条例(试行)》以党内法规的形式,第一次清晰明确地定位了民主党派的三项基本职能,解决了多党合作制度需要高度关注的重大政治问题,极大地推动了民主党派的成长进步与中国政党制度的发展完善。2018 年 3 月,习近平总书记"以独特视野与精辟语言,言简意赅地总结出中国政党制度的内在价值和时代特色"①,即立"三新"除"三弊",创造性地提出"新型政党制度"的全新概念,是对西方政党政治藩篱的大胆跨越,更是对中国特色社会主义制度体系的高度自信。

这一时期,社会主义协商民主建设的态势呈现系统性特点。2012 年,党的十八大报告首次提出"健全社会主义协商民主制度";两年后,在庆祝中国人民政治协商会议成立 65 周年大会重要讲话中,习近平总书记系统论述了如何建设社会主义协商民主;根据十八届三中全会提出的构建程序合理、环节完整的协商民主体系,2015 年,《关于加强社会主义协商民主建设的意见》出台,同年,《关于加强人民政协协商民主建设的实施意见》和《关于加强政党协商的实施意见》相继颁发。系列文件的出台,以及全国政协和中央统战部积极推进贯彻落实工作,使社会主义协商民主建设在理论与实践方面都呈现出良好发展态势,并在新型政党制度的发展与完善中与之渐进而有效契合。

二、新型政党制度 70 年推进中国政党政治发展的基本经验

新型政党制度 70 年,是从世界民主政治、政党政治的发展浪潮中走过来

① 王红玉:《比较视野下的中国新型政党制度效能优势研究》[J],《中央社会主义学院学报》,2018 年第 5 期。

的,是在马克思主义政党理论同中国革命建设改革具体实际相结合的磨合中实践出来的,历经磨难逐渐探索形成了领导、合作、协商三个层面的制度机制,是推进中国政党政治良性发展的基本经验。

(一)新型政党制度确立的坚强领导核心,是中国政党政治良性发展的根本保证

一元多体发展模式是中国政党政治的基本特征,也是新型政党制度从孕育到确立的发展过程中逐步探索得来的一条本土规律,其中一元领导是根本保证。"旧政协"是新型政党制度在正式诞生前的一次演练与尝试,建立联合政府的愿望虽然破灭,但是将新旧政协作比较,便可知领导力的重要性。旧政协期间的多党合作,是在国民党竭力巩固自身一党专政的背景下开展的,他们缺少与中国共产党这样的异己政治力量合作的底气,更缺乏执政党应有的担当与胸怀。与之相比,新政协期间的多党合作,则是在各民主党派主动承认中国共产党的领导地位下开展的,共产党具备的强大组织动员能力以及在革命中的模范先导力量,深深地吸引了各民主党派和无党派人士,使其"愿在中国共产党领导下,献其绵薄,将革命进行到底",从而形成前所未有的强大凝聚力,一道从建国走向治政。

如果说坚强领导的核心作用,和平时期体现在对建设伟大事业的领导作用,那么特殊时期则体现为对国家道路选择的掌舵操盘。从反右到"文革",从十八大以来的反腐之战,共产党的坚强领导力,不仅使自身走向成熟稳定,而且率领全国人民走上正确的奋斗道路。"十年浩劫"是整个中华民族的灾难,共产党人更是首当其冲,而马叙伦先生"只有跟着共产党走,才是正道上行"①的政治遗嘱,以及屈武先生结束囚禁岁月后的一句"我从不后悔选择的政治道路"②,无不让人感动于合作者对领导者的这番信念坚定。当全球冷战结束,面对苏联和东欧一些社会主义国家一夜骤变为多党制时,共产党对国内外教训的深刻总结,有效保证了国家的稳定。面临新时代的新

① 陈延武:《万水朝东》[M],三联书店 2011 年版,第 217 页。

② 陈延武:《万水朝东》[M],三联书店 2011 年版,第 217 页。

挑战,共产党拿出刮骨疗伤与壮士断腕的勇气,宣誓要将反腐斗争进行到底的自我革新,再次让世人感知这个强大政党的领导力。质言之,没有共产党这个坚强领导核心,中国政党政治就失去了根本保证,中国的一切发展也将迷失方向。

(二)新型政党制度形成的良好党际合作,是中国政党政治良性发展的重要前提

一元多体的政党政治模式能否实现良性发展的重要前提,在于"一元"与"多体"之间的磨合与合作。中国共产党同民主党派的合作态度一直是明确的,当然在历史进程中也经历过磨合期,但最终确定下了"长期共存、互相监督"的关系,并适时补充了"肝胆相照、荣辱与共"。正如老一辈民主人士费孝通从个人经历中总结的:"当共产党的政策方针出现'左'倾错误的时候,统战工作就遭到破坏;当'左'的倾向得到遏制时,统战工作就欣欣向荣,向前发展。真的是共产党同民主党派一荣俱荣,一损俱损"①。

良好的党际合作,既考验着共产党的雅量,也考验着民主党派的胆量,在雅量与胆量的"较量"中逐步形成的多党合作,较之竞争型政党关系,更适合中国的基本国情与文化传统。既具有超强的凝聚整合力,又拥有广泛的民主化资源,在这样的政治氛围中,执政党与参政党形成风雨同舟的命运共同体,致力于高度一致的奋斗目标与政治发展方向,是推动中国政党政治良性发展的重要前提。

(三)新型政党制度构建的系统协商机制,是中国政党政治良性发展的体制保障

"三三制"的创立,可以追溯为新型政党制度的萌芽,从那时起到"旧政协"再到新政协,以及在新型政党制度正式确立后的长达 70 年的历史长河中,这一制度在坚持"中国共产党领导"与"多党合作"过程中,逐步将"政治协商"内涵的中国协商民主孕育而生,并形成了系统性的协商机制,为中国

① 费孝通:《祝愿党的生日》[J],《中国统一战线》,2001 年第 7 期。

政党政治良性发展保驾护航。

从新中国成立初创建的最高国务会议、双周座谈会、民主协商会等各种协商模式,到改革开放后的拨乱重启,再到新世纪特别是十八大以来日臻完善的系统协商机制,各民主党派、无党派民主人士通过多种渠道“对中共中央和各级政府部门的工作直言不讳地发表了许多中肯而有重大价值的建设性意见”①。在协商中,既坚持中国共产党的核心领导,又体现各民主党派政治参与的广泛民主;既保证了国家政治方向的一致性,又体现了社会利益表达的多样性;既规范有序,又充满活力,使中国创造了一个又一个世界奇迹,让新型政党政治模式在世界范围内产生超乎想象的积极影响,呈现后来者居上的良性发展趋势。

三、新时代中国政党政治发展前景展望

面对深刻变化的国内外形势,展望新时代中国政党政治的发展前景,要求我们必须坚持好发展好完善好新型政党制度,必须直面自身存在的问题与挑战,必须坚持执政党建设与参政党建设并重,最终实现我国政党政治更加科学化、民主化、法治化发展,为奋力推进新时代中国特色社会主义事业,实现中华民族伟大复兴提供强大的政治资源和政治保障。

(一)加强执政党建设,是优化中国政党政治发展的支撑点

当我们展望新时代中国政党政治的发展前景,首先想到的一定是发挥领导作用的执政党,她是中国社会发展改革的中流砥柱,她的建设对优化中国政党政治发展具有决定性作用。新时代加强执政党建设的目标,就是在与参政党建设互动中,立足自身长期执政的历史使命,不断提高自身执政能力的科学化水平。

党的建设,在20世纪30年代末就被视为党的“三大法宝”之一,共产党对自身建设的重视程度可见一斑。随着新中国的成立,共产党由革命党转

① 陈延武:《万水朝东》[M],三联书店2011年版,第199页。

变为执政党,执政党首先是政党,政党是民主的工具。任何政党的活动都是为了利于增强政治体系的民主性,防止政党统治的合法性受到损害,以免失去民众的支持。换句话说,就是如何做到中国共产党的执政让最大多数民众满意。世界政党存在一条普遍规律,由于人的利益最大化的动机无法自我抑制,导致政治组织本身的垄断性无法回避,因此长期执政的政党在实际运作中往往有脱离民众、违背民主的倾向。因此,新时代党的建设要实现科学化,就必须认识到这一普遍规律,同时结合自身实际,主动防范党的组织和党的领导干部的集权倾向和官僚化倾向。一方面,在党内建章立制,在党的干部选择中引入竞争机制,在设计监督权力制度中引入权力制衡机制,实行客观的民意调查和经常性制度化的群众工作,以防党内惰性蔓延而导致整个政党的衰败。另一方面,在与参政党建设的互动活动中,大力支持民主党派充分发挥三大基本职能,帮助共产党实现执政能力的科学化水平不断提升。

(二)加强参政党建设,是优化中国政党政治发展的着力点

新型政党制度内涵的一元多体结构,决定了优化中国政党政治发展,不可能只要求执政党加强建设发挥作用,参政党也必须担负起作为执政党"好参谋、好帮手、好同事"的职责与使命。如果说共产党是中流砥柱,在优化政党政治发展中有定海神针的支撑作用,那么,参政党作为世界政党政治模式中独一无二的存在,必然成为着力点。新时代加强参政党建设的目标,就是在与执政党建设互动中,立足新型政党制度的效能优势最大化,积极履职尽责发挥作用,实现中国政党政治更加民主化发展。

中国的政党制度有别于单一党制,因为有参政党的存在,"可以为政治精英提供多种参与政治的选择,为民众提供更多利益表达的渠道"①;中国的政党制度也有别于竞争性的多党制,因为有参政党的存在,可以有效避免在民主政治发展不充分的条件下的恶性政治竞争,减少现代化进程中的政治不稳定因素。参政党这一特别存在,在中国政党政治的优化进程中发挥着

① 朱昔群:《科学的政党观:中国政党政治的新逻辑》[J],《团结》,2011年第2期。

不可或缺的作用。而参政党首先也是政党,政党是民主的工具,这一点是所有政党的本质。参政党履职尽责的优劣程度,决定了是否能为共产党执政提供广泛的民主化资源,从而直接影响中国政党政治发展的民主化水平。一方面,参政党要寻找在国家与社会中的平衡点,不能只依托于国家中的政治地位而存在,更应该夯实自身的社会根基,真正走入社会,深入基层,密切与群众的关系,在社会民众特别是各自所联系的阶层群众中增强影响力和号召力,适应中国社会结构日益分化、诉求日益多元化的趋势,在政党互动中真正做到参政议政到点子上。另一方面,参政党要增强政党意识,保持党派特色,提高自身党建水平的同时,关键要与执政党形成良性互动,带着"蓝军"思维,多从"不可行性论证"的角度提建议、出对策,不仅对执政党形成温和理性地监督,更要让宝贵的政治资源充分发挥作用,让新型政党制度更富弹性,更有包容性,更有民主性。

(三)加强协商民主建设,是优化中国政党政治发展的切入点

实现中国政党政治法治化发展,不仅需要执政党与参政党完善自身建设,更需要通过加强协商民主建设为他们的互动搭建制度化平台。协商民主在政党内部和政党之间都有良好的适用性,从这个意义考虑,加强协商民主建设,无疑是中国政党政治通往法治化的最佳切入点。

中国共产党执政70年的历程中,把新民主主义革命时期中华民族"原生自有的民主协商,发展为社会主义建设时期自发自觉的协商民主,体现了中国共产党在政党政治和民主发展模式选择上的正确和英明"①。历史证明,中国政党政治之所以保持良性发展,最具战略性的资源就是存在于新型政党制度之中的政治协商资源。因此,以加强协商民主建设为切入点,一方面能提升执政党自身的民主程度,扩大党际间的包容度;另一方面能提升参政党自身的履职空间,补齐民主监督的履职短板。十八大以来,关于协商民主建设的一系列规范性文件的先后颁布,使政治协商的一些相关政策规定

① 李芳:《我国的政党政治与协商民主:共生历程与契合维度——基于国家治理现代化的视角》[J],《西北大学学报》,2018年第1期。

有了更强的操作性和约束性。展望新时代中国政党政治,要实现更加法治化发展,必然要求协商民主建设从当前的制度化、规范化走向法治化,充分保障各类主体参与国家治理的权利与途径。

(作者单位:山西省社会主义学院)

中国新型政党制度的创新发展与完善途径

中国新型政党制度发展的逻辑、动力与方位

邓　凌

“中国共产党领导的多党合作和政治协商制度作为我国一项基本政治制度，是中国共产党、中国人民和各民主党派、无党派人士的伟大政治创造，是从中国土壤中生长出来的新型政党制度。”①它构成了中国特色社会主义制度的一个鲜明特色。研究中国新型政党制度，不仅仅是一个政治现实问题，更是一个政治历史问题，只有从现实看历史，从历史看现实，从宏观到微观，从具体到一般，才能真正把握新型政党制度发展的本质和规律，才能真正厘清中国新型政党制度发展的逻辑。

一、中国新型政党制度的发展脉络

一个国家政党制度的形成和发展，总是取决于这个国家的历史文化、国际环境、社会经济基础、阶级及其力量对比、国体和选举制度等多种因素。与西方资本主义国家不同，社会主义国家的政党制度不是在经济发达的条件下建立，而是在国力薄弱、国内外斗争尖锐激烈的环境中，通过革命取得国家政权的情况下，根据本国的具体情况而建立的。

---

① 《立“新”除“弊”习近平纵论新型政党制度》，新华网2018年3月5日报道。

(一)新型政党制度形成的历史起点

中国的政党制度是中国民主政治发展的产物。“中国近代这种多阶级、多阶层的社会结构,是中国多个现代政党(包括共产党和各民主党派)产生的国情背景和社会基础,而这些阶级力量的组合、联盟,又是中国特色社会主义政党制度产生的社会基础。”[①]在长期的革命过程中,中国共产党确立了在中国革命力量中心的核心领导地位;在“两种命运、两种前途”的抉择中,各民主党派和无党派人士选择了自觉接受中国共产党领导。

中国共产党是通过革命手段推翻了蒋介石的专制独裁统治,与各民主党派协商合作,共同建立了新的民主政权和政党制度。1948 年 5 月 1 日,《中国共产党中央委员会发布纪念“五一”劳动节口号》发布,史称“五一口号”,共二十三条,其中第五条即号召成立民主联合政府。[②] 5 月 5 日,在香港的民革、民盟、民进、致公党、农工党、救国会的重要领导人和无党派人士郭沫若等,联名致电毛泽东,表示响应“五一口号”,赞同召开新政协,赞同成立民主联合政府。[③] 随后,各党派又陆续发表了支持“五一口号”的主张。各民主党派响应中共“五一口号”是一种政治宣言,是一种政治自觉,更是从事实上接受了中国共产党的新民主主义革命纲领,承认了中国共产党的领导地位。“五一口号”的提出和响应,为中国新型政党制度——中国共产党领导的多党合作和政治协商制度的确立拉开了序幕。

从 1948 年 8 月开始,中国共产党分南线和北线两条线路周密安排、积极筹划,到 1949 年 3 月,应中共中央邀请,经香港北上解放区的民主党派领导、无党派人士以及科学家等达到 350 余人。

中国人民政治协商会议筹备的过程,也是协商建国的过程。6 月 15 日至 19 日,新政协筹备会第一次全体会议举行,确定了 6 个筹备小组。至 9 月 20 日,最终确定新政协参加单位为 45 个,民主党派占其中的 11 个单位,总

---

① 国务院新闻办公室:《中国的政党制度》,2007 年 11 月 16 日。

② 中共中央统战部编:《中国共产党统一战线史》,中共党史出版社、华文出版社 2017 年版,第 164,165 页。

③ 朱汉国:《中国政党制度史》,安徽人民出版社 1995 年版,第 229 页。

共 662 人。

1949 年 9 月 21 日至 30 日，中国人民政治协商会议第一届全体会议在中南海怀仁堂召开，标志着中国共产党领导的多党合作和政治协商制度的确立，多党合作的基本政治格局形成。可以这样讲，新政协召开，一是“谈”出了一个新政权，确立了一种新型民主；二是服务新政权，构建了新型民主的操作系统，即新型政党制度，铸造了党的领导、多党合作和政治协商的国家治理新模式。从中国革命土壤中孕育和形成的这一新型政党制度，从建立之日起，就承载着国家和人民对民主政治的热切渴望和高度期望。事实上，它也在国家政治发展和社会治理中发挥了极大作用。

（二）新型政党制度发展的五个阶段

中国共产党领导的多党合作和政治协商制度与中华人民共和国相伴而生，从 1949 年确立到现在近 70 年历程，大致可以分为五个阶段。

第一阶段（1949 年—1956 年），是多党合作制度的初步发展和巩固时期。（1）确定人民政协为多党合作的重要组织形式，党派议事机关。（2）确定《共同纲领》为多党合作的政治基础。（3）中共八大提出“长期共存，互相监督”，确立了处理党际关系的方针。（4）迅速发展民主党派组织。建国初期，民主党派组织发生阶段性调整，有的因政治主张已经实现而自动解散，有的进一步联合，民主党派的总数由 11 个固定为 8 个，并相继召开了全国代表会议和中央代表会议，确定新中国成立后的政治纲领和组织方针。第二次全国统战工作会后，中国共产党为帮助党派发展，在与各党派协商后，形成了民主党派发展以中上层代表人士为主的原则和各党派的界别对象。1950 年底，各民主党派共有成员 1.1 万人，到 1956 年成员达到了 10 万人。①（5）加强党与党外人士的合作。一是吸收党外人士参加政权。比如第一届全国人大代表中，非中共人士 558 人就占 45.5%。二是保证党外人士有职有权参与国家事务管理。三是支持各党派参政议政，民主协商国事。比如 1950 年形成的双周座谈会，即“各民主党派座谈会，每两周一次”，从 1950 年

① 游洛屏：《中国特色政党制度》，中共中央党校出版社 2011 年版，第 277 页。

4月20日开始召开第一次会议到1966年7月停止活动,共召开了116次。[①]采取报告会和座谈会的方式针对不同时期的重大问题和重大决策,如土地改革、抗美援朝、"三反""五反"等进行了协商讨论。1954年制定了最高国务会议制度,"最高国务会议"不是权力机关,但它是国家高层(包括党内和党外)就重大事务提意见的重要形式,所提出的意见要由国家主席提交有关机构讨论决策。在"文革"发生之前,最高国务会议召开了20次。

多党合作制度由于有了组织上的、政治上的、社会基础上的充分保障,在恢复国民经济、保卫国家安全和社会主义民主政治发展上发挥了巨大作用。

第二阶段(1957年—1966年),是多党合作制度的曲折发展时期。由于50年代后期"左"倾思潮的侵蚀,反右扩大化,导致党际关系极不稳定,政党制度效能受限。从1957年6月全国性的反右派斗争开始到1958年底,中国共产党与各民主党派之间的关系从友好合作、民主协商和互相监督开始急转直下。之后,反右斗争扩大化错误的打击了一大批民主党派领导和无党派人士,到1958年夏,全国划右派分子55万人。同时,对章乃器、章伯钧等100多位著名民主人士作右派分子处理,绝大多数作撤职和降职的处分。这对新中国成立初期良好的多党合作政治格局造成了严重后果。在1958年底到1962年间,中国共产党与各民主党派的关系一度缓解,党际合作得到改善。譬如宣布"五不变"政策,在民主党派中不搞"反右倾"运动,进行"右派分子"甄别和平反工作,提出继续安排党外人士参加各级政府机关;召开中国共产党领导下,实行"三自""三不"[②]的神仙会,等等。但1962年下半年之后,中国共产党的"左倾"错误再次急剧发展,直到"文化大革命"爆发。这期间,对李维汉进行了错误批斗,对民主党派采取阶级斗争教育和政治批判。到1965年,非中国共产党人士在人大、政协的任职比例大幅下降。政党制度

① 游洛屏:《中国特色政党制度》,中共中央党校出版社2011年版,第440页。

② "三自"和"三不"是1959年到1962年期间,中国共产党采用的"神仙会"的形式,以民主的方法,用于在人民政协、各民主党派和社会团体内处理相关的矛盾,开展政治思想工作。"三自"即自己提出问题、自己分析问题、自己解决问题。"三不"即不打棍子、不戴帽子、不抓辫子。两者辩证统一。

遭到了削弱和破坏。

第三阶段(1966 年—1976 年),是多党合作制度的严重挫折时期。“文化大革命”对中国共产党和民主党派都是一场灾难,各民主党派、无党派人士的政治地位和政治权利被剥夺,多党合作制度遭到严重破坏和践踏。一是各级人民政协被迫停止办公。二是各民主党派被解散,党派机关被关闭。三是各级政协委员和民主党派成员、无党派人士被迫害。

第四阶段(1976 年—2012 年),是多党合作制的恢复发展和逐步完善的时期。(1)中国特色社会主义政党制度的制度化建设稳步推进。1976 年 10 月“文化大革命”结束到 1978 年 12 月十一届三中全会中之前的两年时间里,全国政协和各民主党派开始恢复活动;平反冤假错案和拨乱反正逐步推进;邓小平复出落实知识分子政策;全部摘掉了右派分子帽子。1978 年底到 1992 年,多党合作理论政策和实践得到丰富和发展。1979 年 1 月,邓小平会“五老”时提出并确定了对民建和工商联人士“一摘帽、二使用”的方针。1982 年,在党的十二大上“长期共存、互相监督、肝胆相照、荣辱与共”的“十六字方针”被确立为改革开放新时期多党合作的基本方针,成为中国共产党与民主党派关系的基本准则。1987 年,中共十三大明确“中国共产党领导的多党合作和政治协商制度作为国家政治制度重要组成部分”。1989 年,中共中央制定和颁布了《中共中央关于坚持和完善中国共产党领导的多党合作和政治协商制度的意见》,标志着多党合作走上制度化、规范化发展轨道。同年,建立了特邀监察员制度。1993 年,“中国共产党领导的多党合作和政治协商制度将长期存在和发展”写入宪法序言。1997 年,中共十五大把坚持和完善中国共产党领导的多党合作和政治协商制度,纳入中国共产党在社会主义初级阶段的基本纲领。① 2000 年《关于加强统一战线工作的决定》,首次提出多党合作的政治准则。2005 年中共中央颁发了《关于进一步加强中国共产党领导的多党合作和政治协商制度建设的意见》将多党合作制度化规范化建设进一步向前推进。2007 年国务院新闻办发布《中国的政党制

① 邓凌:《中国政党制度 60 年的发展历程与经验启示》,《重庆社会主义学院学报》,2010 年第 1 期,第 24 页。

度》,这是首次就我国政党制度对外发布白皮书。与此同时,在中国共产党的支持下,各民主党派在思想、组织、制度和领导班子建设上得到空前发展,党派成员从 1979 年约 6.5 万人,十年间,到 2008 年发展到了 70 多万人。(2)多党合作民主协商的基本方式确立。在这一历程中形成了以合作协商的两种基本的民主协商方式:一是中国共产党同各民主党派之间进行政党协商,二是中国共产党在人民政协同各民主党派和各界代表人士进行的政治协商。(3)联谊交友制度建立。从与党外人士交友的原则、范围、对象、方法等方面做了明确规定。(4)逐步明确党外人士在人民代表大会和人民政协中的比例要求。(5)举荐民主党派、无党派人士在各级政府、司法机关、企事业单位中担任领导职务,发挥自身优势,促进国家发展。

我国政党制度在改革开放新时期国家社会经济发展、政治稳定、社会和谐等方面发挥了重要作用。

第五阶段(2012 年至今),是新时代中国新型政党制度的蓬勃发展时期。中国特色社会主义进入新时代,要求政党制度在凝聚政治共识,汇聚智慧力量上发挥更大效能。2013 年,习近平总书记对民主党派的性质进行了科学概括,提出各民主党派是同中国共产党通力合作的中国特色社会主义参政党。2015 年 1 月,《关于加强社会主义协商民主建设的意见》,首次将中国共产党同各民主党派直接的政治协商明确为“政党协商”,并列为社会主义协商民主七种形式之首。同年 10 月印发了《关于加强政党协商的实施意见》。2015 年 5 月,《中国共产党统一战线工作条例(试行)》颁布,明确提出了民主党派三项基本职能。在中央统战工作会议上,习近平总书记强调要加强民主党派自身建设,要求各民主党派要加强“五种能力”。2018 年两会,习近平总书记首次提出中国特色社会主义新型政党制度理论,从代表广泛性、利益整合性、治理有效性三个维度系统阐述了我国新型政党制度的优势和特点。另外,据统计,目前我国有 30 位党外副省长(副主席、副市长),其中,有 6 人是民革党员、5 人是民盟盟员、4 人是民建会员、1 人是民进会员、1 人是农工党党员、2 人是致公党党员、3 人是九三学社社员、1 人是台盟盟员和 7

位无党派人士。[①] 其分管领域主要集中在教育、文化广播电视、新闻出版、卫生与计划生育等专业性较强的领域。政策的密集发布、人员的大力配备,进一步推动了我国政党制度的发展完善,与此同时,各民主党派也积极履职,制度效能不断彰显。如民主监督工作,各民主党派中央就深入 8 省区开展座谈、协商、沟通近 400 余场次,涉及近 240 多个县,580 余个乡村,了解情况,发现问题,提出意见建议近 600 条。[②]

二、中国新型政党制度发展的内在规律和动力

中国新型政党制度产生发展的历史轨迹,是中国民主政治演化成长的重要反映,既体现了政党制度本质的规定性,又体现了政党制度与本国国情、中华优秀传统文化的相关性。一方面证明了我国政党制度的合理性,另一方面也反映了政党、政党制度变迁的必然性。

(一)政党制度发展的自身规定性

新制度主义认为,促成制度制定及其发展变化的根本是政策理念在特定阶段对制度构成要素的重新排列和组合。理念是应对复杂环境和不确定性问题的对策。政策理念的形成源自对国家政治目标和现实复杂状况的应对,且本身具有自变性,它是随着社会历史变迁和政治脉络而变化的。我国政党制度的发展也是由政党制度本质的内在规定性及其理念发展所决定的。

1. 马克思主义关于政党制度发展的理念。马克思主义认为,政党制度首先是阶级性的,是按照维护和保障统治阶级的政治统治和阶级利益而设计的,服务于统治阶级的意志。既然是服务统治阶级的意志,当然可以随其需要进行改变。中国政党制度建立的理论基础是马克思主义政党理论。

---

① 《30 位党外副省长,都分管啥工作》,团结网 2018 年 11 月 12 日报道。

② 《40 年栉风沐雨,多党合作这些大事,你不能忘记》,中国统一战线新闻网 2018 年 12 月 11 日报道。

《共产党宣言》对共产党的代表性非常明确,共产党人没有自身特殊利益,而是"强调和坚持整个无产阶级共同的不分民族的利益","共产党人始终代表整个运动的利益"。[①] 中国的政党制度与国体相适应,其领导者是中国共产党。中国共产党是工人阶级的先锋队,代表着最根本人民群众的利益,可见,人民性是中国新型政党制度的本质属性,实现和发展人民民主是我国政党制度发展的政治指南。

2. 政治体系对政党制度的规定性。政党制度是规定性的,是具有明确的法律、法规、政策或者宪法惯例的规定。政党制度深嵌于我国政治体系之中,是受到宪法保护的基本政治制度。与此同时,政治体系使政党制度在社会主义的政治框架中有效运行。同时,国家政治体系在自身不断完善的过程中也规范并逐步完善了政党制度,使之在社会主义政治框架内有效运行,进一步推动了政党政治实践。政党制度与国家其他政治制度和政治活动在互动中实现自我发展。

(二)中国特色社会主义事业发展的内在驱动

我国政党制度的发展是由中国特色社会主义事业发展要求所推动的,与每一个历史阶段的发展目标、发展条件紧密相关。一方面,社会历史条件对政党制度发展有一定制约,其形成和发展具有历史选择性。另一方面,政党制度也具有社会现实性的属性。

1. 社会经济基础、社会阶级阶层结构和社会上层建筑会影响政党制度。政党制度的细胞是政党。政党建立于一定经济基础之上,同时也为之服务。政党代表一定阶级、阶层和社会集团的利益。随着中国改革开放而出现的经济成分多样化,社会分工细化、阶级阶层的分化、利益结构多元化,要求政治制度要具有更大的包容性,政党要不断扩大和巩固组织基础。政党制度也必然要对这些变化予以应对。

2. 政党制度服务国家经济社会发展需要。不同阶段,国家目标任务不

---

① 胡国喜:《从三个维度认识新型政党制度》,中国共产党新闻网2018年3月21日。

同,对政党制度功能作用的要求也不断丰富。新中国成立初期,要求围绕巩固新生的人民政权,迅速恢复国民经济,实现从新民主主义到社会主义过渡;改革开放后,要求要适应党的工作重心转向经济发展,团结广泛力量,建设社会主义现代化,促进祖国和平统一;进入新世纪,要求从政党和谐推动政治团结稳定,服务四个全面等。多党合作的政治基础也经历了从新中国成立初期以《共同纲领》①为共同政治基础,到社会主义建设时期以"六条政治标准"②为共同政治基础,再到新时期以四项基本原则③为共同政治基础的历程,进入新世纪,江泽民同志又在四项基本原则的共同政治基础上,进一步强调党的基本路线和基本纲领也是党和各民主党派合作的政治基础和重要准则。

3. 政治实践过程中政治力量对比的变化、国体对政治生活的规定等都是推动我国政党制度发展的动力因素。

三、中国新型政党制度发展的"新时代"方位和特征

"历史方位"是从哪里来、现在何处、往哪里去的问题。方位问题,是政

---

① 《共同纲领》是中国共产党和民主党派在1949年共同研究和制定的,是各政党共同的心声和共同准则。《共同纲领》规定:"中华人民共和国为新民主主义即人民民主主义国家,实行工人阶级领导的以工农联盟为基础的、团结各民主阶级和国内各民族的人民民主专政,反对帝国主义、封建主义和官僚资本主义,为中国的独立、民主、和平、统一和富强而奋斗。"《共同纲领》关于新中国的政体规定:"国家最高政权机关为全国人民代表大会。"

② 1957年,毛泽东在最高国务会议上发表了著名的讲话《关于正确处理人民内部矛盾的问题》,提出以六条政治标准作为判断政治是非的政治标准:(1)有利于团结全国各族人民,而不是分裂人民;(2)有利于社会主义改造和社会主义建设,而不是不利于社会主义改造和社会主义建设;(3)有利于巩固人民民主专政,而不是破坏或者削弱这个专政;(4)有利于巩固民主集中制,而不是破坏或者削弱这个制度;(5)有利于巩固共产党的领导,而不是摆脱或者削弱这种领导;(6)有利于社会主义的国际团结和全世界爱好和平人民的国际闭结,而不是有损于这些团结。这六条标准中,最重要的是社会主义道路和党的领导两条。

③ 1989年《中共中央关于坚持和完善中国共产党领导的多党合作和政治协商制度的意见》,明确指出:"我国的多党合作必须坚持中国共产党的领导,必须坚持四项基本原则,这是中国共产党同各民主党派合作的政治基础。"

党制度发展必须搞清楚的基础问题。

（一）新型政党制度发展的"新时代"方位

中国新型政党制度从马克思主义政党理论中来，从中国近代民主革命斗争中来，从中国特色社会主义建设和改革实践中来，它将民主党派和无党派人士团结起来，以"共同把中国的事情办好"的初心，围绕各个时期国家民族共同的奋斗目标，通过中国特色制度安排，推动党和国家决策科学化民主化，促进了经济社会不断发展进步。这个政党制度是代表全体的，融汇了党的领导、人民当家作主和依法治国中国特色社会主义的政党制度。

历史方位决定奋斗目标。中国特色社会主义进入新时代，统一战线也面临新形势新任务。2019 年 1 月，中央政治局常委，全国政协主席汪洋在全国统战部长会议上科学研判新时代统一战线的历史方位，明确指出：统一战线内部结构复杂性前所未有，凝聚人心的工作更加艰巨繁重；改革发展稳定任务之重前所未有，凝聚力量的工作更加艰巨繁重；矛盾风险挑战之多前所未有，凝聚智慧的工作更加艰巨繁重；多元思想文化交流交融交锋前所未有，凝聚共识的工作更加艰巨繁重。四个"前所未有"叠加，决定了新时代统战工作的复杂性、艰巨性，同时，也对新型政党制的作用效能发挥提出了新要求。新的历史起点，新的奋斗目标，新的责任使命。新时代坚持和发展中国特色社会主义的伟大目标就是实现中华民族伟大复兴。实现这一伟大目标更需要汇聚广大中华儿女拳拳爱国之心，需要凝聚起全民族全社会磅礴的力量。

在新时代背景下，新型政党制度是中国特色社会主义事业建设的重要制度支撑，是中国特色政治制度体系的重要组成部分，是托举中华民族复兴伟大梦想的重要政治制度。在价值理念上，新型政党制度是以保障人民当家作主、发扬社会主义民主为逻辑起点和价值指向，以民主和协商的方式"解决人民要解决的问题"，实现人民群众的根本利益。在功能优势上，新型政党制度以政治共识为基础，可以实现有序、广泛的政治参与和利益表达，进行利益协调和社会整合，构建和谐社会。可见，新型政党制度的发展方位，就是立足"新时代"，始终坚持正确政治方向，始终坚持与中国共产党在政治目标、根本利益上高度一致,始终坚持以人民为中心的发展理念,始终坚持民主和协商,发挥政党制度效能优势,凝聚更广泛地共识、智慧和力量。

(二)新型政党制度发展的"新时代"特征

中国共产党领导是新时代中国新型政党制度的最本质特征。"在政治体系中政党的功能、地位和分量,不是某个理论预先设计好了的,而是一系列事件共同作用所决定的。"①中国共产党的核心领导地位是历史的选择,也是我国人民民主专政的国家性质决定的。我国政党制度最强调执政党全面、长期执政,因为中国这样的超大规模发展中社会最需要强大的党来引领完成现代化和中华民族伟大复兴。坚持中国共产领导是我国政党制度正常运转、实现多元一体、国家政局稳定的重要保证,是新时代中国特色社会主义事业发展的正确政治方向。

在党际关系上,各政党相互支持与合作,体现为共产党领导,多党派合作的基本特征,中国共产党与各民主党派是亲密合作的友党关系。各政党以宪法为根本活动准则,在政治框架内合作共事,注重上下统一,聚焦于"党—国关系",侧重协商合作而非竞争选举和刚性监督。在国家重大问题上进行民主协商、科学决策,不作政党倾轧,不作政治内斗,而是同心协力,集中力量办大事。

在政党与政权的关系上,体现为共产党执政,各党派参政。共产党是国家治理的主心骨,是执政党。各民主党派不是在野党,也不是反对党,更不是联合执政的党,而是亲密的合作党。各民主党派的参政是通过"一个参加,三个参与"来实现。但各民主党派"参加国家政权",不是作为政党在政权中分权,而是党派成员通过以个人身份担任各级人大代表、人大常委会委员及专门委员会委员,以及以公职身份担任各级政府和司法机关领导来实现参加国家政权建设。

政党协商和民主监督是中国共产党与各民主党派进行合作共事的基本

---

① [意] G·萨托利:《政党与政党体制》,商务印书馆 2006 年版,第 41 页。

方式。政党协商在社会主义协商民主的“七大渠道”[①]中居于首位，其重要性不言而喻。民主监督是在坚持四项基本原则的基础上各政党之间的党际监督和政治监督。这种互相监督，既可以是中国共产党监督民主党派，也可以是民主党派监督共产党，但由于中国共产党是领导党和合法的唯一执政党，最容易犯错误，因而主要是民主党派监督中国共产党。纵观新中国成立以来我国政党制度发展历史，可以看到，每当中国共产党领导失误、犯错误、出现偏差的时候，政党制度就会受到挫折，国家社会发展就会停滞甚至倒退。而当中国共产党领导正确、坚强有力时，多党合作就巩固，各政党关系就和谐，国家社会发展就欣欣向荣。

不忘来路，方能致远。不忘初心，方得始终。不忘根本，方有作为。新时代中国特色社会主义事业发展要求新型政党制度要发挥更大作用。理清新型政党制度的形成起点、演进脉络、自身规律、发展动力和时代方位，才能明方向、有作为，才能不断推动我国社会主义民主政治建设不断向前发展，不断促进国家治理现代化。

（作者单位：重庆社会主义学院）

① 2015年中共中央印发《关于加强社会主义协商民主建设的意见》指出，社会主义协商民主的七大协商渠道：政党协商、政府协商、政协协商，积极开展人大协商、人民团体协商、基层协商和社会组织协商。

不忘多党合作初心　践行新型政党制度

林少红

2018 年，习近平总书记在全国政协十三届一次会议期间参加民盟、致公党、无党派人士、侨联界委员联组会上指出，“中国共产党领导的多党合作和政治协商制度作为我国一项基本政治制度，是中国共产党、中国人民和各民主党派、无党派人士的伟大政治创造，是从中国土壤中生长出来的新型政党制度”①。新型政党制度是对中国共产党领导的多党合作和政治协商制度的最新概括，是马克思主义政党理论中国化的成果。70 年来，我们在总结中国新型政党制度理论成果和实践经验的基础上，着力推进中国新型政党制度建设，新型政党制度显示出强大的生命力，制度效能不断提高。在决胜全面建成小康社会的历史时刻，在实现“两个一百年”征途上，我们必须始终不渝地坚持和遵循。

一、新型政党制度的产生是历史的必然选择

不同的社会政治生态形成不同政党，不同政党代表不同的阶级力量和社会政治力量，不同政党之间的关系反映出不同的阶级和政治力量的联合

① 习近平：《坚持多党合作发展社会主义民主政治 为决胜全面建成小康社会而团结奋斗》，《人民日报》2018 年 3 月 5 日，第 1 版。

和博弈，不同的政党制度也就折射出不同的国情和文化传统。邓小平明确指出，“在共产党的领导下，实行多党派的合作，是由我国具体历史条件和现实条件所决定的”。[①] 中国政党制度的成功范例，不仅在世界树起一面令人向往的旗帜，给世界政党政治发展带来一种新范式、一种新模式，为人类社会民主政治和政治文明发展作出了独特贡献，也为发展中国家走出一条既吸收人类文明优秀成果，又符合本国实际的政治发展道路提供了全新选择。

（一）新型政党制度的历史合理性：在于它是厚植于中国土壤的体现中国国情的制度

在当代世界，任何国家的政治制度和政党制度，只有从本国国情出发，从实践效果着眼，才能回答其合理性、有效性。中国共产党领导的多党合作和政治协商制度，植根于中国大地，是符合中国国情的具有中国特色的社会主义政党制度，它反映了人民当家作主的社会主义民主的本质，体现出强大的生命力。

70 年前，面对中国“两种前途、两种命运”的抉择，各民主党派、无党派民主人士联名致电毛泽东，积极响应中国共产党发出的“五一口号”，选择了中国共产党的领导，拥护召开新政协。中国共产党与民主党派开启了协商建国、共创伟业的新纪元，标志着新型政党制度的确立。1956 年，毛泽东同志的“两个万岁”和“长期共存、互相监督”八字方针是新型政党制度的初期发展。1989 年的《中共中央关于坚持和完善中国共产党领导的多党合作和政治协商制度的意见》，明确民主党派为社会主义政党制度架构下的参政党，是中国政治制度的重要组成部分。正式确立了民主党派是参政党的政治地位，正式确立了中国共产党领导的多党合作和政治协商制度是我国一项基本政治制度。两个定位从根本上解决了多党合作制度的存在和发展，标志着新型政党制度进入制度化、规范化和程序化的发展阶段。1993 年，全国人大八届一次会议将中国共产党领导的多党合作和政治协商制度长期存在和发展写入了宪法，有了宪法保障。2005 年中共中央颁发了《关于进一步加强

① 《邓小平论统一战线》，中央文献出版社 1991 年版，第 155、165 页。

中国共产党领导的多党合作和政治协商制度建设的意见》,在总结历史经验基础上,对中国共产党领导的多党合作和政治协商制度原则、内容、程序、方式等作出重要规范。为进一步加强中国共产党领导的多党合作和政治协商制度建设提供了理论指导、政治规范和政策依据。

党的十八大以来,各民主党派中央先后就国计民生等重大问题向中共中央、国务院报送书面意见建议 539 件。中共中央习近平全国两会下团组重要讲话精神召开或委托有关部门召开协商会、座谈会、通报会共 124 次,其中,习近平总书记亲自主持召开或出席 24 次。习近平总书记强调,绝不照搬西方政党制度模式,要着力提升我国多党合作制度效能。2018 年初,又对坚持和发展中国特色新型政党制度提出“四新”要求,合作要有新气象,共识要有新提高,履职要有新作为,参政要有新面貌。并在 2018 年 3 月 4 日,再次阐述新型政党制度有别于旧式政党制度的优势和特点。回应了长期以来对我国政党制度的模糊认识,解决了制约多党合作创新发展的问题,为新时代提升中国新型政党制度效能指明了方向、明确了任务、提供了遵循。

(二)新型政党制度的良好成长性:在于它是随着多党合作事业的发展而不断发展完善

制度建设具有根本性、全局性、稳定性和长期性。70 年来,多党合作制度建设不断推进,形成了以宪法为基础、以中共中央法规和文件为主体、以相关配套政策为辅助的比较完备的制度框架体系,为多党合作制度有效运行、发挥效能提供了重要保障。中共十八大后,着眼推进社会主义协商民主,《关于加强政党协商的实施意见》明确指出,“政党协商是中国共产党领导的多党合作和政治协商制度的重要内容,是社会主义协商民主体系的重要组成部分,是中国共产党提高执政能力的重要途径”。[①] 对政党协商的指导思想、内容形式、基本程序和保障机制等都作了明确规范。2015 年,习近平总书记在中央统战工作会议上指出,中国共产党领导的多党合作和政治

① 《中共中央办公厅印发〈关于加强政党协商的实施意见〉》,新华网 2015 年 12 月 10 日报道。

协商制度构成了中国特色社会主义制度的一个鲜明特色。要发挥好民主党派的积极作用,从制度上保障和完善参政议政、民主监督。为此,中共中央颁布了《中国共产党统一战线工作条例(试行)》,以党内法规对多党合作进行规范。习近平在中共十九大报告中,把坚持中国共产党领导的多党合作和政治协商制度作为新时代中国特色社会主义思想和基本方略的重要内容。新型政党制度在中国之所以能形成并不断发展,一个重要方面是契合中国文化并植根于中国的历史、社会土壤之中。优秀传统文化是中华民族之根,新型政党制度之源,它不仅符合当代中国实际,而且符合中华民族一贯倡导的天下为公、兼容并蓄、求同存异等优秀传统文化。正因如此,才易于为中国人民接受和认同,并转化为强大的正能量。从中国土壤中生长出来的新型政党制度因养分丰富而充满生机,因优势独特而前途光明。

二、新型政党制度的鲜明特性

判断一种政党制度的好坏优劣,可从政党的性质、政党之间关系以及政党对社会发展影响三个维度来思考。中国共产党领导的多党合作和政治协商制度是我国的一项基本政治制度,它融合了东西方不同思想传统和政治文明的精髓,同时又克服了它们原本具有的劣势和弊端,是当今世界上独一无二的新型政党制度。它既有坚强的领导核心,又有广泛的社会基础;既有集中,又有民主;既维护人民的根本利益,又照顾各方面的具体利益;既有共同的政治基础,又“和而不同”。

(一)具有代表广泛性

新型政党制度新就新在它是马克思主义政党理论同中国实际相结合的产物,能够真实、广泛、持久代表和实现最广大人民根本利益、全国各族各界根本利益,有效避免了旧式政党制度代表少数人、少数利益集团的弊端。[①]

① 习近平:《坚持多党合作发展社会主义民主政治 为决胜全面建成小康社会而团结奋斗》,《人民日报》2018 年 3 月 5 日,第 01 版。

政党制度是国家政治制度的重要部分,它决定于经济基础和国体,并服务于经济基础和国家总的政治制度。西方国家政党制度是在长期的演化过程中形成和发展起来的,无论是两党制还是多党制,都是建立在资本主义生产方式基础上的,是为资本主义制度服务的。我国的多党合作制度是中国共产党和各民主党派在中国革命和建设的长期实践中共同创立和发展起来的。它是中国近现代史上多党制尝试的失败以及一党制独裁制破灭后的历史选择,也是总结抗日战争时期“三三制”政权建设经验,吸取苏联政党制度经验教训之后的新创造。这一政党制度,是与我国工人阶级领导的、以工农联盟为基础的人民民主专政的社会主义国家的国体相适应并为之服务的;是一个强大的政治资源体系,是各种政治资源的兼容、互动;是一与多的结合,这个结构特征决定了这种政党制度能够最大限度地代表和整合大多数人民的利益。执政的中国共产党代表最广大人民的整体利益和根本利益,参政的各民主党派代表各自所联系群众的具体利益和特殊利益,执政党与参政党亲密合作,共同致力于国家建设,将社会各阶层、各领域群众的要求和愿望源源不断地输入决策中心,体现在国家治国理政的各项方针政策中,这种广泛的代表功能是西方政党制度不可比拟的。①

(二)具有利益整合性

新型政党制度新就新在它把各个政党和无党派人士紧密团结起来、为着共同目标而奋斗,有效避免了一党缺乏监督或者多党轮流坐庄、恶性竞争的弊端。②

在西方政党制度下,政党存在的目的就是为了争夺对国家政权的控制,这决定了各政党之间是一种竞争关系。这种竞争关系首先表现在选举上。为获得选民支持,赢取选举胜利,各政党在政策纲领上进行较量。同时借助宣传机器操纵选民意志,甚至出现贿选、暴力等不正当乃至非法行为。选举

① 《从中外政党制度的比较中看我国政党制度的特点和优势》,https://doc.xuehai.net/b63ffa49ae6992219f78bb6ff-3.html.

② 习近平:《坚持多党合作发展社会主义民主政治 为决胜全面建成小康社会而团结奋斗》,《人民日报》2018 年 3 月 5 日,第 01 版。

结果揭晓,进入议会和执掌政府后,执政党与在野党仍会在议案、内阁人选或重大决策等方面长期明争暗斗。在多党制国家,政党之间也会基于相似的利益要求而结成执政党联盟,出现政党间的合作现象,但这种合作是权宜性的,但是,一旦政党间的利益出现分化或冲突,政党间的合作关系就会破裂。与西方国家以竞争和相互倾轧为主的政党关系不同,在我国政党制度中,共产党与民主党派建立了团结合作的新型关系。我国人民有共同的根本利益和崇高理想,即建设和发展社会主义事业,能够在共产党的领导下团结一致。[①] 共产党是我国革命、建设和改革事业的领导核心,也是各民主党派的自觉选择。党的十九大报告指出,中国特色社会主义最本质的特征是中国共产党领导,中国特色社会主义制度的最大优势是中国共产党领导。中国共产党的领导是我国《宪法》《政协章程》和各民主党派的章程都明确规定了中国共产党的领导地位,体现中国共产党的领导,党总揽全局、领导核心作用。中国共产党与民主党派合作的根本价值取向之一,就是建立人民民主。从多党合作的运行机制,协商、议政、监督都体现民主的要素和精神。民主党派不是在野党,不是反对党,是接受中国共产党领导的,同中国共产党通力合作、共同致力于服务于中国特色社会主义事业的亲密友党,是中国特色社会主义的亲历者、捍卫者。中国共产党与民主党派的这种关系,已成为中国革命和社会主义建设的政治传统。在共产党的领导下,各民主党派与共产党长期合作,互信合作、依法合作、全面合作,为共同的目标团结奋斗,体现了多党合作实践的协同性,是我国政党制度区别于西方政党制度的根本特点。

(三)具有治理有效性

新型政党制度新就新在它通过制度化、程序化、规范化的安排,集中各种意见和建议、推动决策科学化民主化,有效避免了旧式政党制度囿于党派

① 《邓小平文选》(第2卷),人民出版社1994年版,第267—268页。

利益、阶级利益、区域和集团利益决策施政导致社会撕裂的弊端。①

制度化建设历来是我国多党合作事业蓬勃发展的重要保证。1989年,《中共中央关于坚持和完善中国共产党领导的多党合作和政治协商制度的意见》正式颁布,标志着中国共产党领导的多党合作制度开始走向制度化、规范化。在此后的近30年间,中共中央连续颁布多个文件,对我国多党合作事业进行规范。党的十八大以来,中国共产党立足于新时期推动"党领导人民有效治理国家"政治体制改革所面临的新任务,维护和扩大人民群众的民主权利与社会利益,在理论创新、实践探索上推进协商民主的制度建设,加强了协商民主的顶层设计,鲜明地提出了"社会主义协商民主是我国人民民主的重要形式"②,并把"健全社会主义协商民主制度"③作为坚持走中国特色社会主义政治发展道路的重要组成部分。明确提出了"健全社会主义协商民主制度"的改革任务,就社会主义协商民主的本质属性、发展目标、制度形式、实践平台、具体方法等内容进行了系统的规划和部署。加强和改善了社会主义协商民主实践工作作为重要改革内容和重点工作,拓宽渠道、形式、主体和丰富内容,形成以程序合理、运行顺畅、协商高效的协商机制,基本形成了协商民主制度化、规范化、程序化的完整的民主体系。人民群众广泛参与政权的新型民主形式,以多党合作为核心,将多党合作与政治协商深深融入新时期现代国家治理之中,并在长期民主实践中初步完成了多领域、立体化的协商民主,推进国家治理现代化的治理布局,推进了社会主义协商民主广泛多层制度化发展,促进了政治文明建设不断向前发展,使社会主义协商民主在推进国家治理体系和治理能力现代化的水平和质量得到了全面的提升,有效避免了旧式政党制度囿于党派利益、阶级利益、区域和集团利益决策施政导致社会撕裂的弊端,新型政党制度焕发出越来越强的生命力。

---

① 习近平:《坚持多党合作发展社会主义民主政治 为决胜全面建成小康社会而团结奋斗》,《人民日报》2018年3月5日,第01版。

② 胡锦涛:《在中国共产党第十八次全国代表大会上的报告》,新华网2012年11月19日。

③ 同上。

三、践行新型政党制度应把握的关键点

栉风沐雨见肝胆，砥砺奋进续华章。在中国特色社会主义进入新时代和我国社会主要矛盾发生变化的背景下，我们更要坚定新型政党制度的自信和自觉。习近平总书记指出："我们应该不忘多党合作建立之初心，坚定不移走中国特色社会主义政治发展道路，把我国社会主义政党制度坚持好、发展好、完善好。"今天，在实现"两个一百年"奋斗目标的关键时期，更加需要中国共产党同各民主党派、无党派人士同心携手、共襄盛举，坚持好、发展好新型政党制度。

（一）不忘初心，坚持共产党的领导

在新时代，践行新型政党制度必须始终坚持中国共产党的领导这一根本原则。中国共产党领导的多党合作和政治协商制度的形成是历史的选择，是历史的必然。中国共产党从一开始就把维护和实现人民的根本利益作为奋斗目标，并在革命、建设、改革的伟大进程中，团结带领人民站起来、富起来。各民主党派在与中国共产党共同致力于救亡图存的时代使命过程中深刻认识到只有跟着共产党才能真正实现国家的解放和民族的振兴。十八大以来，在以习近平同志为核心的中共中央坚强领导下，我国社会主义现代化建设取得历史性成就，经济实力、科技实力、国防实力、综合国力进入世界前列，国际地位前所未有地提升，中国特色社会主义进入新时代。今天，我们要始终坚持和发展中国特色社会主义，中国特色社会主义最本质的特征是中国共产党领导，中国特色社会主义制度的最大优势是中国共产党领导，只有继续坚定不移地坚持中国共产党的领导，才能真正实现人民的幸福安康和中华民族的伟大复兴；只有中国共产党才是领导中华民族走向伟大复兴的核心力量，才能带领中国人民从胜利走向更大胜利；只有毫不动摇坚持中国共产党的领导，才能始终保证中国特色社会主义现代化建设的正确方向，才能有效地动员和组织广大群众投身到新时代建设事业上来，才能保持安定团结的政治局面。坚持中国共产党领导是必须长期坚持、永不动摇

的“初心”。

（二）不忘初心，坚定政治信念

在新时代，要注重加强思想政治引领，发挥思想建设“铸魂”和“举旗”的作用。把学习习近平新时代中国特色社会主义思想和中共十九大精神作为理论武装的首要任务，把坚持和发展中国特色社会主义作为巩固共同思想政治基础的主轴，坚定“四个自信”，牢牢树立中国共产党领导的多党合作和政治协商制度自信，在事关道路、制度、旗帜、方向等根本问题上，立场坚定，旗帜鲜明，不断增强走中国特色社会主义道路的政治认同、政治自觉和政治定力。提高政治站位，坚决维护习近平总书记党中央的核心、全党的核心地位，坚决维护党中央权威和集中统一领导。进一步增强政治意识、大局意识、核心意识、看齐意识，不忘多党合作创立的初心，保持政治定力，自觉维护中共中央权威和集中统一领导，自觉在思想上、政治上、行动上同中共中央保持高度一致。做到有事多商量、有事好商量、有事会商量，共同把中国的事情办好，使多党合作呈现出新气象，展现新时代多党合作的勃勃生机，彰显中国特色社会主义民主政治的优势，巩固和发展好新型政党制度。

（三）不忘初心，增强制度自信

在新时代，以习近平同志为核心的党中央站在新起点，对新型政党制度的发展作出重大战略部署，这有利于应对来自国内外的各种挑战。在政党和政党制度方面，我们要不断增强多党合作制度自信，这是坚定“四个自信”特别是制度自信的题中应有之义。近年来，世界政党政治发展出现了许多新的趋势，一些国家大选中“黑天鹅”事件迭出，政党攻讦加剧，由于政党交替统治所产生的天然报复心理而使斗争愈演愈烈，社会纷争不断，社会治理效率低下。与“西方之乱”形成鲜明对比的是“中国之治”。这一制度的成功实践表明，无论是从历史选择、现实实践或者国内外对比分析上，都可以看出新型政党制度所具有的巨大优越性，彰显“中国方案”的制度自信。学习贯彻习近平新时代中国特色社会主义思想，传承老一辈的政治信念和高尚情操，秉承爱国主义这一“初心”，继续弘扬与中国共产党肝胆相照、真诚合作的优良传统,以饱满的热情和活力投入到社会主义现代化强国的建设和祖国和平统一的大业中。

(四)不忘初心,增强履职能力

在新时代,中国共产党领导的多党合作和政治协商制度运行得稳定有序、效能充分释放,直接关系到当代中国发展进步的根本制度保障。十八大以来,各民主党派结合自身特点优势,认真履行中国特色社会主义参政党职能,发挥各民主党派参加国家政权和政治机关的积极性,不断扩大中国民主政治的社会基础,为推动我国经济社会又好又快发展作出了积极贡献,成为国家政治生活中一道亮丽风景。在2015年召开的中央统战工作会议上,习近平总书记指出:“坚持和完善中国共产党领导的多党合作和政治协商制度,更好地体现这项制度的效能,着力点在发挥民主党派和无党派人士的积极作用。”充分发挥民主党派和无党派人士的积极作用,是体现和增强我国多党合作制度效能的重要途径,而民主党派自身素质、参政议政能力直接决定多党合作水平。民主党派要充分汲取中国共产党加强自身建设的宝贵经验,加强民主党派思想、组织、制度特别是领导班子建设,建立健全民主集中制、民主生活会制度以及各项议事决策制度,不断提高民主党派政治把握能力、参政议政能力、组织领导能力、合作共事能力、解决自身问题能力,真正做到信念过硬、政治过硬、责任过硬、能力过硬、作风过硬,用自己特有的途径促进中共党委决策的科学化、民主化、规范化,夯实思想建设、强化组织建设、加强机关建设,不断增强、提高“四个意识”“五种能力”,努力做中国共产党的好参谋、好帮手、好同事,以实际行动形成政治合力,为落实“五位一体”总体布局和“四个全面”战略布局,实现中华民族伟大复兴中国梦,进一步提升多党合作的制度效能。

(作者单位:广东省社会主义学院)

中国新型政党制度制度化、规范化、程序化发展与完善

黄　梅

中国共产党领导的多党合作和政治协商制度，自确立至今，已走过了光辉的70年历程。这一新型政党制度的成功之处，不仅在于它能够顺应我国不同历史时期政治、经济、文化、社会发展的客观需要，更在于它能够坚持走制度化、规范化、程序化的发展道路，在不断调整、丰富、发展和完善中日趋成熟、稳固，并展示出强大的生命力。

一、新中国成立初期新型政党制度的形成

1949年初，中国人民解放战争和人民革命即将获得全国性胜利，毛泽东代表中共中央发出“将革命进行到底”的号召，各民主党派领导人和无党派民主人士55人联名发表声明，明确表示“愿在中国共产党领导下，献其绵薄，共策进行，以期中国人民民主革命之迅速成功，独立、自由、和平、幸福的新中国之早日实现”。在中国共产党同各民主党派、无党派人士的共同努力下，于同年9月21日至30日召开了人民政治协商会议第一届全体会议。面对革命胜利后建立一个什么样的国家、怎样建立国家的问题，迫切需要制定一部具有根本法性质的文件来规定新中国成立后的大政方针和作为全国人

民共同遵循的准则,以便团结全国各族人民把革命和建设事业继续推向前进。为此,会议经过充分的民主协商,通过了《中国人民政治协商会议共同纲领》《中华人民共和国人民政府组织法》和《中国人民政治协商会议组织法》这三个具有划时代意义的重要文件。《中国人民政治协商会议共同纲领》虽然不是我国第一部社会主义性质的宪法,却是在中国共产党领导下制定的第一部宪法性的法律文件。它不仅明确了我国的国体、政体以及经济政策、民族政策、军事制度、外交政策等,标志着我国社会主义制度的确立和新中国的建立,更确立了中国共产党的领导地位,标志着各党派放弃了旧民主共和的政治主张,认同中国共产党的领导和社会主义民主共和制的目标,确立了一党领导、多党合作的新型政党制度。根据《中华人民共和国人民政府组织法》,各民主党派和无党派代表人物应邀参加了政权,同心协力为建设新中国献计献策,添砖加瓦,初步显示了新型政党制度的巨大优越性。《中国人民政治协商会议共同纲领》的制定,标志着新型政党制度在政治上的形成;《中国人民政治协商会议组织法》的制定,标志着新型政党制度在组织上的形成;《中华人民共和国人民政府组织法》的制定,标志着新型政党制度的开始实施。

二、改革开放时期新型政党制度规范化、制度化发展与完善

党的十一届三中全会以后,我国进入了社会主义现代化建设新的历史时期。以邓小平为核心的党中央,通过对什么是社会主义,怎样建设社会主义,在中国这样的经济文化比较落后的国家如何巩固和发展社会主义,如何发展生产力以促进社会发展、政权巩固等一系列重大理论问题的深入思考。开展了拨乱反正,纠正“文革”中“左”的错误。不仅冲破“两个凡是”的禁锢,拒绝了一条继续肯定“文化大革命”及其以前“左”的错误的老路,又反对否定社会主义、主张资本主义的思潮,拒绝了另一条借口纠正“文化大革命”的错误而从根本上否定社会主义的邪路。政治上,将根本指导思想从“以阶

级斗争为纲”转移到以经济建设为中心,实行改革开放。经济上,经济体制从计划经济向以计划经济为主,市场调节为辅的方向转变;从单一的公有制经济转变为以公有制经济为主体的多种经济成分并存。这一重大变革,增强了企业活力,调动了农民的生产积极性,促进了生产力的发展,使工农业生产取得巨大成就,中国历史也进入了社会主义现代化建设新时期。

新型政党制度也进入了一个新的发展阶段。1979 年 6 月,邓小平在全国政协五届二次会议的开幕词中提出:我国各民主党派“现在已经成为各自所联系的一部分社会主义劳动者和一部分拥护社会主义的爱国者的政治联盟,都是在中国共产党领导下为社会主义服务的政治力量。”1982 年 9 月,党的十二大报告将党对各民主党派的方针充实为“长期共存、互相监督、肝胆相照、荣辱与共”十六个字。1987 年 10 月,党的十三大报告进一步肯定了多党合作是一项重要的政治制度,并提出了完善共产党领导的多党合作和政治协商制度的任务。1989 年 1 月 2 日,根据民主党派成员所提建议,邓小平做出重要批示:可组织一个专门小组(成员要有民主党派的),专门拟定民主党派成员参政和履行监督职责的方案。根据这个批示,在广泛征求党内外同志的意见之后,中共中央出台了《关于坚持和完善中国共产党领导的多党合作和政治协商制度的意见》。文件阐明了我国的多党合作的一系列重要原则:中国共产党领导的多党合作和政治协商制度是我国一项基本政治制度;它是马克思列宁主义同中国革命与建设相结合的一个创造,是符合中国国情的社会主义政党制度;中国共产党是社会主义事业的领导核心,是执规政党;各民主党派是各自所联系的一部分社会主义劳动者和一部分拥护社会主义的爱国者的政治联盟,是接受中国共产党领导,同中国共产党通力合作,共同致力于社会主义事业的亲密友党,是参政党;我国的多党合作必须坚持中国共产党的领导,必须坚持四项基本原则,这是中国共产党同各民主党派合作的政治基础;“长期共存、互相监督、肝胆相照、荣辱与共”,是中国共产党同各民主党派合作的基本方针;民主党派参政的基本点是参加国家政权,参与国家大政方针和国家领导人选的协商,参与国家事务的管理,参与国家方针、政策、法律、法规的制定执行。此外,还阐述了发挥民主党派监督作用的总原则,并指出,中国共产党和各民主党派都必须以宪法为根本活动准则，民主党派享有宪法规定的权利和义务范围内的政治自由、组织独立和法律地位平等。同时，分别就加强中国共产党和各民主党派之间的合作与协商；进一步发挥民主党派成员、无党派人士在人民代表大会中的作用；举荐民主党派成员、无党派人士担任各级政府及司法机关的领导职务；进一步发挥民主党派在人民政协中的作用；支持民主党派加强自身建设等方面作了具体的阐述，为新时期多党合作的发展奠定了坚实的理论基础。这一纲领性文件的颁发，使新型政党制度在规范化、制度化建设方面迈出了重要的一步，极大地调动了各民主党派为社会主义建设服务的积极性和创造性。

1993 年 3 月 29 日，第八届全国人民代表大会第一次会议通过的《中华人民共和国宪法修正案》，把“中国共产党领导的多党合作和政治协商制度将长期存在和发展”写进了宪法序言，使党的政策上升为国家意志，标志着新型政党制度正式纳入了宪法的框架体系成为法内制度，其在国家政治生活和社会生活中的地位进一步得到确立。有了国家根本大法的保护，使这一制度更加具有长期稳定性和不可侵犯性。1997 年 9 月召开的中共十五大，把坚持和完善共产党领导的多党合作和政治协商制度纳入社会主义初级阶段的基本纲领，从而使这一新型政党制度成为建设有中国特色的社会主义政治制度之一。

随着社会主义市场经济的逐步发展，社会结构也发生了重大变化，由两个阶级一个阶层（工人阶级、农民阶级、知识分子阶层）向多阶层逐渐分化，利益群体不断壮大。新的社会阶层与社会群体的形成和逐步壮大，必然产生政治参与的要求，这些政治要求如果长期得不到满足，便会造成政治压力积累的结果。在此背景下，中共中央通过总结新型政党制度 15 年来的实践经验，在充分征求各民主党派意见后，于 2005 年 2 月 18 日，出台了《关于进一步加强中国共产党领导的多党合作和政治协商制度建设的意见》。文件明确了坚持和遵循多党合作和政治协商长期实践中形成的重要准则；明确了多党合作和政治协商的根本任务是发展，提出发展是中国共产党执政兴国的第一要务，也是各民主党派参政议政的第一要务；进一步完善了对民主党派的定性和定位：“在新世纪新阶段，民主党派是各自所联系的一部分社会主义劳动者、社会主义事业建设者和拥护社会主义爱国者的政治联盟，是接受中国共产党领导、同中国共产党通力合作的亲密友党，是进步性与广泛性相统一、致力于中国特色社会主义事业的参政党”；强调了多党合作和政治协商中必须发挥无党派人士的作用等。不仅为民主党派和无党派人士提供了参政议政的政治保证和组织保证，也为不断消弭来自社会的各种压力发挥了重要作用。表明新型政党制度的制度化建设得到了更进一步的完善。

三、新时代新型政党制度的制度化、规范化、程序化发展与完善

党的十八大以来，我国进入了全面建成小康社会、实现中华民族伟大复兴中国梦的新时代。现实任务是既要实现全面建成小康社会，实现第一个百年奋斗目标，又要乘势而上开启全面建设社会主义现代化国家新征程，向第二个百年奋斗目标进军。由于深刻的经济社会变革、人民日益增长的美好生活需要、人们对主观感受和价值追求的重视、网络社会的兴起、新型社会风险等对社会治理提出了新问题、新挑战。社会主要矛盾已经转化为人民日益增长的美好生活需要和不平衡不充分的发展之间的矛盾。为确保和谐稳定的社会秩序，探索解决矛盾的有效办法，2014 年 9 月 21 日，习近平总书记在庆祝中国人民政治协商会议成立 65 周年大会上时提出：“在中国社会主义制度下，有事好商量，众人的事情由众人商量，找到全社会意愿和要求的最大公约数，是人民民主的真谛。……在中国共产党统一领导下，通过多种形式的协商，广泛听取意见和建议，广泛接受批评和监督……这就是中国社会主义协商民主的独特优势所在。”为更好保证发挥好中国社会主义协商民主的独特优势，2015 年 2 月 7 日，中共中央印发《关于加强社会主义协商民主建设的意见》，文件从顶层设计的高度，系统谋划、稳步推进了协商民主的发展路径。明确了社会主义协商民主的本质属性和基本内涵；阐述了加强社会主义协商民主建设的重要意义、指导思想、基本原则和渠道程序；对新形势下开展政党协商、人大协商、政府协商、政协协商、人民团体协商、

基层协商、社会组织协商等做出了全面部署，并要求推进社会主义协商民主广泛多层制度化发展。5 月 18 日，中共中央印发了关于统战工作的首部党内法规——《中国共产党统一战线工作条例(试行)》。不仅对民主党派的定性与定位做了新的阐述，而且将民主党派的基本职能充实拓展为“参政议政、民主监督、参加中国共产党领导的政治协商”，规范和完善了民主党派履行职能的内容、程序、形式及保障机制，强调了对民主党派加强自身建设的要求。6 月 25 日，中共中央办公厅印发了《关于加强人民政协协商民主建设的实施意见》，确定了加强人民政协协商民主建设的重要意义、指导思想和重要原则以及政协协商的内容、形式，对加强政协协商与党委和政府工作的有效衔接，加强人民政协制度建设，加强和完善党对人民政协协商民主建设的领导，提高政协协商能力等明确了新的要求。12 月 9 日中共中央办公厅又印发了《关于加强政党协商的实施意见》，系统规范了中央层面政党协商的内容、形式、程序和保障机制；强调了政党协商必须坚持中国共产党的领导。针对民主监督，中共中央办公厅于 2017 年 2 月 9 日印发《关于加强和改进人民政协民主监督工作的意见》，进一步明确了人民政协民主监督的主要内容、形式、工作程序和工作机制，强调了党对人民政协民主监督工作的领导。一系列文件的出台，为新时代民主党派履行职能明确了政治基础和实践方向，使新型政党制度的制度化、规范化、程序化得到了进一步发展和完善。

(作者单位：云南省社会主义学院)

政党命运共同体:新型政党制度的崭新形态

林华山

当今时代是政党政治时代。政党是现代政治的重要活动主体,政党制度是一国政治制度的重要组成部分。现代国家及其治理离不开政党,采取何种政党制度至关重要。西方政党制度起源于英国近代资产阶级革命,随后拓展或输入至全球诸多类型、不同发展阶段的国家。然而,以执政权力竞争为导向的西方政党制度,不仅在西方发达国家内部引发了治理困境,也在不少发展中国家、欠发达国家引起了治理失败。新中国实施中国共产党领导的多党合作和政治协商制度,创造了世界独有的新型政党制度。新型政党制度产生新型政党关系,形成中国共产党领导的政党命运共同体。政党命运共同体展现了新型政党制度的崭新形态,既是“长期共存、互相监督、肝胆相照、荣辱与共”基本方针的生动写照,也是国家治理上“中国之治”与“西方之乱”的重要分野。

党的十八大以来,习近平总书记在国际和国内场合对共同体多有阐述,形成了关于共同体的重要论述。习近平总书记多次强调,筑牢中华民族共同体意识、构建中华民族共同体,增强港澳与内地的命运共同体意识,增强两岸命运共同体意识,海内外中华儿女同心共筑中国梦,构建网络空间命运共同体,构建人类命运共同体等。但是,人们更多把共同体论述关联甚至等同于人类命运共同体,主要关注共同体论述的国外维度。习近平总书记关于共同体的重要论述虽大量涉及国内维度,但这一维度尚未引起充分的理论关照。2019年是新中国成立70周年，也是新型政党制度确立70周年。70年来，中国不断形成团结、奋进、活跃、开拓的政治局面，不断巩固稳定、包容、有序、高效的国家命运共同体。70年来，新型政党制度深度贡献“中国之治”，不断以政党命运共同体的构建服务国家命运共同体的构建。鉴于此，本文把共同体视角与新型政党制度结合起来，建立理解新型政党制度的理论框架——政党命运共同体，并对其内涵、基础和巩固进行探讨。

一、政党命运共同体的内涵

2018年3月，习近平总书记在全国政协十三届一次会议期间对新型政党制度做出重要论述。习近平总书记指出，新型政党制度新在它是马克思主义政党理论同中国实际相结合的产物，能够真实、广泛、持久代表和实现最广大人民根本利益、全国各族各界根本利益，有效避免了旧式政党制度代表少数人、少数利益集团的弊端；新在它把各个政党和无党派人士紧密团结起来，为着共同目标而奋斗，有效避免了一党缺乏监督或者多党轮流坐庄、恶性竞争的弊端；新在它通过制度化、程序化、规范化的安排集中各种意见和建议、推动决策科学化民主化，有效避免了旧式政党制度囿于党派利益、阶级利益、区域和集团利益决策施政导致社会撕裂的弊端[①]。新型政党制度立“三新”除“三弊”，以代表人民共同利益超越代表局部狭隘利益，以政党合作超越权力竞争，以广泛协商促进社会团结超越短期决策带来社会撕裂。新型政党制度的“三新”优势，展现了制度优势、治理优势和话语优势，包含着维护共同利益、实现共同目标、增进共同和谐的内在逻辑。新型政党制度维护共同利益、实现共同目标、增进共同和谐的过程，也是构建政党命运共同体的过程。政党命运共同体作为新型政党制度的崭新形态，包括和谐共生的政党关系、协商共治的政党功能、同心共向的政党使命。

① 《习近平在看望参加政协会议的民盟致公党无党派人士侨联界委员时强调 坚持多党合作发展社会主义民主政治 为决胜全面建成小康社会而团结奋斗 汪洋参加看望和讨论》，《人民日报》，2018年3月5日，第1版。

(一)和谐共生的政党关系

政党制度是一国内部各个政党之间关系的规范化与制度化①。其重要功能是明确和规范政党之间的关系,不同政党制度明确和规范不同的政党关系。新型政党制度贯彻"长期共存、互相监督、肝胆相照、荣辱与共"的基本方针,中国共产党与各民主党派确立起和谐共生的政党关系。早在1956年4月25日,毛泽东发表了《论十大关系》的著名讲话,在讲到党和非党的关系时就提出"两个万岁"的思想。他说:"要有两个万岁,一个是共产党万岁,另一个是民主党派万岁"。新型政党制度具有共产党领导、多党派合作,共产党执政、多党派参政的显著特征,建立"中国共产党领导执政+民主党派合作参政"的新型政党关系结构。这一新型政党关系结构既有一党领导,也有多党合作。中国共产党是一元领导力量,民主党派是多样参政力量,形成我国"一元多样"的政党政治形态。"一元多样"的政党政治形态,即为一元而非多元、多样而非一样和一元与多样协同共进、休戚与共的政党命运共同体。中国共产党的领导地位,是在革命过程中建立新中国、在改革过程中建设新中国、在新时代实现中国梦进程中确立和巩固的,受到了各民主党派的拥护。这是和谐共生的政党关系得以产生、延续和巩固的根本前提。民主党派的参政地位,是在与中国共产党风雨同舟、通力合作的历史进程中建立的,得到了中国共产党的认可。这是和谐共生的政党关系得以产生、延续和巩固的重要基础。而在西方政党制度中,政党关系结构是"执政党上台当政+在野党/反对党下台"。西方国家的政党以谋取执政权为首要目的,形成你消我长、你上我下、你争我夺、轮流坐庄的局面,最终形成多元竞争的政党关系。相比之下,新型政党制度打造和谐共生的政党命运共同体,避免了竞争性、否决型政党政治,创造了有序包容的政党政治形态。

(二)协商共治的政党功能

在一国制度体系中,政治制度具有决定性作用,发挥着治理功能。政党

---

① 柴宝勇:《在比较中理解和坚持新型政党制度》[N],《中国纪检监察报》,2018年3月15日第5版。

制度作为基本政治制度，是国家治理体系的重要构成，同样承担着治理功能。习近平总书记指出："一个国家的政治制度决定于这个国家的经济社会基础，同时又反作用于这个国家的经济社会基础，乃至于起到决定性作用。在一个国家的各种制度中，政治制度处于关键环节""政治制度是用来调节政治关系、建立政治秩序、推动国家发展、维护国家稳定的。"[①]政党的治理功能发挥状况，在不同政党制度中存在显著差异。新型政党制度中，和谐共生的政党关系催生协商合作的政党政治，催生协商共治的政党功能。中国共产党领导国家治理、各民主党派参加国家治理，成为保证中国这一超大型发展中国家有效治理的重要制度安排。中国共产党一元领导国家治理，是历史的选择、人民的选择，也是国家治理的现实需要。这有利于保证国家的集中统一，能够有效治理充满广泛多样性的国家。各民主党派参加国家治理，在政治协商、民主监督、参政议政中与中国共产党进行政治协同，有利于提高国家治理的科学化、民主化水平。中国共产党与各民主党派在国家事务中合作共事，不断形成符合国情的治理运转机制。而在西方政党制度中，多元竞争的政党关系带来分裂对抗的治理方式，内部消耗和相互掣肘严重，时常导致治理低效乃至失效，进而产生治理赤字。新型政党制度打造协商共治的政党命运共同体，有利于发挥中国特色社会主义集中力量办大事的体制优势，创造了有效稳定的政党政治格局。

（三）同心共向的政党使命

不同政党制度决定政党目标导向的不同，产生使命型政党（或使命政党）和选举型政党（或掮客政党）之分。"使命政党（Missionary party）是一个以吸引人们归依并信奉其理念为主要目的，而非以扩大选民支持而赢得公职选举为主要目标的政党。而掮客政党的目标是要尽可能多地推选出候选人，以赢得选举为自己的核心目的，而且这些候选人要尽可能地代表许多不

---

① 习近平：《在庆祝全国人民代表大会成立60周年大会上的讲话》（2014年9月5日）[N]，《人民日报》，2014年9月6日，第2版。

同的利益以及政治理念。”①中国共产党是典型的使命型政党，这是由其承担党建国家的现代化使命所决定的。民主党派大部分是在抗日战争期间以及日本投降以后、国共内战爆发以前成立的，其产生以后致力建立新中国、建设新中国、探索改革路、实现中国梦的目标。由此，作为中国共产党、中国人民和各民主党派、无党派人士的伟大政治创造的新型政党制度，是使命型政党制度，其中既有使命型执政党，也有使命型参政党。经由党对国家的领导，中国共产党的初心使命——为人民谋幸福、为民族谋复兴，也成为新型政党制度中各政党的初心使命。而在西方政党制度中，各个政党为上台执政而倾轧纷争，在议会制中相互制约，造成短期政策和决策效率低下，难以确立和实施国家治理的中长期目标。新型政党制度打造同心共向的政党命运共同体，创造了我国团结奋进的政党政治格局。

可见，政党命运共同体开创政党之间关系的崭新形态，构筑中国共产党领导下国家治理、民主发展的崭新形态。政党命运共同体具有保证领导、发展民主、扩大参与、促进稳定等突出功能，是发展中国特色社会主义民主稳妥、可靠、安全的一种形态。它有利于实现执政安全与发展民主的统一，有利于构建稳定、包容、高效、有序的国家命运共同体。

二、政党命运共同体的基础

习近平总书记强调：“一个国家选择什么样的治理体系，是由这个国家的历史传承、文化传统、经济社会发展水平决定的，是由这个国家的人民决定的。中国今天的国家治理体系，是在中国历史传承、文化传统、经济社会发展的基础上长期发展、渐进改进、内生性演化的结果。”②习近平总书记同时指出：“我国新型政党制度是中国共产党、中国人民和各民主党派、无党派

① 杨光斌：《政治学导论》[M]，中国人民大学出版社 2000 年版，第 134—135 页。

② 《习近平在省部级主要领导干部全面深化改革专题研讨班开班式强调 改进完善国家治理体系 我们有主张有定力 李克强张德江俞正声王岐山张高丽出席 刘云山主持开班式》[N]，《人民日报海外版》，2014 年 2 月 18 日，第 1 版。

人士的伟大政治创造，是从中国土壤中生长出来的政党制度。”[①]新型政党制度具有内生性、本土性和科学性、创造性，其所构建的政党命运共同体具有坚实的政治与理论基础、经济与社会基础、历史与文化基础。

（一）政治与理论基础

政党制度是政治制度的重要组成部分，取决于国体的性质，受到政体、国家结构形式、民主制度的显著影响。政党命运共同体的政治基础在于我国政治制度，包括人民民主专政的国体、实行民主集中制的议行合一政体。共同政治基础的源头在于我国人民民主专政国体。中国共产党与各民主党派、其他各界人士协商建国，由此，当代中国政权是统一战线国家政权。统一战线国家政权从本质上要求建立中国共产党领导的、由各民主党派等参加的政党命运共同体。在新型政党制度中，中国共产党是政党命运共同体的领导核心，民主党派是政党命运共同体的重要主体。在建立新中国、建设新中国、探索改革路、实现中国梦的进程中，中国共产党领导建立和建设现代国家，民主党派参与建立和建设现代国家，双方均内在于国家命运共同体之中。

西方国家实行三权分立和权力分割，其政党产生在民族国家建立之后，以执政权力竞争为根本导向。基于权力竞争，其政党之间的竞争是主流，合作是支流，只能形成不稳定的、充满功利性的政治共同体，不可能形成类似我国的政党命运共同体。政党命运共同体的制度保障在于中国共产党领导下，各党派各方面力量的协商合作制度体系，而“西方之乱”则源自对抗竞争制度体系。“在欧美国家的政治生态中，对抗式制度体系成为治理赤字的重要制度根源。对抗式制度体系由竞争性政党制度、选举政治、议会政治、利益集团政治等制度形态组成，其基本假设是制度体系应该建立在对抗制衡和分而治之的基础上。这套政体模式是在近代欧洲独特的历史和国情中形

① 《习近平在看望参加政协会议的民盟致公党无党派人士侨联界委员时强调　坚持多党合作发展社会主义民主政治　为决胜全面建成小康社会而团结奋斗　汪洋参加看望和讨论》，《人民日报》，2018 年 3 月 5 日，第 1 版。

成的,后来虽然出现了一些变体,但基本精神没有大的变化。按照对抗制衡原理形成的一整套对抗式制度体系,奠定了西方对国家、政府、政党、立法、司法、央地关系、内外关系等的特殊理解方式,并在此基础上构建了较为自洽的西方政治学说体系。”①

在革命进程中,中国共产党把马克思主义国家学说、政党学说、统一战线学说同中国具体实际相结合,开展政党命运共同体的实践,并形成相应的理论主张。由于反帝反封建任务艰巨,中国共产党需要联合力量,需要组成革命的同盟,需要政党联盟、政党协商与合作,并在革命和建国中进行政党关系的理论准备。中国共产党的新民主主义理论特别是联合政府主张,为多党合作和政治协商的政府框架描绘了蓝图。特别是,民主联合政府理论直接地为中国共产党与各民主党派建立政治共同体关系提供了理论基础。正如毛泽东在《新民主主义论》中指出的,新民主主义国家与资产阶级专政国家的政权不同在于新民主主义国家所实行的是民主集中的政体以及包含了各个阶级、阶层、政党、政团和个人等各革命阶级联合的国体②。政党命运共同体的政治与理论基础,归根到底反映了中国特色民主政治及其理论。正如习近平总书记强调的:“中国共产党历来高度重视多党合作。中国共产党领导的多党合作和政治协商制度,既强调中国共产党的领导,也强调发扬社会主义民主。政治协商、民主监督、参政议政,就是这种民主最基本的体现。坚持中国共产党的领导,不是不要民主了,而是要形成更广泛、更有效的民主。”③

(二)经济与社会基础

新型政党制度作为政治上层建筑,受经济基础决定。我国坚持以公有

① 苏长和:《对抗式制度体系导致西方之乱》[J],《理论导报》,2018 年第 1 期,第 63—64 页。

② 《毛泽东选集》(第 2 卷)[M],人民出版社 1991 年版,第 662—711 页。

③ 《习近平在看望参加政协会议的民盟致公党无党派人士侨联界委员时强调 坚持多党合作发展社会主义民主政治 为决胜全面建成小康社会而团结奋斗 汪洋参加看望和讨论》,《人民日报》,2018 年 3 月 5 日,第 1 版。

制为主体、多种所有制共同发展的基本经济制度。这既是我国国家治理的经济制度安排,又是国家治理的政治制度要求。生产资料所有制的多样性带来利益分配的多样性,生产力发展的不平衡导致利益分配存在不均衡。合理的利益分配要增进共同利益、兼顾特殊利益。这就需要国家通过包括政党制度在内的政治制度实行包容型的利益配置。新型政党制度中,中国共产党代表最广大人民的根本利益,各民主党派反映所联系群众的具体利益。新型政党制度中"根本利益+具体利益"的复合利益代表结构,能够真实、广泛、持久代表和实现广大人民根本利益、全国各族各界根本利益,可以有效避免旧式政党制度代表少数人、少数利益集团的弊端。因此,政党命运共同体的本质是复合型利益共同体。建设政党命运共同体是实现利益协调、解放发展生产力的需要。

从社会基础看,我国经济社会结构的多样化带来阶层及其群体的多样化,要求政治制度进行回应。经济社会结构的多样化催生多样性的社会政治关系。调处经济社会结构中一致性与多样性的关系,既需要经济社会政策,又需要政治制度安排。这就要求建立和实施整合、吸纳不同社会阶层群体的政治制度,构建动态稳定的国家命运共同体。新型政党制度中,中国共产党和各民主党派顺应经济社会结构变化,扩大团结面、增强凝聚力,不断夯实命运与共的社会基础。改革开放以来,中国共产党不断巩固执政的阶级基础和群众基础,不断增强对经济社会结构的回应能力和整合能力。各民主党派通过组织吸纳,并依托人民政协平台反映所联系群众的诉求。新型政党制度体现了"代表制"协商民主。中国共产党作为执政党,代表了最广大人民的根本利益。但是,由于群体的多样性和利益的复杂性,我国仍需要通过民主党派等政治主体、人民政协平台等兼顾差异利益。新型政党制度依托人民政协平台,通过广泛协商实现利益协调。新型政党制度发挥着引领多样性、包容多样性的政治功能,为构建国家命运共同体作出了政党贡献。

(三)历史与文化基础

新型政党制度不仅符合当代中国实际,而且符合中华民族一贯倡导的天下为公、兼容并蓄、求同存异等中华优秀传统文化，具有深厚的历史与文化基础。政党命运共同体同样受到历史与文化的深度浸润。

政党命运共同体契合中国大一统传统。中国具有深厚的大一统传统和追求。大一统价值扎根于延续数千年的中华民族多元一体格局形成进程之中。在中国国家的历史建构中，中华民族多元一体格局需要政治制度的匹配和保证。在古代，秦汉废封建、立郡县，开启了大一统的中央集权制。辛亥革命后，传统帝国体制解体，我国开启现代国家建设，要求政党发挥中枢作用，把分散的社会重新凝聚起来。国民党未能完成这一历史任务，中国共产党最终成功把分散社会再次凝聚为统一国家。与大一统的国家需求相契合，新型政党制度以国家政治制度形式、在国家最高层面反映了中华民族多元一体格局的政治需求，即领导力量一元、参与力量多样和国家局面一统、政治生活一体。进而，我国实施与大一统价值相适应的政党制度，建立命运与共的政党关系，不断构建有利于国家稳定统一的政党命运共同体。“中国新型政党制度根植于中华文明以‘大一统’为核心要义的‘共同体’传统。中华文明之所以是世界上唯一没有断流的伟大文明，就是由‘大一统’传统所决定；中国政党制度之所以是一党执政、多党合作，而非西方政党轮替模式，就是由大一统传统所决定。”①政党命运共同体避免政党倾轧，防范政治分裂，有利于国家集中统一。

政党命运共同体契合中国和合文化。新型政党制度实行协商合作，不仅是新民主主义协商议事精神的结晶，更是中华优秀传统文化重和求同价值的结晶。中华民族一贯倡导天下为公、兼容并蓄、求同存异、中庸和合、和衷共济的和合天下思想。在中华优秀传统文化中，和而不同占有重要位置，形成了我国重和的文化风格。在中华优秀传统文化视域中，不同类别、不同层次、不同方面的各个要素之间相互依存、相互影响，追求和谐但不要求千篇一律的同质化，有不同但不相互冲突、对立，实现了共生共长的和谐、相辅相成的不同。新型政党制度运用和而不同的中华优秀传统文化理念，坚持

① 潘越：《文明、制度视角下的“新型政党制度”》[N]，《团结报》，2019年1月1日，第1版。

协商团结合作、保持党际关系和谐。新型政党制度强调在中国共产党的领导下开展政治协商，注重有事多商量、遇事多商量、做事多商量，不断形成崇尚合作共赢、反对倾轧牵制的政党命运共同体。

三、政党命运共同体的巩固

习近平总书记在中央统战工作会议上指出："坚持和完善中国共产党领导的多党合作和政治协商制度，更好地体现这项制度的效能，着力点在发挥民主党派和无党派人士的积极作用。"新时代，坚持和完善新型政党制度，重在提升新型政党制度效能。巩固政党命运共同体，要从意识、运转和话语三个方面进行。

（一）深化政党命运共同体意识

政党命运共同体的巩固首先取决于共识。共识是人类各类共同体存在的前提，各类共同体都是基于某种共识而存在。要增强对政党命运共同体的体认，夯实新时代多党合作的共同思想政治基础。要突出思想政治引领，旗帜鲜明讲政治，自觉接受和坚持中国共产党的领导，增强"四个意识"、坚定"四个自信"、做到"两个维护"，坚定不移地走中国特色社会主义政治发展道路。要深入开展"不忘合作初心、继续携手前进"主题教育活动。新时代，我们比历史上任何时期都更接近、更有信心和能力实现中华民族伟大复兴的目标。要在传承发扬优良传统、开展政治交接中，加强"多党合作历史也是中国共产党与各民主党派共同接续追求中华民族伟大复兴的历史"，"多党合作和统一战线的初心使命包括追求中华民族伟大复兴"意识的灌输和引领，从思想根基上保证政党命运共同体持续健康发展。

（二）优化政党命运共同体运转

政党命运共同体的巩固重在发挥自身作用。要对接社会主义协商民主制度资源，既高度重视通过执政党和参政党的共同努力提高政党协商质量，又积极通过人民政协平台开展协商和发挥作用，并与人大协商、政府协商、基层协商等协商渠道紧密衔接。要对接意识形态工作资源,加强网络意识形态建设和高校、科研院所等党外知识分子集中领域的意识形态工作,注重引导党外人士在重大热点难点问题上"发声"。要对接统一战线工作资源,发挥民主党派对新的社会阶层人士、留学归国人员等的吸纳作用,助力巩固和壮大新时代统一战线。要扩大党外人士有序政治参与,保证党外人士在国家政权中进行参政和开展监督。要深入实施《中国共产党统一战线工作条例》,根据各地区各部门实际情况逐步实现党外人士在"一府两院"和人大的规定比例。要利用国家监察委员会制度建设完善时机,用足特约监察员制度空间,加强新型政党制度与国家监察制度的合理衔接,拓宽民主党派与无党派人士发挥民主监督作用的平台,共同助力完善中国特色社会主义监督体系。

(三)强化政党命运共同体话语

政党命运共同体的巩固需要加强话语建设。新型政党制度创造了新的政党制度类型、新的执政和参政方式、新的政党关系、新的民主实现形式和新的现代治理方式,为世界政党政治和政治文明发展贡献了中国方案、中国路径和中国智慧[①]。面对世界政党制度话语"西强我弱"的总体现状,面对西方话语霸权,要采取科学措施,在统筹国际国内两个大局、加强内外互动中推进新型政党制度话语建设。要加强对新型政党制度实践经验的总结和提炼,建设中国特色参政党理论和统一战线学。要更加重视在新闻宣传报道中显示民主党派成员、无党派人士的党派身份,展示政党命运共同体的生动实践。要落实《中国共产党统一战线工作条例》规定,进一步发挥民主党派、无党派人士在对外传播政党命运共同体故事中的"现身说法"作用。在公共外交方面,要进一步拓宽民主党派及党外人士的参与渠道,在中国共产党与世界政党高层对话会等重点场合,采取合适措施和方式,展示新型政党制度的优势、民主党派和党外人士的风采,依托民主党派、无党派人士在政党交

---

① 杜俊奇,张献生:《中国新型政党制度:人类政治文明的重大创制》,《统一战线学研究》,2018 年第 3 期,第 5—12 页。

流中扩大新型政党制度的世界影响。要深化阐释“从政党命运共同体到国家命运共同体再到人类命运共同体”的内在关系和理论命题,不断增强新型政党制度自信。

(作者单位:重庆社会主义学院)

中国新型政党制度话语体系的构建：理由、可能与路径

陈　萍

长期以来，西方敌对势力加紧利用民主、自由、人权、民族、宗教等问题对我国进行“西化”“分化”，特别是利用其在政党民主等政治理论领域中的话语权，极尽歪曲和攻击中国共产党领导的多党合作和政治协商制度。国内也有一些人自觉不自觉地用西方竞争型政党制度作标尺，公开主张走西方民主社会主义道路。习近平总书记在全国政协十三届一次会议民盟、致公党、无党派人士、侨联界委员联组会上的讲话中，明确提出了中国共产党领导的多党合作和政治协商制度是“新型政党制度”的概念，并对新型政党制度的理论渊源、实践基础、根本性质、战略地位、特点优势、价值功能、发展路径以及世界意义做了系统阐述，科学构建了新时代多党合作理论体系，彰显了中国共产党人的道路自信、理论自信、制度自信和文化自信。这为最终打破西方主流话语体系的垄断地位，构建中国新型政党制度话语体系奠定了坚实的理论基础。

一、构建中国新型政党制度话语体系是打破西方国家政党理论话语霸权的迫切需要

在西方话语体系中,关于政党制度通常划分为三类,即一党制、两党制、多党制。他们把中国新型政党制度算作一党制或者多党制的一个变种。当然,也有些西方学者对政党制度有更加详细的划分,譬如萨托利就把政党制度划分为两大类。这两大类就是竞争性体制和非竞争性体制,其中竞争性体制包括极化的多党制、温和多党制、两党制、主导党体制,而非竞争性体制包括一党制与霸权党制。[①] 按照萨托利的分类,他把中国新型政党制度划归到了霸权党制。这种划分没有真正理解和认识中国新型政党制度价值和优势,仅凭西方所固有的思维习惯和意识形态偏见,把中国新型政党制度排除在世界主流学术话语体系之外,中国新型政党制度在西方话语体系中被任意阉割与诋毁。

习近平总书记指出:"中国共产党领导的多党合作和政治协商制度作为我国一项基本政治制度,是中国共产党、中国人民和各民主党派、无党派人士的伟大政治创造,是从中国土壤中生长出来的新型政党制度。"[②]历史与实践证明,中国新型政党制度既符合中国国情、独具中国特色,又是一种全新的政党制度类型,是不同于一党制、两党制、多党制的政党制度创新。

1949 年中国新型政党制度的确立是历史的选择,也是共产党与民主党派共同的选择。中国新型政党制度有着"共产党领导、多党派合作,共产党执政、多党派参政"的最显著特征,体现了社会主义民主政治的本质要求。这种制度适合中国国情,既克服了西方多党制的局限性,又避免了像苏联一党制缺少监督导致的种种弊端,在处理政党与政权、政党与政党、政党与群众的关系上,体现着内在价值和优势。

---

① 萨托利:《政党与政党体制》,王明进译,商务印书馆 2006 年版。

② 习近平总书记在全国政协十三届一次会议民盟、致公党、无党派人士、侨联界委员联组会上的讲话。

一是在政党与政权的关系上,我国实行的是工人阶级通过中国共产党领导的,以工农联盟为基础的人民民主专政的国家政权。中国新型政党制度适应了人民民主专政国体的要求,中国共产党执政,民主党派参政议政。民主党派参加国家政权,参与国家大政方针和国家领导人选的协商,参与国家事务管理,参与国家方针政策、法律法规的制定和执行,有别于西方各政党的轮流执政。针对美国的两党制,恩格斯曾一针见血地指出:“在这个国家里,轮流执政的两大政党中的每一个政党,又是由这样一些人操纵的,这些人把政治变成一种生意,拿联邦国会和各州议会的议席来投机牟利”,“然而我们在那里却看到两大帮政治投机家,他们轮流执掌政权,以最肮脏的手段来达到最肮脏的目的,而国民却无力对付这两大政客集团”。[①]

二是在政党与政党的关系上,中国共产党与各民主党派长期共存、互相监督、肝胆相照、荣辱与共。中国共产党与民主党派之间合作协商而非竞争。民主党派同共产党风雨同舟,患难与共,自觉接受中国共产党的领导,在党的领导下,各民主党派“在国家重大问题上进行民主协商、科学决策,集中力量办大事”。我国各政党没有在朝与在野之分,各民主党派既不是在野党,更不是反对党,而是与中国共产党通力合作的亲密友党,有别于西方多党制下不同政治利益集团为争取选民上台执政而争权夺利。英国著名政治学学者詹姆斯·布赖斯在谈到美国的政党制度时说:“这种制度是因选举事务逐渐复杂自然而然地生长的。”[②]多党竞选被金钱、财团等影响和操纵,成为“富人的游戏”“钱袋的民主”。据统计,2000 年美国大选的费用为 30 亿美元,2004 年接近 40 亿,2008 年为 53 亿,2012 年更是高达 70 亿美元。以 2012 年美国 3.13 亿人口计算,即便所有美国人,无论大人小孩,每人为大选捐 20 美元,也达不到 70 亿。2016 年美国大选的费用更是创选举史之最。

三是在政党与群众的关系上,我国新型政党制度有利于实现和维护最广大人民的根本利益。既坚持中国共产党的领导核心地位以维护国家和人

---

① 《马克思恩格斯文集》(第 3 卷),人民出版社 2009 年版。

② [英]詹姆斯·布赖斯:《现代民治政体,中》,张慰慈等译,吉林人民出版社 2010 年版。

民的根本利益,又充分考虑民主党派的参政党地位以照顾各个利益阶层的具体利益,最终实现共同利益与特殊利益的有效整合,有别于西方政党仅代表着少数利益集团。西方政党关心的是各自代表集团的利益,而不是最广大人民的利益。西方多党制"必然反映了私有制社会各个阶级、阶层以及各个资本集团、财团之间的矛盾,政党之间互相争斗、互相倾轧",[①]在权力争夺中不择手段,导致内耗丛生、政治动荡、经济发展受影响。反观苏联的一党制,"党就是政府,政府就是党,党控制了国家的全部职权,控制了人民生活的各方面,控制了社会的各个角落,"[②]缺乏监督。

针对中国新型政党制度与一党制、两党制、多党制的比较优势,习近平总书记讲了"三个新就新在":新就新在"它是马克思主义政党理论同中国实际相结合的产物,能够真实、广泛、持久代表和实现最广大人民根本利益、全国各族各界根本利益,有效避免了旧式政党制度代表少数人、少数利益集团的弊端"。新就新在"把各个政党和无党派人士紧密团结起来、为着共同目标而奋斗,有效避免了一党缺乏监督或者多党轮流坐庄、恶性竞争的弊端",新就新在"它通过制度化、程序化、规范化的安排集中各种意见和建议、推动决策科学化民主化,有效避免了旧式政党制度囿于党派利益、阶级利益、区域和集团利益决策施政导致社会撕裂的弊端"。[③] 中国新型政党制度符合我国国情,根植于我国土壤,是中国特色社会主义制度的一个鲜明特色;中国新型政党制度反映人民当家做主的社会主义本质,是我国政治格局稳定的重要制度保障;政党制度不是一个单纯的认识问题,也是意识形态领域斗争的一个焦点。因此,打破西方话语垄断霸权,构建中国新型政党制度话语体系是捍卫中国新型政党制度的地位,维护国家利益和国家形象的必然举措,也是增强中国文化软实力的必然要求。

---

① 游洛屏:《中国特色政党制度》,中共中央党校出版社 2011 年版。

② 习近平总书记在全国政协十三届一次会议民盟、致公党、无党派人士、侨联界委员联组会上的讲话。

③ 周淑真:《政党和政党制度比较研究》,人民出版社 2007 年版。

二、中国经济社会的快速发展为构建新型政党制度话语体系提供可能

自从鸦片战争开始，中国被迫打开国门。随之而来的是西方军事、制度和思想上对中国的冲击，尤其是新文化运动之后，一股反对中国传统文化，全面吸收西方先进文化的飓风席卷了中国大地，这也就开始改变我国固有话语体系。改革开放以后，中国虔诚地向西方学习。当然，历史发展情况和中国基本国情决定了中国向西方学习是十分必要的。

但是，随着中国经济社会发展进步，中国已经成为世界上的政治大国和经济强国，并且日益走近世界舞台中央从而发挥着举足轻重的作用。有目共睹的是，新中国成立70年，尤其是改革开放40年，我国取得了举世瞩目的成就。我国经济平稳较快发展，改革开放取得重大进展，人民生活水平显著提高，民主法制建设迈出新步伐，文化建设、社会建设和生态文明建设取得新进步，综合国力大幅提升。

伴随着中国经济社会的快速发展，在国际政治舞台上，中国是联合国五大常任理事国之一，发挥着至关重要的作用；在国际经济舞台上，目前中国GDP排名仅次于美国，排在世界第二位，成为世界经济增长主要动力。“中国这头狮子已经醒了”，不断发展进步的当代中国让世界震撼。这就需要中国改变以往盲目地学习西方、效仿西方的习惯，从而提炼中国共产党建党98年、新中国成立70年、改革开放40年，特别是，中国新型政党制度自确立70年的成功经验。中国新型政党制度已经经受住历史的考验，并且在实践过程中发挥着重要的历史作用。尤其是近年来面对各种危机的冲击，我国凭借着中国新型政党制度所独有的集中高效与团结和谐的巨大优势，都能率先在世界范围内摆脱各种危机的泥沼，这也使得中国新型政党制度引起了世界范围内的关注。哈佛大学费正清中国研究中心主任、哈佛商学院教授威廉·科比在接受《人民日报》记者采访时说：“包括我在内的许许多多美国人，非常羡慕中国的发展成就。中国充分利用自己的传统，吸取世界其他国

家的有益经验,坚持和发展了自己的制度。我从不建议中国朋友学习美国的制度。美国的制度是18世纪建立的,存在非常严重的问题,或许需要根本的改革。”西班牙胡安·卡洛斯国王大学庞迪奥、中国研究中心秘书长费利佩·德巴萨认为,中国特色社会主义制度的优越性在中国取得的发展成就中得到充分的体现。[①] 中国共产党领导的多党合作和政治协商制度是中国特色社会主义制度的重要组成部分,是一项基本政治制度,它同人民代表大会制度、民族区域自治制度以及基层群众自治制度等其他政治制度一道,为当代中国发展进步创造了稳定的政治局面,维护了安定团结的社会环境,增强了党和国家的活力。正如瑞典著名经济学家马格努斯·布鲁斯特姆所言,中国共产党领导的多党合作和政治协商制度与人民代表大会制度运行良好,表现出色,为中国的快速发展发挥了重要作用。[②]

然而,中国新型政党制度话语在世界范围内则几乎处于“失语”状态,这与在世界每一个角落中国制造的商品相比不匹配。因此,我们应借助于中国经济社会的发展及其由此带来国际地位大幅度提升的契机,构建同中国地位相匹配的新型政党制度话语体系,进而使中国在打破西方经济政治霸权融入世界主流经济圈与政治圈之后,再接再厉,使中国新型政党制度融入世界主流话语体系的条件和时机更加成熟。

三、构建中国新型政党制度话语体系的路径选择

中国新型政党制度是带有世界政党制度发展一般规律的、体现国情的政党制度,这一制度是中国的,也是世界的。这一制度理论体系如果离开了人类文明的大道,那就不可能具有科学的价值。当代世界政党和政党制度发展的总体方向是现代化、民主化和制度化,构建中国新型政党制度话语体系要把握当代世界政党制度发展的一般规律,以世界的眼光和开放的心态

---

① 《符合本国实际才是最好的发展道路——国际社会高度评价中国制度建设》[N],《人民日报》,2014年3月3日,第3版。

② 《有效保障人民民主充分发挥制度优势——国际社会高度评价中国人民代表大会制度》[N],《人民日报》,2014年2月26日,第3版。

研究中国新型政党制度理论体系，借鉴人类政治文明的优秀成果，推进中国新型政党制度的完善和发展。

中国新型政党制度作为一种崭新的社会主义政党制度，又是人类社会政治发展的一个特殊现象，其确立和发展有着自身的特殊规律。离开了对特殊性的研究，就难以把握中国新型政党制度的本质。当前，从世界范围来看，西方政治制度和政党制度理论占据着强势地位，西方政治制度和政党制度理论中当然有我们需要学习和借鉴的内容，但必须认识到，西方政党制度与中国新型政党制度，就其本质而言是完全不同的两个理论体系和制度体系，盲目地、不加分析地照搬照抄西方政治理论和政党理论，必将从根本上危害中国新型政党制度的建设和发展。因此，构建中国多党合作制度话语体系既不应强调特殊而否认一般，也不可以夸大一般而抹杀特殊；既不能用西方政治制度理论对号套裁，也不能浮躁地满足孰优孰劣的简单比较。而是要在吸收人类政治文明优秀成果的基础上，紧密结合中国的实际，对中国新型政党制度的鲜活实践内容进行创造性的理论研究；对中国新型政党制度与西方政党制度有着根本差异之处作出有深度、有解释力的理论阐释；对自身实践经验进行概括总结，建构一整套既符合政治学和政党理论一般原则、能够与世界接轨，又准确反映中国政治发展现状和要求、具有中国风格和气派的中国新型政党制度话语体系。

一是要继承马克思主义政党理论。习总书记强调中国新型政党制度是马克思主义政党理论同中国实际相结合的产物。显而易见，马克思主义政党理论是中国新型政党制度的理论源头。所以，构建中国新型政党制度话语体系离不开马克思主义政党理论这个老祖宗。构建中国新型政党制度话语体系是马克思主义政党理论在中国新型政党制度的理论基础上同中国经济社会发展现状相结合所实现的一次理论升华。这就说明马克思主义政党理论为构建中国新型政党制度话语体系提供了理论支撑。

二是要借鉴西方政党制度优点。西方政党制度历史悠久，经验丰富。西方国家一直把持着政党制度的世界主流话语体系。随着我国经济社会发展，中国新型政党制度已经向世界证明了其内在的价值和优势。因此，在构建中国新型政党制度话语体系过程中，我们也不能漠视西方政党制度的优点和经验,要加以科学合理地批判与吸收,这对于中国新型政党制度话语体系的构建大有裨益。

三是要依托中国传统文化。众所周知,只有首先是民族的,才能成为世界的。所以,中国新型政党制度话语体系的构建要扎根于中国五千多年灿烂文化土壤,向中国传统文化汲取养料。譬如,中国传统的和而不同文化,就很好地融入了中国多党合作制度下共产党与民主党派职能之中。又如,中国文化中历来重视“和谐”精神,当然,“和谐”也构成中国新型政党制度中共产党与民主党派相互关系的精髓。所以,构建中国新型政党制度话语体系务必依托于中国传统文化。

四是要总结中国新型政党制度70年的成功经验。构建中国新型政党制度话语体系最为重要的还是以一种国际上惯用而又规范的方式系统地总结中国新型政党制度的实践经验。在中国新型政党制度70年的历史中主要积累了如下经验:坚持“共产党领导、多党派合作,共产党执政、多党派参政”;坚持“长期共存、互相监督、肝胆相照、荣辱与共”的基本方针;把发展作为共产党执政与民主党派参政的第一要务;在推进民主政治建设中实施广泛多层制度化的协商民主;推进中国新型政党制度的程序化、规范化和制度化;执政党建设与参政党建设的互相促进;发挥人民政协为多党合作提供组织保障的作用;实现中国政党关系的长期和谐;发挥民主党派政党协商,参政议政与民主监督作用;不断加强和改善共产党对中国新型政党制度的领导;增强中国新型政党制度自信和效能。因此,要与时俱进地总结中国新型政党制度新经验,不断推进中国新型政党制度进一步完善和发展,为构建中国新型政党制度话语体系持续地注入新活力、提供理论优势、理论自信、理论支撑。只有这样,中国新型政党制度才能赢得与其国际地位相对称的国际话语权,真正坚定我们的道路自信、理论自信、制度自信、文化自信。

五是要提高话语的针对性和有效性。话语表达是在一定的语境下进行的,所以,必须考虑公众对其言说内容的认同度,并根据受众的差异而对话语表达的方式有所选择。如,要想让国际社会更多地了解中国新型政党制度,就一定要用国际上通用而又规范的方式并能够接受的话语进行表述和介绍。如果完全站在自己的话语体系中,以固定的话语,不分对象、千篇一律地应对所有的受众,其结果只能是自说自听,外界听不懂、也不愿意听,因此,也不会产生任何实际效果。只有注重了语境对路原则,才能提高中国新型政党制度话语的针对性和有效性。

六是要造就一批优秀理论工作者。要培育既熟知中国国情并且具有深厚新型政党制度理论基础,又精通西方话语体系的理论工作者,从而成为中国新型政党制度话语体系走向世界的使者。这也是当代中国知识分子的共同期盼和共同担当。

由此可见,构建中国新型政党制度话语体系不仅仅是简单超越我国新型政党制度的自身经验,而是全方位、多角度、宽领域的理论自觉过程。即在继承马克思主义政党理论,借鉴西方政党制度优点,依托中国传统文化,总结中国多党合作制度经验的基础上所实现的一次寻根溯源、中外汇通、古今贯通、理论与实践结合的理论升华过程,从而真正坚定我们的道路自信、理论自信、制度自信、文化自信。

(作者单位:沈阳社会主义学院)

新时代中国新型政党制度的理论创新

李天明　林　萍

理论上的成熟是一个政党成熟的标志。进入中国特色社会主义新时代,以习近平同志为核心的党中央倍加重视多党合作事业,就坚持和完善新型政党制度提出了一系列新思想新观点新论断,做出了一系列重大决策,不断推动从中国土壤中生长出来的新型政党制度理论创新,谱写了新时代多党合作事业新篇章。

一、新时代民主党派的新定位

准确认定民主党派的性质,历来是中国共产党确定对民主党派的政治态度、制定对民主党派方针和政策的基本依据。民主党派在我国政治体系和政党制度中处于怎样的政治地位? 这个问题关系到政党制度的制度规则的确立,关系到民主党派权力和权利的明晰及作用的发挥。因此,对民主党派的定性和定位,是我国多党合作的重大理论和实践问题。

2013 年 2 月 6 日, 就任中共中央总书记仅仅两个多月的习近平, 在同党外人士共迎新春时指出, 实现我们的奋斗目标, 需要全国上下共同努力, 需要加强中国共产党同各民主党派和无党派人士的团结合作。各民主党派是同中国共产党通力合作的中国特色社会主义参政党。[①] 在这里，习近平第一次提出“各民主党派是同中国共产党通力合作的中国特色社会主义参政党”这一重大命题。这一重大论断,进一步明确了民主党派的基本属性、历史方位、时代使命和目标追求,是多党合作理论的重大创新。这一重大论断,蕴含着对多党合作事业的战略思考:中国特色社会主义参政党建设,事关我国多党合作政治格局的巩固,事关我国政治制度和政党制度优势的体现,事关中国特色社会主义事业的兴旺发达。2015 年,中共中央颁布的《中国共产党统一战线工作条例(试行)》进一步明确:“民主党派是接受中国共产党领导、同中国共产党通力合作的亲密友党,是中国特色社会主义参政党。”这是新时代民主党派的新定位。这是中国共产党以党内法规的形式,对民主党派性质的最新界定,标志着民主党派的性质又一次实现了历史性转变。“中国特色社会主义参政党”概念的提出,充分体现了以习近平同志为核心的中共中央对坚持和完善中国新型政党制度的战略思考和科学谋划,对于充分发挥各民主党派在国家政治生活中的作用,强化团结、合作、和谐的政党关系,推进民主党派的建设和发展,具有重大理论和现实意义。

二、新时代民主党派基本职能的新拓展

民主党派性质和定位的新发展,带来的是民主党派基本职能的新发展。进入中国特色社会主义新时代,顺应民主党派性质的变化,以习近平同志为核心的中共中央第一次对民主党派的基本职能进行了新拓展。2015 年颁布的《中国共产党统一战线工作条例(试行)》规定:“民主党派的基本职能是参政议政、民主监督,参加中国共产党领导的政治协商。”这一概括将民主党派的基本职能由原来的“参政议政、民主监督”两项职能,拓展为三项基本职能。这是第一次在正式的中共中央文件中明确民主党派的基本职能,是多党合作理论的又一重要理论创新。

民主党派职能不是与生俱来、一成不变的,而是在我国多党合作制度确

① 《习近平同党外人士共迎新春》[N],《人民日报》, 2013 年 2 月 8 日,第 1 版。

立后,伴随着国家民主政治的推进和政党制度的发展逐渐完善的。1956年10月召开的第7次全国统战工作会议上,中央统战部部长李维汉把民主党派在国家政治生活中的主要作用归结为“参、代、监、改”四个方面。1989年颁布的《中共中央关于坚持和完善中国共产党领导的多党合作和政治协商制度的意见》,首次明确了民主党派“参加国家政权,参与国家大政方针和国家领导人选的协商,参与国家事务的管理,参与国家方针、政策、法律、法规的制定执行”的参政基本点。2001年颁布的《中共中央关于加强统一战线工作的决定》,以“积极支持民主党派履行参政议政、民主监督的职能”的表述对民主党派的职能做出了规范。2015年中共中央颁布的《中国共产党统一战线工作条例》又对民主党派参政的基本点做出了重要修改,增加了两个“重要”,即参加国家政权,参与重要方针政策、重要领导(此前是参与大政方针和国家领导)人选的协商,参与国家事务的管理,参与国家方针政策、法律法规的制定和执行。民主党派参政的层级进一步提高,责任更大,担子更重。新中国成立70年来,民主党派职能的每一次完善,都为参政党作用的发挥创造了条件、搭建了平台。

民主党派基本职能的新拓展,是中国共产党与各民主党派团结合作不断深入发展的生动见证,进一步丰富了多党合作的内涵,更加科学、全面、准确地反映了民主党派在我国政治体系和政治生活中的重要作用和价值,开拓了民主党派发挥作用的领域,同时也彰显了中国共产党坚持和发展多党合作的优良传统和坚定信念,对于充分调动民主党派的积极性和创造性,更好地体现和增强中国新型政党制度效能,推动多党合作事业发展具有重要而深远的意义。

习近平在十九大报告指出:“坚持长期共存、互相监督、肝胆相照、荣辱与共,支持民主党派按照中国特色社会主义参政党要求更好履行职能。”这是中国共产党人对民主党派的郑重承诺,更是沉甸甸的信任与期待。

三、新时代无党派人士的新界定

习近平指出,“实现我们的奋斗目标，需要全国上下共同努力，需要加强中国共产党同各民主党派和无党派人士的团结合作。各民主党派是同中国共产党通力合作的中国特色社会主义参政党,无党派人士是我国政治生活中的一支重要力量。"①无党派人士也是建设中国特色社会主义的重要力量。

无党派人士是在中国革命的具体历史条件下发展形成的。在新民主主义革命时期,一般称无党无派的知名人士为社会贤达。如 1946 年召开的旧政协会议,就有 9 位代表是以"社会贤达"的身份出席的。1948 年,郭沫若等无党派知名人士在致电毛泽东同志,以响应中共中央"五一"号召的时候,为了与以往的社会贤达相区别,最先使用了无党派民主人士的称谓。1949 年,新政协会议还专门设立了"无党派民主人士"界别。

由于无党派民主人士是个具有特定含义的历史概念,新中国成立以后特别是改革开放后,随着老一代无党派民主人士的减少,新一代无党派人士的出现,形成了多种称谓并存的局面。除了继续沿用无党派民主人士的称谓以外,主要有无党派人士、无党派爱国人士、无党派知名人士、无党派代表人士和无党派爱国民主人士等称谓。

2000 年,中共中央统战部下发的《关于加强无党派人士工作的意见》,正式规范了对无党无派人士的称谓,明确对无党无派人士群体称无党派人士,对无党派人士中的代表人物称无党派代表人士。2004 年,全国政协十届二次会议审议通过的政协章程修正案,也将无党派民主人士界别改称无党派人士界别。《意见》在此基础上做出进一步明确界定,即"指没有参加任何党派、对社会有积极贡献和一定影响的人士,其主体是知识分子"。

2015 年,中共中央颁布的《中国共产党统一战线工作条例(试行)》规定,无党派人士必须符合四个条件:一是没有参加任何政党;二是有参政议政愿望和能力;三是对社会有积极贡献和一定影响的人士;四是其主体是知识分子。新增加了一个条件,即"有参政议政愿望和能力"。对无党派人士提出了更高的要求和标准。

我国无党派人士在不同历史时期具有广泛的代表性。我国的无党派人

① 《习近平同党外人士共迎新春》,《人民日报》,2013 年 2 月 8 日,第 1 版。

士群体是19世纪初伴随政党的产生而出现的。在中国近代史上,很多无党派民主人士凭着自己的社会声望和感召力,影响和带领着一大批民主人士投身民主运动,为抗日战争和解放战争的胜利作出了贡献。如提出精兵简政建议的陕甘宁边区政府副主席李鼎铭。在国民党统治区,也有许多无党派民主人士团结所联系群众,为争取抗日战争的胜利和国内民主作出了不懈的努力。如一直领导着一支文化大军的郭沫若。周恩来指出,无党派民主人士"虽然都没有组织一个政党或者政治团体,但都领导着很大一批民主人士,联系着许多方面的人士在奋斗着"。李维汉也曾经指出:"政治代表有正式组织的,即有纲领有章程的,这就形成了政党;有非正式组织的,即无纲领无章程的;也有无组织的,如现在的无党派民主人士。"

无党派人士在我国的革命、建设和改革实践中都发挥了重要的作用。1949年新政协筹建新中国的时候,无党派人士张奚若提出的关于中华人民共和国国名的建议,徐悲鸿关于用《义勇军进行曲》作为国歌的建议,曾联松关于五星红旗方案的设计,都得到了中共中央的重视和政协会议的采纳。新中国建立后,在中国共产党的领导下,无党派人士积极投身到巩固人民民主专政的国家政权,加快社会主义建设和改革开放事业中来,郭沫若、马寅初、张奚若、缪云台、梁漱溟、吴耀宗、程思远、巴金、阿沛·阿旺晋美、袁隆平等人成为不同历史时期无党派人士的代表。2018年是我国改革开放40周年,党中央决定表彰一批为改革开放作出杰出贡献的个人。在100位表彰对象中,有23位非中共人士上榜,其中无党派人士8人。他们以无党派人士这一特殊的政治身份,在各自的领域团结、影响着一大批无党派人士;他们因其突出的知识背景和专业成就,对社会作出了积极贡献。他们积极参政议政,影响力扩展到更大的社会层面,在他们所联系的群众中具有崇高威望和广泛的代表性。

四、新时代参政党能力建设的新内涵

2018年2月6日,习近平在同党外人士座谈并共迎新春时强调:"领导13亿多人的社会主义大国,中国共产党既要政治过硬,也要本领高强。执政本领建设是中国共产党自身建设的重要方面。同志们要把参政工作做好，也要不断提高本领。”①执政党的建设永远在路上，参政党建设也不能原地踏步。2015 年，习近平在中央统战工作会议上的讲话中指出：“要支持民主党派加强思想、组织、制度特别是领导班子建设，提高政治把握能力、参政议政能力、组织领导能力、合作共事能力、解决自身问题能力。” 增加了解决自身问题的能力，将民主党派能力由“四种能力”发展为“五种能力”。

民主党派解决自身问题能力的提出，是民主党派能力建设经验的科学总结。2002 年 3 月，王兆国同志在中央社会主义学院春季开学典礼的讲话中第一次完整地提出了民主党派能力建设的主要内容，即要提高领导班子成员的政治把握能力、参政议政能力、组织领导能力和合作共事能力。2005 年 2 月 5 日，胡锦涛在中共中央举行的党外人士迎春座谈会上将四种能力表述为：“各民主党派要不断提高政治把握能力、参政议政能力、合作共事能力和组织协调能力，同中国共产党一道开创多党合作事业的新局面。” 2005 年 2 月，《中共中央关于进一步加强中国共产党领导的多党合作和政治协商制度建设的意见》，对“四种能力”的表述略有调整，改为“民主党派成员应当提高政治把握能力，参政议政能力，组织领导能力和合作共事能力”。这是首次以中央文件的形式肯定了“四种能力”。此后，各民主党派都把提高“四种能力”作为其自身建设的重要内容和目标。

民主党派“解决自身问题能力”科学论断的提出，丰富了民主党派能力建设的内涵，创新了民主党派能力建设理论，也为提高民主党派解决自身问题能力指明了方向。②

习近平在中央统战工作会议上的讲话中强调“搞好多党合作，要支持民主党派加强自身建设”。中国共产党要协助和推动民主党派加强自身建设，帮助民主党派解决履职中存在的一些问题，积极创造条件，为民主党派排忧解难。

---

① 《习近平在同党外人士座谈并共迎新春时强调多党合作要有新气象思想共识要有新提高履职尽责要有新作为参政党要有新面貌》，《人民日报》，2018 年 2 月 7 日，第 1 版。

② 孙信：《关于民主党派解决自身问题能力的思考》，《湖南省社会主义学院学报》，2015 年第 4 期，第 20—22 页。

《中国共产党统一战线工作条例》中第一次对各级党委应当如何支持民主党派和无党派人士加强自身建设做出明确规定，为各级党委切实做到支持民主党派加强自身建设提供了法治保障。

五、首次明确界定政党协商

协商民主是实现党的领导的重要方式，是我国社会主义民主政治的特有形式和独特优势。进入新时代以来，推进协商民主广泛多层制度化发展逐步被明确为全面深化改革新阶段我国政治体制改革和民主政治建设的重要内容和发展方向，为此，中共中央连续发文推进我国社会主义协商民主广泛、多层、制度化发展。2015 年 1 月 5 日，中共中央印发《中共中央关于加强社会主义协商民主建设的意见》，明确了推进社会主义协商民主 7 种主要形式，政党协商居于首位；同年 6 月 15 日，中共中央办公厅印发《关于加强人民政协协商民主建设的实施意见》；10 月 13 日，中共中央办公厅印发《关于加强政党协商的实施意见》，对政党协商的内容、形式、程序、保障机制做出规定。

《实施意见》的主要创新点包括四个方面：一是明确了政党协商的基本内涵。《实施意见》首次对政党协商的定义予以完整明确的界定，指出"政党协商是中国共产党同民主党派基于共同的政治目标，就党和国家重大方针政策和重要事务，在决策之前和决策实施之中，直接进行政治协商的重要民主形式。"二是明确了政党协商的内容。增加了"年度经济社会发展情况""统一战线和多党合作的重大问题"等内容，对一些具体表述做了调整、合并，明确为七个方面，体现了政党协商的政治性、政党性特点。三是明确了政党协商的程序。《实施意见》对中央层面的会议协商、约谈协商、书面协商三种协商形式的流程都做了具体明确规定。特别是明确了会议协商制订计划、会前准备、会中协商等具体程序。四是明确了政党协商的保障机制。增加了考察调研机制，并对四种机制做出了具体明确规范，确保了政党协商形式、程序落实到位。[1]

《实施意见》的颁发实施，有利于扩大民主党派和无党派人士有序政治参与、畅通意见表达渠道，有利于增进政治共识、广泛凝心聚力，有利于促进科学民主决策、推进国家治理体系和治理能力现代化，在协调推进“四个全面”战略布局中发挥独特优势和作用。

为贯彻落实《实施意见》，中共中央制定政党协商计划，习近平总书记每年主持召开4至5次政党协商会议，多次发表重要讲话加以强调。2015年2月11日，习近平同党外人士共迎新春时指出：“搞好政党协商，需要中国共产党和各民主党派共同努力。民主党派在提高政党协商水平中担负着重要责任，但中国共产党担负着首要责任，因为我们是执政党，应该更加自觉地做到虚怀若谷、集思广益。我们将一如既往营造宽松民主的协商环境，鼓励不同意见交流和讨论，真正形成知无不言、言无不尽的氛围。我们将继续为党外人士搭建更多平台、创造更好条件，帮助大家了解有关情况，支持大家搞好调查研究。希望大家加强自身建设，不断提高参政议政能力和水平，参政参到要点上，议政议到关键处，为政党协商深入开展打下坚实基础。”

2015年5月18日，习近平在中央统战工作会议上的讲话中指出：“政治协商，主要是中国共产党同民主党派协商。协商就要诚心诚意、认认真真、满腔热情听取意见和建议，有事要商量、多商量，不能想起了、有空了、拖不过去了才协商。要完善政党协商的内容和形式，建立健全知情和反馈机制，增加讨论交流的平台和机会。协商前，党委和政府有关部门要向民主党派和无党派人士通报有关情况，让他们知情，知情才能真协商。协商中不要各说各话、流于形式，要有互动、有商量，使协商对凝聚共识、优化决策起到作用。”

2017年1月22日，在同党外人士共迎新春时的讲话中，习近平总书记运用两句古语形象地表达了执政党和参政党各自在政党协商中的作用：“‘虚心公听，言无逆逊，唯是之从。’这是执政党应有的胸襟。‘凡议国事，惟

---

① 中央统战部负责人谈《关于加强政党协商的实施意见》https://www.chinacourt.org/article/detail/2015/12/id/1766757.shtml.

论是非,不徇好恶。'这是参政党应有的担当。"①

2018 年 3 月 4 日,习近平在看望参加全国政协十三届一次会议的民盟致公党无党派人士侨联界委员时强调:"新时代多党合作舞台极为广阔,要用好政党协商这个民主形式和制度渠道,有事多商量、有事好商量、有事会商量,通过协商凝聚共识、凝聚智慧、凝聚力量。完善政党协商制度绝不是搞花架子,要做到言之有据、言之有理、言之有度、言之有物,真诚协商、务实协商,道实情、建良言,参政参到要点上,议政议到关键处,努力在会协商、善议政上取得实效。"②

这些讲话为新时代的政党协商把了脉,定了向,为新时代政党协商谋了篇、布了局。

六、首次提出"新型政党制度"

这是进入中国特色社会主义新时代,关于政党制度的最为重要的理论创新。

2018 年 3 月 4 日,习近平总书记在参加政协联组会时第一次把中国共产党领导的多党合作和政治协商制度概括为"新型政党制度",指出:"中国共产党领导的多党合作和政治协商制度作为我国一项基本政治制度,是中国共产党、中国人民和各民主党派、无党派人士的伟大政治创造,是从中国土壤中生长出来的新型政党制度。"紧接着习近平以宽广的全球视野和深邃的历史眼光,把新型政党制度与旧式政党制度相比较,深刻剖析了中国新型政党制度新在哪里:"新就新在它是马克思主义政党理论同中国实际相结合的产物,能够真实、广泛、持久代表和实现最广大人民根本利益、全国各族各界根本利益,有效避免了旧式政党制度代表少数人、少数利益集团的弊端;新就新在它把各个政党和无党派人士紧密团结起来、为着共同目标而奋斗,

① 《习近平在同党外人士共迎新春时的讲话》,《人民日报》,2017 年 1 月 23 日,第 1 版。

② 《习近平在看望参加政协会议的民盟致公党无党派人士侨联界委员时讲话》,《人民日报》,2018 年 3 月 5 日,第 1 版。

有效避免了一党缺乏监督或者多党轮流坐庄、恶性竞争的弊端；新就新在它通过制度化、程序化、规范化的安排集中各种意见和建议、推动决策科学化民主化，有效避免了旧式政党制度囿于党派利益、阶级利益、区域和集团利益决策施政导致社会撕裂的弊端。”①

“履不必同，期于适足；治不必同，期于利民。”与西方政党制度不同，中国共产党领导的多党合作和政治协商制度，不仅符合当代中国实际，而且符合中华民族一贯倡导的天下为公、兼容并蓄、求同存异等优秀传统文化，是对人类政治文明的重大贡献。

习近平在中央统战工作会议上指出，在政党制度模式上，有的人总有一些模糊认识和错误看法，总觉得“自家的肉不香，人家的菜有味”，一提到政党制度就“言必称希腊”，把西方两党制、多党制奉为圭臬，觉得不搞多党竞选、轮流执政不能算民主制度。一直以来，总有些人以西方政治学理论来评判中国的政党制度，被问到我们的政党制度是一党制吗？不是。是两党制吗？不是。是多党制吗？也不是。仿佛相对于一党制、两党制或多党制，我们的政党制度是另类的。现在我们可以理直气壮地讲，中国的政党制度是新型政党制度！这是对人类政治文明的重大贡献。“新型政党制度”概念的提出，充分体现了我国政党制度的理论自信、制度自信、文化自信，为世界政党政治发展提供了中国方案。②

“东方欲晓，莫道君行早。踏遍青山人未老，风景这边独好。”我们有充分的理由相信，“我们的制度将一天天完善起来，它将吸收我们可以从世界各国吸收的进步因素，成为世界上最好的制度”！③

（作者单位：吉林省社会主义学院）

① 《习近平在看望参加政协会议的民盟致公党无党派人士侨联界委员时讲话》，《人民日报》，2018 年 3 月 5 日，第 1 版。

② 专家解读新型政党制度：体现制度自信和大国风范 http://www.chinanews.com/gn/2018/03-07/8461392.shtml.

③ 《邓小平文选》（第二卷），人民出版社 1983 年版，第 337 页。

中国新型政党制度的特色优势与功能作用

中国新型政党制度利益整合功能的拓展

齐春雷

改革开放以来,中国社会经历了从农业社会向工业社会的转型,从计划经济体制向市场经济体制的转轨,其中最深刻的变迁无疑是社会阶层结构的分化和新型阶层关系的出现,由此引发利益多元化和矛盾复杂化成为中国民主政治发展面临的现实课题。民主本意是“人民的治理”,是稳定地解决民众利益矛盾冲突的机制安排。作为民主政治的核心组成,中国新型政党制度——中国共产党领导的多党合作和政治协商制度,回应改革开放进程的需求,不断拓展其开放性、包容性,展现出强大的利益整合功能。

一、改革开放促使中国社会阶层分化、利益多元

(一) 社会利益主体多元化

改革开放之前的中国社会,本质上是基于家庭出身、阶级成分的政治分层,服务于阶级斗争、意识形态化的需要,最终形成“整体型的社会聚合体”,[①]社会阶层、群体具有很高的同质性、一致性,以单位为生产组织兼政治组织,个体处于严密的层层控制之下,执政党、国家、社会高度一体化。但改

① 李强:《社会分层十讲》,社会科学文献出版 2008 年版,第 62 页。

革开放以来以竞争为主线的市场经济的发展，使得政府职能逐步转变，国家与社会渐趋分离，形成了多元化的社会存在方式和生活方式，社会成员之间的同质性身份被打破，基于先天身份资源形成的身份体系逐渐瓦解。自主择业、双向选择的就业方式，逐渐取代国家分配、计划就业，工人阶级队伍分化为普通工人群体、机关工作人员、企业管理人员、下岗工人等多种内部构成。农民阶级也不再是纯粹的以种田为生，也分化为农村工人、农民工、乡镇企业经营者等多种阶层。改革开放 40 年来，中国社会阶层结构最大的变化是出现了民营科技企业的创业人员和技术人员、受聘于外资企业的管理技术人员、个体户、私营企业主、中介组织从业人员、自由职业人员等新的社会阶层。人数 1.5 亿、掌握相当强大经济资源的新阶层，成为不容忽视的重要力量。由此可见，改革开放的进程，伴随着单一社会结构向着市场契约型多元社会结构不断发展的过程，随着全面深化改革的持续推进，阶层的分化、组合、流动仍在动态进行，社会异质性不断增强，利益主体结构更趋多元化。

（二）社会利益矛盾复杂化

市场经济不仅仅是经济资源的配置方式，同时也重构着不同社会阶层间的政治资源占有结构。改革开放、经济发展的成就虽使大部分民众受益，但也毋庸讳言的是，由于中国政治体制发展滞后于经济体制改革，利益分配过程中缺乏相配套的社会保障、公平保障机制，不同阶层在改革中受益程度不同，作为传统意义上的工人、农民阶级，承受了相当的改革成本，国有企业下岗职工和人数过亿的农民工，实际上沦为弱势阶层。不同阶层群体间的社会资源占有差距拉大，出现了强势阶层、弱势阶层的利益分化，而且由于话语权、影响力的巨大差异，某种程度上还具有了“富者愈强，贫者愈弱”的马太效应。公平正义原本是社会主义社会的题中应有之义，在剧烈转型期的中国社会却屡屡遭到质疑拷问。改革开放中产生的新的社会问题、矛盾，如财富分配的不公、收入差距悬殊、公权力滥用等在网络时代信息传播的及时性、便捷性、交互性的催化发酵下，以征地、拆迁、环保、食品安全等社会焦点事件作为激化矛盾诱因的群体性事件频发，且数量不断攀升。多样化、复杂化社会矛盾、社会问题层出不穷，其背后是不同阶层、群体利益、不同社会主体利益的表达和博弈。

（三）多元利益亟须协调整合

改革实质上是对利益结构的重新耦合与构建，必然推动社会阶层利益的变动、重组，而市场经济的竞争机制就是以平等、自由、公正的民主价值为基础的利益博弈。传统社会中，政治资源为少数上层阶层所垄断，政治参与只是少数政治精英的特权，绝大多数民众被排斥在政治过程之外。但现代化进程中文化教育水平的提升，新媒体的广泛运用，社会流动性的增强，使得越来越多的社会公众开始关注政治过程，关心自己的利益损益，争取更多的话语权和影响力，要求相应政治体系给予积极回应，要求政治系统的结构更合理、运行更规范、机制更公正，从而协调、保证多元主体参与的合理、合法、有序。鉴于此，不同的阶层群体都希望有更畅通的渠道参与到政治体系中，对政策的制定施加于有利于自己的当前利益和长远利益的有效影响，使其朝着有利于自身的方向发展。这需要国家政治系统发挥主导作用的同时，谋求国家与社会、公众的协同合作，建构、维护有利于经济社会发展的社会秩序，从而避免民众“有理无处讲”造成的不满甚至是对抗情绪的累积爆发而酿成的非理性、非和平表达乃至暴力冲突。这需要两个层面的制度化安排，第一层面是对民众参与的吸纳，使其利益诉求顺畅地得以表达；第二层面是对民众基本权益的维护，即对民众多样化诉求的理性整合，使民众能由衷感到权益受到了公平对待，利益得到了有效维护。

二、中国新型政党制度利益整合功能的拓展

（一）制度建设强化利益协商保障

不同社会阶层、群体千差万别、杂乱无序的利益诉求，都希望得到国家政治系统的承认、保障，这就需要政党体制来组织聚合、梳理表达。“犹如一个百货市场，决定什么利益可以展示出来，什么利益应该被留在仓库，什么

利益不可以成交。”①改革开放使得中国的政治发展从传统的“人治”思维中解放出来，日益清晰地认识到制度问题更具有根本性、全局性、稳定性和长期性，从而加强了多党合作的制度化建设，强化多种复杂利益诉求的有序协调。

1989年中共中央颁布《关于加强中国共产党领导的多党合作和政治协商制度建设的意见》（[1989]14号文件），成为多党合作政治制度制度化建设的重要里程碑，第一次明确了对民主党派的政治定位和其参政党的政党职能。民主党派作为参政党，参政议政、民主监督，通过代表性人士在人大、政协、司法、行政机构的任职，参加国家政权，全面参与国家政治过程，因而在公共决策的制定、执行、监督中，既有知情权，又有话语权。自1990年起，适逢中国市场经济蓬勃发展，民主党派参政议政热情高涨，针对国家经济社会发展的重大问题，深入考察调研，在政治协商中积极参与、献计献策，为执政党党委、政府决策提供重要咨询建议，发挥着越来越重要的利益代表、利益整合功能，促进许多重大国家战略决策如西部大开发、京九铁路、“一带一路”等的出台论证，提升其科学化、民主化。政治协商的广度深度，随着制度化、规范化不断拓展。2005年、2006年，中共中央相继颁布《关于进一步加强中国共产党领导的多党合作和政治协商制度建设的意见》，《关于加强人民政协工作的意见》，都明确“把政治协商纳入决策程序，就重大问题在决策前和决策执行中进行协商，是政治协商的重要原则。”将政治协商作为执政党党委、政府决策前的必经程序从时间节点上加以制度化保障，保证协商的真实性，避免协商事前征求意见被扭曲为事后的通报、走过场。

随着改革开放的全面深化、推进，中国社会多元化格局也在不断发展的进程中，各阶层群体利益的相互比较竞争中，国家治理不能再依靠单一的治理主体来平衡协调复杂的利益矛盾。2012年中共十八大报告首次提出要推动社会主义协商民主广泛、多层次、制度化发展，将参加公共决策的主体多元化，通过各方广泛的参与，自由平等地讨论、交流、沟通、协商，真实充分地表达各自的诉求，在公共理性原则下，倾听他人，修正自己的价值偏好，使其

① 燕继荣：《现代政治分析原理》，高等教育出版社2004年版，第224页。

更为真实地趋近于社会公共利益和正义公平，寻求公共利益的最大共识。自此，政治协商的地位、作用进一步得以提升、增强。2015年，中共中央颁布《关于加强社会主义协商民主建设的意见》，将政党协商列为社会主义协商民主的七种形式之首，同年，中办印发《关于加强人民政协协商民主建设的实施意见》和《关于加强政党协商的实施意见》，不断强化政党协商的制度化、程序化、机制化保障，从而实现了政党协商有制可依、有规可守、有序可循。

(二)组织整合吸纳多元利益诉求

政党是代表一定阶级和阶层的利益，为实现自己的目的和理想，在政治舞台上活动的政治组织。从理论上说，如果在全体国民中，每个人对政治问题的意见一致，则无结成政党的必要。[①] 因此，政党均以特定的阶级为基础，中国的执政党和参政党也不例外，无论是执政还是参政均有赖于社会基础的巩固、增强。改革开放进程推动中国成为多元社会，出现各种新生阶层、群体。在阶层剧烈分化中，各政党一方面要巩固自己的社会基础，另一方面也面临着如何同化新生阶层政治势力的挑战。

“政治稳定的先决条件在于有一个能够同化现代化过程所产生出来的新兴社会势力的政党制度。”[②]中国新型政党制度下，执政党和八个民主党派、无党派人士都是向社会开放的政治参与渠道。中国共产党450多万个基层组织的严密体系和八个民主党派从中央到地方的完备组织，在政党与民众之间构建起联系沟通的系统，无党派人士这个参与渠道则进一步补充了政党制度作为民意吸纳网络的完整性。回应社会阶层多元化变迁，中国政党体系进一步拓展了其开放度、包容性。中国共产党作为执政党与时俱进，从工人阶级的先锋队，发展为“同时又是中国人民和中华民族的先锋队”。中共十六大承认新的社会阶层人士同广大的工人、农民、解放军一样，也是

---

① 周淑真：《政党和政党制度比较研究》，人民出版社2001年版，第6页。

② [美]塞缪尔·亨廷顿：《变化社会中的政治秩序》，三联出书店1989年版，第388页。

中国特色社会主义的建设者，从而开始将新阶层中的部分优秀分子吸收入党。参政党主体界别逐渐扩大，参政议政的广度深度也在同步发展。2004年颁布的《关于进一步做好民主党派组织发展工作座谈会纪要》明确允许各民主党派按照章程规定的标准，从严掌握，择优、少量发展新的社会阶层中政治素质好、层次高的代表性人士。民建可适当发展私营企业主中符合条件的代表性人士，其他民主党派也可个别发展与本党派重点分工范围相关的代表性人士、其他新的社会阶层人士。① 从而增强了对新兴社会阶层的吸纳能力，也拓展了参政党的组织基础。21世纪以来，与社会阶层结构变化相适应，参政党进一步调整扩充组织发展范围，如民革新增吸收社会、法制专业代表性人士，农工党在"医药卫生界"的主体基础上，增加"人口资源和生态环境领域"。

八个民主党派之外，"没有党派组织，但有党派性"的无党派人士同样被纳入多党合作的政党制度之中。无党派人士自1949年就作为党派单位参加新政协，但直至2005年中共中央颁发《中共中央关于进一步加强中国共产党领导的多党合作和政治协商制度制度建设的意见》([2005]5号文件)，才首次明确无党派人士的概念，即"以知识分子为主体，没有参加任何党派，在社会上有一定贡献和影响的人士"。2015年出台的《中国共产党统一战线工作条例(试行)》，进一步把"无党派人士"同"无党派知识分子"用新增的一条标准："有参政议政的愿望和能力"区别开来。这就使得多党合作政党制度更开放地回应中国社会不断涌现的新阶层、群体的政治参与诉求。伴随着改革开放、中国高等教育发展，知识分子队伍不断发展壮大，实际上，无党派人士的数量也在激增。《条例》首次明确，无党派人士参照民主党派履行职能，同样是参政议政、民主监督、参加中国共产党领导的政治协商。虽然，无党派人士参加政党协商是自新中国成立以来的政治惯例，但其从实践层面上升到制度层面，还是显示出对无党派人士作为多党合作主体的强调重视。这对于那些不愿意参加政党、但有政治参与需求的知识分子，提供了畅

---

① 崔珏：《开放性与中国政党制度的创新发展》，《广西社会主义学院学报》2016年第3期。

通的体制内通道，也进一步扩展了多党合作政党制度的包容空间和政治弹性。

（三）政党协商增进利益协调共识

政党首先要尽可能广泛吸纳所代表阶层利益进行过滤、整合，然后是政党制度进行规范化、程序化、法治化运作，使其作为国家政治生活的核心，联系民众，通过政党之间的互动以及政党与政权之间的互动，有效影响、决定国家政策的决定实施，从而相对公平公正地分配国家各种政治资源、社会资源。

政治协商是多党合作的优良传统和政治惯例，自新民主主义革命时期，就开始了中国共产党与党外人士的民主协商。如果说改革开放以前，执政党同民主党派、无党派人士的政治协商主要是政治动员的需要，改革开放以后，其发扬民主、集思广益、促进决策科学化、民主化的功能凸显。作为精英型政党，八个民主党派有着完备的组织体系，同样参加国家权力机关，参加政府，掌握相当的政治资源，且政治地位相对超脱。政党协商实质上是将多党合作"一元领导、多元参与"的内部多元主义结构的优势和功能充分激发出来的机制平台，从三方面达成多元利益整合。一是畅通利益表达渠道。在国家政治层面从基本政治制度加以规范性和程序性保障多元社会的多元利益表达、传输，进一步厚植公共决策的民意基础。二是增进决策公共理性。"协商民主的包容性提升了决策的合法性，同时，公共舆论更有可能基于所有视角、利益信息而形成，而不大可能将合法利益、相关知识或适当的反对意见排除在外，从而维护公共利益。"①三是凝聚国家治理共识。通过政党之间的沟通、对话、交流，使从中国社会不同阶层、群体领域的利益诉求、思想观点，在这个政治系统里交汇、碰撞、博弈，把执政党的价值理念、政策主张，传输、传达给社会，社会系统则将民意的纷繁多样一一呈现，彼此在这一过程中互通互融，增进理解认同，也是"从群众中来到群众中去"的真理探寻过程。执政党和参政党、无党派人士的政治地位的区别，决定了其视角的

① 陈家刚：《协商民主与国家治理》，中央编译出版社 2014 年版，第 34 页。

差异。“政党协商本质上是发扬民主。”[①]政党协商是民主党派履行职能的重要平台，也是执政党决策纠偏、纠错机制的重要组成，通过来自不同视角、立场的调研、考察、反馈，不同意见尤其是建设性反对意见被关注、听取、采纳，使得决策出台的论证在民主化过程中更趋理性、成熟、丰满、全面。

人民政协作为多党合作的重要组织机构和载体，具有把分散、分化的利益诉求整合、组织、表达，使之有序参与决策形成过程的独特优势，是协商民主的专门机构、渠道。作为爱国统一战线组织，政协具有广泛代表性和巨大包容性，34 个界别基本涵盖中国社会各党派、各阶层、各领域，为各阶层群体民众的利益表达提供规范畅通的制度化渠道平台。人民政协既非公共政策的制定者又非实施者，作为中国政治体系的重要组成又不具有权力机关的属性，便于组织协调不同利益主体协商、对话、沟通，更能促使其做出真实、平等、自由的利益表达。其基本职能——政治协商、参政议政、民主监督的履行过程，也就是密切联系方方面面民众，深入调查研究，广泛听取其意见建议的基础上进行集中、提炼、整合，输送进党委政府决策系统，从而促使民众的利益诉求得以吸纳、重视、维护、实现的过程。60 多万各级政协委员，由各党派、各民族、各行业、各领域以及台港澳同胞、海外侨胞中具有代表性的专家学者组成，不仅社会代表性强，而且影响力很强，知民情达民意、履职尽责中，具有技术、资金、专业等多种特长优势、资源优势。围绕改革发展稳定重大问题和涉及民众切身利益的实际问题，政党协商同政协协商有机结合，将国家高层性、战略性重大决策同广泛性社会政治、文化、经济问题的协商，在多党合作的政党体制内相衔接。随着改革深化中国家治理难度的加大，以及对多元主体共治的现实需要的增长，政党协商、政协协商这两种协商民主的深度、广度、质量、实效，也在不断地回应性提升、增进。

（作者单位：安徽社会主义学院）

① 袁廷华：《论社会主义协商民主体系中的政党协商》，《广州社会主义学院学报》，2015 年第 2 期。

论民主党派决策参与对当代中国政治发展的意义

贺　凯

决策参与是公民或团体影响公共决策的行为,参与的有效性以及规模和程度是判断一个政体是否民主的主要标准①。决策参与的主体有公民、智库、民主党派、利益集团、非政府组织等。民主党派由于具有制度优势、渠道优势、组织优势、人才优势、地位优势,所以其决策参与能反映界别特色和利益、重视调查研究、意见建议客观、对策可操作性强,是制度化、有序化的参与。从政治参与视角看,民主党派决策参与是政治参与的一种主要类型。从多党合作框架分析,决策参与体现为民主党派参政议政、参加中国共产党领导的政治协商两项基本职能的履行。从实际作用观察,民主党派通过提供信息、提出意见建议促进党和政府决策的科学化、民主化。70 年来的实践反映出,民主党派的决策参与对我国的政治发展有着重大意义。

① 决策参与的定义来源于任军峰对政治参与的定义。见孙关宏编:《政治学概论》,复旦大学出版社 2003 年版,第 279 页。

一、参与有利于中国政党制度的完善

（一）参与决策是不同政治制度下政党的最主要功能

众所周知，政党制度与选举制度、议会制度，共同构成了西方国家政治制度的基础。政党代表一定阶级、阶层或集团的利益。它们不但要把这些利益表达出来，还要通过选举，取得执政地位或在议会获得尽可能多的席位，从而使将经过利益综合而形成的党的政策主张得以实现或产生影响。不管是直接参与，还是间接参与，不管是利益表达，还是利益综合，都属于政党的决策参与。

当代中国的政治制度，是中国共产党领导下的现代政权体系。这套政权体系是围绕中国共产党的中央组织而展开并运行的。根据中国共产党党章，中共中央包括全国代表大会、中央委员会、中央政治局、中央政治局常委会、中央委员会总书记、中央书记处等六个组织，其中，中央政治局、中央政治局常委会是两个重要决策机构。《中国共产党党章》规定党的全国代表大会和中央委员会是最高领导机关。中央政治局职权虽源自中央委员会，但因为中央委员会的全体会议由政治局决定（召集），且闭会期间是由政治局来行使全会的职权。从而，整个党的实权集中于政治局，通过它的领导贯彻全国代表大会的决议。然而，因中央委员会、中央政治局每年开会次数有限、会期较短，中共中央的职权一般是由政治局常委会来行使。中央政治局常委会是真正的党政重大决策的中心、党和国家最重要的决策机关。[①] 中共十八大以来，总书记成为党中央的核心、全党的核心，中央政治局全体成员每年向党中央和总书记书面述职[②]。各民主党派中央由于具有多种畅通的渠道，与政治局委员、政治局常委，特别是与总书记有当面或书面接触的机

① 贺凯：《十四大以来中国共产党中央组织的结构分析》，南京师范大学硕士学位论文，2007年，第21页。

② 《中共中央政治局召开会议 研究部署学习宣传贯彻党的十九大精神》，http://cpc.people.com.cn/19th/n1/2017/1027/c414395-29613481.html，2017年10月27日。

会,能够间接参与当代中国的重大决策。通过参与,能够表达和实现成员和所联系群众的利益,体现党派存在的价值和意义。

(二)中国政党制度的形成和发展伴随着党派的决策参与

中国共产党领导的多党合作和政治协商制度是当代中国的政党制度。这一制度的形成始于新中国成立前。在共同推进民主革命的过程中,中国共产党和各民主党派之间建立了互谅互信、互相支持的长期政治联盟,是今天中国多党合作的历史基础。[①] 随着人民解放战争的节节胜利,原有独裁统治的覆灭,中国共产党开始考虑取得政权后,如何组织政府的问题,1948 年 4 月 30 日中共中央发布了纪念“五一”劳动节口号,得到各民主党派、人民团体、海外华侨团体、无党派民主人士的热烈响应。1948 年 8 月 1 日,中共中央主席毛泽东电复响应“五一口号”的各民主党派与民主人士,指出为了“建立独立、自由、富强和统一的中华人民民主共和国”,“实有召集各民主党派,各人民团体及无党派民主人士的代表们共同协商的必要”。从 8 月起,民主人士应中共中央邀请,从全国各地及海外陆续进入解放区,与中共代表共同进行新政协的筹备工作。在协商建国过程中,原本中国共产党提出的是召开政治协商会议、讨论并实现召集人民代表大会、成立民主联合政府三步建国的方案。章伯钧等民主人士提议从新政协中产生民主联合政府,不必经过召集人民代表大会[②],此建议被中国共产党采纳,从而降低了建国的难度、节省了宝贵的时间。1949 年 1 月 22 日,各民主党派领导人李济深、沈钧儒、彭泽民、章伯钧等 55 人根据在解放区的切身体会,联名发表了《我们对时局的意见》,首次明确提出“愿在中国共产党领导下,献其绵薄、贯彻始终”。作为回应,当年 3 月,在中共七届二中全会上,毛泽东明确提出:“我们党同党

---

① 萧超然:《简说当代中国政党制度形成的历史条件及其特点》,见萧超然、晓韦编:《当代中国政党制度论纲》,黑龙江人民出版社 2000 年版,代序第 2 页。

② 见中国人民政治协商会议全国委员会办公厅主办的《大道同行——从“五一口号”到协商建国重要史事回顾展》。另据《中国共产党的九十年》记载,章伯钧等民主人士提出政治协商会议即等于临时人民代表会议,即可产生临时中央政府。见中共中央党史研究室:《中国共产党的九十年(新民主主义革命时期)》,中共党史出版社、党建读物出版社 2016 年版,第 315 页。

外民主人士长期合作的政策,必须在全党思想上和工作上确定下来。"9月21日至30日,中国人民政治协商会议第一届全体会议召开,标志着中国共产党领导的多党合作和政治协商制度正式确立①。

各党协商建国实现后,由于中国共产党第一代领导集体对多党合作的认识高度一致,很快形成了中国共产党对民主党派的总的方针②。由于建国初期党派在社会主义革命过程中广泛参与了决策,发挥了重要作用,1956年中国共产党确定了与民主党派"长期共存,互相监督"的八字方针。这一方针又促进了党派更加积极地参与决策。"文革"结束后,中国共产党领导人恢复了与民主党派合作和协商的传统,另一方面,民主党派在开展为四化建设服务工作过程中,顺理成章地将微观的知识咨询发展为宏观的战略咨询。参政议政工作逐渐成为各民主党派的中心工作。为了坚持和完善中国共产党领导的多党合作和政治协商制度,中国共产党在总结历史经验并广泛征求民主党派意见的基础上,陆续出台了1989年14号文件、2005年5号文件、2006年5号文件,中共领导人也发表了一系列肯定和发挥民主党派作用的讲话。因此,民主党派的决策参与走上了制度化、规范化轨道。在新时代,民主党派更加广泛、深入参与决策的趋势保持不变,中国共产党方面将其总结为新型政党制度的三个重要特征之一,即"它通过制度化、程序化、规范化的安排集中各种意见和建议、推动决策科学化民主化"③。放在新中国成立70年的长历史中看,民主党派的决策参与史与中国政党制度史是交织在一起的。

(三)党派更广更深参与决策标志着政党制度不断成熟

民主党派通过决策参与,一方面,把一部分精英人士的利益和愿望表达

① 习近平:《在庆祝中国人民政治协商会议成立65周年大会上的讲话》(2014年9月21日),2014年9月22日《人民政协报》第2版。

② 即帮助他们团结、进步和发展,在国家政治生活和祖国建设事业中同他们真诚合作,充分发挥他们的积极作用。

③ 《坚持多党合作发展社会主义民主政治 为决胜全面建成小康社会而团结奋斗》,2018年3月5日《人民日报》第1版。

给党委或政府,为他们提供了多条表达和参与渠道,实现了这部分人的有序政治参与,可以把市场经济下形成的多元利益吸纳进体制内,发挥了政党应有的利益表达和利益综合功能。另一方面,民主党派成员在决策参与过程中不断了解国情,认识中国治理的方式和重点、难点,有利于他们加深对执政党路线、方针、政策的理解,凝聚共识,保证党派成员始终团结在执政党周围,去建设社会主义现代化强国。这既体现和加强了中国共产党的执政党地位,也反映和巩固了民主党派的参政党地位。民主党派是在多党合作制度下进行决策参与,而在党派内外的一致努力下,使得民主党派履行好参政议政、参加中国共产党领导的政治协商职能,更多更深地参与高层决策,在国家政权中发挥好独特的作用,就意味着当代中国政党制度的完善。

二、参与有利于决策的科学化民主化

(一)决策的科学化民主化是政治的追求

戴维·伊斯顿认为,政治是社会价值的权威性分配①。对任何一个国家来说,都会有一套体制机制解决分配什么、怎么分配、谁来分配、什么时候分配、分配得怎么样等问题。这种分配即决策。这种体制机制即公共决策体制机制。人类的历史无数次证明,正确的决策“可以给人民带来幸福,可以拯救逆境中的国家,使其跻身于世界先进行列,甚至可创立一个新的时代”,而错误的决策“则会给人民带来灾难,甚至毁掉一个国家”②。社会价值的稀缺性,决定了资源分配的重要性。公共资源分配要科学,采取科学的程序和方法;公共资源分配要民主,采取民主的机制和形式。由于公共决策体制机制触及各国政治体制的核心,“通过分析一个国家的决策制度和决策过程,

① [美]戴维·伊斯顿著:《政治体系——政治学状况研究》,马清槐译,商务印书馆1993年版,第122页。

② 李元书:《市场经济对决策民主化和科学化的要求》,《学术交流》1995年第1期,第43页。

就可以看到这个国家的政治发展水平"[①],所以我国领导人早已指出"政治体制改革的一个极为重要的方面,就是要充分发挥社会主义民主,真正实行决策的民主化和科学化";"解决了决策民主化、科学化的问题,就能够大大完善和巩固我国的社会主义制度,充分发扬亿万人民的主人翁责任感,充分发挥他们的积极性和创造性"[②]。一般认为,民主的本意是人民作主,用我国官方的表述就是人民当家作主。不论古今中外怎样论述民主,民主的内涵必然是一国民众在领导人选择和决策制定方面能按照少数服从多数的原则自主地做出决定。因此,民主包括选举民主和决策民主两大主题。做到选举民主,就可以使公民能选择代表其利益的政治人物,明确权力的授受关系;做到决策民主,就可以使公民能通过直接的方式持续影响决策,保证决策结果能反映大多数人的利益。可以发现,选举民主是手段,决策民主才是目的。良好的公共决策会让公民安居乐业,过上幸福的生活。

(二)科学民主决策在社会主义国家更为关键

社会主义的本质特征是公平正义,社会主义国家凭借所掌握的资本主义国家无法掌握的海量财富和资源,负责给公民提供基本的,甚至超出基本的公共产品和服务,发挥出社会主义制度的优越性,进而保证人民的幸福,实现政权的长治久安。民主党派提出了符合事务变化发展规律的意见建议,能体现决策的科学性;民主党派参与了决策,能体现决策的民主性。实践证明,从宪法修改到法规制定,从经济增长到政治发展,从医药卫生到食品安全,党派通过广泛参与,促使党和政府的决策得到大多数公民的满意和支持,进而使党和政府得到公民的拥护和认同。

(三)决策领域的形势需要党派优化参与

进入全球化时代以来,我国与国际的交往更加频繁,国内国际因素互相

① 俞可平:《决策科学化民主化的制度基础》,2003年1月28日《文汇报》第11版。

② 万里:《决策民主化和科学化是政治体制改革的一个重要课题——在全国软科学研究工作座谈会上的讲话》,《中国软科学》1986年第2期,第3页。

影响更加深远，体现在决策领域，外交决策要考虑国内影响、内政决策也无法忽视其国际反应，这增大了决策的复杂性。目前我国任何一项重大决策，都涉及多个专业领域，甚至牵一发而动全身，需要做出配套安排。如放开二孩政策，就与卫生、教育、公安等领域相关，必须由多个部门协调开展工作。另外，改革开放四十年来，社会分层明显、思想多元、利益多样，如何协调各种不同利益，如何防止利益集团对决策的负效应，如何抵制非社会主义思想和政策对政权的渗透，都是摆在决策者面前的重要课题。

随着民众知识素质的提高，特别是中产阶层的壮大，对利益表达和利益实现的要求越来越高，人们争取对自身利益最大化的决策出台，反对制定与己不利的决策。专家学者也凭借专业优势，大规模深度参与决策过程。在某一特定行业，均有相关企业、行业协会、专业研究机构，代表一定的立场，争取国家某一政策的出台、终结或修订。决策者为了使决策得到全社会的认同和实施，越来越无法忽视各方面的参与要求。①

面对上述决策复杂性增加、决策参与要求扩大的现实形势，民主党派应当凭借知识和渠道优势，顺势而为，有所作为，在重大政治、经济、社会问题上坚持社会主义倾向，秉持公平正义立场，为中共中央、国务院建言献策，进一步促进决策的科学化民主化。

三、参与有利于协商民主的发展

（一）协商民主是中国民主发展的重要路径

协商民主理论成型于西方，有学者认为“它具有多维度的含义，它具有相对独立的价值目标，即追求政治平等和决策的审议性。它也是一种公共咨询、政治治理的手段，也是一种政治参与的过程，更是一种民主化、科学化

① 贺凯：《论民主党派与科学民主决策》，《重庆理工大学学报（社会科学）》2018年第8期，第127—128页。

的决策过程”[①]。由于政治体制和社会价值的不同，在我国，协商民主是在中国共产党领导下，人民内部各方面围绕改革发展稳定重大问题和涉及群众切身利益的实际问题，在决策之前和决策实施之中开展广泛协商，努力形成共识的重要民主形式[②]。尽管中西协商民主存在一些不同，但它在决策中的重要意义是不容忽视的。鉴于我国选举民主发展的情况以及决策民主的极端重要性，官方认为当前可以通过协商的方式实现决策民主，故中共中央决定通过健全社会主义协商民主制度、推进协商民主广泛多层制度化发展来推动我国社会主义民主政治建设。

（二）党派决策参与伴随着政党协商的发展

政党协商是中国共产党同民主党派基于共同的政治目标，就党和国家重大方针政策和重要事务，在决策之前和决策实施之中，直接进行政治协商的重要民主形式。它包括会议协商、约谈协商、书面协商三种形式。[③] 早在1949年之前就存在政党协商。如1938年春，农工党负责人同中国共产党领导人在武汉举行了“两党会谈”。先是由章伯钧同董必武商讨了有关抗日游击武装的问题，着重谈到了农工党在安徽的游击队与新四军的关系。随后章伯钧、彭泽湘同周恩来、王明代表两党举行正式会谈。双方共同回顾了两党过去的关系，一致表示今后应密切合作，共同战斗。[④] 1941年初，农工党中央以章伯钧、丘哲为代表在重庆同中国共产党领导人周恩来、董必武、叶剑英举行正式会谈。会谈中，章伯钧表示了进一步加强同中国共产党合作的诚意，希望中国共产党在政治、经济、组织等方面予以切实的援助。周恩来

---

① 何包钢：《协商民主：理论、方法和实践》，中国社会科学出版社2008年版，第17—18页。

② 《中共中央印发〈关于加强社会主义协商民主建设的意见〉》，2015年2月10日《人民日报》第9版。

③ 《中办印发〈关于加强政党协商的实施意见〉》，2015年12月11日《人民日报》第6版。

④ 中国农工民主党中央研究室编：《中国农工民主党的历史道路》，中国社会科学出版社2017年版，第84页。

等极为赞同,并愿给予种种支援。[①] 协商建国后到"文革"开始之前,中国共产党继续与各民主党派进行多种形式的政党协商。如 1949 年 10 月 15 日,中共中央召集有各民主党派和各人民团体负责人参加的座谈会,协商政府各机构负责人的人选名单,并请各民主党派和各人民团体在 16、17 日对这个人选名单进行研究,提出修正意见。18 日,毛泽东主持召开中央人民政府委员会和一届政协常委会联席会议,会议讨论并最后确定了中央人民政府各机构负责人的名单[②],充分体现了协商于决策之前的精神。1956 年 1 月,农工党中央将《关于知识分子团结改造问题的几点建议》报中共中央,为中共中央知识分子问题会议、全国政协二届二次会议的成功召开,中共中央政治局《关于知识分子问题的指示》的作出提供了决策参考。"文革"结束后,历任中共中央主要领导人恢复并坚持了政党协商传统,并且使这种协商逐渐制度化、规范化。目前,政党协商在中央层面保持着高水平发展态势。政党协商在长期实践中形成和确立的重要原则、组织形式、工作机制、协商方式和制度规范,为在我国建立和健全协商民主制度奠定了坚实基础,提供了基本遵循[③]。

(三)党派决策参与伴随着政协协商的发展

除了政党协商,民主党派通过政协协商渠道参与决策的方式、方法也比较成熟。新中国成立之前,各民主党派全程参与了人民政协的发起、筹备以及第一届全体会议的召开,参与制定了会议通过的重要文件。这次全体会议执行的是全国人民代表大会的职权[④]。1949 年 10 月 1 日之后,实际由中

---

① 中国农工民主党中央研究室编:《中国农工民主党的历史道路》,中国社会科学出版社 2017 年版,第 112 页。

② 中共中央文献研究室编:《毛泽东年谱》(第一卷),中央文献出版社 2013 年版,第 10 页。

③ 张献生:《政党协商在社会主义协商民主中的地位和作用》,《中央社会主义学院学报》2015 年第 3 期,第 27 页。

④ 中国人民政协全体会议在普选的全国人民代表大会召开以前,执行全国人民代表大会的职权。见《中国人民政治协商会议组织法》,http://www.cppcc.gov.cn/2011/09/06/ARTI1315304517625203.shtml,1949 年 9 月 27 日。

国人民政治协商会议第一届全体会议选举产生的中央人民政府委员会行使国家权力。长期以来,政协发挥的是中国人民民主统一战线的组织的作用,各民主党派及其成员可以通过会议(全国政协的常委会、双周座谈会等)或书面(全国政协提案等),“就有关国家政治生活和人民民主统一战线的重要事项进行协商”[①]。1982 年新通过的《中国人民政治协商会议章程》,明确了政治协商、民主监督是人民政协的主要职能。1989 年 1 月通过的《政协全国委员会关于政治协商、民主监督的暂行规定》,明确指出政治协商、民主监督的目的之一是“发扬社会主义民主,反映社会各方面的意见和要求,为参加人民政协的各民主党派、无党派爱国人士、人民团体、少数民族人士和各界爱国人士参政议政开辟畅通的道路,集思广益,促进国家重大决策的科学化与民主化”[②],这从制度上保证了民主党派通过政协平台参与国家决策。特别是中共十八大后,政协创新性定位于社会主义协商民主重要渠道和专门协商机构,通过更多类型的会议、提案、社情民意信息,完善了民主党派对决策的参与。并且,全国政协通过加强自身建设,如优化专委会设置、建立主席会议向常务委员会报告工作制度、建立主席会议听取专委会工作汇报制度、制定副主席联系界别和委员工作办法、建立主席会议成员到地方开展工作时走访看望住当地全国政协委员的机制、建立委员履职档案、常委提交履职报告制度[③],提高了党派及其成员建言资政的积极性。政党协商、政协协商的高度发展,还为其他协商渠道的发展提供了示范和参考。

---

① 《中国人民政治协商会议章程》, http://www.cppcc.gov.cn/2011/09/06/ARTI1315304517625179.shtml,1954 年 12 月 25 日。

② 《政协全国委员会关于政治协商、民主监督的暂行规定》,http://www.cppcc.gov.cn/2011/09/06/ARTI1315304517625145.shtml,1989 年 1 月 27 日。

③ 《中国人民政治协商会议全国委员会常务委员会工作报告》,http://www.cppcc.gov.cn/zxww/2019/03/14/ARTI1552522524409307.shtml,2019 年 3 月 14 日。

四、参与有利于国家治理的现代化

(一)国家治理的现代化需要智库

智库(也称思想库)作为一种社会组织是特指稳定的、相对独立的政策研究机构,其研究人员运用科学的研究方法对广泛的公共政策问题进行跨学科的研究,并在与政府、企业及大众密切相关的政策问题上提出咨询建议。① 中共十八大报告指出,“坚持科学决策、民主决策、依法决策,健全决策机制和程序,发挥思想库作用”。《中共中央关于全面深化改革若干重大问题的决定》创造性地提出要“加强中国特色新型智库建设,建立健全决策咨询制度”。从大国兴衰的历史也可以发现,在国家治理体系和治理能力现代化的过程中,智库可以发挥越来越大的作用。中办、国办《关于加强中国特色新型智库建设的意见》指出“紧紧围绕党和政府决策急需的重大课题,围绕全面建成小康社会、全面深化改革、全面推进依法治国的重大任务,开展前瞻性、针对性、储备性政策研究,提出专业化、建设性、切实管用的政策建议,着力提高综合研判和战略谋划能力”。而民主党派恰恰是在这些方面长期为党和政府贡献智慧。故可以说,民主党派的决策参与本质上是一种智库作用的发挥。

民主党派是知识分子群体的政党,党派掌握的资本财富是有限的,而知识财富是无限的。虽然目前党派的知识优势与 20 世纪 50 年代相比不可同日而语,但依然是知识水平较高的政治组织。这种知识优势会以书面或口头的形式表达出来,即意见建议专报、社情民意信息及各类会议的发言等。党派与智库有一些相同点,如都要调查研究、收集信息,都要报送研究成果、提供参考信息,都有较为固定的研究领域,最终都力图影响决策。党派相对于智库,优势在于党派有遍布全国的组织体系,能邀请到相关部委官员、权

---

① Paul Dickson, *Think Tanks*, New York: Atheneum,1971. 转引自薛澜:《智库热的冷思考:破解中国特色智库发展之道》,《中国行政管理》2014 年第 5 期,第 7 页。

威专家进行调研或座谈，有与最高决策层畅通的联系渠道。但不足之处也很明显，如党派机关内部缺少专业研究人员，缺乏对问题长时期、战略性地研究，研究成果的创新性、思想性较弱等等。民主党派应吸取国内外知名智库的成功经验，建设好智库的“智库”，以发挥好智库作用。

（二）党派决策参与能促进自身治理的现代化

政党是现代国家治理的最重要主体。民主党派从某种意义上说，也是国家治理的主体之一。参政党治理体系和治理能力的现代化，是国家治理体系和治理能力现代化的重要组成部分。宪法和中共中央文件已经赋予民主党派在我国政治体制中的重要地位。民主党派应为党和国家作出与这一地位相符的贡献。为此，党派要以优化决策参与为核心，提高政党治理水平，带动自身各方面工作的发展。参政党治理体系方面，党派中央机关内部要优化机构设置，加强信息化建设，保证高效、有序运行；纵向上选好配强各级组织领导班子成员，提前谋划后备干部队伍建设，增强中央组织对地方和基层组织的回应性，密切领导人与普通党员之间的沟通，形成决策—执行—反馈循环往复的严密的组织网络。参政党治理能力方面，党派领导班子成员要按照中国共产党领导人的期望，提高“政治把握能力、参政议政能力、组织领导能力、合作共事能力、解决自身问题能力”①，其中，要特别重视多去发展不同层次、不同专业领域的党员，将骨干党员输送到政协、人大，甚至政府重要岗位上去，以为党派决策参与打下良好的基础，从而在很大程度上提高履行关键职能的能力，实现参政党的现代化。

（三）党派决策参与能促进相关治理体系和能力的现代化

如果把如何使民主党派更好地参与高层决策看成一个问题，以解决问题为导向，还需要国家治理体系诸方面的改进并加强协调。中共中央组织部、统战部要加强对党派干部的实职安排与政治安排；中央编办要优化党派

① 《习近平同党外人士座谈并共迎新春》，http://www.gov.cn/xinwen/2018-02/06/content_5264433.htm，2018年2月6日。

中央机关的机构设置和人员编制;财政部应根据党派职能定位给予相应的资金支持;中共中央统战部要履行好《中国共产党统一战线工作条例(试行)》规定的职责,解决多党合作领域的重点难点问题,正确处理与民主党派组织的关系,将多党合作领域的好传统、好原则在新时代发扬光大;国务院可以加强对某些专业性问题的协商,恢复国务院部委与党派中央的对口联系;全国政协应提高履职的权威性、严肃性、强制性,突出党派在政协中的重要地位;全国人大应重视发挥民主党派及其成员在立法决策方面的重要作用。除了民主党派决策参与相关机构自身的现代化,还要求这些机构做好相互协调,如统战部为了建立对民主党派履职情况的评价体系,需要与中共中央、国务院、全国政协、全国人大有定期联系机制,收集、分析党派及其成员的各种履职情况。又如党派意见建议通过给中共中央的专报、全国政协的提案转到相关部委时,这些部委要认真处理,积极与党派沟通,把办理结果及时反馈中共中央、全国政协,进而反馈给党派。这些治理体系方面的现代化,需要上述各机构领导者能力素质的提高、领导方法方式的改进,即领导多党合作事业能力的现代化。如中共中央领导能否深刻领会历任主要领导人的多党合作思想,充分发挥好统一战线的法宝作用;中共中央统战部各级领导能否以较高的政治智慧和政治技巧处理好党派事务;国务院领导能否有意识在政府协商中把民主党派放在重要位置上;全国政协领导能否推动政协工作的法制化,都是对他们在新时代能力上的新要求。

五、参与有利于中国的国际形象

(一)党派决策参与是我国政治民主的表现

我国民主党派首先做到广泛地、深入地参与高层决策,在此基础上将“多党合作故事”及政党制度的创新向国外宣传出去,让西方知识精英和权力精英了解民主党派在当代中国政治中的独特作用,加强他们对我国政党制度的认同,会极大地有利于中国的国际形象。我国以丰富的多党合作案例和事实告诉世人,中国不追求民主的形式——不搞多党竞争、三权分立,而是追求并能实现民主的实质——维护和实现大多数民众的利益。中国共产党允许党派存在、发展、壮大，并为民主党派参与决策创造各种条件，就是坚持发展民主政治的体现。我国在政治发展中这种既遵循人类政治文明发展规律，又坚持一些中国特色的做法，展示了大国民主，必将得到世界主流国家的认同。

（二）新型政党制度是对人类政治文明的贡献

政党制度的发展是政治发展的重要方面。中国共产党领导的多党合作和政治协商制度作为我国一项基本政治制度，是中国共产党、中国人民和各民主党派、无党派人士的伟大政治创造，是从中国土壤中生长出来的新型政党制度。这一政党制度，不仅符合当代中国实际，而且符合中华民族一贯倡导的天下为公、兼容并蓄、求同存异等优秀传统文化。[①] 与其他政党制度的不同之处，最主要的是参政党能够参与到高层决策之中，并且这种参与，不是通过多党竞争实现的，而是通过多党合作实现的。由于中共中央的重视和各民主党派的努力，今后的参与将更加广泛和深入。这意味着世界近两百个国家和地区不可能都“终结”于一种“历史”，任何一个国家，可以根据本国历史传统和现实国情，去选择适合自己的政党制度。中国新型政党制度为世界各国提供了另一种选择。

（三）党派还应主动走进世界舞台

民主党派及其领导人可以主动走出国门，在世界主流论坛、智库、高校等场合讲述多党合作制度的特点和优势，以更容易被外国人接受的方式，取得宣传中国政治发展的更好的效果。民主党派除了在国内考察调研，还可以去国外开展参观考察或座谈交流。既可以去古巴、朝鲜等社会主义国家考察其全民免费医疗、住房保障，也可以去美国、日本、西欧等资本主义国家考察市场经济运行、环境保护等主题，用国际比较视野来思考怎样在市场经

① 《坚持多党合作发展社会主义民主政治 为决胜全面建成小康社会而团结奋斗》，2018 年 3 月 5 日《人民日报》第 1 版。

济条件下发展社会主义，不断提高民众的福利水平，并把调查研究的成果提交中共高层。除此之外，我国学术界和实践界应加强新型政党制度的研究，把丰富的党派履职实践用国际通行的政治学概念予以总结和表述，增强我国政党制度的国际话语权，提高我国软实力。民主党派可以建议负责政党外交的中共中央对外联络部邀请自己参加中外政党高层论坛，建议外交部安排外国使节参观党派中央机关或党史基地。总之，民主党派不断更多更好地参与高层决策，并将参与的优势、渠道、成绩通过直接或间接的方式介绍给国际社会，使外国领导人、学者、普通民众了解民主党派在当代中国政治中已经和正在发挥的重要作用，都可以为中国大国形象的塑造提供支持。

（作者单位：农工党中央）

中国新型政党制度嵌入中国国家治理现代化的内在逻辑

——基于新中国成立以来的发展经验

艾明江

新型政党制度嵌入中国国家治理现代化存在三个重要的内在逻辑：其一，建立基于权力分享与吸纳的包容型党际关系，为国家治理的结构性稳定奠定了制度基础。其二，协商合作所贯彻的民主化、科学化与一致性逻辑成为推动国家治理的实践基础。其三，价值认同领域的高度统一则构建出有利于国家治理的政党政治文化。基于内在逻辑的推动，新型政党制度不断衍生出推进中国国家治理的内生制度动力，并建立了新型政党制度支持和优化国家治理的转换通道，最终为中国国家治理现代化提供了坚实而又充沛的制度供给。

一、问题的提出

从新中国成立以来，以中国共产党领导的多党合作与政治协商制度逐步成为具有中国特色社会主义的新型政党制度，作为“四个自信”的重要组成部分，新型政党制度已经成为彰显当代中国制度自信与制度优势的重要政治文明成果。2018 年 3 月，习近平总书记在看望参加政协会议的民盟致公党无党派人士侨联届委员时提出:"新型政党制度,新就新在它是马克思主义政党理论同中国具体实际相结合的产物,能够真实、广泛、持久代表和实现最广大人民根本利益和全国各族各界根本利益,有效避免了旧式政党制度代表少数人、少数利益集团的弊端。"[①]在这里,新型政党制度区别于以往与当前出现过的中外政党制度,代表的是当今最先进,最能体现中国特色的政党制度类型。

在现代政党国家,政党制度与国家治理存在紧密关系,"政党关系的样态成为影响国家治理探索的重要因素。"[②]国家治理关注的重点是国家能力建设与提升问题,所谓国家治理能力就是运用国家法律和制度安排管理国家社会各方面事务的能力。[③] 政党制度则是从政党权力的分配与运作来对国家治理进行顶层制度设计,"一个现代化中政治体系的安定,取决于其政党的力量。"[④]这意味着,政党制度决定着政党在国家治理中所扮演的角色与地位,也直接影响着国家治理绩效,"穷国之所以穷,不是因为他们缺少资源,而是因为它们缺乏有效的政治制度。"[⑤]当代中国的政治实践已经证明,中国国家治理的成功正是源于新型政党制度的有效构建与发挥,既巩固了中国共产党的领导核心地位,凸显了其在国家治理中的主导性地位,又兼顾和整合了各民主党派所联系的社会阶层以及群体的重要力量,从而全面实现了执政党的轴心引领与参政党的广泛参与,最大限度地提供了国家治理

---

① 《习近平在看望参加政协会议的民盟致公党无党派人士侨联界委员时强调:坚持多党合作发展社会主义民主政治,为决胜全面建成小康社会而团结奋斗》,新华网2018年3月4日报道。

② 齐卫平:《加强政党协商与推进国家治理现代化》,《上海社会科学》2017年第4期,第30页。

③ 国内学术界多从制度视角探讨国家治理能力,例如,杨光斌认为国家治理能力是协调国家权力关系的能力,由"体制吸纳力—制度整合力—政策执行力"构成。参见杨光斌:《关于国家治理能力的一般理论——探索世界政治(比较政治)研究的新范式》,《教学与研究》2017年第1期。

④ [美]塞缪尔·亨廷顿:《变革社会中的政治秩序》,华夏出版社1988年版,第396页。

⑤ [美]福山:《政治秩序的起源:从前人类时代到法国大革命》,广西师范大学出版社2012年版,第14页。

所需要的稳定性与创造性。

新型政党制度所展现出来的制度优势对中国国家治理产生的正面激励作用已经得到学术界的普遍共识。新型政党制度中的多党合作与政治协商已经成为国家治理的重要形式[①]以及国家治理能力建设的应有之义[②],甚至嵌入国家的运行与治理之中,成为中国所特有的国家建设机制[③]。在多党合作与政党协商的过程中,新型政党制度可以为国家治理体系和治理能力现代化提供力量凝聚机制、政策优化机制、政治参与机制、增进共识机制和政治稳定机制[④]。特别是其中的利益整合功能和凝聚共识功能成为解决当前中国国家治理所面临主要问题的关键。[⑤] 应该说,现有研究将新型政党制度与国家治理之间的内在逻辑放在协商层面看到了协商合作对国家治理的重要性[⑥],但是,新型政党制度与中国国家治理的内在逻辑还应包含更加丰富的内涵,“协商”视角并没有将新型政党制度与中国国家治理之间的内在逻辑阐释清楚,关于二者的内在逻辑还有待进一步分析论证。

在中国国家治理体系中,作为执政党的中国共产党扮演着领导与核心的角色,中国共产党的执政能力直接决定着国家治理能力的高低。在新时代,对中国共产党领导的国家治理构成挑战的不仅是中国共产党自身的执政能力,还有中国共产党如何整合协调与国家内部其他政治力量的关系,将代表这些特定社会阶层与群体利益的参政党吸纳进国家治理体系,形成共同致力于国家治理现代化建设的磅礴之力,这就需要构建一个能起到凝心聚力的新型政党制度。当前,推进国家治理体系与治理能力现代化已经成为全面深化改革的总目标,更好发挥新型政党制度的制度优势,通过协商合

---

① 雷振文、姚祥翔:《统一战线:国家治理意蕴的政治学分析》,《南昌大学学报》,2017 年第 1 期,第 40—45 页。

② 周敬青:《国家治理视角下的中外政党比较研究》,上海人民出版社 2015 年版。

③ 林尚立:《中国共产党与国家建设》,天津人民出版社 2017 年版,第 133 页。

④ 张献生:《多党合作制度在中国国家治理中的基本作用》,《政治学研究》,2017 年第 4 期,第 106—114 页。

⑤ 徐锋,朱虹:《国家治理现代化视阈下的中国多党合作制度》,《中央社会主义学院学报》,2018 年第 4 期,第 54 页。

⑥ 陈家刚:《协商民主与国家治理》,中央编译出版社 2014 年版。

作实现各阶层、群体的凝心聚力也成为中国共产党在国家治理中的重大战略问题，“人心向背、力量对比是决定党和人民事业成败的关键，是最大的政治。”①本文的研究问题就主要集中在：新型政党制度与中国国家治理之间到底存在何种内在逻辑，能够促使新型政党制度不断构建和释放制度活力，推动中国国家治理发展进步。

二、党际关系规范国家治理的权力配置

在新型政党制度中，中国共产党作为执政党，属于国家治理的领导核心主体，对国家资源拥有主导性的权力分配。同时，各民主党派作为参政党，也属于国家治理的重要主体。这种不同政党共同致力于推动国家治理的新型政党制度实现了政党对国家权力的共同分享，也充分吸纳了执政党以外的政党力量，建立在分享与吸纳基础上的党际关系充分彰显了新型政党制度的制度优势，“党际关系对政党制度的影响是根本性的，政党制度的动力会因党际关系变化而变得与以往截然不同。”②从制度逻辑来看，新型政党制度提供了一个有助于推动中国国家治理的权力分享与政治包容制度。

（一）分享：国家治理的权力分配

现代政党要领导或参与国家政权，就必须解决政党在国家权力资源中的分配问题，这一制度安排影响着国家治理能力的实现。在新型政党制度中，中国共产党与民主党派各自以不同的政党角色分享国家权力。作为执政党，中国共产党掌握着国家治理的全面领导权，而各民主党派则以参政党的角色获得参与国家治理的机会。无论是扮演领导还是参与的政党角色，都直接影响着国家治理能力的构建。新型政党制度从顶层设计的角度解决了国家权力的归属与安排问题，即在国家政治生活中，中国共产党与民主党

① 习近平：“深刻认识做好新形势下统战工作的重大意义”，《十八大以来重要文献选编》（中），中央文献出版社 2016 年版，第 556 页。

② ［英］艾伦·韦尔：《政党与政党制度》，北京大学出版社 2011 年版，第 200 页。

派共同分享国家权力，这种源于制度层面的权力分享从根本上解决了中国国家治理顶端的结构性稳定。

新型政党制度从制度逻辑层面让中国共产党在国家权力上主动选择与各民主党派共同分享。一方面，新型政党制度明确了中国共产党的领导核心地位，是全面领导国家政权的执政党，但中国共产党并不垄断所有的国家权力，各民主党派作为参政党在国家政治生活中依法享有自己的政治地位，并进入到国家治理的权力顶端。新型政党制度对国家权力资源的分配，意味着执政党并不会完全垄断国家治理。在西方国家，竞争与对抗是政党制度的本质，“在两党制下，政党将进行向心性的竞争，削弱分野并以负责任的节制来玩政治游戏。”[①]任何政党一旦获得执政权，并不会主动对在野党分享国家治理的权力资源，除非为了巩固执政基础，被迫采取联合执政的形式，一般而言，执政党都是绝对垄断国家治理的话语权，在野党只有通过竞争立法资源或者采取其他途径，才可能获得对国家治理的介入。因此，相比西方政党制度，新型政党制度不是建立在竞争与对抗的博弈基础上，而是执政党在尊重历史与现实的基础上，主动选择将国家权力与各民主党派进行分享，就是充分考虑到这种新型政党制度更能带来国家治理的长治久安。

新型政党制度对国家权力的分享让各民主党派获得了参与国家治理的机会。基于历史上的政治同盟关系，中国共产党与各民主党派建立了相互支持的党际合作关系，“照顾同盟者利益仍然是处理好与同盟者关系的核心问题。”[②]为了照顾同盟者的政治利益，中国共产党成为执政党以后，通过制度设计来保障和支持各民主党派参政议政，而作为中国共产党的政治“净友”，各民主党派也会在最大程度上支持与帮助中国共产党提升国家治理绩效，这也意味着各民主党派分享国家权力资源，初衷与目的并不是为了取代或削弱中国共产党的执政地位，而是要支持与巩固中国共产党的执政地位，在分享国家权力的基础上与中国共产党一起实现对国家的有效善治。因

① ［意］G·萨托利：《政党与政党体制》，商务印书馆2006年版，第280页。

② 中国共产党中央统战部：《中国统一战线教程》，中国人民大学出版社2013年版，第357页。

此,在新型政党制度中,各民主党派以参政党的角色在国家治理体系中发挥着重要的作用,它不仅解决了各民主党派参与国家政治生活的政治通道问题,也尽可能在分享权力的基础上保障了对执政党的政治支持。

新型政党制度中蕴含的权力分享也决定了国家治理在实践过程中不会受到党际关系的破坏与阻碍,反而会在分享的基础上,形成共同治理的强大力量,和谐的政党制度能为构建社会主义和谐社会提供政治保障①。蕴含权力分享逻辑的新型政党制度既保证了中国共产党的全面领导地位,使得国家治理能依靠中国共产党的领导核心发挥出强大的能力,“领导性政党在中国特色社会主义建设中要为社会提供动力以适应不断发展的社会。”②这种建立在“强政党”基础上的国家制度更能构建出统一高效的国家治理能力。另外,新型政党制度还赋予了各民主党派参与国家政权的地位,有助于推动国家治理形成规范化的政治秩序。新型政党制度的权力分享逻辑成为实现国家治理结构性稳定与增量式发展的基础,“一个国家的政治制度决定了公民限制和影响政治家如何行事的能力。”③新型政党制度对不同政党参与国家权力的分享从根本上解决了国家治理不断陷入冲突与对抗循环的结构性问题,也赋予了国家治理新的创造力与活力。

(二)吸纳:不同政治力量的共生

新型政党制度的包容性逻辑不仅体现在对国家治理的权力分享上,更体现出新型政党制度是一种吸纳型政治。如果说权力分享解决了国家治理的结构稳定性问题,即不同政党之间都获得了参与国家治理的机会,那么新型政党制度对国家治理多元主体的政治吸纳则考虑到了国家治理的发展性问题,即通过政治吸纳,能够充分调动各种不同政治力量参与国家治理,从

---

① 穆艳杰:《中国新型政党制度的特色与优势分析》,《学术前沿》,2018 年第 4 期,第 43 页。

② 董亚炜:《“大众民主”与社会整合:中国政党制度构建的理论依据》,《中共中央党校学报》,2017 年第 6 期,第 78 页。

③ [美]德隆·阿西莫格鲁,詹姆斯·A.罗宾逊:《国家为什么会失败》,湖南科学技术出版社 2015 年版,第 29 页。

而确保国家治理能够获得全面充分的政治支持。

首先,新型政党制度能有效吸纳执政党以外的政党力量。中国的参政党不像西方国家的在野党和反对党,容易衍生成"否决政治"①,而是通过协商合作与执政党共同分享国家权力,并构建起对执政党的政治监督,从而扩大了国家治理的支持基础。更重要的是,这种政治吸纳能有效调动与发挥各民主党派在国家治理中的角色功能,使其主动进入到国家治理体系,为国家治理现代化提供丰富充沛的政治动能,这一方面体现出了新型政党制度中执政党所具备的崇高政治威望与政治号召力,尤其是中国共产党的领导地位获得了各民主党派的高度认同。另外,各民主党派愿意主动参与国家治理,本身就说明了新型政党制度对国家治理中的各种政治力量进行了有效整合,使其成为统一战线"同心圆"体系中的重要力量。

其次,政治吸纳可以构建国家治理体系的多元共治。"包容性制度是建立在对权力运作限制以及政治权力在社会中多元分配的基础上。"②作为包容性制度,新型政党制度使得国家治理不是执政党的"单干",而是各政党的共同伟大事业。在国家治理过程中,执政党虽然具有不可替代的执政优势,但并不能垄断国家治理需要的所有资源、技术与知识,尤其对于各民主党派而言,其背后代表的政治阶层几乎都属于中国社会的精英群体,他们广泛分布在经济、教育、文化、科技等各领域,是国家治理不可或缺的重要力量。凭借新型政党制度中的政治吸纳效应,这些民主党派成员可以通过政治协商、参政议政等途径实现对国家治理的介入。例如在重大的国家事务中,各民主党派就依靠政党成员的人才以及专业优势,积极发动政党成员贡献智慧与力量,不仅如此,各民主党派还拥有直接参与国家政权的机会,例如担任中央与地方政府部门的领导人,对国家治理直接发挥影响。这些都表明了,新型政党制度可以有效发挥政治吸纳作用,将各民主党派所代表的特定界别群体吸纳进国家治理体系,从而更好地实现了国家治理的共治与善治。

---

① 弗朗西斯·福山:《"否决政治"让美国瘫痪》,http://www.ftchinese.com/story/001041877? archive

② [美]德隆·阿西莫格鲁,詹姆斯·A.罗宾逊:《国家为什么会失败》,第230页。

最后,政治吸纳能够构建出“轴心—周边”型的国家治理结构。一方面,基于政治吸纳效应,新型政党制度可以确保中国共产党的执政中心地位更加巩固,帮助中国共产党获得更丰富的国家治理资源,这就形成了以中国共产党为领导的国家治理轴心。另一方面,新型政党制度也充分吸纳了各民主党派的政治力量,使得各民主党派主动向执政党的治理轴心靠拢,形成对执政党的聚合与支持效应,构建出执政党与执政党在国家治理中的“轴心—周边”型治理结构。可以看出,新型政党制度的政治吸纳不会影响或干扰中国共产党的执政领导地位,而是按照执政党与参政党各自的角色功能构建有序化的国家治理格局,既能发挥出多元共治的政治优势,也能对国家治理体系进行科学化的权力配置,从而实现国家治理能力的整体提升。

三、协商合作提升国家治理的发展绩效

新型政党制度在实践过程中倡导协商合作,即通过中国共产党与各民主党派之间的多党合作与政治协商来推动中国的国家治理,具体而言,它从政治平衡、政策纠偏以及协商共识的政治实践来推动和优化国家治理。

(一)政治平衡促进国家治理的民主化

新型政党制度形成了具有中国特色的政治平衡机制,所谓政治平衡指的就是国家治理的权力中心能够被其他力量所影响,从而实现国家治理主体的合理流动。从国家政权的领导力量而言,执政党并不是在国家治理中垄断所有权力,国家内部其他政党力量可以对执政党形成某种程度的政治平衡,以达成国家治理绩效的最优化。“我国的党际关系是各个政党基于共同目标与相互合作而达成的平衡,中国新型政党制度中,政党关系精诚团结又互相监督,政党政治合力聚焦社会发展。”[①]在中国政治实践中,基于协商合作的政治平衡既能防止出现西方国家中的政治牵制与羁绊,同时,也能在

① 王红玉:《比较视野下的中国新型政党制度效能优势研究》,《中央社会主义学院学报》2018 年第 5 期,第 21 页。

国家治理体系的顶层设计中形成国家治理民主化的基础。

新型政党制度中的政治平衡机制有助于提升国家治理的合法性与稳定性。在新型政党制度中,中国共产党对国家和社会进行全面领导,但是,执政党的领导并不排斥其他政治力量的发挥,这意味着中国共产党对国家治理的领导坚持了民主治理的政治导向。从新中国成立初期的政治制度设计来看,保留民主党派的意义并不是将其看成是政治花瓶或点缀,而是更多从政治平衡的角度赋予国家治理的民主化性质,因为中国共产党作为国家治理的领导和核心力量,并不等于国家治理的全部力量,这意味着中国共产党需要在国家治理中依靠其他政治力量的认同与支持,而政治平衡就是在中国共产党对国家治理的领导体制中嵌入各民主党派的政治参与,从而确保国家治理能全面体现国家各个阶层力量的意志。民主党派在政治参与中可以对执政党的国家治理过程形成有效的介入与平衡,这不仅能够在国家治理中输出与表达各民主党派自身的政治诉求,也能对执政党在国家治理的领导形成某种程度的政治调适,以此确保执政党能在国家治理中尽可能代表和兼容全体国民的意志。通过这种政治平衡,中国共产党对国家治理的领导就不仅是代表无产阶级的政治意志,而是要充分对国家各个社会阶层的诉求进行政治整合,进而实现国家治理过程中的民主性与公共性。

新型政党制度中的政治平衡能够推进国家治理的多样化。实现政治平衡的前提是要尊重不同政党之间的差异性与多样性,法律保障各个政党表达和维护自己的政党诉求与利益。在政党协商实践中,政治平衡更多是民主党派以政治同盟者与“诤友”的身份对中国共产党施加有效影响,从而实现代表其他社会阶层或群体的诉求进入国家治理过程。那么,要达成党际关系互动中的政治平衡,必然要保障民主党派充分扮演好参政党的角色,并能在国家治理中实现有效参与。这种政治平衡既不是要破坏或削弱中国共产党的执政地位,也不是要通过权力平衡进行政治分权,而是充分动员各民主党派积极有效参与国家治理,在实现本党派阶层利益输出的同时,推动国家治理的全面发展。从国外其他地区的国家治理实践来看,凡是奉行“一党制”的国家都很容易陷入国家治理的困境,根本上就是源于一旦缺乏必要的政治平衡机制,执政党的“单干”要么会遭遇巨大的执政风险,要么会陷入执政无力的软弱处境。政党制度应该持续稳定，一旦建立某种平衡，该制度就能生成其自身的动力机制。[①] 依靠这种平衡而非分权化的制度设计，新型政党制度才能不断推动国家治理充满生机与活力。

(二)政策纠偏促进国家治理的科学化

新型政党制度构建的协商与合作充分保证了国家治理的有效性、科学性。[②] 中国国家治理不仅要形成强有力的治理力量，即改变西方国家执政党在国家治理中的“单干”现象，更要在国家治理体系中构建出科学化的治理机制。对于当代中国而言，所谓政策纠偏不是要在国家治理格局中挑战或质疑执政党的领导决策地位，而是各民主党派针对中国共产党主导的国家治理决策形成良性的纠偏，并在党际关系之间构成一种相互支持和补充的平衡机制，从而在整体上提升和优化国家治理绩效。

所谓政策纠偏，就是要发挥各民主党派作为参政党的民主监督等功能，对执政党在国家治理中的决策方针与决策行为进行民主监督，从而确保国家治理的科学化、民主化。在国家治理的实践过程中，中国共产党以执政党的身份掌握国家权力，并通过政党治理实施国家治理，尽管中国共产党一直以来强调自我管理与自我监督，并依靠推进自我革命来促进和改善政党的执政能力，进而不断优化提升国家治理能力。但是从政党治理逻辑本身来看，很难保证不依靠其他政党力量的监督就可以有效实现国家治理，这主要是因为中国共产党作为执政党更多是从执政党的地位来看待与处理问题，这也决定了中国共产党在国家治理中作为决策者势必存在治理空间上的“盲区”与劣势，因为国家治理的系统性与复杂性已经超出了单个政党所拥有的资源能力与知识结构。从以往的历史教训来看，中国共产党在国家治理过程中也会由于个别领导人的决策失误带来国家治理失败，这也更加凸显出，作为执政党，并不能完全摆脱在国家治理中面临的决策困境。各民主

---

① Peter Mair, *Party System Change: Apporach and Interpretations*, Oxford: Clarendon Press, 1997, p.8.

② 周淑真:《论我国新型政党制度的独特优势——基于内涵要义、演进逻辑与结构关系的分析》,《学术前沿》2018 年第 4 期,第 4 页。

党派从参政党的地位出发，反而更容易看到一些国家治理中的盲区和盲点，从政策纠偏的角度来完善国家治理的科学化。

在新型政党制度中的实践运行中，民主党派通过行使民主监督重要职能构建的政策纠偏就是要让执政党主导的国家治理接受社会的检验。中国共产党是国家决策的实际制定者，但是在决策过程中，执政党实施的国家决策是否有效还应该受到国家其他力量的监督。在西方国家，执政党实施的国家决策往往要接受反对党在立法机构中的激烈博弈甚至抗争，反对党常常通过行使否决权来对执政党的国家决策投下反对票，甚至以讨价还价的博弈形式迫使执政党接受反对党的政策立场。中国不存在通过否决来对执政党的国家决策进行反对的制度土壤，新型政党制度具有的政策纠偏功能主要是从政策本身的合理性、有效性来进行完善，其根本宗旨不是要对执政党的决策进行根本性否定或批判，初衷在于通过纠偏来促进执政党在国家治理中的科学化，从而巩固执政党的决策权威。“加强政党协商，有利于扩大民主党派和无党派人士有序政治参与、畅通意见表达渠道，有利于增进政治共识、广泛凝心聚力，有利于促进科学民主决策、推进国家治理体系和治理能力现代化”。① 一旦民主党派很好发挥了参谋者与帮手的角色，政策纠偏功能的实施就能够构建出健康顺畅的党际关系，中国共产党则能够避免在长期执政过程中陷入西方国家执政党所遭遇的执政困境。

（三）协商共识达成国家治理的一致性

新型政党制度构建的党际关系是一种合作共事的政党关系，这种政党关系在表达多样性的同时，强调达成一致性目标对国家治理的重要性，也就是说，正是基于新型政党制度在协商合作实践中不断寻求一致性目标，才使得新型政党制度释放出充沛的国家治理能力。协商共识就是推动协商在民主过程中的共识构建，从而构建出提升国家能力的重要元素②。这就意味着

① 中国共产党中央办公厅：《关于加强政党协商的实施意见》，《人民日报》2015 年 12 月 10 日。

② 艾明江：《高度国家能力与渐进民主治理：中国政治发展的经验与启示》，《云南社会科学》2012 年第 6 期，第 93—97 页。

在整个协商合作过程中,政党之间不存在根本性的政治分歧,所有政党的共同目的都是推进中国国家治理的发展,这就为政党协商实践提供了可持续发展的可能。从国家治理来看,党际关系的合作模式对国家治理的稳定关系重大,西方国家的政党竞争决定了政党之间不可能存在根本性一致的目标,而是坚持自身政党利益优先,这种蕴含冲突对抗性的价值逻辑造成了国家治理结构的冲突与对抗,最终带来国家治理的困境和失败。

协商合作促进了国家治理的善治。当前中国国家政策的形成是大量协商后做出决策的结果。[①] 由于我国政党之间不奉行对抗和竞争,而是倡导协商合作,相对于执政党在国家治理中的全面领导,各民主党派不是以在野党与反对党自居,而是以参政党的身份融入国家治理中,这就一方面避免了民主党派被排挤出国家治理体系,容易带来国家治理的混乱以及低效。另外,执政党要尊重和保障民主党派作为参政党的合法地位,从而确保了国家治理体系的结构稳定。这种制度设计保证了政党之间不会围绕国家治理爆发结构性的权力冲突,而是在制度框架中,通过协商合作的方式来寻求中国国家治理的善治。

协商合作有利于构建具有共识性的党际关系。党际关系的和谐共处有利于国家治理的长治久安,西方国家出现的政党恶斗带来国家治理的瘫痪与停摆,继而带来国家建设的滞后,这种对抗型的党际关系无益于国家治理的良性发展,尤其对于发展中国而言更是意味着国家治理的灾难。相比而言,新型政党政治是协商合作政治,这意味着参政党是帮忙不是添乱,参政党给执政党提供了充分的支持性影响,必然能有效巩固中国共产党在国家治理的领导地位。更重要的是,执政党与参政党的协商合作最终要构建出具有共识性的政治实践,这也意味着,新型政党制度不仅不会产生党际关系的内耗,反而会依靠协商最终达成一致性目标,而这也是将凝心聚力嵌入国家治理的关键。

---

① [美]贾恩弗朗哥·波齐:《国家——本质、发展与前景》,上海人民出版社 2007 年版,第 123 页。

三、凝心聚力塑造国家治理的认同基础

新型政党制度的重要特征就是凝心聚力,从政党制度与国家治理的关系来看,新型政党制度通过价值与认同层面的塑造,实现了对执政党与参政党共同的价值整合,进而释放出强大的凝聚力与动员力,成为中国国家治理不可或缺的磅礴力量。

(一)价值整合:实现政治认同的根本统一

在新型政党制度中,价值认同是实现凝心聚力的重要基础。"政党的稳定取决于它维护自身认同的能力。"①从新型政党制度的政治实践来看,执政党与参政党能够相互信任合作,共同致力于推进国家治理,也正是基于双方在政党制度中建立了高度和谐充满共识的价值认同,有利于形成"共同体层次的共识(基本共识)、政体层次的共识(程序共识)和政策层次的共识(政策共识)"②这也使得新型政党制度能保持持久稳定,并推动中国国家治理爆发出具大的能量。"在建设中国特色社会主义大目标下,中国共产党紧密团结民主党派,形成高度的政治认同,促进政治资源的优化配置,调动各方面的积极性,引导和组织社会沿着现代化的方向不断前进。"③

新型政党制度的政治基础就是承认和坚持中国共产党的全面领导与中国特色社会主义,"建设中国特色社会主义成为中国各政党的共同目标。"④在新型政党制度中,共同的政治认同勾画出中国共产党与民主党派的"政治同心圆",即双方达成了在国家重大事务中的"一致性",这个"同心圆"既是执政党与参政党实施协商政治的前提,也成为推动国家建设与国家治理的根本保障。从历史进程来看,中国共产党在新型政党制度中的地位是中国

---

① [意]安格鲁·帕尼比昂科:《政党:组织和权力》,上海人民出版社 2013 年版,第 247 页。

② 乔万尼·萨托利:《民主新论》,上海人民出版社 2015 年版,第 146 页。

③ 国务院新闻办公室:《中国的民主政治建设》,《人民日报》,2005 年 10 月 19 日。

④ 国务院新闻办公室:"中国的政党制度白皮书",新浪网 2007 年 11 月 15 日。

共产党在革命运动中获得的感召力与影响力所致，这种历史合法性体现出中国共产党的领导地位不是自封的，也不完全是通过暴力手段获得，而是当时各民主党派与党外人士内心政治认同所产生的结果，这也意味着，在新中国成立之前，中国共产党与民主党派对于中国政党制度的类型已经达成了初步共识，即必须坚持中国共产党的领导核心地位，这个双方坚持的政治认同也成为新中国成立以来国家治理能不断取得发展的重要基础。

新型政党制度塑造与整合了党际之间的政治认同，也确立了多党合作实践的可能，因为只有不同政党之间对政治认同有了基本的核心共识，才可能构建出合作共事的党际关系。否则，缺乏政治认同基础的多党合作很容易陷入政党合作的困境，西方国家政党竞争中出现的所谓政党联盟或合作，就使源于政党之间缺乏核心的政治共识，只流于利益层面的政党联盟基本都是出于政党竞争的需要，很容易导致政党合作陷入崩溃。新型政党制度则从政治认同层面解决了政党合作的根本性问题，这意味着中国共产党与各民主党派的多党合作与政治协商更有着稳定坚实的价值认同基础。“只有通过这种追求维护共同价值的共同责任，才能确保追求个人目标而不至于影响社会的共同价值。”①对于中国共产党和各民主党派而言，基本政治认同的价值共识不仅能促进政党之间的相互信任，也能进一步明确各政党在国家治理中的角色定位，真正做到执政党与参政党在国家治理中各负其责，从而构建出良好的党际互动关系，而党际关系又是衍生国家治理能力的重要保障。新型政党制度构建出的正是建立在高度政治共识基础上的多党合作与政治协商，这确保了国家治理可以获得稳定持久的聚合力。

（二）价值构建：释放强大的感召力与吸引力

在现代政党国家中，执政党要实现与其他政党成员的沟通、合作，不仅需要利益以及资源的赋予，更需要获得某种价值层面的支持，才能实现国家内部不同政党和谐相处，甚至达成政治合作。中国共产党之所以能够发挥

---

① Tam, Henry, Communitarianism: *A New Agenda for Politics and Citizenship*, New York University Press, 1998, p. 105.

和调动各民主党派的力量，就是源于在价值层面真正得到了民主党派成员的内心认同与拥护，从而使得各民主党派能始终围绕中国共产党画出“同心圆”，这也使得中国共产党领导的国家治理能在任何时候能够得到国家内部不同阶层和群体的支持，从而赋予了中国国家治理能够拥有广泛的社会基础。

新型政党制度逐步构建出了一种新的政治价值理念，即社会主义核心价值观，依靠共同核心价值观的引领与作用，新型政党制度在各个政党之间产生了价值感召与价值吸引，这也成为政党制度能够顺利转化为有效国家治理的关键。在革命时期，中国共产党之所以能成功获得民主党派的响应和配合，就在于中国共产党有着高度的政党自觉以及政党责任意识，特别是中国共产党为民族、为国家奋斗的政治感召力获得了各民主党以及无党派人士的一致认可，自愿团结在中国共产党的周围，承认中国共产党的核心领导地位。这也反映出正是借助中国共产党所释放出来的政治感召力，新中国初期国家建设的基本力量才得以汇聚，政治秩序才得以建立。在新中国建设时期，政党制度能够继续对国家治理发挥影响，并不在于中国共产党对民主党派的利益给予，而是让民主党派从内心上真正认同中国共产党领导国家政权、振兴中华民族伟大复兴的重要性，特别是认知到中国共产党作为执政党是将国家民族的利益作为最高利益，从而更坚定了民主党派认同新型政党制度的信心。这也意味着，中国的新型政党制度已经完全构建了政治价值层面的感召力与吸引力，进而大大强化了新型政党制度在国家治理中的基础性作用。

从中国国家治理的构建来看，随着国家治理的复杂性与风险性日益增强，国家治理尤其需要各个党派、各个阶层人士的积极配合，才能进一步提升自身的抗压性。在任何时候，国家治理并不会都是一帆风顺，如果不同政党成员缺乏内心的价值认同，新型政党制度就很难衍生出协商合作所应该释放出来的政治能量，甚至会导致协商合作形同虚设。反之，一旦有了高度一致的核心价值观作为支撑，新型政党制度就会更加呈现出异常稳定的生命力。即使国家治理遭遇各种内外的困境与挑战，新型政党制度能够依靠核心价值观所塑造的感召力与吸引力，保持凝心聚力的政治优势，促使不同政党成员都能自觉做到“同舟共济”,这也会无形中大大增加国家治理的抗压性。

(三)价值包容:构建党际关系的活力

新型政党制度在价值层面追求政治认同的统一,但并不等于否定不同政党之间存在的差异性,习近平总书记在中央统战工作会议重要讲话中指出,“做好新形势下统战工作,必须正确处理一致性和多样性关系”。这里的“多样性”就充分展现了新型政党制度在价值层面的包容性,即各个政党存在不同的政治价值、政治诉求,政治利益,甚至对国家治理还会存在不同的理解和看法。“多样性”恰好体现出新型政党制度所具有的政治优势,也成为推动国家治理创新的重要动力。

新型政党制度要团结不同的人致力于实现共同目标,这些不同的人就构成统一战线的多样性生态,共同奋斗目标则成为整合统一战线的“一致性”诉求。不同的阶层与群体是新型政党制度存在的必要前提,也是新型政党制度能够维持创新力的根本。“要充分发扬民主、尊重包容差异。”①不同于西方国家政党制度,中国各个政党之间不是竞争性与对抗型的党际关系,而是致力于共同目标的政治同盟者,由于不存在根本目标上的冲突与对立,这也决定了中国新型政党制度构建的是一种“肝胆相照,荣辱与共”的党际关系,因此,在新型政党制度中,党际之间能够在共同政治基础上给予对方最大的尊重与包容,即双方是相互配合支持而非相互拆台,这种政党制度的价值理念能最大程度激活不同政党的发展活力,更能构建出富有包容活力的党际关系,从而使得执政党与参政党在国家治理中的角色功能都能得到充分释放。

正是由于新型政党制度构建的是包容性的价值理念,也解决了国家治理面临的创造性问题。在不同国家,政党制度对国家治理的政党参与都赋予了不同的权利与机会,在西方国家,由于政党制度建立在竞争型选举制度

① 习近平:《深刻认识做好新形势下统战工作的重大意义》,《十八大以来重要文献选编》(中),中央文献出版社 2016 年版,第 561—562 页。

之上,这也使得政党往往只有通过激烈的选举竞争来获得执政权,从选举开始,政党之间就充满了激烈的斗争与冲突,一旦某个政党上台,往往也会限制其他政党参与国家治理的机会。这种“赢者通吃”型政党文化充分暴露出选举赋予政党的竞争力,但是这种选举竞争力并不能转化为国家治理的创新动力。相反,由于政党竞争的冲突对立往往导致国家治理陷入长期停摆。在当代中国,执政党与参政党的党际互动也允许政党之间保留差异与多样性,甚至允许相互之间的政党监督,但是,这种党际关系并不具有竞争性与对抗性,而是在保持政党差异性的同时,能够在国家治理中充分兼收不同政党的政治活力。实践证明,新型政党制度的包容性最大限度地发挥了各个民主党派的积极性,使得各民主党派可以畅所欲言,表达政党诉求,为国家治理创新提供了源源不断的发展动力。

四、结语

在世界发展史上,中国国家治理的发展实践具有独特的中国样本特征,也具有多重的解释维度。本文围绕政党制度与国家治理的关系,从党际关系、协商合作、价值认同三个维度提炼出新型政党制度嵌入中国国家治理中的内在逻辑。新型政党制度进一步提升了中国特色社会主义的制度自信,也已经向全世界展示了其特有的制度优势。当前,推进国家治理现代化已经成为中国在全面深化改革的总目标,从中国特色的新型政党制度入手,挖掘中国国家治理成功的内生资源,从制度供给中寻求国家治理的动力逻辑,不仅能进一步推动中国国家治理现代化,更能从中国国家治理的成功实践来反哺出新型政党制度的合法性。

(作者单位:厦门市社会主义学院)

中国新型政党制度价值的再认识

石 媛 马 艳

政党是现代国家社会生活中重要的政治组织、政治支柱和政治力量,政党政治是现代政治的显著特征,而以政党关系为主要内容的政党制度则是现代政治文明的重要标志。习近平总书记指出:我国政党制度是马克思主义政党理论同中国实际相结合的产物,符合中华民族一贯倡导的天下为公、兼容并蓄、求同存异等优秀传统文化,是中国共产党、中国人民和各民主党派、无党派人士的伟大政治创造,是从中国土壤中生长出来的新型政党制度。因此,中国共产党领导的多党合作和政治协商制度,作为一种新型政党制度,不仅其是历史必然性和现实合理性的体现,更包含着以全新视角对新时代中国特色政党制度的价值与优势的重新认识,特别是在世界政治文明中的独特政治价值和政治优势的再认识。本文试以这一视角,对我国新型政党制度的价值与优势进行探讨,为进一步巩固和发展我国新型政党制度提供理论支撑,坚定制度自信。

一、新型政党制度的政治模式价值

当今世界总体特征是复杂多变,但变化中主流的特征却是稳定不变的,如政党政治是当今时代的大局,或者说当今世界是政党政治时代。尽管也有一些国家在法律规定上禁止政党存在,在实际政治生活中由军人执政或依靠宗教教义治国,还有一些国家是因为国土面积太小,人口少无须政党治理等,但世界上仍然有大约二百多个国家和地区的政权掌握在政党的手中,由政党以及政党之间关系所形成的政党制度成为政党政治时代的主要特征。政党政治是人类政治文明发展的积极成果,政党政治发展的事实说明:人类社会已经进入民主政治发展的高级阶段,而政党关系模式则是民主政治发展多样化的存在,中国共产党领导的多党合作和政治协商制度为人类民主政治的多样化贡献了独具特色的中国方案和中国模式。

(一)政党制度模式建构

自从17世纪80年代,随着资本主义生产方式的产生和发展,人类历史上出现了最早的两大政党以来,政党间因不同的政党关系而形成的政党制度就在历史的流淌中逐渐明晰起来,人们依据各自的理解和把握,试图分析世界各国政党制度的状况,找到其共性和特性,由于采用的划分标准不同,对当今世界的政党制度分类是仁者见仁、智者见智。常见的有:以社会制度为标准进行分类,分为社会主义制度下的政党制度、资本主义制度下的政党制度、新兴发展中国家的政党制度;以执政的政党数目为标准进行分类,分为一党制、两党制和多党制等。然而,以上两种分类方法,虽然各有其特点,但都没有把握住政党制度的本质。马克思主义认为所谓政党是指一定阶级和阶层的积极分子基于共同意志、共同利益,为取得政权或影响政权而建立起来的政治组织。而所谓政党制度,就是指国家法律规定或实际生活形成的政党社会地位和作用,特别是政党执掌、参与国家权力以及由此形成的政党关系的模式(参见《中国大百科全书·政治学》第477页)。其内涵是指一国政治体制中政党执政、参政的形式,或多个政党之间存在关系的形式。基于此,我们从政党驾驭政权的方式上,研究发现人类从有政党至今,其实主要经历过的政党制度,无外乎有竞争型政党制度和垄断型政党制度,以及中国共产党领导的多党合作和政治协商制度。

西方竞争型政党制度是资本主义经济竞争在政治上结出的果实。各个不同的利益集团,为了获取高额垄断利润,希望通过民主的程序掌握国家政权,以达到为自己服务的目的。竞争往往是通过竞选来体现的,这种民主的程序就表现为组织选举,使选举过程制度化、规范化。因此,这种实行竞争型政党制度的政治模式,在共同维护资本主义制度的前提下,以政治否定为核心,政党间的相互制衡、相互斗争。过去这种政党制度在西方政治话语霸权下,曾经被当作民主模式标本,向世界各个国家兜售,在以美国为主的强力推销下,西方竞争型政党制度在多国复制却并没有带来预期效果,从而引起人们对西方国家民主模式的反思和诟病。

与西方资本主义国家所不同的是以前一些社会主义国家却建立了垄断型政党制度,如苏联、罗马尼亚、匈牙利、阿尔巴尼亚都经历了较长时间的垄断型政党制度。实行垄断型政党制度的国家,在政治生活中,由一党独居垄断地位,单独掌握国家政权,在法律上和事实上都不允许其他政党存在或活动,这种政党制度的优点是社会整合功能较强,集中领导,效率较高,但最大的弊端是不利于党派监督和逐步扩大民主,容易导致独裁、专制和腐败丛生,前苏联解体的事实则充分地说明了垄断型政党制度的弊端。

与这两种政党制度不同,在世界上独一无二存在的,还有中国共产党领导的多党合作和政治协商制度,这一政党制度是根植于中国大地、符合中国国情、具有中国特色的新型政党制度。它以执政的中国共产党与各民主党派之间的“共产党领导,多党派合作,共产党执政,多党派参政”的特色而构建了社会主义国家执政党与民主党派关系的新模式。执政的中国共产党处于领导地位,八个民主党派以参政党的身份,参与国家政权活动,是同中国共产党通力合作的友党。我国新型政党制度,在内在设计机理上,既避免了垄断型政党制度容易导致专制独裁和腐败丛生的弊端,增加了民主党派的民主监督功能;又避免了竞争型政党制度容易导致互相钳制、互相倾轧、内耗不已、难办大事的弊端,始终坚持共产党的领导。同时,又把一党领导整合功能较强、效率较高的长处与多党政治参与、利益要求表达较广泛的长处有机地结合在一起。这样的政党制度内在的设计机理是十分有利于发挥政党功能、推动社会发展的。新中国成立 70 年的历史证明,中国共产党领导的多党合作和政治协商制度是一种完全不同于竞争型政党制度和垄断型政党制度的中国新型政党制度,为世界政党制度模式增添了中国特色,在政党制度建构中显示出全新中国智慧。

(二)政党关系建构

世界上现有大大小小的政党 6200 多个,分别形成各个国家不同的政党制度,我国新型政党制度与西方国家最大的不同是我国执政党与参政党之间的多重关系建构,并形成了政党关系"一"与"多"的结合和统一。

首先,我国政党制度中执政党和参政党是领导与接受领导的关系。在我国政党制度框架中,中国共产党领导权威和执政地位的获得,是中国近现代历史演进和政治发展的必然结果,坚持中国共产党的领导,是我国多党合作的根本特点,也是坚持正确政治方向的根本保证。2005 年,《中共中央关于进一步加强中国共产党领导的多党合作和政治协商制度建设的意见》指出,"中国共产党对民主党派的领导是政治领导,即政治原则、政治方向和重大方针政策的领导。"

二是执政与参政关系。中国共产党是执政党,各民主党派是参政党,这是中国共产党领导的多党合作政党制度的根本内涵。执政与参政的关系,是这一政党制度最本质的关系,是我国新型政党制度的新内涵,构建了社会主义国家执政党与民主党派关系的新模式。

三是平等的友党关系。各民主党派"是各自所联系的一部分社会主义劳动者、社会主义事业建设者和拥护社会主义爱国者的政治联盟,是接受中国共产党领导、同中国共产党通力合作的亲密友党,是进步性与广泛性相统一、致力于中国特色社会主义事业的参政党"。多党合作制度列入我国家宪法的框架体系中,是国家意志的体现,这意味着共产党和各民主党派都得到了宪法的承认和保护,享有宪法规定的权利和义务范围内的政治自由、组织独立和法律上的平等地位,民主党派在法律和具体的政治运作过程中,与中国共产党在法律上是平等的,组织上是独立的,行动上是自主的,并且互相监督。

四是合作共事关系。中国共产党与各民主党派的合作是通过民主协商实现的。《中共中央关于进一步加强中国共产党领导的多党合作和政治协商制度建设的意见》指出"就重大问题在决策前和决策执行中进行协商,是政治协商的重要原则。"《意见》同时明确提出了政治协商的两种基本方式:

其一是中国共产党与各民主党派的协商,其二是中国共产党在人民政协同各民主党派和各界代表人士的协商。我国政党间合作协商的关系是我国新型政党制度的优势与价值的重要表现。

政治学常识告诉我们:政党都是以执掌国家政权、通过执政以实现自己的政治纲领为目的的,但当代中国政党制度却提出了一个"悖论",即政党并非都以执政为目的。中国各民主党派不是执政党,执政并非其功能,它们的功能是参政,但这并不影响它们作为现代意义的政党而存在。我国新型政党制度中执政党与参政党多重关系,不仅丰富了世界政党关系的内容,而且颠覆了以前人们对政党概念的认识,并彻底改写了世界上政党与政权间的关系认知。

(三)政党与社会关系建构

在西方国家,政党行动是其所代表的社会阶级阶层的利益所求的风向标,不同政党之间的竞争与对抗常常引起社会的对抗。西方竞争性政党制度反映的是西方资本主义社会存在的歧异甚至是对立的阶级和阶层利益格局,政党是通过公民投票选举的民主形式,追求各党派自身利益的最大化。

在中国,中国共产党是工人阶级的先锋队,也是中华民族的先锋队,既代表无产阶级的利益,也代表最广大人民群众的利益;民主党派是各自所联系的一部分社会主义劳动者、社会主义建设者和拥护社会主义爱国者的政治联盟,是接受中国共产党领导、同中国共产党通力合作的亲密友党,是进步性与广泛性相统一、致力于中国特色社会主义事业的参政党。无论是中国共产党,还是各民主党派,都不是以本党利益最大化作为追求目标,而是把国家的富强、人民的幸福、中华民族的伟大复兴作为自己的追求目标,也就是把社会利益的最大化作为追求的目标,它建立了政党与社会之间的良好关系。而不是像西方国家那样,政党为了实现本党的利益,不惜损害和牺牲社会其他群体的利益,造成社会的对立。

通过以上政党制度建构、政党关系建构、政党与社会关系的建构,可以看出我国新型政党制度完全不同于西方国家政党制度,其中以政党间关系、政党与社会关系为一种政治模式的重要标志,不仅具有全新的内涵,而且具有鲜明的中国特色,有其合理性和现实性,为世界政治文明贡献了中国方案和中国智慧。

二、新型政党制度的协商民主价值

(一)协商民主是社会主义民主的重要形式。

20 世纪 80 年代,西方学者开始关注协商民主。21 世纪初期,协商民主传入中国。然而,学界在经过一阵热捧之后,终于冷静下来。协商民主不仅属于西方,在中国也是政治生活中由来已久的优良传统。在中国,以中国共产党领导的多党合作和政治协商制度为代表的协商民主已经有了几十年的实践,并且上升到了国家制度层面,成为实现中国社会主义民主的重要形式。中国共产党把协商民主镶嵌于国家制度作为一种新型民主形式,真正实现于新中国成立之际。新中国成立后,中国共产党作为中国的执政党十分重视协商民主,在具体的政治实践中不断贯彻协商民主的理念,推动了协商民主在中国的发展。改革开放后,中国的协商民主得到全面的恢复和发展,走上了制度化的发展轨道,并逐渐形成了具有中国特色的社会主义协商民主理论体系。十八大报告首次明确提出“社会主义协商民主是我国人民民主的重要形式”。协商民主的理论和实践在中国的发展,是对社会主义民主的极大丰富,为中国民主政治改革和发展提供了新的探索路径。习近平总书记在庆祝政协成立 65 周年讲话中指出:“在中国社会主义制度下,有事好商量,众人的事情由众人商量,找到全社会意愿和要求的最大公约数,是人民民主的真谛”。社会主义协商民主本身就是人民民主的重要形式,人民民主理论为协商民主奠定了深厚的理论底蕴,协商民主丰富了人民民主的实现形式。在当今中国社会中,存在着不同形式的协商实践活动,例如政治协商制度、立法听证会、民主恳谈会、社区议事会和网络论坛等,这给中国政治注入了生机和活力,为中国政治的改革和发展带来了有益的探索。

(二)新型政党制度的协商民主内涵

中国新型政党制度是根植于中国土壤,符合中国国情、具有中国特色的社会主义政党制度。多年的实践证明,这一政党制度不但具有促进经济社会稳定发展的功能,而且具有丰富的协商民主内涵。2015 年中共中央颁发了《关于加强社会主义协商民主建设的意见》,规范了社会主义协商民主七种形式:政党协商、人大协商、政府协商、政协协商、人民团体协商、基层协商、社会组织协商。在新型政党制度发展过程中,多年的多党合作实践已经证明,政治协商主要通过两种方式进行,即政党协商和政协协商,而这两种方式恰恰就是社会主义协商民主中的重要组成部分。因此,中国共产党领导的多党合作和政治协商制度所蕴含的政党协商和政协协商是社会主义协商民主的重要内容,可以说,协商民主是多党合作的内生价值,是多党合作的优良传统。

我国新型政党制度以合作、参与、协商为基本精神,以团结、民主、和谐为本质属性,通过各种渠道来吸收民意,反映民情,最大限度地实现公民的自治和参与。人民通过选举、投票行使权利和人民内部各方面在重大决策之前进行充分协商,尽可能就共同性问题取得一致意见,是我国社会主义民主的两种重要形式。选举民主与协商民主相结合,是中国社会主义民主的一大特点。多党合作制度下的政治协商和民主监督不是基于政党之间的权力争夺和权力制衡,而是从属于加强和改善共产党的领导,更好地推进和完成共产党的执政使命。

习近平总书记在中国共产党第十九次全国代表大会上的报告中指出,"世界上没有完全相同的政治制度模式,政治制度不能脱离特定社会政治条件和历史文化传统来抽象评判,不能定于一尊,不能生搬硬套外国政治制度模式。"新型政党制度的提出体现了我国政党制度的完善发展,即从之前强调特殊性的中国特色政党制度到当前注重引领性的新型政党制度。我国的新型政党制度将共产党领导和多党派合作、共产党执政和多党派参政有机结合,实现了集中统一领导与广泛政治参与的统一,国家稳定与社会进步的统一,充满活力与富有效率的统一,具有巨大的优越性和强大的生命力,在世界政党制度中独具特色。

三、新型政党制度的社会治理价值

党的十八届三中全会指出“深化改革的总目标是坚持和完善中国特色社会主义制度，推进国家治理体系和国家治理能力现代化”。国家治理的要求和新型政党制度的功能不谋而合，发挥新型政党制度的功能，推进国家治理的实现既是实事求是，也是因势利导。

治理作为一种政治行为，体现一定的政治价值。新型政党制度的社会治理价值又包括社会整合价值、利益表达价值和政治参与价值三种方式。

（一）新型政党制度的社会整合价值

新型政党制度包含多元社会整合主体，多元主体的职能及其相互作用，必须发挥新型政党制度的社会整合作用。首先，中国共产党在中国特色政党制度中处于领导和执政地位，这是实现中国社会整合的根本保证。中国共产党发挥社会凝聚力的核心作用，一方面保证党内团结，做到自身内部的有效整合；另一方面要确保党领导的正确，能够制定出符合人民利益的路线、方针、政策。各民主党派作为参政党，积极参加国家政权，参与国家大政方针和国家领导人选的协商，参与国家事务的管理，参与国家方针政策、法律法规的制定和执行。把不同群体吸纳到体制中，充分照顾到不同群体的利益是社会整合的基本要求。各民主党派是各民族、各团体、各阶层的杰出代表，他们在人民政协或通过各种渠道建言献策、民主监督、参政议政，团结了一切可以团结的力量，调动了一切可以调动的因素，整合了不同的社会力量。随着我国经济结构和分配结构的变化，经济利益主体也呈现出多元化，因而，全体人民在根本利益一致的基础上也存在着具体利益的差别和矛盾，在政治协商中，各民主党派的利益、愿望、诉求和意见都得到了有效表达。经过充分协商，既尊重了多数人的意愿，又照顾了少数人的合理要求，保障最大限度地实现人民民主，从而整合了不同的社会利益，促进社会和谐发展。

（二）新型政党制度的利益表达价值

人民群众能够自主表达利益是民主政治建设的根本。新型政党制度是一种非竞争型的政党制度，“共产党领导、多党派合作，共产党执政，多党派参政”是新型政党制度的显著特点，中国共产党代表和实现最广大人民的根本利益以及全国各族各界的根本利益，民主党派和无党派人士是中国共产党的好参谋、好帮手、好同事，通过参政表达和反映各自所联系群众的具体利益，有效避免了竞争型政党制度代表少数人、少数利益集团的弊端，有效确保了各方利益统筹兼顾、各得其所，有效保证了我国和谐稳定的政治发展局面。

（三）新型政党制度的政治参与价值

新型政党制度的政治参与价值主要体现在政治现代化的层面上。政治参与是政治现代化的基本过程——公民权利尤其是政治权利的实现过程。在这一过程中，政治现代化要完成的除了民族国家的整合能力，它还有一个更根本性的任务，那就是公民的政治参与的权利。政治参与是政治现代化的本质要求，广泛的制度化的政治参与是民主政治社会稳定的基石。中国新型政党制度能够通过制度化的安排，保障社会各阶层，各群体都能参与到国家决策中，通过政治协商，实现决策择优。这种制度安排包括参与渠道、参与程序、参与机制、参与效果以及参与平台，以保证各阶层、各民族、各群体通过制度化安排有效进行的政治参与，真正成为能表达民意，反映民情的民主方式。各民主党派成员是我国社会各阶层、各民族、共同体的杰出代表，一般都具有较高的专业知识和社会影响力，他们积极参与政治生活，用理性表达政治诉求，对广大公民有序政治参与起到引导作用。

新型政党制度所具有的社会整合价值、利益表达价值和政治参与价值，使得我国社会治理中以执政党和参政党为主的多元价值主体，通过政党制度的坚持和完善，引导社会的“善治”和“良治”，在团结合作中发挥最大作用，并有效推进政治共赢和社会治理的共建共享。

四、新型政党制度的政治合作价值

(一)合作是我国政党制度的核心内容

多党合作是中国新型政党制度的核心内容,体现我国和合文化背景下的合作政治。我国政党制度与西方国家政党制度最大的不同在于,我国政党间多重关系的本质是合作关系,前提是肯定,核心是合作,是帮助,目的在于决策择优和执政为民。这种新型民主执政方式,把中国共产党执政、民主党派和无党派人士参政结合起来,把行使决策权与政治协商结合起来,中国共产党同各民主党派长期共存、互相监督、肝胆相照、荣辱与共,共同致力于发展中国特色社会主义事业。各政党团结合作、求同存异、和谐共生、共同奋斗,以实现中华民族伟大复兴为最终目标。而西方国家政党间是对立关系,核心是否定,是拆台,目的在于争夺执政权,维护集团利益。一些政党出于赢得竞选、参与组阁的政治需要,有时也进行合作,但这种合作是暂时的、不牢靠的,而彼此竞争、互相倾轧是其政党关系的突出特点。在实行两党制和多党制的国家,执政党在执政期间通常主导和独占国家权力,为其所代表的利益集团谋取最大的政治和经济利益。其他政党作为在野党或反对党,由于不能直接参与政府和管理国家事务,往往与执政党形成对立,在贯彻落实决策过程中,为了反对而反对,为了否定而造成牺牲,使执政党的执政效果受到很大牵制和影响。其本质就是由竞争而否定,由否定而倾轧,其结果往往是政党间冲突导致社会撕裂和分化。

(二)合作必须监督

在新型政党制度中,中国共产党和各民主党派为了合作,必须发挥好民主党派的民主监督职能,民主监督的目的和出发点恰恰是为了更好地合作。监督与合作的内容丰富了我国多党合作的内涵,提升了我国政治制度的合法性及现实合理性基础。各民主党派的民主监督职能在历史的发展中,由对中国共产党在重大经济社会问题及党的路线方针政策上提出意见建议,到民主监督我国精准扶贫中现实问题的专项监督，职能的发挥空间更大了，合作的面更宽了，而就是由于我国政党制度中参政党对执政党的民主监督，既是建立在合作的前提下，又是以政党的视角提意见、作预警，我国政党制度才是价值合理性与现实合理性相统一的制度，也才能有70年的显著成绩，并在世界上成为独一无二的存在。

（三）政治合作是中华文化的必然产物

新型政党制度使我国民主政治呈现出合作共赢的特征，这是我国几千年中华文化积淀的结果，并为我国合作政治提供有力的文化支撑。著名历史学家汤因比之所以认为世界的未来在于中华文明，是因为中华文明具有“推己及人”，“己所不欲，勿施于人”的世界主义思想，中华文化强调这种忠恕之道与文化的开放性、包容性是多党合作的文化积存，是处理文化之间、宗教之间、国家之间关系的“金律”，是中华文化海纳百川的精神品格在政治上的最高绽放。我国新型政党制度的合作意义，是中华文化发展的必然结果，忠实于文化的根脉，合作政治必将在人类世界政治文明中大放异彩。

新型政党制度以政治模式价值、协商民主价值、社会治理价值和政治合作价值，而独特的存在于人类政治文明中，我们只有坚定不移地巩固和发展中国共产党领导的多党合作和政治协商制度，坚定不移地发挥多党合作的独特优势，坚定不移地为决胜全面建成小康团结奋斗，中华民族伟大复兴的宏伟目标就一定能实现。

（作者单位：宁夏社会主义学院）

习近平大国治理思想视阈下的新型政党制度探析

朱思聪　王智萍

新型政党制度是习近平总书记2018年3月4日看望参加政协十三届一次会议的民盟、致公党、无党派人士、侨联界委员，并参加联组会时提出的。习近平总书记指出："中国共产党领导的多党合作和政治协商制度作为我国一项基本政治制度，是中国共产党，中国人民和各民主党派、无党派人士的伟大政治创造，是从中国土壤中生长出来的新型政党制度。"①习近平总书记对新型政党制度的政治论断，经典阐述了其制度内涵和独特的政治优势，向全世界展现了中国创造和中国智慧，是我党坚持理论自信、制度自信的伟大体现，是马克思主义政党制度建设中国化的最新理论成果，历史性地开创了马克思主义新气象、新境界，展现了我们的大国风范，是习近平大国治理思想战略和中华民族伟大复兴的内在之魂。

中国国土面积幅员辽阔，人口规模庞大，自然资源储备丰富，经济总量位居世界第二，这些硬指标无不彰显着中国的大国地位。当下中国正处于"五千年未有之变革"的重大历史转型期，尤其体现在经济大转轨和社会大转型上：在经济体制上，我们从高度集中的计划经济体制向由市场主导分散决策的社会主义市场经济体制转轨；在社会传统模式上，我们由两千年的一

① 《人民日报》，2018年3月5日第1版。

元制臣民向现代化法制公民转型，在剧烈的转型期内，内部利益诉求多元，各种思潮涌动，主流价值观面临诸多挑战，同时期外部环境复杂多变，“中国威胁论”“中国崩溃论”一时甚嚣尘上，都无不基于对中国政治制度、政党制度和国家治理成败的预期判断，正如习近平总书记在2013年3月19日接受金砖国家媒体联合采访时指出：“中国有960万平方公里，56个民族，13亿人口，了解中国要切忌‘盲人摸象’。……这样一个大国，这样多的人民，这么复杂的国情，领导者要深入了解国情，了解人民所思所盼，要有‘如履薄冰，如临深渊’的自觉，要有‘治大国若烹小鲜’的态度。”[①]态度彰显理念，中国新型政党制度是根植于中国国情之中，是实现中华民族摆脱自近代以来积贫积弱屡遭外敌入侵，是凝聚国人人心和国家认同感的强有力法宝，是实现中华民族整体由站起来到富起来直至强起来，最终实现国家大治和民族伟大复兴战略征程的制度基石。

基于此，我们要进一步坚持、发展和完善好我国的新型政党制度，就必须在新的、全方位的历史条件下，加强并不断深化对新型政党制度的理论认识，为推动和发展新型政党制度体系，完善新型政党制度结构，提升新型政党制度效能，提供理论支持。

一、中国新型政党制度的结构特征——非竞争性

中国新型政党制度，从其制度结构中可以看出它最显著的结构特征既是它的非竞争性。正是这个结构性特征，使之与西方传统的两党制或多党制为代表的旧式政党制度从本质上区别开来，[②]从而进一步彰显出了我国新型政党制度的政治优越性和独特性。

（一）竞争性是西方传统旧式政党制度的命脉

我们研究政党制度，首先要从其政党制度结构看起，政党制度结构指的

① 《习近平谈治国理政》，外文出版社2014年版，第400—401页。

② 虞崇胜：《非竞争性：中国新型政党制度的结构性特征》，《特区实践与理论》2019年第2期。

是不同政党在政权中的关系、位置以及它们相应的排列组合。政党制度结构是政党制度的根本支撑，正所谓“单线不成丝，独木不成林”，政党制度和政党制度结构都是以多党的形式存在的，如果一个国家政权中只有或只允许一个党派的存在，那也就意味着这个国家不存在政党制度，属于党国同构或可表述为一党专制独裁，例如德国纳粹党。因此，研究和探讨政党制度的前提是由多个政党（两个及以上）同属于一个国家政权体系中。[①]

由上可知，政党制度存在的前提是多个政党的存在，这就不可避免地带来了政党之间的关系问题。众所周知，政党之所以谓之政党，是因为它们都有自身的政治利益诉求，都是要以实现本党执政为最终目的，为了谋求自身的执政地位，西方资本主义宪政政党必须要打出自己的政治旗帜，输出政治主张以此来获取支持其政治理念的选民、选票，从而达到胜选的目的，进而形成‘你方唱罢我登场、轮流坐庄’的政治竞争局面，最终形成竞争性党际关系。

不仅如此，西方宪政政党通过“打压竞争对手”“排斥异己”等方式赢得政权后，为了政权不在下一任竞选周期内输给竞争对手，往往对政权形成垄断，任期内以执政党地位打压、削弱、排挤竞争对手或潜在的竞争对手，不与其他党派分享政权（多党联合执政模式与其本质上并无差别），这样必然形成政权对立面的在野党或反对党，因此竞争性是西方旧式政党制度中的结构性特征，是根植于其体内永远无法祛除的顽疾。

西方旧式政党制度虽然在一定的历史时期内作为最先进的政党制度模式，有其存在的合理性，也给相当数量的国家带来了政治上的稳定和经济上的繁荣，但其不可祛除的竞争性顽疾，又带来了三个方面的后果：第一，偏离民主轨道的虚伪民主。因为竞争性是西方旧式政党制度的命脉，这些政党眼中的民主只是选举和选票，进而忽视了真正的民主主体——人民。人民（公民）在这种政党制度下，只有在进行选举投票时才会获得特定时间内的民主，他们的民主体现在投票权（选举权）而不是参与国家政治生活的权力，

① 虞崇胜：《非竞争性：中国新型政党制度的结构性特征》，《特区实践与理论》2019年第2期。

可以形象地比喻为‘选举时被唤醒,选举后休眠’,这必然是西方旧式政党制度下虚伪民主的具体体现。第二,突出局部利益,忽视国家利益。在西方旧式政党制度下,参与选举的政党或代表某个政治派别的个人(议员),为了保证胜选,往往只关注自己区域(地域或领域)范围内选民的利益,以局部利益的争取或最大化来换取区域内选民的支持,对大局利益、整体利益甚至是国家利益往往习惯性忽视甚至牺牲,例如美国加州高铁修建议案,自2005年起便启动的高铁修建议案,仅仅是因为没有满足加州民众的需求,2019年加州州长便悍然宣布缩减铁路里程,至此前后历时十四年,耗资数百亿美元,贯穿美国西部的交通大动脉建设项目,依然停留在沿途各州的议员们无休止的争吵上,以加州州长为代表的美国政客们为了自己属地的一己私利,全然不顾国家利益,这正是西方旧式政党制度的竞争性顽疾带来的恶果。第三,行政效率低下。在西方旧式政党制度下,执政党谋求政权垄断,在野党谋求执政地位,党派竞争是第一要务,所以不同政治派别和利益集团间相互倾轧、排斥异己,为了反对而反对的现象屡见不鲜,派系斗争的结果便是政策的执行力和连贯性大打折扣,例如“阿拉伯之春”后,伊拉克、利比亚、埃及等国被强行植入其西方宪政体制和政党制度模式,什叶派、逊尼派、库尔德人等各个教派和政治集团无视战后重建与国计民生,都只为了自身利益诉求的实现进行无原则、无底线的反复纠缠与争斗,直至国内政局动荡、国民经济持续低迷,民生艰涩。

正是由于旧式政党制度这些难以克服的结构性缺陷,使它无法成为人类政治文明和政党制度未来的发展方向,进而使我们肩负起建立新型政党制度的历史使命。

(二)非竞争性是中国新型政党制度的突出特色和最强优势

“西方国家的政党制度基本上是依据其宪法和法律形成和存在的,也是在其法律保护下运行的”。[①] 我国新型政党制度与其有着本质上的区别,中国新型政党制度是在中国共产党的集中统一领导下,经过长期的革命和建

① 许耀桐:《西方政治学史》,外语教学与研究出版社2009年版。

设历程并结合我国具体国情淬炼而来的。但是,我国政治经济发展的不平衡与社会阶层的复杂多样,又决定了我国政党制度并非中国共产党一党专制,而是以中国共产党为领导,各民主党派、无党派人士共同参与的大团结、大协商的中国新型政党制度。条件决定内涵,中国共产党领导的新型政党制度结构特征从本质上是统一性和非竞争性的。

由前所述,西方旧式政党制度下的各个政党或政治派别,其最终目的是通过党派竞争来取得执政地位,所以竞争性是其本质特征。但是,西方旧式政党制度的竞争性特征是为资本主义制度的竞争性服务的,所以该政党制度并不能成为世界性政党制度的范本和通例。中国新型政党制度是中国共产党团结和带领中国人民,联合各民主党派通过长期的革命斗争和建设实践,积累经验教训并立足于中国客观国情之上创造出来的多党合作和政治协商制度,是不以竞争为目的,转而通过大合作、大协商来实现对国家政权的有效管控,在一定意义上,非竞争性、协商性是我中国新型政党制度的独有特色和最大政治优势。

正是基于非竞争性的政党制度优势,中国新型政党制度突破了西方旧式政党制度的局限,以唱大合唱,画同心圆,求公约数的和合理念创造了“长期共存、相互监督、肝胆相照、荣辱与共”的领导+合作、执政+参政的复合型政党制度模式,最大限度地团结了中国社会各个阶层的民众,消除了潜在的政治不稳定因素,把一切积极因素合理统筹,共同治理和建设国家。即“这一新型的政党制度的显著特征是:共产党领导、多党合作、共产党执政、多党派参政。这反映了人民当家做主的社会主义民主,体现了我国新型政党制度的特点和优势,是有巨大的优势和强大生命力。”①

中国新型政党制度的独特优势和重要创新之处,就是它在政党制度结构中创造性的非竞争、非霸权、非垄断和非独裁的新型政党制度结构,对于西方旧式政党制度,我们的新型政党制度有其无法超越的时代优势,具体表现为以下三个方面。

---

① 《中共中央关于进一步加强中国共产党领导的多党合作和政治协商制度建设的意见》,2005 年 2 月。

其一,开放多元的政党制度能更加有效地实现真民主。与西方旧式政党制度不同,中国新型政党制度是开放的、多元的,中国共产党与各民主党派秉承中华优秀传统文化中的“和合理念”,各党派之间求同存异,殊途同归,都是怀抱着为建设中国特色社会主义,实现民族伟大复兴中国梦,实现“两个一百年”伟大目标的理想信念参与到国家事业的建设中,中国共产党以执政党地位为基础,即不行专制独裁式的政权垄断,也不行西方竞选式的政党轮替,而是在中国共产党的集中统一领导下,保障和巩固各民主党派自身的建设和发展及参政议政的权力,各民主党派以参政党的身份,不谋求执政地位而充分享有参政权和对中国共产党执政的监督权,进而参与到国家事务的管理当中。相较于西方旧式政党制度下各党派和利益集团间为了执政地位的争夺而你死我活、有你没我的局面,我们新型政党制度下实现的民主才是真正意义上的民主。

其二,以国家、民族利益至上为原则。于西方旧式政党只看中局部或本派集团利益而忽视整体国家利益不同,中国新型政党制度下,中国共产党和各民主党派在建设中国特色社会主义,实现中华民族伟大复兴与家国和谐大治上有着共同的国家利益和民族利益,大家的利益点趋于一致,一荣俱荣一损俱损,各党派之间不存在重大利益分歧,加之我国新型政党制度的非竞争性,中国共产党和各民主党派不存在竞争关系而是和合共生,相辅相成。因此,中国共产党和各民主党派之间便不会因为党派私利而相互倾轧、相互拆台,更不会出现你死我活的内耗,如此,在新型政党制度的引领下,中国共产党和各民主党派同舟共济、荣辱与共,为实现国家大治和民族复兴而共同奋斗。

其三,行政高效,集中力量办大事。如前所述,在中国新型政党制度引领下,中国共产党和各民主党派间没有竞争关系,没有利益分歧,不存在为了党派利益而至国家利益于不顾的无原则的党派斗争。因此,在进行国家建设上,政府出台的方针政策能够得到各地方、各党派的高度认同,贯彻落实精准到位,这必然使国家机器在中国共产党的领导下体现出西方旧式政党制度国家所无法比拟的高效和通达。

新中国成立伊始,中国共产党面对的是一穷二白、满目疮痍、饱经战乱的国家，但在新型政党制度的引领下，中国共产党和各民主党派团结一致，艰苦奋斗，只用了数年时间就使这个饱经战乱的国度恢复了战争创伤。改革开放后，各党派又紧密的团结在中国共产党周围，在党的集中统一领导下，克服困难，调动一切资源进行国家建设，恢复发展国民经济，只在短短的40年时间里，就把我国建设成了富强、民主、文明的社会主义现代化国家，由一个国民经济濒临崩溃的国家建设成了世界第二大经济体，完成了西方资本主义国家百余年才能实现的发展奇迹。

事实证明，中国新型政党制度是现代化公民社会形态下，最先进、最理想的政党制度，是为人类政治文明做出重大贡献的政党制度，拥有无可替代的历史地位和时代优越性。

二、中国新型政党制度对践行习近平大国治理思想的意义

正如习近平总书记在接受金砖国家媒体联合采访时指出，“这样一个大国……要有‘如履薄冰，如临深渊’的自觉，要有‘治大国若烹小鲜’的态度。”[①]习近平总书记以谨慎的态度彰显了其大国的治理理念。“治大国若烹小鲜”，源自《老子》第六十章，以烹饪小鱼（小鲜）的高难度来比喻治理一个大国的复杂和不易，其与《诗经·桧·匪风》所载：“烹鱼烦则碎，治民烦则散，只烹鱼则知治民。”皆有异曲同工之妙，这其中所包含的哲理棋眼便是“烦”，以此来告诫执政者治国理政切勿反复无常、朝秦暮楚，强调了施政方针要有稳健性、连续性，这与我国新型政党制度在稳定国家政局，打造平稳、高效、清新的政治生态环境相契合。习近平总书记从中华先贤的著述中汲取古人“治民”（治理国家）的哲理和经验来完善和丰富现代大国治理的战略体系。

“无为而治”是《老子》的核心要义，其治民（治国）理念便是强调要适百姓之所需，执政者要保持政策的稳定性、连续性，不能朝令夕改，朝秦暮楚，

① 《习近平谈治国理政》，外文出版社2014年版，第400—401页。

要将治国理政的方针、政策、法令等贯穿始终，让全体国民形成对政策稳健的安全感和适应感，达到“民忘于治若鱼忘于水”的有“治”境界。[①] 由此可知，我国新型政党制度的结构性特征——非竞争性，对当代治国理政有着巨大的政治优势，是对古代先贤治国哲学的现代化阐述和具体实践。

党的十八大以来，在以习近平总书记为核心的党中央的正确领导下，全党、全国各族人民开启了改革开放和迈向现代化建设的新征程。在治国理政的新的伟大实践中，习近平总书记以党和国家发展全局的战略高度，以中国新型政党制度为依托，立足中华民族伟大复兴的战略目标，洞察国内国际发展的大趋势，以人民的利益为根本出发点，践行大国治理战略，国富民强水到渠成。

(一)中国新型政党制度夯实习近平大国治理的战略基础

习近平总书记指出：“制度问题更带有根本性、全局性、稳定性、长期性。”[②]

正如习近平总书记所言，自清末鸦片战争之后便开启中国的近代百年屈辱史。中国屡遭列强入侵，东洋、西洋侵略者的肆意蹂躏、践踏和掠夺，同时也激起了中华民族仁人志士抛头颅洒热血的抗争，近代百年屈辱史也是我们的百年抗争史。在此期间，无论是地主阶级开明士绅(林则徐、魏源)、旧式农民战争领袖(洪秀全、洪仁玕)、地主阶级改良派(李鸿章、张之洞等洋务派)、民族资产阶级改良派(康有为、梁启超)还是资产阶级革命派(孙中山、秋瑾)等各阶层仁人志士都试图以自己的理念和方式去挽救处于民族危亡的古老中国，但上述仁人志士或多或少都带有明显的阶级特征和局限性，他们在救亡图存的过程中也不可避免地受到自身阶级利益或政治派别利益所限，无法突破他们自身的阶级局限性，在政治上无法做到求同存异，携手共赴国难，没有先进的政党制度作为依托，更没有科学的理论指导，最终只能无可奈何花落去，没有能够完成对中华民族的救亡图存，也无法实现治理

① 杨英杰：《习近平大国治理战略思想》，《中国特色社会主义研究》2015 第 6 期。

② 《习近平谈治国理政》，外文出版社 2014 年版，第 391 页。

这个拥有五千年文明历史的古老国度的阶级夙愿。

中国共产党的诞生,标志着中国革命的面貌焕然一新,也上升到了一个崭新的层面。因为有了马克思主义作为科学的理论指导,又有了先进的新型政党制度作为依托,中国共产党组成了最广泛的统一战线(革命统一战线、抗日爱国统一战线),团结一切可以团结的力量,把中国共产党与整个中华民族融为一体,经过数十年艰苦卓绝的斗争,最终历史和人民选择了中国共产党,选择了马克思主义,选择了新型政党制度,把中国从积贫积弱、民族危亡的困境中解放出来。改革开放以后,中国共产党依靠新型政党制度,团结国内各民主党派和国际一切友好力量,组成最广泛的爱国统一战线,"内修政理、外和诸戎",终成今日之中国。正如习近平总书记所强调的那样,"今天,摆在我们面前的一项重大历史任务,就是推动中国特色社会主义制度更加成熟更加定型,为党和国家事业之发展,为人民幸福安康,为国家长治久安提供一整套更完备、更稳定、更管用的制度体系。"①

(二)中国新型政党制度抓住习近平大国治理的战略关键

美国历史学家罗伯特·A.帕斯特曾指出:"中国是国际政治的对象而不是角色;随着1949年共产党的胜利,才有了本世纪第一个统一的机会。"②伴随着我国经济社会的快速发展,综合国力不断提高,中国终将成为世界舞台上的一个重要角色。

罗伯特此言,即为在1949年之前的中国,只是国际事务的被动参与者和大国支配下的木偶和傀儡,在国际事务中我们没有任何话语权,自主权则更是无从谈起,只能被动接受列强按照本国利益需求对我们的操纵和支配,这段屈辱的历史每一名中国人都不曾否认,更不会忘记。正如我们在巴黎和会上的外交大失败,作为战胜国的中国,我们并没有对属于自身主权之外的利益提出一丝一毫的诉求,我们唯一的要求就是以战胜国的身份体面地收

---

① 《习近平谈治国理政》,外文出版社2014年版,第104—105页。

② 罗伯特·A.帕斯特:《世纪之旅——七大国百年外交风云》,上海人民出版社2001年版,第21页。

回被德国所强占的山东主权。但作为国际政治的对象,中国这唯一的合法利益诉求也被列强所忽视,只留下那段永远象征着民族屈辱的呐喊,即顾维钧先生的“中国不能失去山东,正如西方不能失去耶路撒冷。”①

之所以我们会成为国际政治的对象而非世界舞台上的重要角色,正是因为我们国家自近代以来就内部政治派系纷繁复杂,在外部强敌环伺之下,内部也不能有效整合力量,依然为了自身政治集团的利益相互倾轧,严重的内耗使本就积贫积弱的国力雪上加霜,各个政治派系枉顾国家利益,在无休止的内斗中坐视列强对我们一步步的蚕食鲸吞而无所作为。1894 年中日甲午战争中,北洋舰队与日寇在海上激烈交锋的关键时刻,同样身为大清帝国海军的南洋舰队未派一兵一舰北上支援,南洋舰队从将佐至士兵无一例外地坐视北洋舰队被日军消灭殆尽而无动于衷,无怪乎战后李鸿章发出“以北洋一隅之力,搏倭人全国之师”②之慨叹。

然新中国成立之后,特别是改革开放之后,在新型政党制度的指引下,各民主党派紧密团结在中国共产党的周围,在建设社会主义新中国和民族伟大复兴的共同利益驱动中,成就了今日中国的辉煌,在新时期下各党派将继续在新型政党制度的引领下,为实现习近平大国治理战略这一伟大目标,继续紧密团结,携手共进。

(三)中国新型政党制度理清了习近平大国治理的战略方位

当下中国的大国地位和第二大经济体的客观事实,标志着我们正在稳步实现和平崛起,这必然对以美国为主导的现行国际秩序和国际关系格局产生影响,同时伴随着中国经济体量的快速发展和增强,我们的外部发展的自然空间不可避免地会遭到挤压和反弹,现有的国际秩序主导者美国及周边邻国势必会对我们有所遏制,例如当前美国单方面强行挑起的贸易战,南洋诸国对我们南海岛礁的领土诉求等,都是我们在和平崛起道路上所必需

① 顾维钧:《顾维钧回忆录》,中华书局 1985 年版,第 546 页。

② (清)李鸿章:《据实陈奏军情折》,《李文忠公全书(集)》,金陵刻本清光绪三十四年(1908)。

的要面对的国际挑战。面对当前日趋复杂的国际环境,怎样把握住相应的历史机遇,如何去应对挑战,如何有效化解复杂多变的国际局势给我们带来的不利影响,让国家继续保持在相对稳定的地区和国际环境中,稳步的发展,考验着我们执政党的政治智慧。

自改革开放以后,特别是20世纪90年代以来,做“负责任大国”便是我们国家在对外关系和全球战略中为自己下的定位,也是我们对全世界的庄严宣告。拥有新型政党制度的社会主义中国,大国治理战略在国内已初显成效,那么如何在国际上发挥更大的作用,是考验我们新型政党制度和大国治理战略在国际事务和地区事务上能否发挥巨大效能的关键。

我们非竞争性的新型政党制度不仅能使全国人民紧密地团结在以习近平同志为核心的党中央周围,同心共筑伟大复兴中国梦,更能让着这种根植于中华优秀传统文化中的“天下为公”“天下大同”“协和万邦”的和文化输出到全世界,去致力于解决国际间纷争,实现和谐世界的全人类美好夙愿。正如习近平总书记所提出,“中华民族血液中没有侵略他人,称霸世界的基因,中国人民不接受‘强国必霸’的逻辑。”①习近平总书记特别强调三个“更加积极有为”,②坚持走和平发展道路,发展和谐友好的国际关系,更好地发挥我们负责任大国的历史作用。习近平总书记指出,“中国最需要和谐稳定的国内环境和和平安宁的国际环境,任何动荡和战争都不符合中国人民根本利益。”③

内在品质彰显对外理念,在中国新型政党制度引领下的中国共产党用团结、合作的内在品质,团结各民主党派共同建设国家,共唱大合唱,共筑同心圆,齐心协力谋求国家的发展,民族的复兴和人民的福祉。

---

① 习近平:《在中国国际友好大会暨中国人民对外友好协会成立60周年纪念活动上的讲话》,中新网2014年5月15日。

② 习近平:《在访拉美四国前夕接受四国媒体联合采访时的讲话》,新华网2014年7月14日。

③ 习近平:《迈向命运共同体 开创亚洲新未来——在亚洲博鳌论坛2015年年会上的主旨演讲》,新华网2015年3月28日。

三、结语

习近平大国治理思想视阈下的中国新型政党制度根植于中国土壤,是从中国共产党领导中华民族进行艰苦卓绝的革命斗争和社会主义伟大建设的历程中总结提炼出的政治精华。中国新型政党制度独具优势的非竞争性结构特征打破了西方旧式政党制度的传统模式,克服了其结构性缺陷和阶级局限性,是马克思主义政党制度建设中国化的最新理论成果,是中华民族集体政治智慧的伟大结晶。中国新型政党制度不仅历史性地解决了中国五千年文明史中上层建筑间党同伐异、勤于内耗和脱离人民的设计短板,自觉地将执政党与人民大众紧密凝结,融为一体,实现对国家内部事务良性、高效的治理,是习近平大国治理思想的重要载体和实现途径,又是我国对外彰显大国气度,输出中华文明,构建人类命运共同体与和谐世界的重要战略支撑,是当今世界人类政治文明的集大成之作。

(作者单位:中共新疆生产建设兵团委员会党校)

新中国70年多党合作制度发展的实践路向

崔　珏

政党制度的选择,首先要与本国的社会政治、经济、文化状况相适应。同时,作为政治制度一部分的政党制度,还要受政治制度及其相关因素的影响和制约。中国历史的特殊性、现实的社会主义制度、现代化发展目标,决定了中国政党制度不可能是竞争性的,中国需要一种能够有效团结各种政治力量,吸纳甚至同化政治发展过程中所产生出来的新兴社会势力的政党制度。中国共产党领导的多党合作和政治协商制度,正是基于中国的历史特点和现实条件而实行的新型政党制度。考察这一制度的发展历程尤其是新中国成立70年的实践路向,多党合作制度呈现四个特点:统一战线的结构特征,协商民主的运行方式,服务大局的制度目标,优化治理的发展空间。

一、多党合作与统一战线结构特征相一致

多党合作的形成和发展与中共统一战线实践有着密切的关联性。中国统一战线的起点是政党合作,国共第一次合作开启了革命统一战线实践,国共第二次合作建立了广泛的抗日民族统一战线,国共两党是统一战线的核心结构、核心力量。

统一战线的建立不仅着眼于解决革命的目标,也和政权建设结合在一起。1940年3月6日,中共中央发出《抗日根据地的政权问题》的指示,规定

在解放区政权建设上实行“三三制”政策。毛泽东1941年11月6日在陕甘宁边区参议会发表演说，“国事是国家的公事，不是一党一派的私事，因此，共产党员只有对党外人士实行民主合作的义务，而无排斥别人、垄断一切的权利。”[①]毛泽东在中共“七大”《论联合政府》政治报告中更强调：民主联合政府是抗日民族统一战线在政权上的最高形式。统一战线长期实践为多党合作和政治协商制度的建立奠定了基础。

新中国成立后，基于民主革命时期中国共产党和各民主党派、无党派民主人士长期团结合作的历史，中国共产党将这种合作关系由统一战线性质的政治策略层次，上升为国家基本政治制度性质的层次上，形成了中国特色的政党制度。当然，多党合作由政治策略向政治制度转变需要一个长期的建设过程。从新中国成立到“文革”结束，统一战线发展呈现马鞍形轨迹，多党合作制度同样经历了曲折的历程。这一制度作用的大小很大程度上取决于执政党以及执政党领导人的重视与否，合作程度存在随意性，合作的制度化水平较低。

改革开放后，中国共产党总结多党合作的历史贡献以及近20年曲折的发展历程，强调“为了保证人民民主，必须加强法制。必须使民主制度化、法律化，使这种制度和法律不因领导人改变而改变，不因领导人的看法和注意力的改变而改变”。[②]在调整多党合作失衡状态的同时，制定并颁发了一系列文件来推动多党合作的制度化。1989年12月颁布《中共中央关于坚持和完善中国共产党领导的多党合作和政治协商制度的意见》（以下简称[1989]14号文），明确指出民主党派是参政党，多党合作制度是“我国的一项基本政治制度”。1993年3月全国人大八届一次会议通过宪法修正案，将“中国共产党领导的多党合作和政治协商制度将长期存在和发展”载入宪法，使这一制度上升为国家意志，其法律地位进一步明确。2005年2月又颁布了《中共中央关于进一步加强中国共产党领导的多党合作和政治协商制度建设的意见》，对多党合作和政治协商的原则、内容、方式、程序做出了具体规定，推动

① 《毛泽东选集》（第3卷），人民出版社1991年版，第809页。

② 《邓小平文选》（第二卷），人民出版社1994年10月第2版，第146页。

了多党合作制度化、规范化、程序化建设。

不断完善的多党合作制度,既强调中国共产党领导地位的重要性,又在一定程度上发扬了民主,适度满足了人们政治参与的要求,对中国现实社会具有较强的适应性。作为世界政党制度中的新型模式,它体现了协商性的民主形式,凸现了政治参与、利益表达、社会整合、民主监督、维护稳定的价值和功能,为各民主党派在国家政治和社会生活中的角色定位和功能发挥提供了制度保障和有利环境。

在政治实践中,中国共产党领导的多党合作和政治协商制度是我国一项基本政治制度,统一战线是中国共产党长期坚持的战略方针,巩固和发展爱国统一战线是"健全人民当家作主制度体系,发展社会主义民主政治"的重要内容之一。①由此,新中国70年多党合作制度的发展轨迹与统一战线的发展基本吻合,民主党派、无党派人士既是多党合作的重要主体,又是中国共产党统一战线工作的重要对象。今天习近平对民主党派提出要做"好参谋、好帮手、好同事",其实"帮手"的提法,延续了新中国成立初期对于统一战线同盟者的希望,第一次全国统战工作会议上,周恩来就提出:"民主党派在人民民主统一战线中起着相当重要的作用……民主党派成员在我们的帮助和教育下,愿意同我们一道进入社会主义,我们多了一批帮手,这不是很好嘛?"②

多党合作制度是一与多的统一体,与统一战线同心圆的结构特征有着相似性。中国共产党领导是多党合作和统一战线的重要前提和保证,多党合作和政治协商的目的是"合作""协商""团结", 而不是多党对立、多党竞争, 这就决定了多党之间在政治核心价值方面求同存异,共同的核心价值提供了政党合作的基础、目标和协商对话框架。正如统一战线强调求同存异,处理好一致性和多样性的关系,寻求最大公约数,画出最大的同心圆。

这种具有张力的统一战线结构特征,使多党合作制度在社会变迁过程

---

① 习近平:《决胜全面建成小康社会 夺取新时代中国特色社会主义伟大胜利》,2017年10月18日。

② 中央统战部:《中国共产党统一战线史》,华文出版社2017年,第189页。

彰显出强大的社会整合功能,形成了对各方面精英的政治吸纳和组织吸纳。改革开放以来,中国共产党作为执政党在经济社会利益多元化的条件下,一方面用不断发展的理论作为主流意识形态整合社会,强调构建社会主义和谐社会,充当社会利益整合者,同时增强了组织对新社会阶层的吸纳能力,并向各社会群体开放政治过程,形成一党领导的开放型政党体系。作为参政党的各民主党派,在参政议政的过程中也逐步扩大其主体界别,适应履行职能的需要。对于民主党派发展新社会阶层代表性人士,2004 年颁布的《关于进一步做好民主党派组织发展工作座谈会纪要》提出的基本要求是:从参政党建设的目标、原则出发,按照章程规定的标准,遵循组织发展基本方针,从严掌握,择优、少量发展其中政治素质好、层次高的代表性人士。对私营企业主,民建可适当发展其中符合条件的代表性人士,其他民主党派可个别发展与本党派重点分工范围相关的代表性人士。对于其他新的社会阶层人士,各民主党派可少量发展其中符合条件的、与本党派重点分工范围相关的代表性人士。21 世纪以来,民主党派组织发展范围随着社会结构的变化以及参政议政领域的扩大,在原来的基础上进行了一些调整。有的党派如致公党密切联系出国和归国留学人员,民革和农工党开始在参政议政重点领域发展新成员。民革在坚持原有重点分工的基础上,新增加社会和法制作为民革界别特色,重点发展社会和法制专业的代表性人士。农工党主体界别范围在原来“医药卫生界”基础上增加了“人口资源和生态环境领域”。多党合作制度不仅为不同政党组织实现政治参与提供了制度平台,也从政党制度出发实现了最大限度的凝心聚力。

二、多党合作与协商民主发展高度契合

多党合作的主要运行方式是协商民主,多党合作在新中国 70 年的历程与中国社会主义协商民主的发展形成高度契合。

首先,1949 年新政协的召开宣告了新中国的诞生,协商产生的民主联合政府,获得了全中国最大多数人民的支持和拥护,通过政治协商从程序上缔造政治合法性。其次,协商建国的过程确立了一党领导、多党合作的新型政

党关系,中国特色的政党制度——中国共产党领导的多党合作和政治协商制度在我国建立起来。最后,政治协商会议的协商民主和人民代表大会的选举民主共同存在,相互补充,这种具有中国文化特质的民主形式,构成中国独特的政治发展模式。

目前世界各国政党制度的民主形式,大都是通过竞争性的普选制,通过投票、选举体现出来的。而我国的多党合作制度的主要形式是协商。中国共产党与民主党派的协商,主要采取民主协商会、小范围谈心会、座谈会等形式。中国共产党主要领导人邀请各民主党派主要领导人和无党派代表人士通常一年举行一次民主协商会,就中共中央将要提出的大政方针问题进行协商。还不定期地邀请民主党派领导人举行高层次、小范围的谈心活动,沟通思想,征求意见。大约两个月举行一次民主党派、无党派人士座谈会,通报重要情况,听取民主党派、无党派人士提出的政策性建议。此外,民主党派也可以就国家和地方重大方针政策问题,向中国共产党提出书面建议,或约请中国共产党负责人进行交谈。在新中国 70 年发展历程中,政治协商对政权建设和制度建设意义非凡。

改革开放后,多党合作制度得到恢复和发展,并确立为我国的基本政治制度,政治协商逐步实现制度化、规范化。协商的精神和原则由政治领域进入社会,成为一种治理资源。在 1980 年代后期,为了处理和协调各种不同的社会利益和矛盾,中共十三大提出"建设社会协商对话制度",以提高领导机关活动的开放程度,重大情况让人民知道,重大问题经人民讨论。"民主恳谈会"等协商活动的开展,一方面使群众认识到并开始实践以协商的形式而非极端的形式表达自己的愿望和要求;另一方面虽然政府在协商活动中发挥主导作用,但政府官员开始体验民主行政的具体内涵,基层政府和民众之间建立信任,化解社会矛盾,实现向民主治理的方向转变。在地方治理方面,各地着手提高政府工作的开放程度,通过公开听证、协商对话、决策咨询、媒体讨论以及通过网络收集民意等形式,扩大民众在公共政策过程的参与度。

事实上,协商民主构成改革开放以来增量民主的重要部分。40 年来,协商民主从多党合作和人民政协的政治协商,发展到人大、政府、司法机关的政策协商,又拓展到基层社会的事务协商,表现出了解决有序政治参与问题的良好前景。中共十八大报告首次提出“健全社会主义协商民主制度”,十八届三中全会强调要“构建程序合理、环节完整的协商民主体系”,推动协商民主广泛、多层次、制度化发展。2015 年 2 月中共中央颁布的《关于加强社会主义协商民主制度建设的意见》,进一步构建了社会主义协商民主体系,规范了协商民主的 7 个渠道:政党协商、人大协商、政府协商、政协协商、人民团体协商、基层协商、社会组织协商。包含政党协商和政协协商在内的政治协商处于国家政治层面,是各政党、各团体之间进行民主合作的一种制度安排。目前,政党协商是中国协商民主的突出特色之一,相对其他国家普遍推行以竞争方式处理政党关系,我国政党关系突出合作、协商的特点。人民政协作为专门协商机构,在长期实践中不断推进协商的制度化、程序化,逐步将会议协商规范为更为实际的专题协商、对口协商、界别协商、提案办理协商等。政协协商是我国协商民主的重要渠道,是各界别代表人士参政议政的常态化机制,也是国家治理体系的重要组成部分。多党合作制度中的政治协商是我国协商民主的源头和规范化应用的领域,对我国协商民主体系的发展具有示范作用。

三、多党合作制度效能彰显于国家建设大局

习近平总书记在论述“新型政党制度”时,阐述了多党合作的三方面优势,其一就是这项制度“把各个政党和无党派人士紧密团结起来、为着共同目标而奋斗”。关于这一特色,邓小平曾指出:“我们国家也是多党,但是,中国的其他党,是在承认共产党领导这个前提下面,服务于社会主义事业的。”①各民主党派对此也高度认同,将其任务确定为:“在中国共产党领导下,为中国革命和中国特色社会主义建设事业作出贡献,从而实现自己振兴

① 中共中央统一战线工作部:《中国共产党统一战线文献选编》(第 12 卷),第 283 页。

中华、统一祖国的政治目标，并实现参政党的自身利益诉求和体现自身价值。”①

作为发展中国家的新型政党制度，强调围绕大局建言出力，具有推动国家建设、促进改革发展的功能。以民主党派中央的“大调研”为例，自1993年至今，经中共中央批准，中共中央统战部组织，各民主党派中央先后就三峡工程、浦东开发、“京九”铁路、“三农”问题、振兴东北老工业基地、两岸“三通”、西部大开发、循环经济、“一带一路”建设、乡村振兴等重大问题开展重点考察调研，将调研成果以书面形式通过“直通车”上报中共中央、国务院，得到中共中央和国务院领导高度重视和批示。这些参政议政成果和建议被有关部门列入重要议程并予以研究采纳，为党和政府科学决策、民主决策提供了重要参考和依据。

参政议政、建言出力主要围绕国家建设，更多体现共识性价值取向，代表民主党派界别利益的相对较少。以全国政协“一号提案”为例（图表一），政协提案要求围绕党和国家中心工作、符合国家大政方针，既要反映群众需求，又要针对某些领域和工作中的薄弱环节提出具有可操作性的建议。2003—1015年的“一号提案”均由各民主党派中央提出，不难发现，这些“一号提案”涉及的主题往往与当年经济社会发展中的热点保持着高度的契合，有着很强的针对性和预见性，都产生了较好的社会反响和政策效应。

图表一：全国政协“一号提案”情况（2003—2015）

时间	提案单位	提案名称
2003	民进中央	《关于引进市场机制，大力推进环保产业发展的建议》
2004	九三学社中央	《尽快解决失地农民生活保障问题》
2005	致公党中央	《关于加快农村信息服务体系建设的建议案》
2006	民建中央	《关于尽快统一内外资企业所得税制度的提案》
2007	民革中央	《关于政府参与投资建设经济适用房的建议》

① 民革中央《中国的参政党》编写组：《中国的参政党》，团结出版社2005年版，第140页。

续表

时间	提案单位	提案名称
2008	民建中央	《关于完善我国多层次资本市场税收政策的提案》
2009	致公党中央	《关于解决国际金融危机影响下我国就业问题的提案》
2010	九三学社中央	《关于推动我国经济社会低碳发展的建议》
2011	农工党中央	《关于“十二五”期间加快城乡社会保障一体化发展的建议》
2012	民建中央、农工党中央、全国工商联	《关于强本固基维护实体经济坚实基础的提案》
2013	九三学社中央	《关于加强绿色农业发展的建议》
2014	九三学社中央	《关于发挥市场配置科技资源的决定性作用,让创新活力竞相迸发的建议》
2015	民盟中央	《关于深化行政审批制度改革的提案》

在国家建设中发挥作用是发展中国家政党、政党制度与西方国家政党、政党制度相区别的特色之一,有的学者在参与讨论我国政党制度的价值和功能时,就曾提出参与现代化建设应为其中一项。我们观察各民主党派中央网站,社会服务与参政议政等都被置于履行职能部分,足见社会服务被民主党派定位为参政议政的范畴,成为民主党派参与社会建设、扩大社会影响力的重要方式。

民主党派的社会服务出现在改革开放初期。1978 年 12 月,中共十一届三中全会做出全党工作重点转移到社会主义现代化建设上的战略决策。民主党派恢复组织的过程中,相继召开全国代表大会,也相应提出工作重点转移到为现代化建设服务上来。在之后十余年时间里,民主党派的社会功能突出表现在科技咨询、社会服务方面。民主党派社会服务的基本涵义就是通过经济、科技、教育、医疗卫生、法律等活动,以服务为宗旨,注重社会效益,促进社会和谐与科学发展。在民主党派的社会服务活动中,以“开发扶贫、生态建设、人口控制”为主题的毕节试验区建设是一个成功典范。

民主党派社会服务的重要意义,不仅体现在它是民主党派参政议政、民主监督职能的基础与拓展，也体现在它是民主党派服务国家经济建设和社会发展的实际行动。在现代国家中，政党与社会的关系模式大体上有三种：一是控制模式，政党通过强有力的组织方式和相关手段实现对社会的控制；二是交换模式，政党通过公共政策宣传和社会公关力量投入，换取民众更多支持和选票；三是服务模式，政党通过各种途径、方法服务民众，通过服务民众、团结民众，增强政党的社会基础和社会认同。各民主党派发挥专业特长和优势开展社会服务活动，初步建立起服务性社会沟通模式。

民主党派社会服务不同于其他社会团体与慈善组织的地方，在于它彰显了参政党的政治责任，是凝心聚力的过程。民主党派通过开展社会服务工作，能够掌握社情民意信息、基层群众意见、不同利益群体的利益诉求和社会矛盾的关键因素，能够发现社会经济发展中的热点难点问题以及可能出现的问题，通过专业优势进行观察和分析，向党和政府提出建议和意见。各民主党派通过社会服务，能够最大限度地将各自成员及其所联系群众的意志和力量都凝聚到国家的中心任务上来，深化对国家政治制度优越性的认识，不断巩固多党合作的政治共识，为国家建设、社会发展作出积极贡献。

四、多党合作在国家治理中获得广阔空间

进入21世纪，中国正经历着快速的社会经济转型，转型期出现的各种危机，直接影响到经济、社会乃至政治的安全和稳定，并对国家治理能力提出重大挑战。2013年中共十八届三中全会通过《中共中央关于全面深化改革若干重大问题的决定》，提出“完善和发展中国特色社会主义制度，推进国家治理体系和治理能力现代化”。国家治理体系是党领导人民管理国家的制度体系，包括经济、政治、文化、社会、生态文明和党的建设等各领域的体制、机制和法律法规安排，也就是一整套紧密相连、相互协调的国家制度。推进国家治理体系和治理能力现代化，要形成政府、市场、社会以及公民共同参与、良性互动的治理结构，尽管这些主体的作用不是等量齐观的，政府总体上起着更为主要的作用。广义的政府治理也不仅仅是行政机构，而是包括执政

党、人大、司法机构、政府、政协在内的治理结构。国家治理现代化的目标对进一步提升政党制度效能提出了新课题。

在当代中国，中国共产党作为中国特色社会主义事业的领导核心，在国家治理体系中始终处于主导地位、发挥着根本作用。习近平总书记指出："国家治理体系是在党领导下管理国家的制度体系，包括经济、政治、文化、社会、生态文明和党的建设等各领域体制机制、法律法规安排，也就是一整套紧密相连、相互协调的国家制度。"多党合作制度中的参政党虽然不是直接决策者，但能从协商、参与角度扩展国家治理能力的外延，建言、监督角度提升国家治理能力的内涵。目前，政党协商作为我国政党制度和协商民主的重要内容，已经嵌入国家治理体系，政党协商体现在党和政府决策制定和实施的全过程。中共十八大以来，党和国家关于全面深化改革、法治中国建设、创新驱动发展、京津冀协同发展、长江经济带建设、共建"一带一路"倡议、"十三五"规划等重大决策的制定出台，中央都多次听取并吸收各民主党派和无党派人士的意见建议。要进一步发挥政党协商在国家治理中的积极作用，仍需各级党委完善相关制度，搭建多层次、制度化的表达意见、沟通协商的平台。中国共产党在加强对政党协商领导的同时，要增强协商意识，坚持有事多商量、遇事多商量，把政党协商列入重要议事日程；更要善于协商，发扬民主的作风，营造良好环境，开展真诚协商。民主党派则要努力提高协商能力，敢于讲真话，善于建净言，担负起政党协商参与者的政治责任。

源于政治协商的协商民主发展至今，其存在的社会环境已经发生很大变化，历史上由于政治上的差异性而追求目标上的共识性，今天发展为基于政治上的一致性应对利益上的多元性。因此，协商应由调节政治关系向调节利益关系，实现社会治理的方向发展，更好地体现其公共性、广泛性、互动性、共识性，围绕民生实事开展协商活动。对此，各地都出现了形式多样的积极探索。为了提升城市治理水平，有效克服人民群众在政治生活和社会治理中无法表达、难以参与的弊端，广州市政协 2018 年开始打造了"有事好商量"民生实事协商平台，围绕群众切身利益问题，在广泛调研及各方协商基础上，每年提出 9—10 个具体问题，通过"有事好商量"协商平台，实现政协、政府、党派、企业、群众、专家、媒体等共同参与，推动民生问题逐年得到解决。协商平台凸显了政协的协商主渠道作用,拓展了基层群众政治参与的渠道,促进了共建共治共享社会治理格局的形成。

推进国家治理现代化为多党合作发展提供了广阔空间,复杂多变的国内外形势亦对新型政党制度建设提出新要求。有学者曾指出,民主不能简单地视为制度安排,实际上"民主"或"不那么民主"是政治过程塑造的,关键在政治行为者的选择和互动。多党合作制度中的执政党和参政党,都需要通过政党能力、活动方式、功能拓展等适应社会变化,激发制度的新活力,实现执政党与参政党的良性互动,建构新型政党制度的新形态,彰显更加真实、更加广泛的中国式民主。

(作者单位:广州市社会主义学院)

坚定中国新型政党制度自信

——基于与竞争型政党制度的比较

邹　平　沈　艳

“落后就要挨打,贫穷就要挨饿,失语就要挨骂”,现在挨打挨饿已经不是问题了,但挨骂的问题还没有根本解决。特别是在中国政党制度问题上,西方一些学者依据西方政治学关于民主政治制度的衡量标准和对于政党的定义,对我国的政党制度实施“高级黑”,认为中国共产党领导的多党合作和政治协商制度不是民主制度,而是专制制度,认为中国的8个民主党派作为参政党不能算政党,中国实行的是一党制。这样一来问题就严重了,因为这种说法实际上是从根本上抽掉了中国政党制度理论的立论基础,质疑我国政党制度的合法性,进而搞乱我们的思想,动摇我们对中国政党制度的自信,达到其不可告人的目的。因此,如何正确认识和评价中国的新型政党制度是一个重大的理论问题和现实问题。

一、中国特色社会主义参政党是新型政党制度的标识性概念

正确认识和评价中国新型政党制度,需要把这个制度的重要参加者——中国特色社会主义参政党的内涵搞清楚,因为中国政党制度的特色

就在于参政党的独特内涵上。根据马克思主义的政党理论,一个政党的属性应该包括社会属性和政治属性(即意识形态属性)。历史上,中国共产党对民主党派性质的认识经历了一个曲折的探索过程。因此,对民主党派性质问题必须要说清楚,这是关系到民主党派要不要存在和发展的根本问题,关系到共产党要和什么样的政党合作,怎么合作,合作到什么程度的问题,对民主党派性质的明确也是参政党建设的前提。

(一)从民主党派到中国特色社会主义参政党

从历史的过程看,民主党派发展成为中国特色社会主义参政党经过了三个过程,实现了"三级跳"。1945 年 4 月,毛泽东在中共七大作《论联合政府》的报告中最早提出"民主党派"的名称,他说,从 1937 年 7 月 7 日卢沟桥事变到 1938 年 10 月武汉失守这一个时期内,全国人民,共产党人,其他"民主党派",都对国民党政府寄予极大的希望。报告提出国民党政府需承认各民主党派的合法地位,并郑重表示共产党人愿意协同各民主党派、各部分产业界,为"废止国民党一党专政,建立民主的联合政府"而奋斗。实际上是把当时存在于国民党和共产党之间、主张抗日、反对蒋介石独裁统治、争取民主的各党各派称为民主党派。在这之前,对民主党派的称呼很多,有"中间势力""中间力量""中间道路""第三方面"等。毛泽东提出民主党派这个称谓后不久就得到了一些党派的认同,民主党派这个名称被广泛使用。为什么中国共产党提出这样一个概念后,能被民主党派接受呢?主要是因为这个称谓实际上是对这些党派在抗战胜利前后,他们争取民主和平的政治主张及其所发挥作用的一种肯定,民主党派认识到这一点,特别是 1947 年民盟被宣布为"非法团体"之后,各民主党派被迫转入地下活动,进而放弃了对蒋介石的幻想,有的党派在中国共产党的帮助下恢复组织活动,并在同蒋介石的斗争中,思想上逐渐认同中国共产党的主张。所以这样一个概念的提出在当时对团结民主党派是产生了一定的积极影响的。

1989 年中共中央颁发了《关于进一步坚持和完善中国共产党领导的多党合作和政治协商制度的意见》(简称 1989 年 14 号文件),并于 1990 年 2 月 8 日在《人民日报》全文发表。1989 年 14 号文件无论在中国政党制度发展史上，还是民主党派发展史上都具有里程碑的意义。《意见》第一次提出了各民主党派是参政党，确定了各民主党派在国家政权和国家政治生活中的地位。对民主党派的内涵表述为三句话，即“各民主党派是各自所联系的一部分社会主义劳动者和一部分拥护社会主义的爱国者的政治联盟”，说的是民主党派组织构成，即社会属性；“是接受中国共产党领导的，同中国共产党通力合作、共同致力于社会主义事业的亲密友党”，讲的是政党关系，即政治上中国共产党和各民主党派是领导与接受领导的关系，事业上是亲密合作的朋友关系；民主党派是参政党，说的是民主党派在国家政治生活中的地位。“致力于中国特色社会主义”是中国共产党对各民主党派长期以来所发挥作用的高度认可。但致力于中国特色社会主义讲的是民主党派所从事的工作而非其政治属性。

2013 年 2 月 6 日，习近平总书记在中共中央召开的党外人士迎春座谈会上首次提出：“各民主党派是与中国共产党通力合作的中国特色社会主义参政党。”这是改革开放后中共中央总书记第一次对我国各民主党派政治属性的明确，是认识上的一个重大突破，定性非常科学且符合实际。因为我们搞的是中国特色社会主义，不是民主社会主义或者别的什么社会主义，所以叫作中国特色社会主义参政党。结束了学术界对民主党派性质的各种争论，为多党合作奠定了理论基础，真正迎来了参政党建设的新时代。中国特色社会主义参政党概念提出的实践意义就在于，提醒中国共产党的领导干部：民主党派和中国共产党一样都致力于中国特色社会主义事业，所以要搞好同民主党派的合作，发挥好民主党派的作用；同时也是对民主党派提出的要求：既然是中国特色社会主义参政党，就要按照中国特色社会主义参政党的要求，把民主党派建设提高到一个新水平，做中国特色社会主义的亲历者、实践者、维护者、捍卫者，增强责任和担当，共同把中国的事情办好。

（二）参政党概念是中国政党制度理论的立论基础

按照西方政治学的说法，执政党的概念是与反对党、在野党相对应的。民主党派既不是在野党更不是反对党，因为民主党派不是以夺取政权为目的，它存在和发展的一个重要目的是为了支持和帮助中国共产党更科学更民主地执政。那么,中国共产党作为执政党,怎么解决相对应的政党存在的问题呢?参政党概念的提出科学地回答了中国共产党作为执政党的政党理论逻辑支撑问题,参政党是中国政党制度理论中的内生性、原创性、标识性概念,是创立中国政党制度理论的基础性概念。具有重大的理论和实践意义 。

参政党概念的提出突破了西方对于政党的标签,创立了非执政的政党有效参加国家政权和参与国家事务的新模式。长期以来,西方政治学关于政党的理论深深影响着中国的学术界,特别是西方政治学关于政党就是为选举而生的论断,成为很长一个时期学术界认识政党的一个标签。根据他们的逻辑,政党若不能参与选举并取得政权,则很难在国家政治生活中有所作用,实现政党的价值。而中国的民主党派作为参政党其政党的政治功能和价值不是通过选举取得执政权而参加国家政治生活,它是通过刚性的政策要求和规范化、程序化的制度安排,来保证其能够有效地参加国家政权,参与国家大政方针和国家领导人选的协商,参与国家事务的管理,参与国家方针、政策、法律、法规的制定执行。这种参与是真实的、长期的,而且是自上而下地参加和参与。这突破了西方对于政党定义的话语权,确立了非执政的政党有效参与国家政权和国家事务管理的中国模式。

二、中国新型政党制度的特征和优势

实行政党政治是当今世界各国普遍的政治现象,但由于每个国家的历史渊源和传统思想文化特点不一样,社会经济发展情况千差万别,所以每个国家的政党制度的运行机理和表现出来的特征也都各不相同,各具特色。

(一)中国新型政党制度的特征

中国新型政党制度是指中国共产党领导的多党合作和政治协商制度,其制度模式的创立有其特定的实践基础和历史渊源,有中国传统的思想文化根基和马克思主义科学理论的指导。这个制度的基本特征体现在政党制度的组织结构和运行机制中。就组织结构看,这一制度的参加者是由中国共产党和8个民主党派以及无党派人士共10个方面构成。中国共产党是多党合作和政治协商的领导者，是执政党；8个民主党派是多党合作和政治协商的合作者，是参政党；无党派人士在形式上没有结成党派，但实质上是有党派性的民主人士，他们参照民主党派履行三大职能。“共产党领导，多党派合作；共产党执政，多党派参政”，这20个字直观、分明地指出了中国政党制度不同于西方自由竞争的政党制度以及不同于一党制的最基本的特征。与西方相比，中国政党制度各主体之间是一元领导，多元合作，西方政党制度各主体之间是多元之间的竞争；中国政党制度实现的是一党执政，多党参政，西方是你上我下，赢者通吃。这样的制度设计既有中国共产党的集中统一领导，又有各民主党派和无党派人士的广泛参与，是民主与集中的统一。

中国新型政党制度的运作机制体现的是协商合作的民主实现形式，完全不同于西方自由竞争选举的民主实现形式。西方自由竞争选举的民主观在美籍奥地利政治经济学家熊彼特的《资本主义、社会主义与民主》中说得很清楚，他提出关于民主的现代定义：“民主方法就是那种为做出政治决定而实行的制度安排，在这种安排中，某些人通过争取人民的选票取得作决定的权力。”①他认为，民主的实质在于一种竞争的选举过程。美国政治学家亨廷顿在《第三波——20世纪后期的政治民主化浪潮》中直接采用了熊彼特关于民主的定义，认为民主就是用普选的方式产生最高决策者的政体，并以此作为衡量民主的标准，西方政党制度体现的正是自由竞争的民主实现形式，也因此被他们自认为是民主的制度。不同于西方，中国共产党带领中国人民和各民主党派、无党派人士依据中国的历史和社会发展情况，创立了政党协商合作的协商民主实行形式，这是一种全新的民主政治模式。原因是：

第一，中国各政党的合作是以民主党派自觉自愿地接受共产党的领导为前提的，而不是以强迫的方式实现的合作，体现了合作者的自主性；第二，合作是以致力于中国特色社会主义事业为基础，体现了各政党奋斗目标的共识性；第三，合作是以宪法为根本活动准则，负有维护宪法尊严、保证宪法

① [美]约瑟夫·熊彼特：《资本主义、社会主义与民主》[M]，吴良健译，商务印书馆1999年版，第395—396页。

实施职责,体现了各政党法律地位的平等性。第四,合作以民主和协商为运作机理,体现了合作的有序性;第五,合作是建立在互相监督基础上的,并不是无原则的一团和气,体现了合作协商的理性和原则性。而自主、共识、平等、有序、原则、理性这些理念正是协商民主的内在要义。中国政党制度实行的这种合作协商的协商民主形式打破了西方关于民主政治的衡量标准和对民主政治实现形式的思维定式及话语权的垄断,创立了政党合作的协商民主实现形式。

中国政党制度最本质的特点是坚持中国共产党的领导。中国共产党对多党合作事业的领导是政治领导,是政治上的领导,即政治方向、政治原则、重大决策上的引领和指导,而不是对民主党派具体内部事务的干涉。形象地说,中国新型政党制度如同一部交响乐,不同演奏者在默契配合、协同合作中实现整幅作品的艺术效果,而交响乐团的关键角色就是挥挥,中国新型政党制度这部交响乐中的指挥就是中国共产党。

(二)中国新型政党制度的比较优势

2019 年 3 月 4 日习近平总书记在政协联组会上的讲话,明确回答了我国新型政党制度与世界上其他类型的政党制度相比较的三个明显优势,即三个“新”。第一,新型政党制度新就新在它是马克思主义政党理论同中国实际相结合的产物,能够真实、广泛、持久代表和实现最广大人民根本利益、全国各族各界根本利益,有效避免了旧式政党制度代表少数人、少数利益集团的弊端。这说的是我国新型政党制度的利益代表,反映了一个“公”字,我国新型政党制度是建立在以公有制为主体的经济基础之上的,西方竞争型政党是建立在私有制的经济基础之上。所以中国共产党作为执政党必须也必然要代表最广大人民的根本利益,民主党派作为参政党也必须服务于最广大人民的根本利益。执政党的执政理念是立党为公,执政为民,参政党也是立党为公,参政为民。第二,新就新在它把各个政党和无党派人士紧密团结起来,为着共同目标而奋斗,有效避免了一党缺乏监督或者多党轮流坐庄、恶性竞争的弊端。这讲的是我国新型政党制度的运行机理,反映的是一个“和”字,多党合作的 16 字方针传达的核心理念就是一个和字,这种建立在相互监督的基础上的长期合作体现的也是“和”的本意,即求同存异,兼容并蓄,和而不同。第三,新就新在它通过制度化、程序化、规范化的安排集中各种意见和建议,推动决策科学化民主化,有效避免了旧式政党制度囿于党派利益、阶级利益、区域和集团利益决策施政导致社会撕裂的弊端。这讲的是这个制度的功能效果,反映了一个“统”字,即这个制度能够保证执政党做到“一张蓝图画到底”。如果说西方政党制度体现的是政权的轮替,我国新型政党制度体现的则是政策的不断完善和发展。从“一五”到“十三五”,从邓小平提出的“三步走”战略到两个百年奋斗目标,中国共产党带领民主党派和无党派人士齐心协力,一代接一代共同朝着民族复兴的方向走,并根据社会实践的发展变化而不断丰富和完善任务目标和政策内容,保持了政策的连续性和相对稳定性,这是竞争型政党制度达不到的状态。2016 年特朗普上台后把他的前任奥巴马的政治遗产一个个地推翻,并一个接一个地“退群”。曾经的“民主终结论”提出者福山在《政治秩序与政治衰败》一书中对西方竞争型政党的这种现象有着深刻的“再认识”,指出以美国为代表的西方民主体制已经发展成一种“否决制”,利益集团经常把持和滥用否决权,以维护本集团私利,造成政府行政效率低下、威信扫地。另一方面,“程序民主”导致了政党以选举为政治重心,引发了严重的“短视政治”。

三、衡量我国新型政党制度的标准是什么

马克思主义认为实践是检验真理的唯一标准,评价一个制度的优劣用什么标准,最终还得看实践效果。对于中国新型政党制度的评价,决不能站在西方的书本上,用西方土壤上生长出来的民主价值标签作为唯一的衡量尺子,而应站在中国的社会实际情况上,用中国特色社会主义核心价值观和适合中国人民价值理念的多元指标体系来检验。

第一,看它是否有利于社会生产力的发展。政党制度作为上层建筑,评价其优劣最根本的要看它是推动还是阻碍社会生产力的发展。新中国成立 70 年来特别是改革开放 40 年来中国社会各个方面的巨大建设成就和历史性变革是有目共睹的,中国迎来了从“追跑者”到“跟跑者”到“并跑者”再到

某些领域的“领跑者”的巨大变化，从站起来、富起来到强起来的历史性飞跃。近几年来，我国对世界经济增长的贡献率超过30%，日益成为世界经济增长的动力之源。任何人只要不带有偏见，都会承认与这个制度的巨大凝聚力有关。中国共产党带领中国人民，各民主党派和无党派人士协同合作，积极履职尽责的结果，这个过程既成就了中国共产党“舍我其谁”的执政能力，也成就了民主党派和无党派人士维护大局、尽责担当的政党价值，充分体现了我国新型政党制度的科学性、合理性和有效性。

第二，看它是否有利于人民民主的实现。民主并非西方的专利，中国共产党从成立那天起就把实现人民民主扛在自己的肩上，从延安时期的“窑洞对”到十八大把协商民主明确为我国人民民主的两种实现形式之一，说明民主一直是中国共产党的心头大事。政党制度是民主政治的重要实现形式，中国新型政党制度通过制度化的协商渠道让党外各界人士参与到国家的民主化科学化决策中来。近些年来，我国政治、经济、文化、社会生活和生态环境等方面的重大决策的出台都充分听取了党外人士的意见和建议，有些政策和决策最初就是在党外人士的提议下得到了中国共产党的采纳而出台的，是集体智慧的结果，体现了我国新型政党制度这种协商民主形式的独特优势，这种政党制度有效地避免了西方竞争型政党制度“人民只有在投票时被唤醒、投票后就进入休眠期”的问题。

第三，看它是否有利于社会政局的稳定，这应该是对政党制度最起码的要求。黑格尔说过“只有突然丧失了和平和稳定，人才会知道这种已成为生活自然条件的东西，是多么值得珍重”。去年年底特“火”的一部电影《战狼2》的片尾有一句话发人沉思，道出了其能“火”起来的真谛：“不是你生活在一个和平的时代，而是你生活在一个和平的国家”。你拥有的最大资本是你背后的强大国家。”只有在一个和平稳定的环境下生活，才可以进一步谈论怎么有尊严地自由地生活。中国新型政党制度为各民主党派和无党派人士的政治参与开辟了制度化的渠道，对社会各领域的代表人士进行广泛的政治吸纳，进行有效的社会整合，有效化解了矛盾，从而保持了政局的稳定和社会的长治久安，这对于中国这样拥有近14亿人口、多民族多宗教并存的大国的发展是至关重要的大事。

第四，看它是否有利于实现和维护最广大人民的根本利益。唯物史观认为人民群众是历史的创造者，中国共产党的初心和使命就是："为中国人民谋幸福，为中华民族谋复兴"。中国共产党和8个民主党派合作的初心也正是为了实现和维护最广大人民的根本利益。从"小康路上一个都不能掉队"，"精准脱贫 "，"两不愁，三保障"，到实现中华民族伟大复兴，这是中国共产党对中国最广大人民的承诺，民主党派作为中国特色社会主义参政党，为实现这些任务和承诺，与中国共产党通力合作，围绕中心服务大局，"民有所呼，我有所应"，积极建言献策，发挥了不可替代的优势 ，充分体现了我国新型政党制度集中力量办大事的优势，使最广大人民的利益得到有效维护。

正是看到了中西方的差异，孙中山先生认为中国几千年以来社会上的民情风俗习惯，和欧美的大不相同。中国的社会既然同欧美的不同，所以管理社会的政治自然也和欧美不同，不能完全效仿欧美。中国新型政党制度是在中国的思想文化土壤中创造出来的，有我们自身的特征和比较优势，在中国革命、建设和改革开放的实践中发挥了不可替代的作用，我们完全有理由对这个制度充满自信。但同时，我们也要清醒地看到这个制度的优势和效能还有进一步开发的空间。十八大后，以习近平同志为核心的中共中央立足于中华民族伟大复兴的使命要求，着眼于要为人类文明贡献中国方案的时代责任，从实现国家治理体系和政治能力现代化的需要出发，提出要更好体现这一制度的效能，着力点是要充分发挥民主党派和无党派人士的积极作用，"把我国社会主义政党制度坚持好、发展好、完善好"，使制度更加完善更加定型。相信在中国共产党的坚强领导下，中国新型政党制度必将成为世界政治文明中一个独具魅力的政党制度类型。

（作者单位：辽宁省委党校 辽宁行政学院 辽宁省社会主义学院）

中国新型政党制度的世界意义与未来展望

国际视阈下的中国新型政党制度研究

樊祎冰

随着综合国力的显著增强，中国的国际地位和国际影响力稳步提升，新型政党制度作为我国的突出成就，其世界价值日益凸显，成为国内外学者的研究热点。本文将在国际视阈下，对中国新型政党制度进行研究，分析中国新型政党制度的实施对世界的重要意义和影响，突出中国新型政党制度在世界政党制度体系中的个性，同时对新型政党制度的开展策略进行拓展，最终达到促进我国社会稳定发展、提升我国新型政党制度国际影响力的目的。

一、中国新型政党制度的内涵

中国共产党领导的多党合作和政治协商制度是我国的新型政党制度，是根据我国国情，总结革命、建设、改革经验所建立起来的政党制度。在世界政党演变过程中，中国一直坚持总结历史经验，创造自己的政党制度。经过不断的实践与验证，中国共产党带领各民主党派建立了属于中国自己的新型政党制度，自从党的十八大以来，习近平总书记将实现民族复兴作为出发点，对于多党合作给予高度重视，积极建设民主化的社会主义协商体系。2018 年 3 月 4 日下午，习近平总书记在看望参加全国政协十三届一次会议的民盟、致公党、无党派人士、侨联界委员，并参加联组会时指出："中国共产党领导的多党合作和政治协商制度作为我国一项基本政治制度，是中国共产党、中国人民和各民主党派、无党派人士的伟大政治创造，是从中国土壤中生长出来的新型政党制度。说它是新型政党制度，新就新在它是马克思主义政党理论同中国实际相结合的产物，能够真实、广泛、持久代表和实现最广大人民根本利益、全国各族各界根本利益，有效避免了旧式政党制度代表少数人、少数利益集团的弊端；新就新在它把各个政党和无党派人士紧密团结起来、为着共同目标而奋斗，有效避免了一党缺乏监督或者多党轮流坐庄、恶性竞争的弊端；新就新在它通过制度化、程序化、规范化的安排集中各种意见和建议、推动决策科学化民主化，有效避免了旧式政党制度囿于党派利益、阶级利益、区域和集团利益决策施政导致社会撕裂的弊端。”

二、国际视阈下中国新型政党制度的特点及意义

(一)国际视阈下中国新型政党制度的特点

1. 差异性

目前在世界中的政党制度主要包括一党制、两党制以及多党制，但是中国新型政党制度与以上政党制度不同，不属于其中任何一种政党模式，展示出与世界政党体系的显著差异性。我国在革命、建设和改革的过程中建立了完全符合我国发展现状的政党制度，即中国共产党领导的多党合作与政治协商制度，也就是在中国共产党的领导下，与其他民主党派共同合作、共同协商，从而提升中国共产党与各民主党派之间的合作效能，统一思想，凝聚共识，增进团结。从根本上杜绝了一党制、两党制以及多党制的弊端。

2. 独创性

中国新型政党制度独创性是指该政党制度是中国特色社会主义的政党制度，同新中国共同发展壮大，与新中国融为一体的政党制度，同时中国新型政党制度也是将马克思主义与中国实际相结合的产物。中国新型政党制度不仅能够符合中国的发展实际，同时还能够将中华民族的特色充分发挥出来。中国新型政党制度拥有崭新的制度模式、党政关系以及执政方式，能够尊重多数意见，同时倾听少数人群的意见，对社会各方面的意见建议进行

协调,最终达到共同合作的目的。既能够实现集中管理,同时还能够充分发挥民主的精神,将社会的力量集中到一起,与西方的政党制度相比,具有较强的广泛性、包容性以及真实性。

3. 优越性

中国新型政党制度在实施过程中具备了较强的优越性以及生命力,主要表现在以下几个方面:第一,较强的整合能力。由于党派的数量较多,要想保证最终决策的民主性,就需要对各个民主党派的意见建议进行有效整合,在协商的基础上,通过各种方式展开民主监督,团结力量,将社会的各界力量充分团结起来,发挥效能。在此过程中,中国共产党要在思想、政治以及组织方面展开有效领导,提升社会的政治力量,采用协商的方式展开民主监督以及制度安排,保证各个民主党派自身利益的同时,对整个社会的利益进行合理分配,最终实现多商量、好商量以及会商量的原则,将中国新型政党制度中的整合能力充分发挥出来。

第二,较硬的政治定力。自中国共产党成立以来,不断开展自我建设及自我创新,始终坚持发展中国特色社会主义,并将其作为建设和创新的核心。历史表明,我国政治发展的核心力量越强大,中国共产党的核心力量就越高,各民主党派之间的合作就越稳定,只有这样才能形成多党派共同合作的局面。由此可以看出,在中国特色社会主义建设的过程中,必须要坚持中国共产党的领导,保证各民主党派在发展过程中的正确性,才能将各个党派的作用充分发挥出来,进而实现我国“两个一百年”的目标,实现中华民族伟大复兴的中国梦。

第三,较高的协调能力。中国新型政党制度采用多党合作的形式展开政治协商,这种方式能够对人民群众的情绪进行有效梳理,同时掌握社会舆论的方向,在此基础上制定相应的工作设计,保证群众引导的合理性以及准确性。将百姓的生活以及建议真实反映出来,最大限度满足人民群众的需求,进而提升人民群众的积极性以及号召性。这种方式能够大大提升社会各界中的协调性,保证我国社会能够长期稳定地发展下去。

4. 民主性

中国新型政党制度中的主要特色就是协商民主,同时也是中国新型政党制度的优势所在，无论在内容上还是在形式上，都具备较强的民主性。例如，在参政议政的内容方面，中国新型政党制度中各个民主党派都能够参与国家政权、国家大政方针以及决策协商等重要工作。在参政议政的形式方面，多党合作之间的范围较广，各个民主党派之间通过提案、会议以及座谈的方式，对决策项目展开深刻的研讨，这种方式能够提升政府以及党派决策的科学性，同时保证其中的民主性以及时效性。这与西方的政党制度具有较大的不同，西方资产阶级在参与政权内容中具备一定的局限性，仅限于中央政府，地方政府不能参与到其中，而中国新型政党制度中的各民主党派既能够参与到国家立法的建设中，又能够参与到国家管理的建设中，体现出较强的丰富性和民主性，更加有利于民主的传播和实践。

（二）国际视阈下中国新型政党制度的意义

1. 保证政党之间关系的协调与稳定

目前在世界所有国家中，多数国家都存在多个政党，只有少数国家仅仅有一个政党或者没有政党，而具备多个政党的国家，在实际发展的过程中，政党之间必然会存在一定的冲突，如果不对这种现象展开有效控制，就会严重影响国家内部的稳定性。在西方部分国家，由于实行两党制或多党制，政党在实际发展的过程中，为了自身利益，往往会产生一定的矛盾，甚至出现相互倾轧的现象。这是西方政党之间的特点。但是在我国，共产党同各民主党派之间是团结合作的亲密友党。这种关系与前面所提的世界其他国家的政党关系相比，具有较强的协调性和稳定性，能够长期保持相互共存的关系。这种关系是在我国革命、建设、改革过程中形成的，具有较强的中国特色。在这种关系的基础上，能够对各民主党派之间的力量进行集中，提升国家决策的科学性和民主性，同时保证国家在实际发展中的协调与稳定，能够为解决国际上出现的党派斗争提供良好的借鉴经验。

2. 建立民主政治的新形式

长期以来，西方的民主模式占据了绝对话语权，西方的民主实现形式被认定为最优选择。但是在不断的改革中，我国对民主的实现形式进行了创新，与“一党制”“两党制”“多党制”不同，我国产生了新型政党制度，能够更好地进行民主协商。在我国的发展过程中，将人民代表大会制度作为我国的根本政治制度，将中国共产党领导的多党合作与政治协商制度作为我国的基本政治制度，从而实现了真正意义上的民主。在实施民主的过程中，我国不仅可以通过投票的方式决定国家事务，同时还能够参与国家的日常管理，将民主充分体现出来。在此基础上，我国不断完善协商民主的政策，符合现代民主精神的同时，还能够充分体现出中国特色社会主义的价值。在民主进程中，由中国共产党领导，各民主党派参政议政，在决策之前展开充分的协商，倾听社会各个方面的声音，充分体现我国新型政党制度的民主决策，进而显示我国民主制度的生命力。

3. 拓展各国政党制度发展的新思路

中国政党制度的形成与发展证明适合自己的才是最好的，每个国家都可以根据自身的需要选择或制定适合自己的政党制度。政党这一概念最早出现在英国、法国等西方国家，政党的形式较为多样，其中主要包括一党制、两党制、多党制等，西方国家创立了民主政治，推进了整个历史进程的发展。在20世纪末，苏联的解体使政党制度呈现出某种一致性，在一时之间向着两党制和多党制的方向变化。放眼中国，近代以来主要出现了三种党政制度，其中包括在民国时期的多党制、国民党时期的一党制以及新中国共产党领导的多党合作制度，与西方政党制度的发展路径截然不同，中国的政党制度是根据自身需要不断发展变化的，是人民大众的选择。2018年是“五一口号”发布70周年，回顾这70年的历程能够发现，政党制度的制定，必须要根据国家发展的实际情况展开，不能一味地模仿其他国家的政党制度。针对我国，单一的采用两党制或多党制，并不能完全满足我国的发展需求，因此，需要坚持中国共产党领导的多党合作制度，这也是中国在数次失败之后的必然选择和发展结果。

三、国际视阈下中国新型政党制度的开展策略

（一）践行中国共产党的初心使命

中国共产党作为世界上最大的政党，在世界发展进程中负有不可推卸的责任，中国需要充分发挥大国精神，秉承包容大度的态度，将中国新型政党制度中的中国特色社会主义凸显出来，从而体现出我国民主和谐的本质，为世界政党制度的发展提供优秀案例。习近平总书记在党的十九大报告明确指出："中国共产党人的初心和使命，就是为中国人民谋幸福，为中华民族谋复兴。"中国共产党始终将人民的利益放在第一位，旨在为人民牟取更多的福利，在国家建设和发展中，始终坚持人民主体地位。2018 年的政府工作报告中指出："过去 5 年，贫困人口减少 6800 多万，社会养老保险覆盖 9 亿多人，基本医疗保险覆盖 13. 5 亿人，棚户区住房改造 2600 多万套，农村危房改造 1700 多万户。"以上一系列的数据表明，近五年，在中国共产党领导的多党合作和政治协商制度的引领下，我国的民生得到了有效改善，人民生活水平显著提高。在新型政党制度的发展过程中，通过协商的方式，使各民主党派团结合作，不断提升其质量和效能。中国新型政党制度象征着一种新型的政治格局，各民主党派共同参政议政，在目前这种非竞争的环境中，中国共产党需要将自身利益与民主党派之间的利益相互统一，从根本上加强中国共产党与各民主党派之间的统一性，共同为中国人民谋幸福，为中华民族谋复兴。

（二）重视对各民主党派的开发与宣传

我国各民主党派的类别较多，其中包括科技行业、教育行业、文化行业、医疗行业以及经济行业等多个领域，这样的党派特色具备较高的开发价值。各民主党派成员能够促进我国经济、科技、教育以及文化行业的良好发展，通过党派成员与国外的交流与联系，讲好中国故事，传播好中国声音，展现我国的独特魅力。同时，针对中国新型政党制度中的多党合作模式展开宣

传,利用多媒体的传播优势,通过民主党派的网站、微信公众号以及手机客户端等形式,将中国新型政党制度的相关信息及时传达出去。此外,可以对多党合作进程以及合作情况展开全面记录,印发中国新型政党制度建设白皮书,重点对多党合作中的创新性做法展开报道,将社会经济发展作为其中的主要内容,介绍社会热点、难点等方面内容,增加民生服务研究的全面性,报道民主党派在合作过程中的优秀事迹以及优秀人物等,提升中国新型政党制度在实施过程中的稳定性,将一个充满生机、活力的中国展现在世界面前。

(三)建立世界政党制度交流平台

中国新型政党制度在实施的过程中,人们对理论的研究逐渐深入,相应的制度建设日益健全,成绩和效果显著,具备较强的中国特色和中国智慧,拥有极强的优越性和有效性。作为世界上最大的发展中国家,中国的新型政党制度不仅能够解决世界各国各种政党制度出现的难题,而且对于解决发展中国家遇到的问题更具备发言权。中国共产党可以与世界各国政党在特定的平台上展开对话,建设新型党政制度建设论坛,分享经验、方式以及方法总结等,为其他国家提供借鉴案例。同时,可以根据国家发展情况,召开记者会或者新闻发布会,建立中国新型政党制度的海外宣传组织,讲解中国新型政党制度的相关内容及建设方案,提升中国新型政党制度在国际中的地位,获得其他国家对中国新型政党制度的认同和理解,为世界政党制度的发展贡献中国方案。放眼现实,中国共产党与世界上 160 多个国家的 400 多个政党和政治组织保持着经常性联络,积极搭建平台,推动政党之间共商共议、平等交流。[4]

(四)运用协商民主推动构建人类命运共同体

十八大以来,习近平总书记在国际国内上的多个场合强调构建人类命运共同体,在党的十九大报告中,以“坚持和平发展道路,推动构建人类命运共同体”为主题,对构建人类命运共同体进行了集中阐述,并将“人类命运共同体”写入《中国共产党章程》和新修订的《中华人民共和国宪法》之中,充分体现出我国对人类命运共同体的重视及参与全球治理的决心。在人类命运共同体的构建中,需要顺应时代发展的要求,与世界各国友好协商,进而得到其他国家的认可,保证人类命运共同体的构建质量。习近平总书记在十九大报告中强调:"构建人类命运共同体,要相互尊重、平等协商,坚决摒弃冷战思维和强权政治,走对话而不对抗、结伴而不结盟的国与国交往新路。"[5]而中国新型政党制度中的协商民主,能够为人类命运共同体的构建提供经验。我国在长期的发展实践中,针对新型政党制度的协商民主已经具备了较多的经验,把协商民主的方式由本国推广到全世界,利用协商扩大对话范围,充分发挥协商民主的重要价值。

综上所述,随着世界对中国新型政党制度的关注程度越来越高,如何提升中国新型政党制度的应用价值,成为大家关注的焦点。通过践行中国共产党的初心使命,重视对各民主党派的开发与宣传,建立世界政党制度交流平台,运用协商民主推动构建人类命运共同体等方式,不断扩大新型政党制度的应用范围,提升中国新型政党制度的国际影响力,从而加深世界对中国的认知,贡献中国经验和中国智慧。

(作者单位:河北省社会主义学院)

中国新型政党制度的未来展望

刘菊香

“我们现在所干的事业是一项新事业,马克思没有讲过,我们的前人没有做过,其他社会主义国家也没有干过,所以,没有现成的经验可学。我们只能在干中学,在实践中摸索”①。我国新型政党制度自1949年正式确立至今才有70个年头,与西方300多年政党政治发展史相比,可谓是相当年轻的新制度,只能边实践边完善。2018年,习近平同志明确用“新型政党制度”这一概念进行概括和阐述,对这一制度的未来发展将产生深远的影响。回顾过去,遐想未来,根据新型政党制度的现状,我们可以从制度自身的完善、国内认同度、国际影响力三个方面来展望其未来发展趋势和广阔发展前景。

一、对新型政党制度自身发展完善的展望

所谓制度,是人为制定的“一个社会的游戏规则,更规范地说,它们是为决定人们的相互关系而人为设定的一些制约”②。我国新型政党制度作为世界政党史上从未有过的崭新制度,也是中国共产党同全国人民一道共同选

---

① 邓小平:《邓小平文选》(第3卷),人民出版社1999年版,第258页。

② [美]道格拉斯·诺思:《制度、制度变迁与经济绩效》,上海人民出版社2008年版,第3页。

择的一套规范、一套制约体系。多党合作作为中国共产党统一战线这一法宝的重要组成部分,目前已成为中国共产党的既定方针,在未来即使面对种种挑战也不会丢弃和动摇。这一新型制度经过70年的建设已显示出其巨大优势,展望其未来,制度自身的发展完善是使这一制度永葆生机与活力的关键。

(一)多党合作的政治前提

我国新型政党制度是中国共产党领导中国人民建立起来的,党的领导是这一制度的政治前提和政治底线。毛泽东认为,“没有中国共产党的坚强的领导,任何革命统一战线也是不能胜利的”①;邓小平认为,“我们国家也是多党,但是,中国的其他党,是在承认共产党领导这个前提下面,服务于社会主义事业的”②;习近平认为,“党政军民学,东西南北中,党是领导一切的”③。因此,我国新型政党制度无论发展到什么程度,都不能动摇这一前提、突破这一底线,新型政党制度在未来也必坚守这一前提和底线。党的领导更加成熟在未来具体表现在理论和实践两个方面。一是党对新型政党制度的领导在理论上将更趋成熟。以毛泽东为核心的第一代领导集体不仅确立了这一制度,还提出了“八字方针”;以邓小平为核心的第二代领导集体明确了民主党派的性质并将“八字方针”发展为“十六字方针”;以江泽民为核心的第三代领导集体明确了民主党派的参政党地位,并提出了评判我国政党制度的四条标准;以胡锦涛为核心的第四代领导集体提出了“同心”思想、制定了2005[5号]文件;以习近平为核心的第五代领导集体颁发了《中国共产党统一战线工作条例(试行)》等。可见随着时代的发展党在多党合作理论上是日趋成熟,由此可以推断在未来党对多党合作的领导在理论上也将更趋成熟和完善。二是党对新型政党制度的领导在实践上也将更趋成熟。新中国成立初期,多党合作基本框架形成。改革开放后,随着1989年14号

① 毛泽东:《毛泽东选集》(第4卷),人民出版社1991年版,第1257页。
② 邓小平:《邓小平文选》(第2卷),人民出版社1994年版,第267—268页。
③ 《党的十九大文件汇编》,党建读物出版社2017年版,第14页。

文件的颁发、1993 年多党合作制度被载入宪法、2005 年 5 号文件的颁发等，民主党派职能得以逐步发挥；2007 年《中国的政党制度》白皮书和 2015 年《中国共产党统一战线工作条例（试行）》进一步对新型政党制度做出了规范。这些都表明中国共产党在实践中在逐步改善着党的领导，主动进行制度规范化建设，可以预见，未来新型政党制度建设的根本前提将会更加成熟，将会为政党制度留足更多的发展空间。

（二）多党合作将在创新中逐步推进"三化"

邓小平同志曾明确讲过，"必须使民主制度化、法律化，使这种制度和法律不因领导人的改变而改变，不因领导人的看法和注意力的改变而改变"①。虽然新型政党制度的基本框架和主要制度自新中国成立就已确立，但这一制度能否达到设计初衷预想的效能更多的是看多党合作、政治协商、民主监督、参政议政等是否有具体的、切实可行的制度机制。基于此，新中国成立以来特别是改革开放以来，多党合作规范化、制度化、程序化在创新中可以说是不断地推进。以民主党派的职能为例，从 1989 年 14 号文件到 2005 年 5 号文件，都有专门的内容具体做出规范；2015 年《关于加强人民政协协商民主建设的实施意见》《关于加强政党协商的实施意见》对民主党派参加中国共产党领导的政治协商从政党层面和政协层面做了详细具体的制度化、规范化建设；2015 年《中国共产党统一战线工作条例（试行）》以中国共产党党内法规的形式对统一战线做了法律文本的规范，其中当然也包括民主党派三大职能。新型政党制度 70 年的发展历程说明这一制度本身在不断地"三化"，但由于多方面的原因"三化"的速度并不快，因而，未来的新型政党制度也将继续在不断创新中朝前迈进，但速度、步伐依然不可能会太快。而与"三化"相伴随的是"法律化"，虽然在 70 年的发展历程中仅有 1993 年多党合作制度被载入宪法等为数不多的动作，而且在将来也不会立即有很大动作，但这个趋势是不可避免的。从世界范围来看，目前对政党进行立法以作出宪法性解释的国家已有 123 个；从国内来看，2014 年党的十八届四中全会

---

① 邓小平：《邓小平文选》（第 2 卷），人民出版社 1994 年版，第 146 页。

做出的《中共中央关于全面推进依法治国若干重大问题的决定》描绘了未来我国依法治国的路径图。可见,新型政党制度作为中国特色社会主义政治制度的组成部分无论是在世界政党制度这个大范围内还是在中国民主政治发展的小范围内法律化在未来是谁也阻挡不了的。由此,新型政党制度未来的“三化”和法律化是完全可以预言的,其将在不断地创新中发展成熟。

(三)新型政党制度中的政党关系将更趋和谐

江泽民同志曾指出,“在几十年的革命和建设中,我们党同各民主党派建立了长期共存、互相监督、肝胆相照、荣辱与共的亲密关系。各民主党派是参政党,不是在野党,更不是反对党”①。在民主革命时期,各民主党派从在国共两党中起调停作用的中间党派发展为1948年响应“五一”口号自觉接受中国共产党领导,与共产党共建新中国;改革开放新时期,民主党派被确定为参政党,与共产党一道致力于中国特色社会主义伟大事业;进入新时代,作为中国特色社会主义参政党又与共产党一道肩负起中华民族伟大复兴的中国梦的实现。回顾历史,中国共产党与各民主党派的关系虽历经磨难、有过坎坷,但经受住了考验,走过了一条中立—合作—亲密—坎坷—再亲密的道路,这种团结合作的亲密关系在未来只会越来越亲密。一方面是因为随着中国共产党对多党合作的领导在未来的日益成熟,中国共产党的民主意识、法律意识等将不断增强,领导能力和水平日益提高,真正做到“有则改之无则加勉”“闻过则喜从善如流”,必将在加强和改善领导中为多党合作的未来发展营造出更为宽松、民主、法治、团结、和谐的政治文化氛围。正如江泽民同志曾讲的,“保持宽松稳定、团结和谐的政治环境,是我们在多党合作中的一项重要原则”②。这将更有利于密切中国共产党与各民主党派之间的关系。另一方面,民主党派在如此良好的文化氛围中也将不断加强自身建设,发扬其优良传统真正做到“知无不言言无不尽”的诤友,在未来进一步提高接受中国共产党领导的自觉性与主动性,更能经得起民主和法治的

① 江泽民:《江泽民文选》(第1卷),人民出版社2006年版,第157页。
② 江泽民:《江泽民文选》(第3卷),人民出版社2006年版,第147页。

检验,更能面对人民群众的鉴评,更能展示出自身高水平的履职能力,在有所作为中密切与中国共产党的关系。因此,无论是从历史发展的惯性还是从新型政党制度两大主体的现实作为来看,中国共产党和各民主党派合作水平将会有新的提高,两者的关系在未来将会越来越亲密、越来越和谐。

(四)新型政党制度的效能将会进一步提升

“政党是现代政治区别传统政治的重要标志,是现代政治生活得以展开的核心要素”①。我国新型政党制度正是在由“政党建国”时创立的,历经70年已能较好地协调运转并肩负起“政党发展国家”的重任,初步展示出与制度设计初衷相吻合的整体功能。新中国成立初期,因各民主党派积极响应中国共产党开展各项运动而巩固了新政权;改革开放新时期,因各民主党派积极发挥自身优势投身社会主义现代化建设,而在经济发展、社会稳定、祖国统一等方面都积极出力献策。一以贯之,新时代新型政党制度作为我国民主政治制度的窗口其制度效能将得到更充分地释放,制度设计将更优化,多党合作将更有序运行,政党民主将更真实,与其他政治制度的衔接将更紧密,在整个国家制度中将更具示范带动性。如以新型政党制度最核心、最应有的民主价值功能为例,已创造出了一种具有中国特色、符合中国实际的政党民主。“建国时的国家体制是人民民主专政,即各革命阶级联合专政,而各革命阶级的代表很大程度上就是中国共产党和各民主党派与无党派人士”②。新时代,我国新型政党制度“反映了人民当家作主的社会主义民主的本质要求,体现了中国政治制度的特点和优势”,是我国政治格局稳定的重要制度保证③。新时代新型政党制度的政党民主内涵将更具民本性和全面性,而且“民主不是装饰品,不是用来做摆设的,而是要用来解决人民要解决

---

① 林尚立等:《新中国政党制度研究》,上海人民出版社2009年版,第1页。

② 林尚立等:《新中国政党制度研究》,上海人民出版社2009年版,第31页。

③ 中国的政党制度[EB/OL].(2007-11-15)[2018-05-23].http://cpc.people.com.cn/GB/64107/64111/6534466.html.

的问题的”[①]。新时代的新型政党制度其民主价值功能将以服务国家发展为目的,在推进国家治理体系和治理能力现代化中更好地释放。也就是说,新型政党制度将以贯穿国家发展为具体体现、以对接政治体制改革为现实表现服务全面深化改革的总目标。随着未来国家层面整个制度体系的完善,新型政党制度将更具有发展空间,效能将会进一步得到提升。

二、对新型政党制度国内认同度的未来预测

政治合法性是“基于特定经济基础之上的统治阶级内部成员及其盟友对于特定的政治规范体系、政治权力主体的统治地位和政治统治手段的正当性的认同”[②]。实践证明,新型政党制度具有很强的政治合法性,但这却不是永恒的,随着时间的推移它可能削弱也可能增强,归根结底要取决于人们对其的认同度。因此,国内民众的认同度是新型政党制度未来能否进一步发展完善的重要节点。

(一)多党合作主体对新型政党制度的认同度

相对于普通民众,中国共产党和各民主党派、无党派人士因置身其中,对新型政党制度是比较了解熟悉的,认同度也相对较高。翻开新型政党制度发展历史,70 年来多党合作主体对这一制度的认同已由思想领域转化为具体行动并不断深化。自新型政党制度确立后,中国共产党内出现了短暂的迷惘,具体表现有两次,一次是 1949 年新中国成立后党内出现了“民主党派还要不要”的疑问,是毛泽东为首的党中央提出了“一根头发与一把头发”的说法解决了这一疑问;一次是 1956 年社会主义改造任务基本完成后党内出现了“民主党派后继无人可以让其自行消亡”的看法,是党中央提出了“两个万岁”的口号和“长期共存、互相监督”八字方针予以解决。经历这两次疑

---

① 习近平:《习近平关于社会主义政治建设论述摘编》,中央文献出版社 2017 年版,第 70 页。

② 王庆利:《政治合法性问题的国内研究现状述评》,《岭南学刊》,2005 年第 4 期,第 13 页。

问后，中国共产党总体是在认同的基础上高度重视多党合作制度的完善与发展。各民主党派和无党派人士在1948年响应“五一”口号就表明自觉接受中国共产党领导、认同多党合作，但随着反右和“文革”的发生特别是改革开放以来各民主党派成员和无党派人士的更新换代，多党合作主体特别是民主党派和无党派人士对新型政党制度或多或少存在一些疑虑。随着多党合作实践的深入推进，各民主党派和无党派人士对新型政党制度的认同度在逐步提高。那么，可以推断随着新时代中国共产党对多党合作越来越重视和新型政党制度自身的完善以及效能的提升，各民主党派和无党派人士对这一制度将会越来越认可、认同。

（二）学术界对新型政党制度的认同度

对新型政党制度进行理论研究的学术界对这一制度的了解是比较客观全面的，对其的评价和认同也是比较理性的。学术界对新型政党制度的认同是伴随着对这一制度理论研究深入而加大的。理论来源于实践，新型政党制度确立才70年，直到1987年党的十三大上才首次提出“共产党领导下的多党合作和政治协商制度”的概念，才开始探索构建多党合作制度理论，所以，目前仍处于理论探索阶段，尚未确立起一套属于自己独立的、完整的、可以对国内外理直气壮进行宣传的政党文化和政党制度理论体系。“理论上不彻底，就难以服人”①。这就导致学术界在研究新型政党制度时，自觉不自觉地以西方政党制度理论体系为参照和标准，陷入理论研究的困境和误区，这实际是学术界对新型政党制度理论存疑的表现，是不太自信、不太认同的表现。如一些理论研究者习惯用西方话语解读中国政治和多党合作制度，以西方政党理论标准评判多党合作制度，或以民主理论为切入点试图寻求多党合作制度与民主理论的共同点并以此构建多党合作制度等。当然，“实践发展永无止境，我们认识真理、进行理论创新就永无止境”②。随着新

① 习近平：《在庆祝中国共产党成立95周年大会上的讲话》[EN/OL].(2016-07-01)[2017-12-28].http://news.xinhuanet.com/politics.

② 习近平：《在庆祝中国共产党成立95周年大会上的讲话》[EN/OL].(2016-07-01)[2017-12-28].http://news.xinhuanet.com/politics.

型政党制度的发展完善以及民主党派内设的研究机构、社院和党校系统的各类政党研究机构、高校中成立的各类政党研究中心或研究所等研究平台的出现,新型政党制度的理论研究已初见成效,也已有了一批研究成果。如中央社会主义学院中国政党制度研究中心自2003年成立以来,每年都召开一次年会,围绕新型政党制度设置一个主题进行研讨,以期构建一套既能说服国内民众也能被国外社会理解的新型政党制度理论体系。可以设想,在新时代,理论研究者将在厘清民主理论渊源以构建新型政党制度理论逻辑,讲清多党合作制度的理论基础以构建多党合作的制度机理,加强理论创新以构建起具有中国特色的政党理论体系等方面取得一定的进展,以期通过理论说服人,来提高对这一制度的认同度。

(三)人民大众对新型政党制度的认同度

一个国家选择实行何种政党制度通常是由这个国家的国情所决定,那么这其中的国情当然也包括民众情感上的认同。我国新型政党制度正如有位学者所说的,“中国共产党领导的多党合作和政治协商制度之所以能够建立和发展,其根本原因也就在于这一政党制度适合我国国情,为全国人民所接受,它对于解放和发展生产力、促进社会进步和维护安定团结的政治局面,是其他政党制度所无法替代的”①。从整体上看,新型政党制度经过70年的历史检验日益被国内广大民众从情感上认同和接受。2013年李文、张宇斌也做了类似的研究,在问到“哪种政党制度适合我国现状”时,65.5%的学生选择了“多党合作与政治协商制度”②。这表明,新时代大学生对新型政党制度的总体认同度虽比较高,但仍有近40%的同学肯定西方的多党竞争选举制度。由此可以推断,在未来人民大众对新型政党制度的认同度总体会呈上升趋势,但仍有很长的路要走,需要不断地提升新型政党制度自身效能并加大宣传普及的力度。

---

① 孙传军、单黎明:《准确把握评判政党制度的标准》,《民主》,2001年第10期,第12页。

② 李文、张宇斌:《从政治认同到信仰追求高校党建工作的路径新探——以大学生政党认同为例》,《菏泽学院学报》,2013年第6期,第122—126页。

三、对新型政党制度国际影响力的未来预判

“中国多党合作制度创立了一种新型政党制度形式，在世界政党制度中独具特色”①。这一具有中国特色、中国智慧的新型政党制度虽仅仅只有70年的历史，但犹如一块砸入世界政党政治大家庭的石头泛起阵阵涟漪，向世人展示着其在国际上的影响力。因此，展望新型政党制度的未来必然要对其未来的国际影响力做出预判。

（一）向世界提供解决民主难题的中国方案

民主是世界性难题，尽管目前已有115个国家实行西方的竞争性民主制度，但随着政党政治危机的产生和发展，竞争性民主自身的不足和弊端日益显现，英国《经济学人》也不得不哀叹“西方民主病在哪儿”。如何解决这一病症，西方政党理论界提出了协商民主理论以试图做出弥补但并未真见成效。中国在政党制度的选择上经历了君主立宪制、多党制、一党制的多次尝试后，坚持将马克思政党合作思想与和合思想、大一统思想、民本思想等中华传统文化相结合，在经历了国共两党的两次成功合作的基础上最终选择了多党合作这一具有中国智慧、中国特色的新型政党制度。70年的实践初步显示出其政治的稳定性、决策的科学性、执行的高效率、参与的广泛性等优势和特点，正如习近平总书记概括的“三个新”，“有效避免了旧式政党制度代表少数人、少数利益集团的弊端；有效避免了一党缺乏监督或者多党轮流坐庄、恶性竞争的弊端；有效避免了旧式政党制度囿于党派利益、阶级利益、区域和集团利益决策施政导致社会撕裂的弊端”②。即便如此，我们仍坚持“我们不‘输入’外国模式，也不‘输出’中国模式，不会要求别国‘复制’中

---

① 《中国的政党制度》[EB/OL].(2007-11-15)[2018-05-23].http://cpc.people.com.cn/GB/64107/64111/6534466.html.

② 《立“新”除“弊” 习近平纵论新型政党制度》[EB/OL].(2018-03-05)[2018-05-23].http://www.xinhuanet.com/politics.

国的做法"[①]。因此,在面对民主这一世界性难题时,中国政党之"治"在世界政党之"乱"背景下尤显独特,向世界提供了解决问题且仅供参考借鉴的中国方案,得到世界诸多国家知名人士的认可与认同。如英国的马丁·雅克认为,"西方国家的长期论点是,多党制是民主的一大优势,能够防止政党僵化和停滞。然而事实上,中国共产党找到了使自己保持活力与年轻的方法,而西方的政党却越来越疏远其代表的人民"[②]。又如欧洲左翼党领导认为,"中国共产党领导下的新型政党制度为世界左翼力量、发展中国家提供了宝贵经验,指明了发展方向。中国是广大发展中国家的榜样,中国共产党则是世界范围内左翼政党的榜样"[③]。基于此,随着新型政党制度效能的提升,这一中国方案、中国模式在未来政党实践中将会得到世界上更多人的认可、认同。

(二)在世界政党政治中争取应有的制度话语权

从世界历史发展来看,西方国家的民主模式和政党制度在"二战"后通过几波民主化浪潮迅速席卷和影响七大洲的大部分国家,拥有强势的制度话语权。目前,我国新型政党制度话语权虽已打破了近代的"失语""失声"状态,但不可否认仍处于"话语逆差""被动跟从""虚力反驳"的状态。面对不太乐观的局面,中国共产党历来重视争取话语权和发挥话语权的作用。毛泽东曾说:"凡是要推翻一个政权,总要先造成舆论,总要先做意识形态方面的工作。革命的阶级是这样,反革命的阶级也是这样。"[④]2007年由国务院新闻办向全世界发表了《中国的政党制度》白皮书,可以说是用中国的话语、中国的风格第一次向全世界诠释多党合作制度,发出自己的声音。美国

① 《习近平出席中国共产党与世界政党高层对话会开幕式并发表主旨讲话》,《人民日报》,2017年12月2日,第02版。

② 钟声:《中国新型政党制度带给世界的启示》,《人民日报》,2018年3月10日,第03版。

③ 《中国新型政党制度是一项伟大的政治创造——国际社会热议中国新型政党制度》,《光明日报》,2018年10月19日,第16版。

④ 《中国共产党中央委员会关于无产阶级文化大革命的决定》,《人民日报》,1966年8月9日,第01版。

学者约翰·奈斯比特的《中国大趋势》、弗朗西斯·福山对“历史终结论”的反思等都说明我们在争取新型政党制度话语权方面稍有成绩。在2015年党的十八届五中全会上，习近平总书记提出“要提升中国在全球经济治理中的制度性话语权”①，正式迈开了我国从制度上入手争取制度话语权的步子，而新型政党制度话语权则是一个重要抓手。我国新型政党制度虽在运行时间上远比不上西方国家，但作为政党制度大家庭中的一员，在未来理应争取有相应的话语解释权、话语发言权，有相应的影响力、说服力。当然，我们追求的话语目标不是压制和贬低其他国家的政党制度，而是追求“能够说”“说得清”“有人听”“听得懂”“有影响”的平等话语地位，向世界展示制度自信和理论自信。正如习近平总书记讲的：“我们有本事做好中国的事情，还没有本事讲好中国的故事？我们应该有这个信心！”②因此，在新时代新型政党制度对外宣传中应培育一批既熟知中国国情、中国政治理论、多党合作制度理论，又精通西方话语体系的中西兼具的理论工作者和专家，构建起新型政党制度的对外宣传话语体系，担当起向国外解释表达新型政党制度国际话语的重任。

（作者单位：广西社会主义学院）

① 《十八届五中全会会议公报全文发布》，[EB/OL].(2015-10-29)[2016-7-26]. http://news.sina.com.cn/c/nd/2015-10-29/doc-ifxkhcfk7417721.shtml.

② 中共中央宣传部：《习近平总书记系列重要讲话读本》，学习出版社、人民出版社2016年版，第209页。

中国新型政党制度对人类文明的贡献

李春燕　解永强

在全国政协十三届一次会议联组会上,习近平总书记提出“新型政党制度”的重大政治论断,明确指出这是中国共产党、中国人民和民主党派无党派人士的伟大的政治创造,并从利益表达、制度功能、治理成效三个维度高度凝练出其优势,彰显出新时代中国共产党人坚定的制度自信,为坚持和完善新型政党制度、不断提升其制度效能指明了方向,也为陷入治理困境的世界政党政治形态贡献了中国智慧和中国方案。为什么中华大地上能够产生出完全摆脱发展中国家对西方国家现代化的“路径依赖”的新型政党制度?正如习近平总书记所强调的,它是中华民族一贯倡导的天下为公、兼容并蓄、求同存异等优秀传统文化影响的结果。

一、新型政党制度秉持的协商共治理念,为世界各国的政党政治探索新的治理方式提供了中国方案

中国共产党秉持中华民族一贯倡导的“天下为公”“立党为公”,在即将取得全国政权的前夕,毛泽东在七届二中全会上明确指出:“我党同党外民主人士长期合作的政策,必须在全党思想上和工作上确定下来”。中国人民政治协商会的召开标志着中国共产党与民主党派协商共治新型政党治理制

度的诞生。

进入新时代,习近平总书记从国家治理体系和治理能力现代化的重要制度安排的角度,明确我国的新型政党制度契合了现代国家治理所要求的协商共治理念。他指出:“在中国社会主义制度下,有事好商量,众人的事情由众人商量,找到全社会意愿和要求的最大公约数,是人民民主的真谛。”并强调这样做起来,国家治理和社会治理才能具有深厚基础,也才能凝聚起强大力量。中国特色新型政党制度,就是不断寻求体现最广大人民根本利益的“最大公约数”的制度设计和制度保障。契合了现代国家治理所要求的协商共治理念,是国家治理体系和治理能力现代化的重要制度安排。新型政党制度既是巩固党执政的社会基础、实现党执政的历史任务的必然要求,也反映了我们党对执政规律、执政能力、执政方略、执政方式的新认识。政党制度建设是我国政治建设的一个重要方面,必然要置身于国家治理体系和治理能力现代化之中,这就要求作为中国政党制度主体的共产党、各民主党和无党派人士都要把协商共治的价值取向内化为自己的思维方式和行为方式,共同建设新型政党制度。2015 年在中央统战工作会上,习近平总书记谆谆告诫全党,民主党派、无党派人士与我们党的通力合作,是我国政治格局稳定的关键所在,必须懂得珍惜。他要求中国共产党各级党委要用好政党协商这个民主形式和制度渠道,要从制度上保障和完善民主监督,探索开展民主监督的有效形式,认真听取和积极采纳民主党派和无党派人士意见和建议,为他们履行职能提供支持。

二、中国共产党与民主党派团结合作的新型政党关系,为世界各国政党构建提供中国智慧

和谐是中国传统文化中极为深邃的思想,其中的“天人合一”“中和”“和为贵”“和而不同”“宽则得众”等和谐理念,反映了中华民族在处理人与自然、人与人、人与社会关系的一种价值观。作为中华传统文化传承者的中国共产党,在构建中国特色政党制度的政党关系时,充分吸收中国传统文化

的精华，通过“五一口号”把民主党派团结在一起，创造出了一种共产党领导、多党派合作，共产党执政、多党派参政的新型政党关系。坚持共产党领导是基本前提和政治基础，各民主党派是中国特色社会主义事业的参政党，而不是反对党或在野党。各民主党派、无党派人士与中国共产党的关系是“长期共存、互相监督、肝胆相照、荣辱与共”基本方针下的挚友、诤友关系，是在国家政治生活中亲密团结、合作共事的关系，而不是多党竞争、互为对手的关系。

党的十八大以来，习近平总书记致力于推动新型政党关系，更好发挥民主党派、无党派人士的积极作用。2013 年党外人士迎春座谈会上，他提出各民主党派是中国特色社会主义参政党。将中国特色社会主义与参政党结合是多党合作理论的重大创新，关于民主党派性质定位新判断赋予了民主党派、无党派人士中国特色社会主义事业亲历者、实践者、维护者、捍卫者的政治责任。在中央统战工作上，他指出，坚持和完善中国共产党领导的多党合作和政治协商制度，更好体现这项制度的效能，着力点在发挥好民主党派和无党派人士的积极作用。就提升中国共产党领导的多党合作和政治协商制度效能做出了重要指示，要求中国共产党各级党委为民主党派和无党派人士履行职能提供支持，认真听取和积极采纳党外人士意见和建议；希望各民主党派充分认识肩负的重要责任和使命，多建睿智之言，多献务实之策。这些重要论述，为充分发挥民主党派作用、提升多党合作制度效能提供了重要指导。正如习近平总书记所指出的，坚持中国共产党的领导，不是不要民主，而是要形成更广泛、更有效的民主，民主党派和无党派人士通过制度效能的不断释放，责任和担当不断增强，是中国共产党的好参谋、好帮手、好同事，双方勠力同心，共同把中国的事情办好。

三、70 年的中国新型政党制度实践对人类文明的启示

新型政党制度把马克思主义与中国优秀传统文化结合，摒弃弱肉强食的丛林法则，秉持和平、发展、合作、共赢的理念，成为创造“中国奇迹”的重要原因，为陷入困境的世界政党政治发展提供借鉴。

树立命运共同体意识。政党制度构建的一个重要内容是对政党关系的确立,我国没有选择政党之间相互对立,而是创新出多党合作的新型政党关系,这与中国传统文化的影响分不开。中国传统文化十分重视人的各种关系,希望人与周围建立起一种同生共荣关系。“天人合一”“天地与我并生,万物与我为一”,就是强调人与自然建立一种和谐一体的关系。“和为贵”,“以宽厚处世、协和人我”则是讲人与人要和睦相处,待人要宽厚,与人为善。新时代,中国共产党的领导是多党合作发展的根本保证,多党合作要坚持正确方向,必须增强“四个意识”,坚定“四个自信”,坚决维护习近平总书记党中央的核心、全党的核心地位,坚决维护党中央权威和集中统一领导,这是坚持和完善多党合作制度的关键所在。民主党派的长期存在并发挥重要作用是多党合作存在的基本前提。共产党和民主党派是一种长期合作、一荣俱荣、一损俱损的同生共荣关系。

树立多元整合意识。习近平总书记指出:“在中国共产党统一领导下,通过多种形式的协商,广泛听取意见和建议,广泛接受批评和监督,可以广泛达成决策和工作的最大共识。”我国新型政党制度的重要特征在于把多种多样的社会政治资源,多种多样的社会力量,多种多样的利益诉求,通过一党领导多党派合作、一党执政多党派参政整合起来,形成合力,达成共识。《左传》记载,“和如羹焉,水火酰醢盐梅以烹鱼肉,燀之以薪,宰夫和之,齐之以味,济其不及,以泄其过,君子食之,以平其心。”“若以水济水,谁能食之?若琴瑟专一,谁能听之,同之不可也如是。”其意思就是,没有多种多样成分的相互配合、相互协调、相辅相成,就不会有美味佳肴和美妙音乐。《周易·系辞下》中讲:“同归而殊途,一致而百虑。”就是讲要对社会的多样性进行整合,在尊重差异中扩大认同,在包容多样中形成共识。多元整合意识,就是通过政党制度的作用,使人们多种多样的利益诉求得到合理的疏导,保证人们各居其位、各谋其政、各司其职、各尽其责。

树立差异包容意识。习近平总书记指出:“统一战线是一致性和多样性的统一体,只有一致性没有多样性,或者只有多样性、没有一致性都不能建立和发展统一战线”。统一战线不是要同一。据《国语·郑语》记载,郑桓公问史伯西周最大的弊病是什么,史伯回答:“去和而取同”,他进一步说:“夫和实生物,同则不继。以他平他谓之和,故能丰长而物归之。若以同裨同,尽乃弃矣。”民主党派不同于中国共产党,其具有进步性和广泛性的特点,这既是民主党派长期存在的理由,也是实行中国共产党领导的多党合作的基础。通过民主党派可以团结更多的社会力量、倾听各种各样的意见和建议、吸纳更多的真知灼见,正所谓“君所谓可而有否焉,臣献其否以成可;君所谓否而有可焉,臣献其可以去其否。”同时,中国传统文化对领导者的要求是“包容”。所谓“江海所以能为百谷王者,以其善处下,故能为百谷王。”“海纳百川,有容乃大。”孔子说过:“君子和而不同,小人同而不和。”就是要容纳别人,汲取别人有益的思想,而不同化别人。要以厚德载物的精神,包容万物海涵一切,不以一人之智为智,而以众人之智为智,达到“百家皆有所长,时有所用。”“百川异源,而皆归于海;百家殊业,而皆务于治。”这就要求中国共产党要以博大的胸襟和勇气,容忍和接纳具有差异性的事物,兼收并蓄。充分尊重、维护好民主党派的利益,不断巩固和发展我国社会主义政党关系,实现我国政党关系的长期和谐。正如习近平总书记要求的,只要我们把政治底线这个圆心守住,包容的多样性半径越长,画出的同心圆就越大。

(作者单位:陕西省社会主义学院)

中国新型政党制度带给世界民主政治发展的中国启示

李仲才

2018年3月，习近平总书记在看望参加全国政协十三届一次会议的民盟、致公党、无党派人士、侨联界委员时指出，“中国共产党领导的多党合作和政治协商制度作为我国一项基本政治制度，是中国共产党、中国人民和各民主党派、无党派人士的伟大政治创造，是从中国土壤中生长出来的新型政党制度。”①可以说，70年来新型政党制度从“长期共存、互相监督”八字方针到“长期共存、互相监督、肝胆相照、荣辱与共”十六字方针，再到“中国共产党领导的多党合作和政治协商制度将长期存在和发展”载入宪法，从《中共中央关于坚持和完善中国共产党领导的多党合作和政治协商制度的意见》《中共中央关于进一步加强中国共产党领导的多党合作和政治协商制度的意见》颁布到《中国的政党制度》面世，从《关于加强社会主义协商民主建设的意见》《中国共产党统一战线工作条例（试行）》到《关于加强人民政协协商民主建设的实施意见》《关于加强政党协商的实施意见》《关于加强和改进人民政协民主监督工作的意见》实施，不断与时俱进，巩固和完善，健全和发展，并已成为当今世界民主政治的一个特色、一个亮点。70年来新型政党制

① 习近平：《坚持多党合作发展社会主义民主政治为决胜全面建成小康社会而团结奋斗》［N］，《人民日报》，2018年3月5日。

度不仅彰显了中国特色社会主义民主的本质和特征，体现了中国特色社会主义政治制度的特点和优势，更是对世界民主政治发展提供了有益的启示。

一、只有把握国情的政党制度，才能营造良好的政治生态

新型政党制度从它的形成、确立那天起，直至发展到今天都始终不渝地把握住中国国情，探索和实践出有别于一党制、两党制、多党制的政治运作模式，走出了一条具有中国特色的政治发展道路，为中国建设发展建立了良好的政治生态。

（一）新型政党制度是把握国情的政党制度

1948 年 4 月 30 日中共中央颁布的“五一口号”得到了各民主党派和无党派人士的积极响应，各民主党派和无党派人士纷纷表示支持中共中央提出的召开政治协商会议和成立联合政府的建议，这标志着各民主党派和无党派人士自觉接受中国共产党领导的多党合作和政治协商制度的形成。1949 年，由中国共产党领导、各民主党派和无党派人士积极参加的中国人民政治协商会议在北京隆重召开，这标志着新中国新型政党制度的正式确立。可以说新型政党制度的确立是与新民主主义革命相适应的，是适应当时的中国国情。新中国成立之后，新型政党制度依然根据中国国情向前发展，坚持走中国特色社会主义发展道路。70 年来新型政党制度始终不渝地把握住中国求发展求繁荣的历史性选择和时代趋势，很好地创新和完善自身，使之更好地适应国内外的局势变化，不断领导中国人民从一个胜利走向另一个胜利。

（二）新型政党制度营造了良好的政治生态

正是因为新型政党制度是把握国情的政党制度，适合了中国国情的现状和需要，从而营造了良好的政治生态，具体来说，在新型政党制度中，共产

党是执政党，民主党派是参政党；共产党领导国家一切，民主党派参加国家政权，参与国家大政方针和国家领导人选的协商，参与国家事务的管理，参与国家方针、政策、法律、法规的制定和执行，也就是说民主党派不是在野党、反对党，这就保证了共产党为国家建设发展制定的大政方针能够得到顺利执行，这也保证了国家建设发展有着稳定的政治环境，避免了因不同政治意见而导致的纷争阻碍国家建设发展步伐。正是新型政党制度把握住中国国情，营造了良好的政治生态，使各种政治力量都能和谐相处，合作共事，中国的建设和发展才有了坚强的政治保证。70 年来新中国特别是改革开放 40 多年所取得的令世界瞩目的巨变和成就，无不得力于把握住国情的新型政党制度所营造的良好的政治生态。

可以说，适合中国国情、充满生命活力的新型政党制度表明，在世界民主政治发展进程中一国的政党制度不是凭空而生，而是深深植根于其本国国情之中，只有把握住本国国情，才能产生有生命力的政党制度，从而为本国建设和发展奠定坚实和稳定的政治基础，并形成促进一国社会发展和世界和平的政治推动力。

二、只有服务民众的政党制度，才能拥有坚实的政治根基

作为社会主义国家的政党制度，新型政党制度始终把为人民大众服务作为自己制度建设的目标和要义，也就是说不断坚持和完善新型政党制度就是要使这个制度能够释放出巨大的政治能量，来全心全意为人民服务，为人民大众谋利益，从而拥有坚实的政治根基。

（一）新型政党制度是服务民众的政党制度

新型政党制度是中国共产党领导的政党制度。中国共产党的初心就是全心全意为人民服务。中国共产党从诞生的那一天开始就把为中国人民谋幸福谋利益扛在自己的肩上，一路前行，不论前面有多大的困难，都始终不

忘广大中国人民的期盼和诉求,始终坚定地为广大中国人民谋取最大的幸福和利益。也正因此,中国共产党领导的多党合作和政治协商制度从形成、确立和发展至今都始终以服务人民大众作为自己建设发展的核心和目标。在新型政党制度中,中国共产党的初心是全心全意为人民服务,各民主党派与中国共产党的合作初心理所当然应是也必须是全心全意为人民服务,这是多党合作和政治协商的最重要的共同思想基础。只有以全心全意为人民服务为共同思想基础,共产党与各民主党派才会风雨同舟,相向而行。新型政党制度以全心全意为人民服务为其核心和目标,充分体现了其人民性、先进性,也充分表明了其具有中国特色社会主义之特性,这些正是新型政党制度与其他国家政党制度的最本质区别。

(二)新型政党制度拥有了坚实的政治根基

新型政党制度因其是全心全意为人民服务的政党制度,所以它拥有了坚实的政党根基,这表现在:一是新型政党制度得到各民主党派的坚定支持和参与,因为各民主党派与中国共产党的合作初心都是一样的,即全心全意为人民服务,奋斗目标也是一样的,即为中国人民谋幸福谋利益,因此今天各民主党派都在各自党派章程明确自己是自觉接受中国共产党领导的致力于中国特色社会主义事业的与中国共产党通力合作的参政党。二是新型政党制度得到中国人民的广泛支持和拥护。70 年来特别是改革开放以来,随着以经济建设为中心,以发展为第一要务、全面建设小康社会、实现中华民族复兴的“中国梦”等战略方针的确立、实施和实践,新型政党制度更是在不断完善、健全和发展中通过共产党领导、参政党合作,积极发挥政党力量和智慧,为改善、提高人民大众物质和精神生活水平而同心同德、群策群力,并为当代中国人民过上富裕安康生活作出重要贡献,从而得到了广大人民对多党合作制的认同、支持和拥护。

可以说,以服务人民大众为宗旨的新型政党制度表明,在现代民主政治发展进程中一国的政党制度其建设目标和要义只有以民为本,关心民意、了解民情,为民排忧解难,为民谋幸福、谋利益,才能使政党制度得到人民的支持和拥护,才能使之做到可持续的生存和发展。

三、只有一心为公的政党制度，才能汇聚各方的政治智慧

在新型政党制度里不论是共产党，还是民主党派，都始终分别秉承着执政为公、参政为公的社会主义政党理念。以国家利益为重、以人民利益为重，可以说是共产党和八个民主党派所共同拥有的重要政治思想和作为，这使得新型政党制度能够汇聚各方的政治智慧。

（一）新型政党制度是一心为公的政党制度

在新型政党制度中，中国共产党和各民主党派的多党合作既不是为一党之私利走到一起，也不是拉帮结派为团体利益联合起来，而是为了一个共同目标就是为人民谋幸福谋利益，带领中国人民实现中华民族伟大复兴，也因此，中国共产党的执政是一心为公的，具体来说，作为执政党的共产党，在制定国家建设发展的大政方针时不是从自身政党的利益出发，而是站位高，看得远，从人民的福祉、国家的前途和命运出发，使制定出的国家建设发展政策和方针能够得到人民的支持，使制定出的具体措施能够得到贯彻执行。民主党派的参政也是一心为公的，具体来说，作为参政党的民主党派，其重要职能之一的参政议政是站在人民的立场，发挥出自身党派的优势和作用，来更好地促进和推动共产党制定的国家建设发展政策和方针更好地贯彻落实。共产党的执政为公、民主党派的参政为公充分体现了新型政党制度的公正性、权威性，也充分体现了中国特色社会主义政党制度的优秀品质，也是与其他国家政党制度的最大差异性。

（二）新型政党制度汇聚了各方的政治智慧

共产党的执政为公和民主党派的参政为公彰显了执行党和参政党的胸襟、魄力，这种一心为公的新型政党制度，使执政党和参政党在国家政治生活中能够形成号召力、向心力、影响力和吸引力，就是说社会各阶层、广大人

民群众对新型政党制度充满了信任和信心，他们愿意团结在共产党周围，愿意与民主党派来往，正是这种一心为公的新型政党制度，在国家政治生活中有效、有力地团结社会各方力量，集中和发挥社会各界的智力资源和优势，汇聚起社会各方优秀人才的政治智慧，来共商国计民生、共谋社会发展，共同促进国家实力不断增强、人民生活水准不断提高。社会各界优秀人才在积极认同新型政党制度下，也愿意且乐意、积极地参与到新型政党制度的建设发展之中，发挥出他们的政治智慧来助推新型政党制度日趋完善和健全。有了来自各方的政治智慧助力，新型政党制度在建设发展上就有着更强的动力和能量，使自身迈着更加坚定的步伐，不断创新发展。

可以说，一心为公的新型政党制度表明，在世界民主政治发展进程中，一国的政党制度只要让各政党做到一心为公，以促进公共和公众利益最大化为己任，就能够让各政党虚怀若谷、公而忘私，树立良好的政党形象，从而才能感召社会各方关心和参与政治活动，营造出共商国是、共谋发展的政治氛围，使社会各界优秀人才能够在国家政治生活中发挥积极作用，作出重要贡献。

四、只有彼此信任的政党制度，才能形成强大的政治合力

新型政党制度从“长期共存、互相监督”八字方针到“长期共存、互相监督、肝胆相照、荣辱与共”十六字方针，更是增进了执政党与参政党之间的彼此信任，从而形成了强大的政治合力。

（一）新型政党制度是彼此信任的政党制度

新型政党制度是中国共产党和各民主党派共同性的历史选择，也是时代选择，在这个制度里，共产党虽然处于领导地位，但也是多党合作事业中的一员，共产党更以各民主党派为自己的诤友、挚友，各民主党派自觉接受中国共产党的领导，同时更以共产党为自己的领路人、好伙伴，彼此的关系

是一种互相信任的关系。共产党和民主党派在新型政党制度里因其制度性安排,在国家政治事务中,共产党起着领导、决策的作用,民主党派起着参与、协助的作用,同时共产党和民主党派更是在协商民主中共同构建起和谐的政党关系,做到"有事多商量、有事好商量、有事会商量,通过协商凝聚共识、凝聚智慧、凝聚力量"①,这充分体现了新型政党制度是各政党之间互相信任的政党制度。这种彼此信任的政党制度有效地避免了彼此间的尔虞我诈、钩心斗角,甚至是你死我活的残酷斗争,真正地贯彻实践"长期共存、互相监督、肝胆相照、荣辱与共"的多党合作方针,从而使新型政党制度建设发展有着更稳固的认识和思想基石。

(二)新型政党制度形成了强大的政治合力

彼此信任的新型政党制度使执政党与参政党形成一股强大的政治合力,共同推动制度建设和发展,共同应对国家建设发展中出现的各种情况和问题,这在于:一方面执政党与参政党因其彼此互信在制度建设上就会共同研究探讨所面临的问题以及亟待解决的问题,共同去寻找解决的办法和途径,大家的目标都是一致的,就是使新型政党制度更加适应当下国情,更加发挥出其独特的功能和作用,更加彰显中国特色社会主义政党制度在世界政党制度中的魅力和影响;另一方面执政党与参政党的彼此信任,在面对国家建设发展中出现的各种情况和问题时执政党就会因为有参政党的鼎力支持和相助,而更好地把握住对新情况新问题的应对和处理,参政党就会汇聚本党派的力量和智慧,为执政党科学化、民主化决策提供资政服务,助力执政党对新情况新问题的圆满化解。彼此信任的新型政党制度所形成的强大政治合力为中国特色社会主义事业发展创造了和平、和谐、和睦的政治格局,保证了中国各项事业能够迈步向前发展、繁荣。

可以说,彼此信任的新型政党制度表明,在世界民主政治发展进程中,一国的政党制度应当克服政党之间猜疑、争斗,增进政党之间信任、合作,这

① 习近平:《坚持多党合作发展社会主义民主政治为决胜全面建成小康社会而团结奋斗》,《人民日报》,2018 年 3 月 5 日。

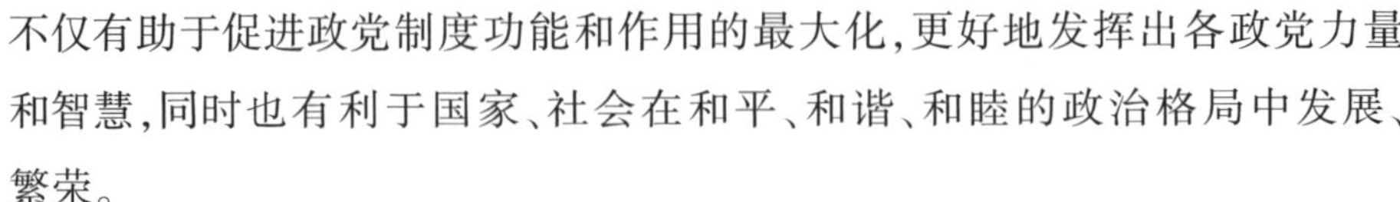
不仅有助于促进政党制度功能和作用的最大化,更好地发挥出各政党力量和智慧,同时也有利于国家、社会在和平、和谐、和睦的政治格局中发展、繁荣。

五、只有互相监督的政党制度,才能保持有健康的政治机体

“互相监督”既是新型政党制度所应坚持的基本方针之一,也是其所具有的中国特色的监督方式。互相监督就是执政党与参政党之间的相互监督,主要是执政党接受参政党的监督,这种监督是平和、善意、理性的政治监督,是开诚布公、直抒胸臆的民主监督,新型政党制度因其具有这样的互相监督而保持有健康的政治机体。

(一)新型政党制度是互相监督的政党制度

在新型政党制度中共产党与各民主党派是“长期共存,互相监督”,彼此已是命运共同体,也就是共产党与各民主党派共存在,共消亡。也正因为共产党与各民主党派是命运共同体,更需要互相监督。由于共产党是执政党,肩负更多的国家、民族责任,有许许多多的事要做,在这过程中难免做事会存在不到位、出差错现象,同时队伍中也会存在一些问题,这就需要外在力量来提醒和督促,帮助其纠偏、纠错。民主党派作为参政党和共产党友党,与共产党保持密切联系,可利用自己地位比较超脱的优势,有责任也有义务对共产党进行监督,以平和、善意、理性的监督方式来提醒执政党的一些政策和措施的不到位以及队伍建设的不足,督促执政党采取必要的举措来改进、改善。共产党要虚怀若谷地倾听民主党派的意见建议,努力改正、改进自己的不足,使自身更好地科学执政、民主执政、高效执政、廉洁执政。当然共产党也要监督民主党派,促进民主党派不断提高其自身能力和水平,使民主党派更有能力和实力与执政党合作共事。

(二)新型政党制度保持有健康的政治机体

新型政党制度中平和、善意、理性的互相监督不仅使政党制度、各政党保持有健康的政治机体,同时也保证国家经济社会发展拥有健康的政治机制。70年的实践证明,新型政党制度中共产党与各民主党派互相监督做得越到位、越及时、越有效,各政党就越能保持清醒,就越能认真纠错,多党合作就越能更加紧密、更有成效,这样,新型政党制度就会越健康越有活力。值得一提的是在这互相监督中共产党的胸襟、雅量极为重要,共产党本着诚心、虚心接受民主党派的监督,民主党派才能畅所欲言,并提出真知灼见,从而推进共产党更好地执政。当然,民主党派也要有胆识、胆量,本着诚意、善意来监督共产党的执政行为和作为,真正做共产党的净友。新型政党制度正因为有共产党和各民主党派之间开诚布公的互相监督而使自身更具开放性、包容性,从而让自身机体变得更加健康和更有活力,共产党和各民主党派同样也让自身机体变得更加健康和更有活力。

可以说,互相监督的新型政党制度表明,在世界民主政治发展进程中,一国的政党制度要健康发展,就要有健康的政治机体,而要有健康的政治机体,就要在政党之间开展坦诚相见、从善如流的互相监督,这有利于降低政党监督的政治成本和社会成本,使各政党都能在互相监督下,在国家政治生活中扮演好各自的角色,发挥好各自的作用。

(作者单位:福建省社会主义学院)

中国新型政党制度的未来展望

张鹏立

习近平总书记指出，新型政党制度是从中国土壤中生长出来的伟大政治创造。新型政党制度的产生、形成和发展经历了革命、建设和改革开放的实践检验，能够最大限度整合各种资源和力量，是最适合中国具体实际和国情的政党制度。新型政党制度是马克思主义政党制度中国化的成果，它根植于中国深厚土壤并有其自身历史发展内涵，吸收了中国传统文化中的优秀思想，具有广泛性、包容性等鲜明特征，突破了西方政党制度利益代表的局限与西方政党之间相互倾轧与争斗的弊端，为中国革命胜利和改革开放取得辉煌成就提供重要的制度保障和不竭动力。新型政党制度体现了中国创造和大国风范，为世界贡献了中国方案和中国智慧。

一、新型政党制度的政治优势

政党制度是一个国家政治制度的重要组成部分，担负着国家政治制度运行的责任，是国家政治制度的标志性内涵。新型政党制度的显著特征就是共产党领导，多党派合作；共产党执政，多党派参政。这一政党制度不同于西方国家的两党制、多党制，也不同于一些社会主义国家的一党制。而是具有中国特色社会主义的政党制度，是中国传统文化在政治体制和政治制度上的反映，是适合我国国情的一项基本政治制度。

（一）崭新的政党制度

当代世界其他国家，除了政教合一的个别国家没有政党之外，均是两党制、多党制、一党制，我国新型政党制度有其世界独创性和巨大优越性。西方政党制度基本理念是竞争，这种竞争体现在选举过程中，也体现在政治过程的各个环节。虽然这种竞争能激发政党的潜力、监督政党的权力、体现公平精神，但是这种竞争往往演变为政党之间的内耗和斗争，政党之间的竞争不是为了选民的公共利益，不是为了造福民众的公共政策，而是为了相互拆台，其实现方式往往危害国家和人民利益。而中国共产党与中国人民、各民主党派与无党派人士共同创立的中国共产党领导的多党合作和政治协商制度，凝聚了中国各族人民的政治智慧和历史经验，是马克思主义与中国实际相结合的伟大创新创造，实现了一党领导与多党合作的有机结合，是高度集中与广泛民主的有机统一。通过政治协商形成科学民主的决策，避免了多党竞争、互相倾轧争斗造成的政治动荡，避免了一党专制独裁、缺少监督所造成的弊端。中国新型政党制度不仅在中国历史上，在世界历史上也是独一无二。

（二）和谐的政党关系

与两党制、多党制和一党制的国家不同，中国政党关系是一种团结合作的亲密友党关系。一党制政党虽在一定程度上避免了实行多党制给发展中国家带来的政治社会秩序混乱，但不可避免压制了其他政治力量，同时也甚至压制社会公众的政治参与，导致各种利益诉求无法正常表达，最终影响政治稳定。两党制、多党制之间是一种彼此竞争、倾轧、争斗的关系，是恶性竞争关系。而中国政党关系是和谐的、亲密的合作关系，是挚友诤友的关系。执政党制定大政方针，参政党提出意见建议，执政党和参政党通过协商民主各种渠道沟通协商，共同推进中国特色社会主义建设，而互相监督，主要是参政党的政治监督，能够促进执政党不断进步和完善。

(三)独特的执政方式

新型政党制度中,中国共产党是执政党,民主党派是参政党,参政党的参政体现在"一个参加""三个参与",一个参加是参加国家政权,三个参与是参与国家大政方针和国家领导人选的协商,参与国家事务的管理,参与国家方针政策、法律法规的制定和执行。从执政方式上看,中国共产党处于领导地位,有利于保证政治运行效率,参政党有参政和监督的职能和权力,可以避免权力过度集中。协商是新型政党制度运行的主要机制,在涉及国家发展和人民利益的重大问题和决策上,执政党与参政党都要进行充分的沟通协调,尽量取得一致意见。而其他两党制和多党制国家的执政党,独占或主导国家权力,其他政党只能作为在野党或反对党。新型政党制度与人民代表大会制度相结合,党在做出事关国计民生重大决策前,以及政策决策执行中,与各民主党派、无党派人士,社会各界进行充分民主协商,共同为建设中国特色社会主义,为政治稳定、民族团结、社会和谐发展服务。

(四)新颖的民主形式

我国是人民当家作主的社会主义国家,在中国共产党的领导下实现了人民民主,我国社会主义民主是选举民主与协商民主的结合,既实现了多数人的意愿也尊重少数人的意见建议,从而实现了最广泛的民主,体现了人民当家作主。而两党制多党制的主要特点是通过选举方式实现政党轮流执政,这种选举实际上是金钱政治,代表的是少数人的利益。我国共产党领导的多党合作和政治协商制度作为发扬社会主义民主的重要形式和渠道,与人民代表大会制度相辅相成,扩大了社会各方面成员的政治参与,更加充分有效地实现了人民群众参与国家和社会事务管理的权利。

二、新型政党制度的重大意义

习近平总书记为新型政党制度赋予了新的时代内涵,新型政党制度作为中国一项基本政治制度,是中国共产党、中国人民和各民主党派和无党派人士的伟大政治创造，展现了新时代多党合作的勃勃生机，彰显了中国特色社会主义民主政治的优势，体现了鲜明的中国特色。

（一）新型政党制度的理论意义

新型政党制度是马克思主义政党理论同中国实际相结合的产物，是在中国长期革命、建设改革实践中形成和发展起来的。充分吸收了中华优秀传统文化中的天下为公、兼容并蓄、求同存异等思想，充分反映了人民当家做主的社会主义民主本质，有效提高了科学执政、民主执证、依法执政的水平，有利于保持国家政局稳定和社会安定团结，是适合中国国情的一项基本政治制度，并在实践中日益彰显出独特的制度优势和强大生命力。

（二）新型政党制度的历史意义

近代中国曾沦为半殖民地半封建社会，中国人民和无数仁人志士承担起救亡图存使命，进行了艰辛斗争，由地主知识分子发动的戊戌变法、农民阶级发动的太平天国起义、义和团运动、资产阶级发动的辛亥革命，不断尝试与失败，直至在马克思列宁主义与中国工人运动相结合的进程中中国共产党诞生，才改变了中国的前途和命运。中国共产党高度重视多党合作，在多党合作与政治协商制度形成后，将各民主党派与无党派人士紧密团结在一起，为共同目标奋斗，亲密合作，互相监督，共同致力于中国特色社会主义事业。70 年的历史与成就充分证明，新型政党制度能为实现中华民族伟大复兴提供强大而不竭的动力。

（三）新型政党制度的世界意义

新中国在 70 年艰苦卓绝的建设与改革实践中探索与创造出不同于他国的政党制度，即共产党领导、多党派合作，共产党执政、多党派参政的中国新型政党制度。世界政党制度主要有“两党制”“多党制”“一党制”，新型政党制度不属于其中任何一种。其独创性体现出集中社会各界智慧力量办大事的制度优势，更有西方民主不能相提并论的广泛性、包容性。其优越性体现在强大的整合能力、足够的政治定力、高度的协调能力和纠错能力。新型政党制度给世界政党政治发展带来一种新模式、新方案，彰显出中国智慧，为如何践行政党责任提供了可借鉴的范本，为发展中国家结合本国实际的政治发展道路提供了新的选择，为人类社会民主政治和政治文明作出了重要贡献。

三、新型政党制度的未来展望

中国新型政党制度已为世界上一些国家探索符合本国历史发展状况，具有本国特色政治制度提供了借鉴和启示。一个政党、一种政党制度是否先进，重要的评判标准就是这个党和政党制度能否推动国家经济社会的可持续全面发展。只有不断推动国家经济社会不断全面发展的政党制度，才能得到人民群众的肯定和支持。新型政党制度未来展望主要体现在：

（一）加强和改善中国共产党的领导

中国共产党担负着领导统筹推进“五位一体”总体布局、“四个全面”战略布局的历史重任，这就要求中国共产党不断提高领导水平和执政水平，提高防腐拒变和抵御风险的能力。中国共产党作为执政党，为人民服务，受人民监督，需得到各方面的合作共事和批评监督。新型制度中的参政党即八个民主党派，各民主党派集中了各阶层的大批优秀知识分子和骨干专家，在国家管理、文化教育、科学技术等方面有强大优势，能够建言献策、提出自己的见解和建议。民主党派可以从不同角度，反映各自所代表界别的意见建议，提供单靠执政党和群众所不容易提供的监督，这必将加强中国共产党的科学、民主、依法执政。中国共产党是新时代中国特色社会主义事业的坚强领导核心，代表最广大人民的利益，完成党在新时代奋斗目标，需要凝聚各民主党派的智慧和力量，需要各民主党派对国家大政方针和各方面工作提出意见建议，充分发挥他们的监督作用，未来新型政党制度必将增强全社会“集中力量办大事”的效率和意志。

(二)发展和完善社会主义民主

我国是人民民主专政的社会主义国家,国家的一切权利属于人民,世界上一些国家所谓的民主政治、多党竞争往往成为少数既得利益集团维护自身利益的手段,不能代表民众的诉求,造成了社会乱象、经济停滞不前。而中国新型政党制度,一方面强调中国共产党的领导,一方面又强调发扬社会主义民主,是更为有效的、为广大人民谋福利的政治制度。社会主义民主建设发展关系着国家兴亡,没有社会主义民主,就没有社会主义现代化。新型政党制度确保了中国政治制度具有广泛参与性,突出优势在于愿意倾听来自不同方面的声音。社会主义民主政治的核心是人民当家作主,真正享受公民权利,想有管理国家和企事业的权利,人民代表大会制度选举的代表代表全体人民,政协的代表代表各个界别和政治力量,这样的互为补充的民主比国外议会制选举出来的代表更具普遍性和民主性,也就更具有参与性。利益表达方面,中国政党制度通过相关制度安排,构建了人民代表大会以外又一个重要民意表达机制,能够有效反映社会各方面的利益、愿望和诉求,畅通和拓宽利益表达渠道。民主监督方面,中国共产党与各民主党派互相监督,有利于强化体制内的监督功能,避免由于缺少监督而导致的种种弊端。中国共产党自身监督形式也在不断创新中,如巡视制度就能起到很好的监督作用,能更加自觉抵制和克服官僚主义与各种消极腐败现象,从而有效避免旧式政党制度代表少数人、少数利益集团的弊端。新型政党制度具备加强和完善社会主义民主的条件,一方面各民主党派对有关国际民生的政治问题、社会生活问题等各方面,进行协商讨论,使政策民主和科学化;另一方面通过民主党派协助中国共产党畅通协商民主各种渠道,健全民主制度,丰富民主形式,做到重大问题经过人民讨论和监督,重大情况让人民群众了解,增强政策的透明度,保证人民群众当家作主落实到国家政治生活和社会生活之中。

(三)维护政治稳定与社会和谐

和平与发展仍然是时代主题,中国的发展更加需要稳定和谐的国内国际环境。实现"两个一百年"奋斗目标和中华民族伟大复兴中国梦,离不开政治稳定和社会和谐的前提,只有在政治、社会、人心稳定的前提下,才能推进社会主义各项事业才能有条不紊地进行。新型政党制度是实现中国政治稳定的核心和关键,在长期革命和建设过程中发展完善,我国执政党和参政党之间的关系是团结合作关系而不是对立竞争关系,新型政党制度能充分发挥多党合作独特优势,具有强大的稳定性,这种稳定性既是中国几十年来集中力量发展经济并取得巨大成功提供的有力保证,也是中国取得跨越式发展的重要原因。同时新型政党制度也是社会和谐的重要保障、是构建和谐社会的重要条件。首先,新型政党制度建构了和而不同、资源兼容的政治资源体系,为构建社会主义和谐社会政治运行提供了资源保证;其次,新型政党制度规范了政党行为,为构建社会主义和谐社会政治运行提供基本的制度保证;最后,新型政党制度推进国家政治运行得当,为构建社会主义和谐社会提供稳定的社会环境。

(四)调动各方面积极因素,促进社会主义现代化建设

中国特色社会主义进入新时代,面临着决胜全面建成小康社会,开启中国特色社会主义新征程的繁重任务,未来充分发挥新型政党制度的政治优势,必将能打好防范和化解重大风险、污染防治攻坚战,必将建设和完善现代化经济体系,引领中国稳步进入发达国家行列,形成稳定成熟的现代化国家治理体系和能力,建成中国特色社会主义法治国家。中国共产党和各民主党派的通力合作,一方面通过民主党派协同中国共产党协调处理人民内部矛盾,另一方面依靠民主党派去团结一切拥护社会主义和祖国统一的爱国者参加社会主义建设。中国共产党和各民主党派都将实现最广大人民的根本利益作为奋斗目标,为我国决胜全面建成小康社会和实现社会主义现代化将各方面人才的积极性调动起来,集思广益,群策群力,推动社会主义现代化建设。

(五)推进和实现祖国和平统一大业

民主党派作为爱国统一战线的重要成员,他们中的许多人同港、澳、台

及海外侨胞有广泛的社会联系,发挥了很好的沟通、桥梁作用。中国共产党和各民主党派一起协商,曾共同制定对港、澳、台的方针政策,顺利推动了香港和澳门的回归,为祖国统一大业做出了重要贡献。新时代,新型政党制度中执政党继续坚持"一国两制",推进祖国统一。参政党即各民主党派在爱国统一战线中仍发挥重要作用,通过宣传国家大政方针,稳固海峡两岸文化经济交流、抵制"台独"等方面做出重要贡献,加快推进祖国统一的进程。

(六)推动人类政治文明发展进程

习近平总书记提出,新型政党制度不仅符合当代中国实际,而且符合中华民族一贯倡导的天下为公、兼容并蓄、求同存异等优秀传统文化,是对人类政治文明的重大贡献。中国共产党始终把为人类做出新的更大的贡献作为自己的使命,是为中国人民谋幸福的政党,也是为人类进步事业而奋斗的政党。中国新型政党制度在如何避免大民主损害国家长远利益、如何避免和纠正决策失误、如何治理腐败和开展监督、发展中国家和地区如何构建现代政党制度以及协商民主实施方面对世界具有独创性的贡献和启示,在世界上构建科学和权威的中国政党理论话语体系,将进一步推动人类政治文明发展进程。

(作者单位:河南省社会主义学院)

历史视角下中国新型政党制度未来发展探析

胡仲军　朱国华　王相红

新型政党制度是习近平总书记对中国共产党领导的多党合作和政治协商制度的最新概括，是中国对世界政治文明的新贡献。新型政党制度的萌生、形成与发展经历了一系列革命、建设和改革开放的实践检验，有其历史必然性。随着中国特色社会主义进入新时代，新型政党制度应从历史中寻求启迪，以有效应对新的风险和挑战，进而保持制度优势和活力。基于此，本文从分析新型政党制度的历史成因出发，结合当前面临的现实挑战，探索如何进一步坚持和完善新型政党制度。

一、新型政党制度的成因分析

习近平总书记指出，中国共产党领导的多党合作和政治协商制度作为我国一项基本政治制度，是中国共产党、中国人民和各民主党派、无党派人士的伟大政治创造，是从中国土壤中生长出来的新型政党制度[①]。他还指出，这一制度不仅符合当代中国实际，而且符合中华民族一贯倡导的天下为公、兼容并蓄、求同存异等优秀传统文化。这一阐述深刻揭示了新型政党制

① 《坚持多党合作发展社会主义民主政治 为决胜全面建成小康社会而团结奋斗》，《人民日报》2018 年 3 月 5 日，第 1 版。

度产生的两个重要方面原因，即有关政治主体的主动创造和包括中华民族优秀传统文化在内的中国土壤。具体来说，主要体现在以下三个方面：

（一）中国共产党的政治探索是新型政党制度形成的主导因素

新型政党制度的形成不是一蹴而就的，它有着漫长的萌发、形成、坚持和发展的过程。这个过程离不开中国共产党、民主党派等政治主体的共同努力，但其中起主导作用的是中国共产党，是中国共产党对中国式民主政治的不断探索。

第一，中国共产党是中国式民主政治理念的主要提倡者。在新中国成立前，中国经历了漫长的君主专制，直到戊戌变法后，追求民主进步才成为中国先进知识分子的普遍理想。尽管如此，中国在生搬硬套西方议会制多党制之后陷入军阀割据和政治分裂的严重局面，之后又遭遇蒋介石的法西斯主义，中国依然处在深重灾难之中。直到1921年中国共产党成立之后，中国人民才在反抗国民党专制独裁过程中逐步探索出中国自己的民主。1940年，毛泽东在《新民主主义论》中提出，新民主主义国家与资产阶级专政国家的政权不同在于新民主主义国家所实行的是民主集中的政体以及包含了各个阶级、阶层、政党、政团和个人等各革命阶级联合的国体。其中，毛泽东提出了不同于以往资本主义民主的理念设想，即它是一个民主集中的整体，是包含了社会各界各团体的大联合，它区别于只有民主没有集中的西式民主，更不是只有集中没有民主的国民党一党专政。正是这种对新型民主的提倡，为之后推动形成中国共产党领导的多党合作奠定了理念基础。

第二，中国共产党是中国式民主政治的积极践行者。在新型民主理念驱动下，中国共产党积极探索中国民主的实践形式。1941年，在抗日根据地建立的"三三制"政权，本质上就是多党合作制度的雏形。1945年8月25日，中国共产党就抗战胜利后的时局发表了《中共中央对于目前时局的宣言》，号召"立即召开各党派和无党派代表人物的会议，商讨抗战结束后的各项重大问题"。国民党政府迫于舆论压力于1946年1月召开政协会议，但蒋介石违反政治协商会议决议，遂使旧政协解体。1948年，中共中央发布"五一口号"号召"各民主党派，各人民团体及社会贤达，迅速召开政治协商会议，讨论并召集人民代表大会，成立民主联合政府”，得到各民主党派与民主人士的热烈响应。1949 年 9 月 21 日中国人民政治协商会议的召开和新中国的成立，标志着中国共产党领导的多党合作和政治协商制度的初步形成[①]。正是中国共产党对民主联合政府的实践推动才有了之后的中国共产党领导的多党合作和政治协商制度的形成。这些都表明新型政党制度是在中国共产党主导的民主实践中形成的，是与国民党完全不同的政治雅量和政治智慧的结果，是其一贯的政治主张，有着丰富的经验准备。

第三，中国共产党是中国式民主政治的坚定捍卫者。新中国成立后，尤其是在社会主义改造基本完成后，许多人认为多党合作制在这样的一个历史节点，应当“功成身退”，有些民主党派甚至自行解散。对此，毛泽东在《论十大关系》的讲话中提出要将“长期共存，互相监督”作为共产党处理同民主党派关系的基本方针。1982 年，党的十二大更是在报告中将多党合作的“八字方针”发展为“长期共存、互相监督、肝胆相照、荣辱与共”的“十六字方针”。1987 年，党的十三大第一次在全国人民代表大会上完整地提出了“共产党领导下的多党合作和政治协商制度”的概念。1989 年，中共中央明确指出多党合作制度是中国的基本政治制度，由此，中国的多党合作制度也正式迈入了规范化与程序化阶段，并于 1993 年写入宪法。2012 年，党的十八大将中国共产党领导的多党合作和政治协商制度以“我国的基本政治制度之一”的形式正式写入报告。在整个过程中，中国共产党始终坚持中国式民主政治的发展道路，始终坚持捍卫、发展和完善新型政党制度。

（二）中国人民的伟大团结精神是新型政党制度形成的基本条件

从政治主体来看，新型政党制度的多党合作其实是在各种政治力量开展联合行动的过程中，在既有体制基础上发展为制度的，其本质是中国人民的伟大团结精神。正是在这种精神作用下，中国人民才能形成中华民族团

① 周淑真：《政党政治学》，人民出版社 2011 年版。

结一致的历史大潮流。在这个大潮流所迸发出来的磅礴之力中,所有历史参与者都必须顺势而为,否则必然被历史洪流冲垮击溃。在这个历史背景下,中国共产党与各民主党派逐渐走到一起,中国新型政党制度应运而生,成为中国人民伟大团结精神的集中体现。

一方面,中国人民的伟大团结精神是中国历史的主要潮流。中国经过几千年的文明发展,尤其是经过高度发达的农耕文明及"大一统"政治传统的长期浸润,逐渐培养出"天下大同,四海一家"的中华文明。在这种文明中,中国人民形成了高度的文明认同,并在此基础上形成了向心力和包容性极强的中华民族。随着近代中国陷入亡国灭种的危机,中华民族逐渐觉醒,从太平天国农民运动、义和团运动等局部的、分散的团结自救运动开始,一直到全国性的、联动的大团结大联合运动,这种伟大团结精神得到极大的充分的体现。其中,五四运动为最典型的标志,学界、商界、工人等社会各界各阶层,北京、天津、上海等中国各地各区域,整个中国为救亡图存展现出强烈的团结精神,如火山爆发一样势不可挡。基于对中国人民伟大团结精神的深刻理解,毛泽东同志于1919年在《湘江评论》上连续刊登《民众的大联合》文章,指出"较大的运动,必有较大的联合。最大的运动,必有最大的运动……必须实现中华民族的大联合……中华民族的大联合,将较任何地域任何民族而先告成功。"①也正是在这种精神的引领下,列宁提出的"社会主义不是少数,不是一个党所能实施的"②多党合作设想,才能在中国真正实现。周恩来当时评价说,"在我国的具体历史条件下,列宁的设想实现了"③。这个"具体历史条件"主要就是指中国人民的伟大团结精神。在这种精神主导下,各政治力量必须顺应团结、善于团结、代表团结,否则必然失败,最后被历史淘汰。

另一方面,中国共产党与各民主党派的合作是中国人民伟大团结精神的最高体现。中国的民主党派是在国共两党的对立和斗争中产生的,在国

---

① 《周恩来统一战线文选》,人民出版社1984年版,第347页。

② 《毛泽东早期文稿》,湖南出版社2008年版,第312、345、359页。

③ 《列宁全集》(第34卷),人民出版社1985年版,第49页。

民党一党专政的政治体制下，希望按照西方的民主模式，以民主方式、和平方法追求民主权利，进而代表最广大的中间阶级和阶层的利益，参与政治。但在抗日战争胜利后，以蒋介石为首的国民党右派不顾全国人民对和平、民主、团结的迫切愿望，依然发动内战，迫害民主力量。与国民党这种反动行为形成鲜明对比的是，中国共产党始终站在国家民族大义的立场上展开斗争。通过中国共产党在妥善处理西安事变、参加重庆谈判等事件中的表现，各民主党派逐渐认识到中国共产党才是代表中国和平、民主的未来，才是实现中国伟大团结的坚强政治力量，并最终选择接受中国共产党的领导。新中国成立后，面对是否还有必要保留政协、保留民主党派的问题，作为一个马克思主义政党，中国共产党始终坚持代表最广大人民的根本利益，团结全国各族各阶层人民，选择继续巩固和完善与各民主党派及无党派人士的合作，实现了对最广大人民根本利益的最高代表。因此，可以说，中国共产党领导的多党合作和政治协商制度是中国人民伟大团结精神的最高体现。

（三）民族救亡图存的迫切需要是新型政党制度形成的根本诱因

一个现象的产生，除了由现象中各主体之间的相互作用及其外在环境两个方面因素的影响之外，还必然有一个根本原因即最初的诱因，即这些主体是为什么产生或聚集到一起的，他们之间之所以发生作用是基于什么问题。因此，我们在分析新型政党制度形成原因时，还要分析这些政治主体是怎么来的，要弄清楚前因或者诱因，只有这样才能立体完整地理解新型政党制度的深刻内涵。

政党作为一种政治现象，在中国是到 20 世纪初才出现的。19 世纪 90 年代形成的很多政治团体只是政党的雏形，到 1905 年，中国才有政党（中国同盟会）的产生[①]。1911 年至 1913 年，中国产生了统一党、共和党、民主党、进步党、社会党、国民党和中华民国工党等大小党派。期间，各个政党组合多变，骤生骤灭，但此时各政党政纲几乎完全相同，几乎不具备政治参与的

---

① 周淑真：《政党政治学》，人民出版社 2011 年版。

能力。1921 年至 1948 年产生了中国共产党、中国青年党、中国农工民主党、中国国家社会党、中国民主同盟、中国民主建国会、中国民主促进会、中国致公党、九三学社、台湾民主自治同盟、中国国民党革命委员会等党派,期间各政党也发生了一些调整变化,解放战争中中国人民选择了中国共产党,新中国成立,中国共产党成为执政党,最终形成中国共产党领导的多党合作和政治协商的政党格局。在那个政党疯狂生长的年代,各政党经历过无数次历史考验,但驱动这无数经历的背后是民族救亡图存的初心。正是当时帝国主义、封建主义让中华民族面临亡国灭种的危险,为挽救民族危亡,中国先进知识分子在不断学习西方的过程中才逐渐走上政党政治的道路并最终找到属于中国自己的政党政治模式。这与欧美等西方政党产生的模式不同,也从根本上决定了大部分中国政党的建立是为国家民族的整体利益而不是像欧美等西方政党是为了某个群体或利益集团的局部利益。正是这种建党现实需要的不同才导向中国与西方各国政党建党初心的不同。一方面,中国共产党才会顺应历史潮流、人民选择,和各民主党派合作共事,并给予、维护和巩固各民主党派参政议政履职尽责的政治空间;另一方面,各民主党派最终才会选择为民族整体利益接受中国共产党的领导进而开展多党合作,而不是为获取政权谋取私利而开展多党恶性竞争。

中国政党政治尽管源自西方,但由于中国土壤的特殊性和中国所处历史阶段的特殊性,政党政治在中国这片大地上最终长成了与欧美等西方国家完全不同的政党制度。以上分析表明,中国新型政党制度之所以能形成,在于有中国共产党对中国民主政治的探索,在于有天下为公、兼容并蓄、求同存异等优秀传统文化所涵养的伟大团结精神,在于有不得不团结一致的民族救亡图存的现实需要。同时也正是有这种优秀传统文化,中国才能较好地吸收马克思主义理论,中国共产党才能在中国大地上扎稳脚跟,进而领导各民主党派等进步政治主体为中华民族的伟大复兴共同奋斗。

二、新时代中国新型政党制度的挑战分析

党的十九大以后,中国特色社会主义进入新时代,标志着中国新型政党

制度也进入了新时代。新时代，世界变局百年未有，全球经济政治格局的大变革也造成了中国国内很多前所未有的新情况新问题，给中国新型政党制度带来许多重大挑战。

(一)意识形态领域交锋更加激烈

马克思说过，生产关系的总和构成社会的经济结构，即有法律的和政治的上层建筑竖立其上并有一定的社会意识形式与之相适应的社会基础①。上层建筑是指建立在一定经济基础上的社会意识形态以及与之相适应的政治法律制度和设施等的总和。所以，意识形态作为上层建筑的重要内容，与经济基础也存在着对立统一的辩证关系。由于对社会政治、经济等领域有着极其复杂且隐性的作用，意识形态已经成为不同国家势力之间相互展开斗争的重要工具。苏联解体事件中，就是反苏势力通过运用意识形态工具，将经济问题政治化，将民生领域的矛盾焦点逐步引向执政党，利用经济问题否定苏共执政，最终达成解体苏联的目的。近年来，西亚、北非一些国家发生政权更迭，虽然有其自身的民族、宗教等社会矛盾因素，但其背后却有着强烈的西方国家利用意识形态进行渗透的影子。西方国家给西亚、北非变局贴上“阿拉伯之春”的“颜色革命”标签，并在背后推波助澜，将这场运动引向所谓“民主对专制”的斗争轨道，最终导致剧烈的政治和社会动荡。这些都是反对势力运用意识形态领域斗争的方式将正常的国内社会问题引爆成政党政治问题的典型案例。

对于中国来说，现阶段意识形态斗争主要体现为社会主义中国与部分资本主义国家之间的意识形态斗争，部分体现为国内不同意识形态之间的斗争。国际和国内意识形态斗争相互联系。在很大程度上，国内意识形态斗争是国际意识形态斗争的反映。从 2006 年的“西山会议”主张到 2007 年的“民主社会主义救中国”，再到 2008 年的“普世价值”热以及所谓的“零八

---

① 《〈政治经济学批判〉序言》，《马克思恩格斯选集》(第 2 卷)，人民出版社 1995 年版，第 32 页。

宪章"①,都主张搞资本主义,直接或间接地否定中国共产党领导,主张实行西方多党制模式。这些思想斗争尽管很多以学术和改革的面貌出现,斗争焦点似乎聚焦在经济领域,但往往都会指向意识形态领域,即企图在中国实现欧美的政党制度和政治体制等。当前,中国国家综合实力不断增强,国际影响力不断加大,对国际现有秩序既得利益者产生重要影响,西方资本主义国家对中国直接或间接的斗争更加激烈,意识形态领域斗争进一步激化。比如,国内有些人借着国企改革和经济下行压力,提出"民营经济离场论"②以混淆视听,虽然跟过去的直接斗争方式不一样,但这种言论企图蛊惑人心、动摇执政基础的用心是一样的。2019 年,美国国务院政策规划主任基隆·斯金纳将中美竞争用所谓"中美文明冲突论"③进行恶意渲染。这本质上是将中美经贸摩擦问题意识形态化,企图引起西方文明国家对中国采取全面遏制甚至是颠覆行为。这种言论最终可能会引发对中国共产党、中国各民主党派以及中国新型政党制度的合法性、有效性进行系列攻击等负面效应。事实上,国际上对中国进行和平演变的企图一直未曾停止过,但今后的意识形态斗争显然会更加激烈。

(二)国内社会结构发生深刻变动

社会结构是描述和观察社会构成的重要概念,是指人们由于性别、年龄、职业或政治态度等不同特征自然或人为地归属于某一社会群体。由于社会经济、科技不断发展,社会结构一直处于不断发展变化的过程中,在某个稳定时期会呈现出相对稳定的状态。不管社会结构如何变化,可以肯定的是社会结构对政治发展有着重大影响,尤其在民主社会的今天,社会结构对政党政治、公民政治参与有着非常重要的影响。一方面,建设一个先进的

---

① 张顺洪:《关于当前的意识形态斗争》[J],《政治学研究》,2009 年第 3 期,第 12—21 页。

② 《民营经济绝不能离场》[J],《中国总会计师》,2018,182(09),第 32—33 页。

③ 《美国国务院为美中文明冲突做准备》[N],美国:《华盛顿观察家报》,2019 年 4 月 30 日。

政党，需要坚固的社会基础和阶级基础[①]，政党要维持政治生命和政治影响力就需要不断适应社会结构变化而相应调整其社会基础；另一方面，政党政治能否维持社会结构中部分群体有效的政治参与，也深刻影响着政治决策和政策执行的方方面面，反过来也会影响政党政治的权威性。

改革开放以来，随着社会主义市场经济的不断完善和新科技技术的广泛应用，中国社会结构发生了深刻变化，社会经济成分、组织形式、就业方式、利益关系和分配方式日益多样化，而且这种变化还在不断持续，这与现代西方发达国家相对稳定的社会结构形成了鲜明的对比。这种情况使中国新型政党制度所联系代表的具体群体对象不断发生变化。比如，中国共产党统一战线的工作范围和对象不断发展变化。随着新媒体从业人员、新社会组织从业人员等群体发展较快，2015 年统一战线工作范围和对象进行了新的调整，由原来的 15 个方面调整为 12 个方面，把“私营企业、外资企业的管理人员和技术人员”“中介组织从业人员”“自由职业人员”和“新媒体从业人员”等统称为“新的社会阶层人士”，包括今后可能新出现的群体都可以纳入进来。“原工商业者”“起义和投诚的原国民党军政人员及眷属”数量已很少，不再单列，将其并入“其他需要联系和团结的人员”之中。[②] 这是统一战线为政党政治有效覆盖社会基础维持政治生命的政策调整。而这也在某种程度上影响了各民主党派发展成员的来源，其社会基础和党派界别特色也不断发生变化。党的十九大以后，中国经济进入高质量发展阶段，创新驱动必将进一步加强，人工智能、数字技术、新通信技术等科学技术的研究、推广和应用必将进入一个新的时期，新业态、新行业也必然不断形成，中国社会结构还将会进一步加速调整，新的社会阶层不断分化出来，旧的社会阶层不断瓦解，整体社会结构的形状也会由金字塔型向橄榄型不断演进，随之而来的政治需求、政治态度和社会力量也必然发生深刻变化。新型政党制度如何兼容并蓄，及时调整其社会基础，保障社会群体有效的政治参与和政治

① 周淑真：《政党政治学》，人民出版社 2011 年版。

② 《统战新语　如何认识统一战线工作范围和对象的发展变化》，中央统战部网站，2016 年 3 月 2 日。

表达，增强政党制度的代表性和合法性，对新型政党制度必将是一个持续的挑战。

（三）社会问题和矛盾进入凸显期

社会问题和矛盾是一个社会永远回避不了的客观存在。在政党政治流行的现代社会，回应解决社会问题、缓解化解社会矛盾则是一个政党的重要任务。能否有效回应社会关切、满足社会需求，考验的是国家执政党的执政能力，同时反映的是政党制度的政治效能。如果政党体制不能有效解决重大社会问题和矛盾，社会通常会自我集结力量形成正式或非正式组织，或自我管理自我服务，或对现行执政力量造成压力甚至是破坏力，而后者通常会引发一系列不可控后果，被国外势力染指或者被国内反对势力利用，进而造成更加复杂严重的局面。这要求政治当局不管是从社会道义还是政党事业来看，都必须重视社会问题和矛盾的解决。

经过改革开放40年的发展，我国社会生产力水平总体上显著提高，社会基本矛盾转化为人民日益增长的美好生活需要与不平衡不充分的发展之间的矛盾。现在，人们不仅对物质文化生活提出了更高要求，而且在民主、法治、公平、正义、安全、环境等方面的要求日益增长。但我国经济社会各个领域仍然存在这样那样的短板，有些方面还面临不少突出问题，主要有四个方面：一是城乡地区之间发展收入不平衡的问题以及人们对住房、医疗、教育等民生需求问题；二是生态环境承载力不足，生态历史欠账比较多，对人们的生产生活造成重大影响；三是金融领域蕴藏着重大风险问题，在经济下行压力大的情况下，如何处理好金融风险控制与企业经营发展的问题；四是中美竞争与合作进入了极度不稳定时期，两国之间的贸易摩擦、技术合作发展问题等，对我国当前高质量发展阶段造成不容小视的消极影响。这四个方面相互交织，环环相扣，给中国政党政治的政治效能带来了严峻挑战。在这个特殊时期，能否有效解决这些社会问题，能否切实发挥优势、转危为机，关系到能否继续增强人们对包括新型政党制度在内的中国特色社会主义制度的信心和维持社会大局的稳定。

总的来说，中国新型政党制度在新时代主要面临着意识形态领域斗争、社会结构深刻变化、社会矛盾问题凸显三个方面的挑战。这三方面挑战是其他西方欧美国家政党制度不曾遇到的问题,具有中国特殊性,是中国发展阶段后进性、国际秩序变革期两者叠加所导致的。如果中国和西方发达国家发展同步,中国的社会结构就不会产生那么剧烈快速的深刻变动,政党制度所需的社会基础就会相对稳定;如果当前国际秩序仍然相对稳定,意识形态领域斗争可能会相对缓和,政党制度所面临的舆论环境可能相对自然和正常;如果这两者不相互重叠,那么中国的社会矛盾和问题的表现可能会相对简单柔和。但是不管怎样,历史不能假设,中国必须正视问题,认真面对挑战,让新型政党制度在挑战中更加成熟。

三、在坚持中完善新型政党制度

新中国成立至今已有70年,中国经历了翻天覆地的变化。在中国共产党领导下,中国新型政党制度为中国革命、建设和改革事业做出了举世瞩目的成就。从新民主主义革命到中国特色社会主义建设,从计划经济到中国特色社会主义市场经济,从站起来到富起来再到强起来,都离不开新型政党制度凝聚力量、贡献智慧,为改革、发展和稳定作出的卓越贡献。历史和实践证明,中国共产党领导的多党合作和政治协商制度是从中国土壤中生长出来,是中国人民的选择,更是伟大历史的选择。在建设社会主义现代化强国、实现中华民族伟大复兴新征程上,我们应该从历史中再出发、再寻找,探索应对新形势新挑战的守正创新之道,“不走封闭僵化的老路,也不走改旗易帜的邪路”。

(一)全面加强和改善中国共产党的领导,坚决守住意识形态斗争主阵地

从新型政党制度形成的历史过程来看,中国共产党在整个过程中起着主导核心作用。正是由于中国共产党天下为公的政治理念、切实为民的政治信仰、廉洁过硬的政治作风以及坚强卓越的领导能力,中国共产党才能够提出多党合作和政治协商的中国式民主政治主张并成为执政党,各民主党

派和无党派人士才会自觉集聚到中国共产党的旗帜下，接受中国共产党领导，接受社会主义建国方针，一起不断经风雨共成长，最终成为与中国共产党通力合作的亲密友党，成为中国特色社会主义参政党。如果没有中国共产党自身的先进性，而像当时腐败反动的国民党那样，就不可能有中国政治的民主性，就不可能有今天的新型政党制度。如果中国共产党没有持续保持先进性的能力，中国的政治性就难以持续保持民主性，新型政党制度也不可能一路风雨跨越 70 年，而且生机活力愈发彰显。这表明新时代我们要继续坚持和巩固新型政党制度，就必须全面加强和改善中国共产党的领导。

只要中国共产党领导持续坚强有力，持续保持先进性不褪色，意识形态领域斗争就不可能从根本上动摇中国特色社会主义，中国各民主党派和无党派人士乃至人民群众就会继续坚定信心信念跟着中国共产党走，中国新型政党制度就会不断深根固蒂、茁壮成长。一要持续加强执政党作风建设。腐败问题和作风问题关乎人心向背、生死存亡，同时也关乎新型政党制度的存续与发展。党的十九大以来，以习近平同志为核心的党中央一以贯之、坚定不移推进全面从严治党，党内政治生态展现新气象，反腐败斗争取得压倒性胜利，全面从严治党取得重大成果。但形式主义、官僚主义等作风问题依然突出，穿上“隐身衣”、披上“新马甲”等现象时有发生，其表现形式林林总总，需要我们持续加强反腐败和反“四风”斗争，把政治建设贯穿其中，把纪律挺在前面。二要切实增强意识形态斗争。一方面，中国共产党、各民主党派尤其是领导干部要加强意识斗争敏感性，对攻击新型政党制度的错误言行或“低级红高级黑”现象及时展开斗争。另一方面，党员、干部要加强政治理论学习，通过党校、社会主义学院等学习教育平台，切实提高理论素养和政治素养，提高意识形态斗争本领，不能不斗争，更不能乱斗争。三要加强和改善中国共产党与各民主党派民主合作关系。在新型政党制度中，中国共产党是领导核心，各民主党派是重要组成部分。中国共产党各级地方党委（党组）要切实加强和各民主党派及无党派人士的政治协商和合作共事能力，切实发挥好民主党派和无党派人士的积极作用，要完善政党协商的内容和形式，建立健全参政议政平台机制，探索民主监督有效形式，支持民主党派加强自身建设。只有这样，才能不断加强新型政党制度的政治主体，切实增强制度的政治活力，永葆新型政党制度的优越性。

（二）继续发挥中国人民的伟大团结精神，有效把握社会结构变化大节奏

从新型政党制度产生的历史条件来看，中国人民的伟大团结精神是最基础的条件。这种精神之所以能够形成，主要有三个方面原因。一是中华优秀传统文化几千年来所培育的高度的文明认同、国家认同、民族认同；二是中华民族当时面临的内忧外患，让中国人产生强烈的“恢复中华、团结一致”意识；三是中国共产党对历史潮流和社会运动高度自觉的坚强领导。正是这些原因，从根本上决定了中国共产党能够运用伟大团结精神通过形成统一战线为革命目标汇聚无比磅礴的人民伟力。

新时代，中国特色社会主义进入了崭新的历史时期，国内社会结构发生深刻变化，国外经济秩序发生深刻变革，我们需要坚持发扬伟大团结精神，利用新型政党制度广泛团结社会各阶层，为实现中华民族伟大复兴凝聚智慧和力量。历史启示我们，新时代坚持和发展新型政党需要重点做好以下三个方面工作。一是加强中华优秀传统文化建设。中华民族自身有团结的文化基因，有高度的自我认同，是形成新型政党制度的根本内因。没有中华民族优秀传统文化，实现社会团结就没有根基，以团结合作为特点的新型政党制度就难以形成。比如，非洲、中东地区的部分国家同样有着严重的民族危机，却始终局限于宗教矛盾和种族纠纷，造成社会大分裂，无法实现各政治主体的团结一致，其中一个很重要的原因就是没有形成有着高度认同的、团结的传统文化。如今，随着现代化、工业化的推进，传统文化相对衰落，基于经济理性的分子型社会逐渐形成，对保持民族认同和社会团结带来一定的挑战。这要求我们结合实际，适时创新，充分挖掘优秀传统文化的时代价值，加强中华文化学院建设，加强大一统文化和文化研究，把新型政党制度所需要的伟大团结精神相关传统文化元素有效融入现代社会。二是畅通政治参与表达渠道，扩大政党制度的社会基础。由于中国发展的阶段特殊性，社会结构总是处在快速发展变化中，新的社会群体和社会阶层必然产生新的利益需求，如果及时整合他们的利益需求，通过政协、统战等系统畅通他

们的利益表达渠道,我们就能很好地实现社会整合;相反,如果不能及时把他们融入现有政治体系,那么他们的利益需求很可能就会变成一种社会分裂因素,影响社会团结和社会稳定。三是加强中国共产党对各领域各群体的政治领导。习近平总书记强调,党政军民学,东西南北中,党是领导一切的。中国共产党要加强对民主党派、无党派人士等重要工作的领导,加强对青年、非公经济人士、哲学文艺工作者、留学生等特殊群体的政策理论宣传,清晰表明中国共产党执政为公、执政为民的立场,让这些重点领域工作和重要社会群体自觉接受中国共产党的执政理念和权威领导,为新型政党制度的坚持和完善营造良好宽松的社会氛围。这样我们才能有效把握社会结构的快速变化节奏,进一步巩固伟大团结精神,不断扩大新型政党制度的社会基础,增强现有政治体系的代表性。

(三)切实坚持合作初心,有效解决社会矛盾,不断提高社会大众制度自信心

习近平总书记指出,我们党领导人民干革命、搞建设、抓改革,从来都是为了解决中国的现实问题。① 从新型政党制度的历史形成来看,近代中国社会的主要矛盾,即帝国主义与中华民族的矛盾、封建主义与人民大众的矛盾,是中国近代政党陆续兴起的根本原因,是新型政党制度形成的历史诱因。正是中国先进知识分子在不断探索解决这两个主要矛盾的过程中才逐渐走上政党政治的道路。如果没有这两个社会基本矛盾,或者没有帝国主义与中华民族这个主要矛盾,中国政党政治可能需要经历更长的时间。可以说,中国各政党产生的初心整体上是为解决帝国主义问题和封建主义问题,为民族争独立、为民族谋复兴。不过在这个过程中各政党有着不同的政治立场和利益问题,只有中国共产党始终坚定代表中国最广大人民而不是少数阶级和利益集团的根本利益。不管分歧如何,新型政党制度中现有的政治主体都是为着民族复兴这个合作初心而产生和合作的,然后才有了新

① 习近平:《辩证唯物主义是中国共产党人的世界观和方法论》,《思想政治工作研究》,2019 年第 2 期,第 9—11 页。

型政党制度的形成。这说明是社会矛盾驱动了政党的产生,是合作初心赋予了新型政党制度以生命,并赋予它最高的合法性。

基于此,新时代坚持和发展新型政党制度需要通过回顾和坚守合作初心,有效解决社会矛盾和问题,才能进一步增强制度合法性。一是切实开展"不忘初心,牢记使命"相关主题教育。"靡不有初,鲜克有终。"中国新型政党制度当初为了民族复兴的初心应该且必须保持下去,否则终将以失败告终。恩格斯说过:"一个知道自己的目的,也知道怎样达到这个目的的政党,一个真正想达到这个目的并且具有达到这个目的所必不可缺的顽强精神的政党——这样的政党将是不可战胜的。"中国共产党是这样的党,中国各民主党派以及无党派人士等政治主体都应该做到这样。要通过学习教育、调查研究、检视问题和整改落实"四个贯穿始终",坚决克服部分党员、干部"忘却初心、迷茫骄奢"的精神状态,切实激起为民为国、前赴后继的合作初心。二是围绕社会主要矛盾,聚焦三大攻坚战。新型政党制度要坚持以人民为中心的政治理念,不断从国际国内各行业各领域汇聚智慧和力量,切实解决发展不平衡不充分的问题,满足人民日益增长的美好生活需求。在当下,就是要切实聚焦三大攻坚战,大兴调查研究之风,要充分发挥民主党派和无党派人士的民主监督、参政议政和政治协商三大职能作用,把各党派所联系的群体紧紧团结在党中央的中心工作上。三是加大宣传力度,坚持正面引导。现实中,对中国新型政党制度的消极认识、负面评论时常存在。为此,我们要充分挖掘新型政党制度在解决社会矛盾和问题的重大成效,加大制度优势和制度特点的宣传力度。要让人们认识到,任何一种政党制度都是历史的,是当时历史条件下的时代需要、人民选择,其产生的时代、条件不同,不可避免带着不同的历史局限性,其呈现的特点以及今后要走的路都会不同。西方政党制度也因国家历史不同呈现出不同的特点和效能,有其优点,同样有着难以消除的历史局限性。中国新型政党制度也是如此,它在克服西方传统政党制度的局限性的同时,也必然产生新的局限性,正因为如此,我们才需要进行新型政党制度的内部改革完善,同时也需要政党制度的外部改革支撑。只有这样,才能在坚持中不断完善新型政党制度并树牢人们的制度自信心。

综上所述,政党制度是历史产物,不同的历史时代和条件会产生不同的政党制度。因此,政党制度会拥有不同历史成因,会面临不同的现实挑战,也会在各自不同历史基础上应对现实挑战而实现不同的未来发展。与西方政党制度不同,中国新型政党制度是在中国人民伟大团结精神的土壤中,由中国共产党领导,各民主党派和无党派人士共同参与,为民族复兴而形成的共同政治实践,是中国人民的历史选择。在如今,新型政党制度主要面临着意识形态领域、国内社会结构变动和社会主要矛盾和问题等三方面的挑战。面对挑战,我们可以在新型政党制度的历史形成中寻找到应对挑战的对策。历史告诉我们,新型政党制度必将在中国共产党的坚强领导下,在中国各民主党派的共同努力下,为实现中华民族伟大复兴续写辉煌,展现出新的蓬勃的生命力和创造力。

(作者单位:湖北省社会主义学院)

中国新型政党制度与参政党

新时代民主党派思想政治建设创新研究

——以九三学社武汉市委会为例

武汉市社会主义学院、九三学社武汉市委会联合课题组

思想政治建设是党的建设的一项重要内容,也是党的各项建设的基础和根本。民主党派作为中国特色社会主义参政党,在新时代下如何运用好思想政治建设这个强大思想武器,关键就是要创新,这既是新时代参政党建设的理论命题,也是新时代民主党派开展思想政治建设的实践命题。本文以近年来九三学社武汉市委会思想政治建设的创新做法为研究对象,对这一理论和实践的双重命题进行研究,以期进一步总结提炼民主党派工作的"武汉经验",并为新时代民主党派思想政治建设提供参考。

一、新时代民主党派思想政治建设创新的必要性

本文将中共十八大以来的这六年作为"新时代"考察的时间范围,而这一新的历史方位和新的社会发展阶段下的新发展、新形势、新特点和新要求,需要民主党派思想政治建设进行创新。

(一)民主党派思想政治建设创新的外在因素

1. 新时代迎来新发展,中国特色社会主义理论的不断完善,需要民主党派思想政治建设进行创新

中共十八大以来,党的理论最重大的创新成果,就是“习近平新时代中国特色社会主义思想”,其提出进一步丰富和完善了中国特色社会主义理论,是中国共产党带领的全国各族人民必须长期坚持的一个指导思想。民主党派作为中国特色社会主义参政党,作为中国特色社会主义政治制度的主要参与者,必须把习近平新时代中国特色社会主义思想作为强大思想武器武装起来,在学懂弄通做实上下功夫。一是要对照原著和讲话原文学,把学习理论和学习民主党派史、多党合作史、统一战线史等结合起来,在学习中深化“两学一跟”(学系列讲话、学优良作风,跟共产党奋进)学习教育,坚定“不忘合作初心,继续携手前行”的理想信念。二是要带着责任感和使命感学,把理论学习和进行伟大斗争、建设伟大工程、推进伟大事业、实现伟大梦想的实践结合起来,在学习中增强政治共识和“四个自信”,凝聚奋进力量。三是要提高政治站位和履职本领,把做好本职工作和参政议政工作的生动实践作为学习体现,在学习中提高政治把握能力、参政议政能力、组织领导能力、合作共事能力、解决自身问题能力。

2. 新时代面临新形势,当前国际国内复杂形势的严峻考验和舆论斗争的新变化,需要民主党派思想政治建设进行创新

当前,国际国内形势正在发生深刻复杂变化。一方面,东西方文化的碰撞和融合,对包括民主党派成员在内的广大知识分子的思想和观念产生了巨大影响,表现为思想更加活跃,思维方式日趋开放和多元;另一方面,信息技术的飞速发展,使人们在拓展知识、获取资讯的同时,也使辨别是非曲直、站稳政治立场变得更加重要。对此,民主党派思想政治建设必须在宣传手段上进行创新,研究传播的新特点,跟上宣传的新形势,探索运用新媒体开展思想政治建设,引导广大成员增强政治敏锐性和政治鉴别力,正确看待改革过程中出现的各种社会矛盾,始终保持头脑清醒和政治坚定,共同维护好多党合作的政治基础。

(二)民主党派思想政治建设创新的内在因素

1. 新时代凸显新特点,民主党派成员的当前现状,需要民主党派思想政治建设进行创新

近年来,各个民主党派都加大了发展新成员的力度。截至 2017 年 6 月底,八个民主党派共有成员 113.4 万①,较 2012 年 84 万成员②增长 35%。一批学历层次高、学术造诣深、有参政议政愿望和热情的中青年知识分子加入民主党派,使民主党派成员总体上呈现出一些新的特点。一是新成员参政热情高却普遍缺乏对多党合作历史和制度的了解。新成员大多出生于 20 世纪 70、80 年代,文化程度高、思想活跃、渴望获得肯定,政治参与的热情高且具有较强的参政意识,但由于成长在和平年代和经济快速发展时期,没有老一辈民主人士和中国共产党并肩战斗的经历和体会,因而对中国共产党领导的多党合作历史和重要性认识不多,对我国的政党制度了解不够,容易受到西方思潮的影响。二是体制外成员比例逐渐增大。民主党派成员过去主要集中在科教文卫等传统的体制内领域,但现在越来越多的体制外人员,特别是非公经济领域人士和新的社会阶层人士选择加入民主党派,他们分布广泛、流动性大、社会交往多,在一定程度上扩大了民主党派与各界群众的联系。但与此同时,他们加入民主党派的选择又或多或少存在一些功利心理或盲目性,加之工作方式趋于社会化,无形中削弱了党派组织对成员的约束力。三是工学矛盾较为突出。民主党派成员大多是单位业绩突出的骨干力量,很多时候没有时间或没有兴趣参加党派组织的规模性的集中学习,容易忽视和放松个人的思想理论学习,工学矛盾较难协调。这些新特点对民主党派的新老合作和政治交接带来了较大影响,必须通过创新思想政治建设来增强民主党派组织对成员的吸引力,引导成员坚定正确的政治路线、政治立场、政治方向和政治道路。

---

① 《刚换完届,你了解八个民主党派么?》,统战新语公众号,2017 年 12 月 28 日。

② 编写组:《十八大报告辅导读本》,人民出版社 2012 年版,第 239 页。

2. 新时代做出新要求,参政党建设的历史新任务和当前思想政治建设存在的不足,需要民主党派思想政治建设进行创新

在 2018 年同党外人士迎春座谈会上,习近平总书记强调指出,"中国特色社会主义进入新时代,多党合作要有新气象,思想共识要有新提高,履职尽责要有新作为,参政党要有新面貌,引导广大成员增进对中国共产党和中国特色社会主义的政治认同,使新时代多党合作展现出勃勃生机。"[①]对新时代民主党派思想政治建设提出了新要求,指明了新方向。

此前,理论界对于新时代民主党派思想政治建设存在的不足进行了分析和思考。例如,姚俭建认为,参政党思想建设实效性不够具体体现在:学习引导方法概念化简单化导致方法的可操作性不强、思想建设缺乏有效载体和平台导致实践中的可行性较差、成员思想认识和价值取向上存在偏差导致思想建设成果的可靠性偏弱。[②] 张书存、马敬民、崔玲玲等指出民主党派思想政治建设存在思想认识上的不到位,对思想政治工作采取应付的态度,缺乏系统性、全面性和严肃性。[③] 吕东春认为,当前民主党派思想政治工作主要有自身重视不够、理论教育与实践教育衔接不好两个问题。[④] 针对高校民主党派成员思想政治工作,李金宵认为存在指导思想缺乏特色、新生成员政治素质不高、制度欠缺、活力不足等四个问题。[⑤]

以上研究表明,在新要求面前,民主党派思想政治建设无论是形式、方法还是效果,都存在一些亟待创新和改进的地方,必须树立"一盘棋"的观念,以创新贯穿思想政治建设的始终,在解决问题中提升思想政治建设的实效性,把广大成员真正从思想上凝聚和团结起来,为巩固共同思想政治基

---

① 习近平:《多党合作要有新气象思想共识要有新提高 履职尽责要有新作为参政党要有新面貌》,《人民日报》2018 年 2 月 7 日,第 1 版。

② 姚俭建:《参政党思想建设的实效性与路径选择》,《中央社会主义学院学报》2016 年第 2 期,第 7—8 页。

③ 张书存,马敬民,崔玲玲:《新时期民主党派思想政治工作的新思维》,《河北省社会主义学院学报》2014 年第 2 期,第 33—34 页。

④ 吕东春:《新形势下民主党派思想政治工作研究》,《理论界》2013 年第 12 期,第 38—39 页。

⑤ 李金宵:《高校民主党派思想建设问题及对策研究》,辽宁工业大学 2015 年度学位论文,第 16—19 页。

础、坚持和发展新型政党制度提供坚实保证。

二、九三学社武汉市委会思想政治建设的创新实践

九三学社武汉市委会成立于1955年,现设有9个区工委、2个基层委员会、7个直属支社、54个基层支社,涵盖武汉市13个行政区和2个功能区。社员共计1326人(截至2017年12月31日),年龄分布上,40岁以下占23.2%,40—50岁占27.7%,50—60岁占24.9%,60岁以上占24.2%;文化程度上,大学以上文化程度占86.1%,其中硕士及以上学历占35.6%,中级以上职称占87.8%,其中高级职称占49.6%;界别分布上,科学技术界占45.8%,医药卫生界占15.8%,高等教育界占9.6%。综合来看,九三学社武汉市委会在组织架构上具有覆盖面广、重点突出的特点,在社员队伍上具有梯次分布均匀、学历高职称高、界别领域集中的特点,党派优势与界别特色明显。近年来,针对思想政治建设,九三学社武汉市委会围绕新时代新要求,立足自身特点,发挥党派特色,积极挖掘资源,为民主党派地方组织开展思想政治建设作出了许多创新探索。

(一)形式创新:基层+特色,增强思想政治建设的实效性

1. 上下联动,激发基层活力,开展形式多样的学习实践活动

在为期三年的“坚持和发展中国特色社会主义”学习实践活动中,九三学社武汉市委会专门建立了主副委对口联系基层制度,市委会的主副委和秘书长分别到各自对口的联系点参加基层组织学习活动,既加强了组织领导,又极大地调动了基层组织热情和积极性,各个区工委和直属支社结合实际安排了形式灵活的学习实践活动,如组织开展重走长征路爱国主义教育,或组织到福利院献爱心和开展调研,或举办社务工作研讨会等,构建起上下联动的学习交流渠道,有效地增强了学习实践活动的可操作性,使学习实践活动深入人心。2017年,九三学社武汉市委会获九三学社中央“坚持和发展中国特色社会主义学习实践活动全国先进集体”称号。

2. 统筹结合，弘扬九三精神，开展特色鲜明的社史教育

九三学社的社史纪念日，与五四运动爆发、抗日战争胜利等纪念日紧密相连，每年的社史纪念活动都会受到多方关注。九三学社武汉市委会的做法是将纪念活动与“两学一跟”学习教育、“不忘合作初心，继续携手前进”主题教育活动等统筹起来，以弘扬九三精神为纽带，开展“五个一”的特色活动，即主委讲一次社史专题、观看一次社史纪录片、组织一次主题活动、学习一位九三学社先贤、开展一次革命传统教育。系列社史教育活动使红色记忆和统战传统在当代社员身上得到了进一步延续，同时也把“两学一跟”学习教育和“不忘合作初心，继续携手前进”主题教育活动进一步推向深入。

（二）机制创新：帮带+调研，增强思想政治建设的持续性

1. 新老传承，实施人才战略，开创“青蓝工程”品牌

目前，全市45岁以下青年社员已占社员总数的1/3，针对青年社员生活阅历浅、思想不够成熟、参政议政水平不足、本职工作和党派工作协调不力等短板，九三学社武汉市委会创造性地提出了“青蓝工程”人才培养战略。“青蓝工程”取自“青出于蓝而胜于蓝”，旨在通过组织具有良好职业道德和较高参政能力的老社员（蓝方）和新进社员（青方）“结对子”，实施“一对一”的传帮带，以此加速培养一批优秀社员，目前已促成24对社员新老结对。在具体实践中，市委会严格把握评聘导师、签订协议、帮带培养三个关键环节，要求青方以一年为周期，完成一篇优秀调研报告、反映一条有价值的社情民意信息、提交一篇有质量的宣传报道、参加一次社会服务活动、读一本好书或参加一次培训，同时加强对帮带日常活动记录、参政轨迹、评价等痕迹的管理和检查，有步骤地提高新社员的理论水平和参政能力。“青蓝工程”不仅为青年社员迅速成长营造了良好氛围，也为新老社员交流互动提供了有效的渠道，发挥出老社员的模范带动作用，打造出一个发现、锻炼、培养、造就青年人才的新品牌。

2. 横向合作，整合多方资源，深化“学习研究+”调研

学习是思想政治建设的必要形式，而研究则是思想政治建设的进一步深化。九三学社武汉市委会以“学习研究+”调研为载体，整合多方资源，在

“社市委—区工委—支社”三个不同层级上探索横向合作,为参政党理论研究注入了新的活力。一是在社市委层面上明确对口联系机制,开展知情议政和市情调研。此外还不定期组织社内省市人大代表,政协委员开展界别活动,围绕一个主题开展集体专题调研。二是在区工委层面上推广携手共建机制,鼓励区工委和区里的有关部门合作开展专业相关领域的难点、热点问题研究;三是在支社层面上落实课题承接机制,每年选择有资源优势的基层支社承担相应课题研究工作。通过深化“学习研究+”调研,既增强了社员的学习研究能力,又通过民主党派的“直通车”渠道推动政府进一步改进工作和惠及民生,以此调动组织和社员加强自我教育、参与理论研究的积极性,不仅形成了不少有影响的课题成果,还吸引到九三学社中央巡视督导小组专门赴现场观摩支社的调研课题会,受到中央领导的积极评价。

(三)平台创新:社员之家+教育基地+一网一刊一号,增强思想政治建设的吸引力

1. 扬长避短,搭建互动平台,打造“社员之家”

为破解工学矛盾,九三学社武汉市委会鼓励基层组织成立“社员之家”来开展“自我管理”“自我教育”“自我服务”。目前全市已建有三所“社员之家”,做出了不少创新探索。一是选点上突出实用性,如把老城区“社员之家”建在统战氛围浓厚的社区党员群众活动中心,使社员能够与中国共产党员一起学习,增进对社情民意的了解;二是环境上突出文化性,在科技精英、海归留学人员、新的社会阶层人士集中的区域,选取社员自营的咖啡屋作为“社员之家”,营造环境舒适、氛围轻松又有宣传效应的学习交流平台;三是管理上突出规范性,聘请退休社员担任“社员之家”的“家长”,在上传下达、服务社员上更加规范及时;四是活动上突出经常性,团结和组织起一批热衷党派活动的骨干成员。在“社员之家”,社员们可以灵活地安排时间进行交流学习,加上充满情感的引导,使社员对社组织的归属感不断增强,政治觉悟和理论水平得到共同提高。

2. 典型示范,搭建教育平台,建立传统教育基地

为缅怀先贤,彰显榜样的带动作用,九三学社武汉市委会将涂长望陈列

馆作为多党合作历史的活教材,挂牌成立了"传统教育基地"。涂长望是我国著名气象学家、出色的社会活动家和知名的教育家,新中国第一任中央气象局长,中国科协和九三学社创始人之一。近年来,社市委先后组织近300人次赴基地进行参观学习,社员耳闻、目睹感知先生的爱国情怀、民主风范和科学精神,使典型示范教育的影响更加直观,从而感召社员在新时代下继续弘扬九三学社的优良传统,进一步坚定跟共产党奋进的决心和信心,为实现中国梦贡献力量和智慧。

3. 多管齐下,搭建宣传平台,夯实思想宣传阵地

宣传是思想政治建设的必要手段。为适应互联网和自媒体高速发展的新趋势,九三学社武汉市委会建立起"一刊"(《武汉社讯》)、"一网"(九三学社武汉市委员会网站)、"一号"(武汉市九三学社微信公众号),搭建起弘扬主旋律、传递正能量的宣传平台。其中,《社讯》每年刊出4期,每期都集中介绍2位九三学社的院士,增强大家的党派自豪感;网站上辟有中共十九大精神等主题学习专栏,及时转载新华社、人民日报等权威媒体报道,集中展示社员的学习体会成果,营造学习的良好氛围;微信公众号上的语言活泼生动,便于"碎片化"阅读和扩大宣传。通过夯实思想宣传阵地,讲好中国特色社会主义、中国共产党、多党合作和九三故事,社内履职工作亮点、先进典型人物、生动鲜活事例得到集中展示,舆论宣传和社会宣传的思想引领力得到充分发挥。

(四)成果转化创新:重心+中心+同心,增强思想政治建设的影响力

1. 突出重心,举办"青年城市论坛",把抓好青年工作转化为思想政治建设成果

青年工作是新时期中国特色社会主义参政党建设的工作重心之一。[①]九三学社武汉市委会以此为抓手,连续三年举办"青年城市论坛",每年一个主

① 栾絜洁,吴姝静:《武维华邵鸿寄语九三学社青年社员在新时代谱写九三青年华彩乐章》,团结网2018年5月17日报道。

题，主要聚焦和解决三类问题：一是聚焦思想问题，以青年社员创业和工作中关心的问题作为主题，如“百万大学生的武汉梦”，邀请专家解读武汉的招才引智和大学生创业政策，帮助大家相互借鉴、共同进步；二是聚焦热点问题，如“中国知识产权法律环境与维权保护”主题分享讨论，帮助大家在深入学习交流中厘清中美经贸摩擦的实质，进一步匡正思想、坚定信心；三是聚焦科学问题，如以“量子科学与宗教文化”为主题，邀请知名国际专家分享世界领先的研究成果，推动民主与科学精神在青年社员中的认知。“青年城市论坛”为青年社员搭建起一个交流沟通、联谊交友、施展才华和解决思想问题的平台，在拓宽视野、丰富人生的同时，进一步扩大了九三学社在社会上的影响力，带动更多的青年才俊加入九三学社大家庭。

2. 围绕中心，推动“九三学社中央院士专家武汉行”，把建言献策转化为思想政治建设的成果

建言献策是参政党履职能力和功能价值的具体体现。九三学社武汉市委会围绕中心工作，在扩大建言献策影响上积极破题。2017 年，为给武汉市第十三次党代会提出的长江新城规划这一“百年大计、武汉大业”[①]建真言、谋良策、出实招，社市委策划并成功举办“九三学社中央院士专家武汉行”，邀请九三学社中央主席武维华、副主席丛斌、刘忠范等 8 位院士和 10 位专家组成“豪华智囊团阵容”，来汉为长江新城规划建设出谋划策，提出了一系列富有前瞻性、科学性的建议意见。此次活动得到了中央统战部、人民政协网、九三学社中央委员会网站和湖北卫视、《湖北日报》《长江日报》等主流媒体的高度关注，同时也是对九三学社的一次绝佳宣传和生动展示，让社员们得以近距离感受院士专家的风采，极大地增强了履职尽责的自豪感和建言献策的内生动力，堪称民主党派地方组织把建言献策转化为思想政治工作成果的一个样本和典范。

3. 凝聚同心，擦亮九三品牌，把社会服务转化为思想政治建设的成果

社会服务是民主党派服务“两个一百年”奋斗目标的实践形式。九三学

① 蒋太旭，谢筠，费本君：《九三学社中央院士专家建言献策长江新城规划建设 以超前理念打造未来之城 为世界贡献典范》，《长江日报》2017 年 11 月 17 日，第 6 版。

社武汉市委会以同心思想为指南，打造出“同心”和“国际科学与和平周”两个品牌，把社会服务转化为思想政治建设的实践成果。

“同心”品牌重在“细”。社市委积极响应市委统战部提出的打造“同心”品牌的号召，把“同心”细化为一个个具体的项目，如种植同心林、组建同心服务团、倡导设立华中烧伤妇女儿童救助基金、组建帮教未成年管教服刑人员的“爱心妈妈”团队等，用实际行动赋予同心思想更多的实践内涵。与此相配合，在《武汉社讯》和网站上开辟“同心”专栏，刊载“同心”理论文章、典型人物事迹和心得体会，做好理论宣传和先进宣传，为“同心”活动营造舆论氛围，激励广大社员以高度的政治使命感和社会责任感投身其中，服务地方经济和社会发展，在践行“同心”活动中进一步巩固共同思想政治基础。

“国际科学与和平周”品牌重在“实”。“国际科学与和平周”是1988年联合国大会通过的一项活动决议，于每年11月11日至18日举行响应活动。九三学社作为崇尚科学、热爱和平的政党，积极参与该活动已连续29届，在广度和深度上逐年发展，成为具有广泛影响力的品牌。每年活动期间，社市委指导和动员基层组织开展社会服务活动，参与社员达到年均百余人次，推动形成了“一区一主题”的格局，用精彩纷呈的实际行动践行和弘扬了爱国、民主、科学的优良传统和价值追求，为提高公民素养、促进社会和谐作出贡献，产生了良好的社会影响。

三、对新时代民主党派加强思想政治建设的启示与建议

通过系统梳理四个方面的十个创新实践，可以看出，九三学社武汉市委会近年来的思想政治建设创新，不仅有效破解了新时代背景下党派思想政治工作存在的一些问题和短板，将思想政治建设推向深入，还为当前和今后民主党派地方组织加强思想政治建设提供了一些可供参考的原则经验和进一步的建议启示。

（一）以习近平新时代中国特色社会主义思想为核心，统筹五个方面

万变不离其宗，思想政治建设上的各种创新，最终目的是为了推动内容的入脑入心。也就是说，创新只是理念和手段，内容才是根本，对内容的掌握程度才是评判思想政治建设实效性的标准。在新时代背景下，这个根本，就是习近平新时代中国特色社会主义思想，它是与新时代相伴相生的强大思想武器，必须作为民主党派思想政治建设的核心内容。此外，民主党派党史党章、统战理论和统战工作实践（特别是参政党理论）、国情地情形势、社会主义核心价值体系和价值观、先进典型人物事迹这五个方面是民主党派必须一以贯之的学习内容，关乎民主党派安身立命、发挥作用、认清形势、展示形象和继承优良传统的信心和传承。新时代民主党派加强思想政治建设，就是要以习近平新时代中国特色社会主义思想为核心，统筹以上五个方面，在把准思想政治建设理论要素的基础上通过各种创新手段，提升学习的内在动力，把理论学习和实践活动引向深入，增强民主党派成员对中国共产党的政治认同、思想认同、情感认同，增强政治定力、战略定力，不断巩固共同思想政治基础，画出最大的同心圆。

（二）以基层组织为依托，加快三个建设

九三学社武汉市委会的创新实践表明，能否有效激发基层组织的主动性和创造性，对思想政治建设的覆盖面和实效性具有直接影响。因此，新时代民主党派加强思想政治建设，要以基层组织为依托，一方面，把创新的重点放在加快基层组织建设上，在发展新成员等常规工作之外，着重加快“成员之家”建设和“上下结对”建设，前者是基层组织的有益补充和优势延伸，有利于广开言路、交换思想、增进共识，使各方面意见、诉求、批评、建议得到充分反映，有效解决成员的思想问题；后者是加强上级对基层组织工作指导、获取各方面意见的重要渠道，有利于帮助基层组织提升自己发现、分析和解决问题的能力，增强自觉自主意识。另一方面，把创新的重点放在如何

调动基层组织积极性和创新能力上,加快制度建设。通过建立相应长效机制,如给予基层组织必要的经费支持和物质保障,对任务完成情况好的基层组织予以表彰,将先进基层组织的负责人和活跃成员适时推荐给统战部门作为党派后备干部人选进行考察和掌握等,推动基层组织提高工作积极性,确保思想政治和其他各项工作落地生根。

(三)以党派界别优势为特色,开展四类活动

九三学社武汉市委会的创新实践表明,民主党派思想政治建设要避免形式化、趋同化,关键就是要彰显党派界别优势,以此来增强党派的凝聚力。所以,新时代民主党派加强思想政治建设,要紧紧围绕党派的目标定位、历史传统、界别特点、资源优势等来开展活动。一是开展学习先贤的活动,继承和发挥本党派优良传统;二是开展学习身边典型活动,用具有时代特征的先进事迹教育激励党派成员;三是开展政治交接学习活动,这是"高素质参政党建设的核心内容和永恒主题"①;四是开展界别领域专题调研活动,以项目化的方式,推动理论研究与实践研究的有机结合,服务经济社会发展。在开展活动中,注重采取多种形式,如参观考察、报告演讲、现场教学、知识竞赛等,变单向学习为双向交流,变被动参与为主动参与,变各自学习为共同进步,激发成员的积极性,加快培育集党派历史、精神传承、优良传统、参政优势于一体政党特色文化,创建新时代民主党派思想政治建设的文化品牌,对内凝聚共识,对外展示形象,提升党派在社会上的影响力和辨识度,吸引更多优秀的党外知识分子加入党派,为党派可持续发展提供源源不竭的人才保障。

(四)以党派工作为基础,抓好两个结合

九三学社武汉市委会的创新实践表明,民主党派各方面工作是一个紧

---

① 武汉市社会主义学院 民进武汉市委会联合课题组:《民主党派地方组织政治交接的实证研究——以民进武汉市委会工作实践为例》,《中央社会主义学院学报》2018 年第 1 期,第 37 页。

密联系的有机整体，其中，自身建设与参政议政、民主监督、政党协商、社会服务等党派职能相辅相成，加强自身建设是提高政治把握、参政议政、组织领导、合作共事和解决自身问题五种能力的具体途径，而履职尽责的工作成效则是民主党派自身建设的行动体现。在自身建设的四个方面中，又以思想建设为重，它对组织建设、制度建设和机关建设起到不可或缺的引领作用。因此，新时代民主党派加强思想政治建设，必须以党派工作为基础，充分把握党派工作之间的内在联系，避免单纯学习和单向灌输，一方面，抓好思想政治建设和组织建设、制度建设、机关建设的结合，将思想政治建设贯穿其他建设的始终，进一步规范组织生活，强化对发展对象的政治标准考察，建立健全理论学习培训机制和主题教育常态化机制，加强思想政治工作队伍建设，为思想政治建设提供组织、制度和人员保障，推进理论的贯彻落实。另一方面，抓好思想政治建设和参政议政、民主监督、政党协商、社会服务等职能的结合，把思想政治工作寓于履职尽责过程中，通过加强思想政治建设，提高“五种能力”，解决思想问题和实际问题；通过履职尽责，进一步深化对中国共产党领导的多党合作和政治协商制度的认识和理解，提高参政的自觉性和使命感，为推进参政党理论建设提供实践支撑。

（五）以青年成员为侧重，强化三个引导

九三学社武汉市委会的创新实践表明，做好党派青年成员思想政治工作，是为党派培养合格生力军和可靠接班人的重要方面。新时代民主党派加强思想政治建设，就是要针对青年成员思想活跃、易于接受社会新兴事物的特性，始终关注青年成员的思想政治动向，引导他们在新时代中国特色社会主义伟大实践中实现自己的人生理想。一是强化政治引导，选派新成员、中青年骨干到社会主义学院参加培训，在此过程中，民主党派机关要注意加强和市委统战部党派处、区委统战部两级部门的联系，合理规划调训人员，提高培训的针对性和覆盖面；同时，经常举办具有党派特色的专题报告会或专题宣讲。通过有针对性的学习培训，来提高青年成员的整体素质，强化政治引导。二是强化能力引导，发挥党派老成员的传帮带作用，通过开展联合活动，加强对青年成员参政议政、调查研究、形势研判等方面的引导，帮助提

升履职尽责能力素质。三是强化个性引导,在尊重差异、体谅包容的原则下突出以人为本,营造青年成员容易接受的环境和氛围,注意对不同的对象采用不同的方式,通过创新沟通交流的手段把准思想脉搏,做好答疑解惑、沟通思想的工作,帮助青年成员解决思想问题和实际问题,增强成员归属感。

(六)以新媒体为宣传手段,兼顾两个阵地

九三学社武汉市委会的创新实践表明,宣传教育是加强思想政治建设直接而有效的方式,具有正面引导,争取人心、发动群众、统一思想和舆论监督的作用。新时代民主党派加强思想政治建设,要善用新媒体这个宣传的主要手段,及时吸收借鉴互联网信息技术发展的最新成果,跟进网站、微信公众号等新媒体手段的建设和应用,强化网络管控和舆情监测,努力培养一支善用网络语言、政治立场坚定的自媒体网络大 V 队伍,不断优化宣传手段,增强宣传工作的适应性。除此以外,还要兼顾两个阵地的宣传作用。一是兼顾纸媒阵地,信息技术的飞速发展虽然加快了信息传播的效率,拉近党派与成员之间的距离,但杂志、报纸等传统纸媒的资料性、档案性、收藏性等特点仍然是新媒体所不具备的优势,必须精益求精地予以坚守;二是兼顾主流媒体阵地,人民网、新华网、凤凰网等主流媒体具有传播广、受众多、影响大等天然优势,民主党派思想宣传要善于和主流媒体建立常态化合作,拓展宣传的广度和深度,通过宣传重大活动、重大参政议政结果、有影响的先进典型人物事迹和开设互动栏目等方式,推动宣传工作从自我宣传向社会宣传转变,从单一信息宣传向经验推介、成果展示宣传转变,在社会上发出党派声音,回应群众关切,引导社会舆情,借主流媒体之力为加强和创新党派思想建设提供良好的舆论环境。

新时代民主党派后备干部队伍建设的思考

——基于 S 市 X 区的调研分析

张　星

习近平总书记在 2018 年“两会”期间指出，中国共产党领导的多党合作和政治协商制度是从中国土壤中生长出来的新型政党制度。[①] 这一重要论断是习近平新时代中国特色社会主义思想的有机组成部分，是新时代中国特色社会主义政党制度发展和加强中国特色社会主义参政党建设的重要遵循。因此，深入学习领会习近平新时代中国特色社会主义思想，我们需要深刻认识到民主党派后备干部队伍建设作为民主党派自身建设的一项基本内容和党的干部人才工作的重要组成部分，不仅是民主党派自身存在和发展的需要，也是推动新型政党制度持续健康发展、发挥新型政党制度效能的基本要求，具有重大的战略意义。为深入了解民主党派后备干部队伍建设的现状和存在的问题，本研究以 S 市 X 区为例，总结分析民主党派后备干部队伍建设的基本情况、存在的主要不足及其原因，研究提出进一步加强民主党派后备干部队伍建设的对策和建议，以期为做好新时代民主党派后备干部队伍建设提供借鉴。

① 《立“新”除“弊”：习近平纵论新型政党制度》，新华网 2018 年 3 月 5 日报道。

一、新型政党制度视域下民主党派后备干部队伍建设的重要意义

从新型政党制度的视域看，加强民主党派后备干部队伍建设，让多党合作事业后继有人，赋予新型政党制度以新的生机和活力，有利于体现和增强新型政党制度的开放性和包容性，对发挥新型政党制度的特色和优势，促进新型政党制度的持续健康发展，具有重大的战略意义。

（一）加强民主党派后备干部队伍建设是新型政党制度持续发展的关键保障

习近平总书记多次强调，实现中华民族伟大复兴，坚持和发展中国特色社会主义，关键在党，关键在人，归根到底在培养造就一代又一代可靠接班人。[①] 新型政党制度的持续发展，归根到底也在于培养造就一代又一代可靠的多党合作事业的接班人。

民主党派是中国共产党的亲密友党，是坚持和发展中国特色社会主义的重要力量，民主党派的后备干部是多党合作事业的接班人之一。因此，加强民主党派后备干部队伍建设，源源不断地培养与中国共产党亲密合作的可靠接班人，顺利完成民主党派的“新”“老”更替和政治交接，使民主党派后备干部进一步增强接受中国共产党领导的自觉性和坚定性，进一步增强走中国特色社会主义政治发展道路的自觉性和坚定性，是新型政党制度持续发展的关键保障。

（二）加强民主党派后备干部队伍建设是新型政党制度健康发展的活力源泉

新型政党制度的基本特征是“中国共产党领导、多党派合作；中国共产

---

① 《落实新时代好干部标准 习近平总书记这样说》，中国共产党新闻网 2018 年 7 月 16 日报道。

党执政、多党派参政”。这一制度确立了中国共产党作为中国特色社会主义事业的领导核心地位，同时构建了一个开放、包容的机制，为不同社会群体和社会力量提供了制度化的政治参与渠道。

加强民主党派后备干部队伍建设，根据各党派自身特点，适当吸纳更多优秀的党外人士进入民主党派及其后备干部队伍，能够优化民主党派的干部人才结构，提升干部队伍质量，增强民主党派的代表性和组织活力，使民主党派始终成为推动新型政党制度健康发展的合格主体。同时，通过民主党派后备干部队伍建设，形成客观公正、“能进能出，能上能下”的选人用人机制，有利于新型政党制度适应党派成员结构变化的客观规律，把党派优秀年轻成员的利益表达、政治参与纳入制度化的渠道，有利于民主党派的新兴力量与现行政治秩序之间形成良性互动的关系，激发党派成员的参与活力，增进党派成员的政治认同，推动新型政党制度的健康发展。

（三）加强民主党派后备干部队伍建设是新型政党制度发挥效能的重要抓手

习近平总书记在中央统战工作会议上指出，坚持和完善中国共产党领导的多党合作和政治协商制度，更好体现这项制度的效能，着力点在发挥好民主党派和无党派人士的积极作用。[①] 要发挥好民主党派和无党派人士的积极作用，就需要将优秀的民主党派和无党派人士选拔出来，就需要通过培养锻炼使其不断提升能力素质，就需要为其发挥作用提供广阔舞台。

加强民主党派后备干部队伍建设，能够将年轻优秀的民主党派干部人才选拔出来、培养起来、使用起来，不断提升民主党派干部的“政治把握能力、参政议政能力、组织领导能力、合作共事能力、解决自身问题的能力”。从而建设一支政治方向不变、优良传统不变、优势和特点不变、符合新时代中国特色社会主义参政党要求的干部队伍，推动民主党派在国家政治生活中发挥应有的作用。

总之，在中国特色社会主义新时代，加强民主党派后备干部队伍建设，

---

① 习近平：《巩固发展最广泛的爱国统一战线》，新华网 2018 年 5 月 20 日报道。

对于新型政党制度的持续健康发展，具有重大的战略意义。

二、X 区民主党派后备干部队伍建设的现状与存在的主要问题

（一）X 区民主党派后备干部队伍建设的基本情况

参照 2016 年党派换届的年龄口径，为民主党派区委 2021 年换届，以及更长时间周期的建设发展考虑，本次调研重点关注了 X 区各民主党派 1965 年 12 月 31 日后（简称"66 后"）和 1970 年 12 月 31 日后（简称"71 后"）出生的干部。

截至 2018 年 6 月 30 日，X 区有民革、民盟、民建、民进、农工党、致公党、九三学社等七个民主党派，共有民主党派成员 2823 人。其中，于 1965 年 12 月 31 日后出生的有 1207 人，于 1970 年 12 月 31 日后出生的有 780 人。

十八大以来，在中共 X 区委的领导和支持下，X 区各民主党派的总体数量有了较大的提高、年龄结构和分布情况等得到持续改善，后备干部占在职成员人数的比例、后备干部担任实职和正职的比例、民主党派领导班子的政治安排等方面都走在 S 市前列。但是，与新时代新型政党制度持续健康发展的要求相比，X 区民主党派后备干部队伍建设仍存在一些亟待解决的问题。

（二）X 区民主党派后备干部队伍建设存在的主要问题

从调研情况来看，X 区民主党派后备干部队伍建设存在的主要问题表现为：后备干部总体数量不够充足、后备干部结构不够合理、后备干部队伍建设的各个环节还不够完善等。

1. 民主党派后备干部总体数量不够充足

X 区民主党派在厅级、处级、科级各个层级的后备力量总体上仍存在不够充足的问题，特别是各民主党派符合换届年龄要求的处级、科级干部数量较为有限。

据统计，X 区各民主党派处级干部（含企事业单位干部）中于 1965 年 12

月31日后出生的有8人,其中正处级1人,副处级7人。仅民建有1名在此年龄范围的正处级干部。各党派副处级干部普遍少于3人,其中民革、民建、致公党、九三学社没有此年龄范围的副处级干部。X区各民主党派处级干部(含企事业单位干部)中于1970年12月31日后出生的有7人。其中,正处级1人,是民建的成员;副处级6人,民革、民建、致公党、九三学社都没有此年龄范围的副处级干部。由以上可见,X区各民主党派处级干部虽然以"70后"为主体,但总体上人数偏少。

X区各民主党派科级干部(含企事业单位中层干部)于1965年12月31日后出生的共计有81人,其中正科级31人、副科级50人,除了农工党,各民主党派在职成员中科级干部普遍少于8人。X区各民主党派科级干部(含企事业单位中层干部)于1970年12月31日后出生的有44人,其中正科级共计14人,就各党派的具体干部人数而言,最多的民建也不过有7人,民盟仅有1人,民进则没有此年龄段的干部;副科级干部有30人,其中民革、致公党都少于3人。

需要指出的是,以上统计均包含区属国企和事业单位的民主党派干部,如果只统计属于公务员序列的民主党派干部,这些本就不高的数据还将极大地缩水。如民进按照包含各类国企和事业单位的口径统计,截至2018年6月30日,于1965年12月31日后出生的副处级干部有2人、科级干部有10人,但这些干部中无一人属于公务员序列。

民主党派干部的培养周期相对较长,从各民主党派符合年龄要求的干部储备来看,民革、民进等党派,如果不抓紧培养,到2021年换届时,党派内部将无符合条件的主委和体制内的副主委人选。因此,面对民主党派干部梯队建设的现实需要和2021年换届的紧迫要求,民主党派各个层级的后备干部总体储备尚显不足。

2. 民主党派后备干部队伍结构不够合理

从调研情况来看,X区民主党派后备干部队伍结构尚不够合理。这突出地体现在,民主党派后备干部队伍年龄结构不够合理、分布不够均衡等方面。

近些年来,X区各民主党派成员年龄偏大问题,较之以前已经有了较大的改变，但是后备干部尚未形成科学合理的年龄梯次结构。据统计，截至2018年6月30日，各民主党派副处级干部的平均年龄是49.06岁，正科级干部的平均年龄是48.26岁，副科级干部的平均年龄是46.88岁，年龄的梯次结构并不是十分理想。从各民主党派于1965年12月31日后出生的科级干部年龄分布情况来看，各民主党派科级干部中出生于1966—1970年之间的占据半数以上。民革、民进等党派甚至出现了副科级干部平均年龄大于科级干部的"倒挂"现象。

民主党派干部在层级、行业分布上存在一定的不均衡现象。从干部层级配置情况看，一些党派出现属于公务员序列的干部，正科级人数远大于副科级人数的"层级"倒挂现象。因此，从逐层级培养后备干部的角度衡量，民主党派身份的干部配置还需优化。

需要特别注意的是，民主党派在公务员系统中发展的新成员数量十分有限。近5年，各民主党派在公务员中发展的新成员合计仅22人，平均每个党派每年在公务员中发展新成员不到1人。

3. 民主党派后备干部队伍建设的各个环节不够完善

民主党派后备干部队伍建设涉及发现选拔、培养锻炼、管理考核、推荐使用等多个环节。目前，各个环节都或多或少存在一些亟待解决的问题。

第一，民主党派后备干部选拔视野还不够宽。

在民主党派后备干部选拔方面，部分存在选人视野不够宽，使一些优秀的民主党派成员没有进入党派后备干部队伍的现象。一些中国共产党的基层党委在选人用人时，有些岗位有成文或不成文的规定非中国共产党党员不选，将一些优秀的民主党派后备干部排除在视野之外。

第二，民主党派后备干部培养缺乏系统规划。

民主党派后备干部培养普遍存在缺乏计划、不够系统，培训锻炼的方式较为单一，针对性不强等问题。

在学习培训方面，普遍存在培训力度不够的问题。近5年来，各民主党派仅有83人次参加了党派市委主办的中青班，仅有6人次参加区委组织部主办的中青班，仅有86人次参加区委统战部主办的中青班。其中，民盟、民建、民进、致公四个党派5年里无人参加过区委组织部主办的中青班。

在工作锻炼方面,民主党派的成员以从事参政议政、社会服务、党务工作等为主,缺乏挂职锻炼、换岗交流等锻炼机会。近 5 年来,各民主党派仅有 5 名成员有挂职锻炼的经历、3 名成员有轮岗交流的经历。这就导致民主党派后备干部培养成效与干部选任的要求还有差距。一些民主党派干部自身条件非常优秀,但由于在培养环节缺乏相应的平台和锻炼的机会,不符合相关的干部任用标准,无法成功推荐到政府部门等进行实职或正职安排,而错失成长机遇。

第三,民主党派后备干部队伍动态管理体系尚未形成。

各民主党派都普遍建立了后备干部人才库。但符合哪些条件应该纳入后备干部名单、纳入后备干部队伍的人员出现哪些情况应该及时向有关部门反映,在哪种情况下纳入后备干部队伍的人员应该退出,普遍缺乏统一、规范的管理细则。管理也是服务,如果不能通过有效的动态管理发现后备干部队伍存在的各种问题和后备干部成长面临的各种需求,并有针对性地帮助解决,就无法为后备干部顺利成长提供相应的帮助,就会影响后备干部队伍建设的成效。

第四,民主党派后备干部推荐使用的渠道不够通畅。

民主党派后备干部使用中存在的比较大的问题是备而不用或内用而外不用,存在一些民主党派后备干部一岗到底、备而不用的现象。民主党派内表现较为优秀的后备干部人选,因行业、资历、代表性等原因,未必完全符合组织部门对党外干部任职的要求,当一些适合民主党派干部任职的岗位出现空缺时,无法顺利地推荐出去安排使用。2016 年党派区委换届以来,各民主党派一共仅有 2 人从科级提拔到处级。总体上来说,各民主党派后备干部得到提拔任用的比例仍不够高。

三、X 区民主党派后备干部队伍建设存在不足的主要原因分析

造成 X 区民主党派后备干部队伍建设存在以上不足,主要是由思想认

识上、体制机制上和实际举措上的一些因素造成的。

(一)思想认识上不到位

从中国共产党的方面看,一些基层领导干部没有从维护多党合作制度长期存在和健康发展、走好中国特色社会主义政治发展道路的战略高度,充分认识民主党派后备干部队伍建设的必要性、重要性、紧迫性,仍然程度不同地存在着一些模糊乃至不正确的认识:一些基层领导干部不重视、不支持民主党派发展成员;一些领导干部没有做到有意识地将一批优秀的成员留在党外;一些领导干部在干部选拔任用时没有考虑到民主党派干部或有意冷落民主党派干部等;个别基层领导干部甚至认为民主党派的干部并不是党的干部,民主党派后备干部队伍建设是民主党派的工作,与中国共产党党委无关。中国共产党作为领导党和执政党,一些基层领导干部认识上的偏差,使民主党派发展成员存在一定的困难,党派的后备干部安排使用的机会相对不足、渠道不够通畅,是影响和制约民主党派后备干部队伍建设的突出因素之一。

从民主党派方面看,一些民主党派领导没有充分认识到后备干部队伍建设的长期性、战略性和紧迫性,抓后备干部队伍建设的主动性、积极性不够。个别党派领导认为后备干部建设是上级组织要考虑的事情,是组织部门、统战部门要考虑的事情,自己操心太多不仅没有用,而且可能会落得一个夹杂私心、跑官要官的"骂名"。因此,只满足于配合上级组织、统战部门、组织部门等开展干部选拔、推荐等工作,缺乏本党派后备干部队伍建设的长期规划。各民主党派区委几乎都曾在区委会讨论过后备干部建设问题,但仅有民建在区委工作条例中对后备干部队伍建设做了原则性的规划。

从社会大众方面看,一些条件优秀的党外人士因为对统一战线的方针政策和各民主党派的情况缺乏了解,担心加入民主党派会不利于个人的成长和发展,因此,不愿意加入民主党派。这就严重影响了民主党派的组织发展和后备干部选拔的人才基础。

（二）体制机制尚不健全

一方面，总体上来看，民主党派后备干部队伍建设尚未形成一整套系统的、科学的、制度化的体制机制，导致民主党派后备干部的选拔、培养、管理、使用等随意性比较大、实效性不够好。另一方面，民主党派后备干部队伍建设也存在制度难衔接、制度不配套的“壁垒”或“瓶颈”，导致提升民主党派后备干部队伍建设质量的难度较大。

第一，民主党派后备干部队伍建设一定程度上存在制度“短缺”。

关于民主党派后备干部队伍建设，在《关于加强新形势下党外代表人士队伍建设的意见》《中共中央关于进一步加强中国共产党领导的多党合作和政治协商制度的意见》《中国共产党统一战线工作条例（试行）》等文件有相应的规定。但在实际操作过程中关于民主党派后备干部使用的相关规定，一些“原则上要有”“有一定数量”等比较模糊的表述，不具有刚性约束力和可操作性。这就使得不同地方、不同部门、不同领导干部对相关规定的认识、理解不尽一致，落实规定的力度和效果不尽一致。因此，民主党派后备干部队伍建设仍缺乏一些具有刚性约束力、可操作性强的制度规范。

第二，民主党派后备干部队伍建设面临一些难以突破的制度“壁垒”。

民主党派干部以企事业单位居多，而目前干部的使用上，从企事业单位的干部转化为公务员系统干部仍存在制度“瓶颈”。因此，虽然一些党派，优秀的专业技术人才不少，但无法成功向外输送为行政干部，这也是导致不少民主党派的后备干部“备而不用”的重要因素之一。

同时，民主党派的后备干部一般需要同时具备专业性、代表性，任职岗位要与其专业、党派界别和个人能力有一定的适配性。这就使得各个民主党派后备干部能够适配的岗位是较为有限的。以 X 区各民主党派区委主委的人选为例，各民主党派区委主委候选人必须历经正处级岗位，并具备党派界别的代表性。实际上，符合各民主党派特点的正处级岗位并不多，如民盟、民进可选的只有教育局局长、社区学院院长等有限的五个正处级岗位，农工党、九三学社可选的只有卫生系统的三个岗位。而这些岗位，同样适合中国共产党的领导干部担任领导职务。因此，如果不尽早规划、合理布局，换届时各民主党派主委容易出现党派内无合适候选人的现象。

(三)实际举措上有短板

从民主党派后备干部队伍建设的实际运作过程来看,缺乏系统规划、统筹协调、督促检查,使得民主党派后备干部队伍建设过程中的前期、中期、后期都存在相应的短板。

第一,民主党派后备干部队伍建设缺乏系统规划。

民主党派后备干部建设,既要立足当前,更要考虑未来五年乃至十年的需要。但目前来看,党委、统战部门、各民主党派自身都缺乏关于民主党派后备干部队伍建设的中长期系统规划。缺乏规划,使得民主党派后备干部队伍建设往往缺乏前瞻性、系统性。

第二,民主党派后备干部队伍建设缺乏统筹协调。

民主党派后备干部队伍建设涉及党的组织部门、统战部门、各民主党派以及后备干部所在工作单位等多个不同的组织,各个组织在民主党派后备干部队伍建设上的沟通协调、职能分工等缺乏的清晰规定、有力统筹。这一方面导致各个单位自行其是,民主党派、统战部门、组织部门各自所掌握的民主党派后备干部人才库、后备干部的培养目标一定程度上存在不一致,影响后备干部培养的适配性等。另一方面,也导致民主党派后备干部队伍建设的责任难以落实到具体的单位和个人,影响民主党派后备干部队伍建设的推进力度,加大民主党派后备干部队伍建设的推进难度。

第三,民主党派后备干部队伍建设缺乏监督检查。

按照《中国共产党统一战线工作条例(试行)》的规定,发现、培养、使用、管理党外代表人士,督促检查统一战线方针政策和相关法律法规的落实情况,把统一战线工作作为对党委领导班子和领导干部考核的内容,是各级党委开展统一战线工作的主要职责之一。但在一些单位,现有政策执行不力的行为缺乏有效的监督、问责。同时,一些党派并未将后备干部人才培养作为领导班子考核的重要内容,这就导致民主党派后备干部队伍建设没有引起足够的重视。

四、进一步加强民主党派后备干部队伍建设的意见建议

制度管长远、管根本。在中国特色社会主义新时代,要有效破解民主党派后备干部队伍建设存在的问题,建立一支政治坚定、素质优良、数量充足、结构合理、充分体现党派特色的民主党派后备干部队伍,需要从完善民主党派后备干部队伍建设的领导机制、运行机制和保障机制等三个方面着力。建议:

(一)完善民主党派后备干部队伍建设的领导机制

加强民主党派后备干部队伍建设具有长期性、全局性和战略性的政治意义。党委重视,是推进这项工作的组织保证。要完善党委统一领导、组织部门和统战部门牵头负责、有关部门和社会团体密切配合的工作机制。各级党委要坚持"党管干部""党管人才"的原则,将民主党派后备干部队伍建设工作纳入党委和统一战线工作领导小组议事日程,纳入党的干部人才工作的总体框架进行规划和部署,支持民主党派制定后备干部队伍建设的中长期规划,定期召开常委会议等专题研究,解决重大问题。将民主党派后备干部队伍建设工作纳入党政工作目标责任考评体系,明确党委主要负责人为第一责任人,落实领导责任制。在党委的统一领导下,做好组织部门与统战部门、人事部门、各民主党派等的沟通协调,形成分工合理、职责清晰、配合紧密的体制机制。健全组织部、统战部"两部"联席会议制度,完善组织部门和统战部门共同制定规划、共同物色选拔、共同培养教育、共同考察人选、共同研究使用、共同督促检查的"六个共同"运行机制。在党委的领导下,党校、行政学院、社会主义学院等要把统一战线和新型政党制度理论纳入教学计划,并作为各级党政领导干部培训的必修课程,加强对统一战线和新型政党制度的宣传力度。

(二)优化民主党派后备干部队伍建设的运行机制

加强民主党派后备干部队伍建设,要在党委领导下,组织部门、统战部

门和民主党派领导班子从新型政党制度持续健康发展的战略高度研究民主党派后备干部队伍建设问题，逐步建立健全一套发现选拔、培养锻炼、管理考核、推荐使用民主党派后备干部的良性机制。

1. 建立和完善民主党派后备干部选拔机制

各民主党派进一步将组织发展与后备干部队伍建设相结合，有针对性地发展优秀人才。要按照“三个为主”、注重质量、保持特色的原则，保证后备干部队伍的数量充足，年龄保持梯队结构，政治素质好，业务能力强，代表性突出。要以各民主党派领导班子的后备干部为选拔重点，各民主党派后备干部队伍中，条件比较成熟、近期能进区委班子的不应少于1/4。倘若民主党派后备干部队伍中，近期能进区委班子的少于1/4，民主党派在组织部门、统战部门的帮助下，要尽早物色、尽早选拔、尽早培养。

2. 建立和完善民主党派后备干部培养机制

适应民主党派干部成长规律，由组织部门、统战部门和民主党派协同合作，对后备干部分层分类，进行系统、持续、有针对性地培养，建立源头培养、跟踪培养、全程培养的素质培养体系。由组织部门、统战部门牵头协调，针对民主党派后备干部的“短板”，提供更多的理论学习和实践锻炼的机会。

3. 建立和完善民主党派后备干部动态管理机制

对民主党派的后备干部实行分类培养、分类管理。组织部门、统战部门和各民主党派对民主党派后备干部，实行党派内部安排、政治安排、实职安排、正职安排、社会安排等不同方向的分类培养、分类管理。要建立和完善后备干部档案，健全后备干部基本情况变动报告制度，及时掌握民主党派后备干部的各类信息及其动态发展情况，把群众认可度高、政治素质好、业务能力强的优秀年轻干部纳入后备干部人才库，对因一些情况发生变化而不适合继续做后备干部的，应根据实际情况按程序适时予以调整。从而，形成“能进能出、能上能下、跟踪考核”的动态管理体系。

4. 建立和完善民主党派后备干部推荐使用机制

在党委领导下，组织部门和统战部门统筹协调，进一步明确民主党派干部使用规定，进一步明确凡是党派成员的提拔任用须优先从后备干部队伍中选拔，实在不能在后备干部队伍中选拔任用的，需要说明情况并存档备查。要有计划地适当增加民主党派干部的领导职数,努力创造条件使优秀民主党派干部能够更多地担任行政实职、正职领导职务。对原有配备民主党派行政副职的单位,因党派干部退休或调离等原因出现职位空缺时,原则上应安排民主党派身份的干部,达不到配备要求的,应留出空额适时增补民主党派身份的干部。在党外人士比较集中的单位,应保留有 1 个以上科级职位用于安排民主党派干部,从而总体上保证拥有一支数量稳定的民主党派基层干部队伍。

(三)健全民主党派后备干部队伍建设的保障机制

加强民主党派后备干部队伍建设,要在党委领导下,加强民主党派自身建设,健全配套制度安排,为民主党派后备干部队伍建设提供更加坚实的组织和制度保障。加强各民主党派的专职干部队伍建设,保障民主党派从事组织发展、队伍建设,有专人负责,有编制和经费保障。加大对专职干部的选拔任用力度,将年轻的党派专职干部纳入民主党派后备干部队伍重点培养。加大政策落实的监督问责力度。将民主党派后备干部队伍建设情况作为各级党委、组织部门、统战部门、民主党派领导班子年度考核的重要内容。对违反规定未履行或未正确履行职责,给民主党派后备干部队伍建设造成不利影响的,要严肃追究责任。通过严肃问责,层层落实主体责任,从而为民主党派后备干部队伍建设的制度化、规范化提供有力保障。

(作者单位:上海市社会主义学院)

全面从严治党视域下民主党派民主监督问题研究①

吉秀华

民主监督是民主党派的基本职能，是多党合作制度设计的重要理念与核心价值，是社会主义民主政治的重要体现。全面从严治党背景下，民主党派民主监督对于构建共产党统一领导、全面覆盖、权威高效的社会主义监督体系，推进全面从严治党向纵深发展，不断巩固共产党的领导和执政地位，具有紧迫的理论和现实意义。

一、全面从严治党丰富和拓展了民主党派民主监督的时代内涵

习近平在党的十九大报告中强调，全面从严治党坚持以人民为中心，把思想建党与制度治党相结合，把党内监督与党外监督相贯通，健全党和国家

① 本文系山东省社科规划课题《全面从严治党视域下民主党派民主监督问题研究》，编号：17CTZJ04 的部分成果。

本课题组自 2018 年 3 月至 6 月在山东省社会主义学院不同班次发放问卷 210 份，回收 181 份，回收率 86.2%，有效问卷 172 份，有效率 81.9%，召开专题研讨会、座谈会 5 次。文中所有调查数据如无特殊说明，均来自上述调研问卷及其座谈情况。

监督体系,不断探索管党治党新形式。全面从严治党对民主党派民主监督提出了新的更高要求,丰富和拓展了民主监督的时代内涵,提升了民主监督的政治高度。

(一)民主党派民主监督的时代内涵

民主党派的民主监督既不同于西方国家的政党监督,也不同于一般意义上的人民民主监督,本身有着特定的政治含义。民主党派的民主监督在价值追求上体现为基于人民民主的权利监督;在本质属性上体现为基于利益代表的政党监督;在目标指向上体现为基于公共权力的政治监督;在实现方式上体现为基于合作协商的民主监督。

1. 基于人民民主的权利监督

以人民为中心,坚持人民主体地位是全面从严治党的出发点和落脚点。中国共产党的执政权力来自人民、植根人民、服务人民。人民对公权力的使用具有监督权,保障人民的监督权是马克思主义的基本原则。民主党派民主监督首先是宪法赋予的公民政治权利的一部分,是人民监督权利的制度化、组织化和规模化;在本质上是一种民主权利、民主形式和民主渠道。不过,与一般群众和社团监督相比,民主党派民主监督承载着多党合作的优良传统和精神价值,承担着站位更高、立意更远的政治义务和政治责任。因此,民主党派民主监督是政治性、权利性、责任性相统一的监督,饱含着执政党和人民群众对于民主党派在政治、道义上切实发挥作用、帮助执政党掌好权、执好政的心理期待。

2. 基于利益代表的政党监督

全面从严治党要求把党的群众路线贯彻到治国理政全过程中,增强群众观念,厚植群众基础。各民主党派作为具有深厚群众基础和广泛代表性的政党组织,其民主监督是所联系和代表的群众参与民主政治、表达利益诉求的重要形式,是政党固有的职责和属性。民主党派民主监督是民主党派组织在政党制度框架下,保障和实现群众利益的组织化、规范化的政治行为,首先体现的是政党组织的利益代表性,同时兼具责任主体性、公共理性和组织权威性。

3. 基于公共权力的政治监督

执政党与公共权力的关系决定了全面从严治党的实质在于全面从严治权,把权力关进制度的笼子里。民主党派民主监督是在坚持四项基本原则之上的政治监督。政治监督就其本质来讲,是"对公共权力的控制和约束"。因此,民主党派民主监督的对象不是一般的事务性监督,不是共产党的党内事务;而是对共产党执掌和运用公共权力的监督,主要针对的是执政党及其领导干部的执政行为,包括国家重大方针政策、重大改革决策、重要决策部署贯彻执行情况、党委依法行政及党员领导干部履职尽责、为政清廉等方面的情况。

4. 基于协商合作的民主监督

全面从严治党目标在于加强和改善中国共产党的领导。民主党派民主监督的目的也是为了从根本上加强和改善共产党的领导。民主党派是中国共产党的好参谋、好帮手、好同事,这就决定了它们与中国共产党的关系是协商合作而不是竞争倾轧。因此,民主党派民主监督主要是通过提出意见、批评、建议等方式进行,是基于巩固双方合作关系的柔性监督,不具有法律和强制效力,体现的是各民主党派与中国共产党开展交流对话、政治沟通、寻求政治共识的协商民主精神。

(二)全面从严治党提升了民主党派民主监督的政治高度

坚持党对一切工作的领导,坚持全面从严治党,是新时代坚持和发展中国特色社会主义的基本方略,是推进党的建设伟大工程的重要指南。构建完整、严密的党和国家监督体系,是全面从严治党向纵深发展的必由之路。民主党派民主监督是党和国家监督体系的重要组成部分,是实现党总揽全局、协调各方领导核心作用的战略安排和制度设计。

1. 民主党派民主监督是党内监督的递位互补

全面从严治党根本上依靠执政党自我净化、自我完善、自我革新、自我提升的能力,依靠执政党的自我监督,同时也离不了国家、社会和群众的监督。只有坚持党内监督与党外监督相结合,才能形成党统一领导、全面覆盖、权威高效的监督体系,形成监督合力。

早在20世纪50年代,邓小平就提出,所谓监督主要来自三个方面:一是党的监督,二是群众监督,三是民主党派和无党派民主人士的监督。全面从严治党绝不应该是执政党自身封闭的“内循环”,仅仅依靠执政党自身的监督往往无法真正有效约束高度集中的权力运行,苏联一党专政造成的权力失控已经为我们提供了历史镜鉴。党内监督必须与党外监督一起发挥作用,形成制度合力,才能更好地增强监督的有效性。习近平强调,“党内监督在党和国家各种监督形式中是最根本的、第一位的,但如果不同有关国家机关监督、民主党派监督、群众监督、舆论监督等结合起来,就不能形成监督合力。”因此,民主党派民主监督是全面从严治党的重要推进器,是党内监督的递位互补。

2. 民主党派民主监督是党外监督的制度示范

民主党派民主监督相对于群众监督、舆论监督等其他形式的党外监督,具有自身独特的优势和特点,对党外监督的其他形式起着引领和示范效应。一是民主党派民主监督具有制度化、规范化、程序化的优势。在中国政治制度框架内,八个民主党派是除了中国共产党之外最畅通的制度化的政治参与渠道,民主监督制度化、规范化、程序化程度高,组织优势明显。二是民主党派民主监督具有深厚的历史基础和实践基础,无论是在执政党还是在普通民众中,具有较高的情感认同和社会认同。三是民主党派地位独特,虽然不是执政党,但是“也不属于远离公共权力的在野党,兼具当局者和旁观者双重身份。”这种特殊地位使他们远离当局者的利益纠纷和顾虑,能更加清醒理智地看待问题;同时,作为参政党,他们熟悉政治运作的基本规则,具有相对成熟的政治态度和政治技能,民主监督更具公共理性和民主价值。

二、全面从严治党视域下民主党派民主监督面临的问题

新时期以来,民主监督发挥作用的空间和舞台更加广阔,制度环境进一步优化、力度效果进一步凸显。随着中国特色社会主义进入新时代,我国经

济社会发生深刻变革,主要矛盾发生新变化,全面从严治党向纵深发展,民主党派民主监督在新的历史条件下面临许多新的问题和困难。

(一)政治期待与制度效应存在落差

民主党派民主监督作为多党合作制度设计的核心价值理念,历来被执政党所重视,同时也被赋予了更多的政治期待。当前,在全面从严治党背景下,党内监督不断完善和加强,民主监督的制度效应也被寄予厚望。但是,由于政治传统、制度运行、历史遗存、自身建设等各方面的因素,民主党派民主监督的制度效应与历史和现实的政治期待存在较大差距。调查显示:与舆论监督、党内监督、

司法监督、公民监督等其他监督形式相比,民主党派民主监督的效应最不理想①(见图1)。在参政议政、民主监督、参加中国共产党领导的政治协商三项基本职能中,民主监督处于弱势地位,被人们称之“职能软肋”“制度短板”,普遍存在“参政有力、协商有余、监督不够”的局面;就民主监督自身效果而言,有63.1%的民主党派成员认为“效果一般”,10.5%的民主党派成员认为“没有效果”,只有26.4%的民主党派成员认为“效果很好”。

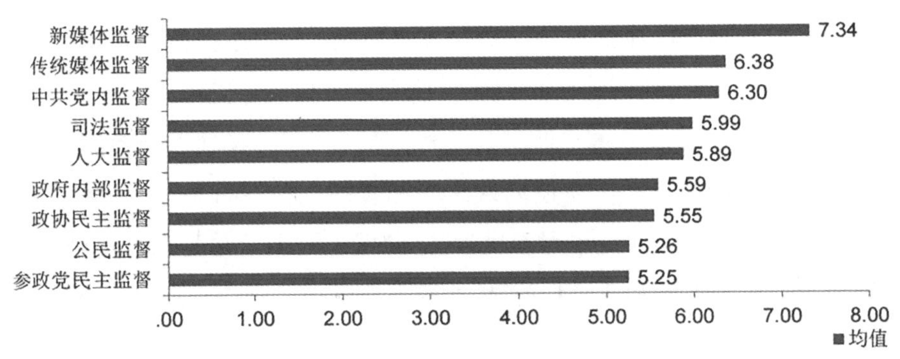

图1 民主党派成员对各种监督形式实效性的认知

与新时代全面从严治党的要求相比,与民主监督在多党合作中发挥作用的应然状态相比,与民主监督在文本和制度设计中的重要性相比,民主监

① 根据浙江省社会主义学院在民主党派成员中所做的问卷调查结果统计。

督表现出来的制度效应乏善可陈，成为影响和制约整个多党合作制度效能的关键环节。甚至有学者认为，民主党派民主监督已经成为“容易引起认识混乱、引人诟病”①的制度短板。人们对民主党派民主监督价值的认知其象征意义远远超过了实际效果。

（二）性质定位与履职实践错位

1. 将权力监督等同于权力制约。实践中，很多人一提到监督就认为必须让权力“硬起来”“法律化”才是真正的监督，民主党派民主监督是缺乏强制力的“软监督”“非权力监督”，起不到真正的监督作用，思想上不重视，不自信，实践中不作为，缺乏热情和责任心，认为民主监督只是一种政治设想和形式，没有实质性内容，作用不大，是费力不讨好的事。底气不足、信心不够、责任心不强成为制约民主监督职能发挥的思想认识根源。

2. 将政治监督矮化为事务监督。民主党派民主监督主要监督执政党的执政行为、执政方式、执政过程以及与此相关的重大方针政策的制定执行、贯彻落实情况。实践中，民主监督行政化、去政治化倾向明显，越来越表现为对政府事务性工作的监督和一般性工作的意见建议等；真正指向公权力行使、涉及执政党执政行为、履职情况、重大事项、党风廉政建设的内容少之又少。由于民主监督在内容和实现形式上往往与政治协商、参政议政裹挟在一起，有很多重合之处；过分强调民主监督与参政议政、政治协商的关联性导致民主监督作为一种独立的履职形式，内容、特点、形式不突出，表现为大量反映社情民意的经济社会事务都视为民主监督的内容，反而模糊了监督的重点，降低了监督的效力。

3. 将政党监督弱化为党员个人行为。民主党派民主监督是以政党组织行为为特征的党际监督，监督主客体应该是政党组织。就监督主体而言主要是民主党派组织，而不是党派成员个人。实践中，民主监督主要是通过民主党派成员中的人大代表、政协委员、特约人员等少数骨干成员通过提案议

---

① 刘德喜等:《全球背景下的中国民主建设》[M]，重庆出版社 2005 年版，第 248 页。

案、参加会议、调研等方式实现,这些具体参与者在很多时候代表的是个人的意见和见解,并不是经过党派集体调查研究、讨论通过的结果;在某种程度上形成了“精英”唱戏、“群众”看戏的情况;监督的专业化、组织化水平不高,体现不出高层次、政治性的特征。调查显示:76.32%的人认为党派普通成员对本党派组织的决策影响程度较小;5.26%的人认为没有什么影响;只有7.9%的人认为影响较大。① (见图2)

图2 对党派普通成员对本党派组织决策影响程度的统计

4. 将协商合作等同于一团和气。“监督”一词,本意是“察看并督促”,包含了督查、督促、督责之义。在政治学上,监督主要指“针对公共权力的资源、主体权责、运作效能等相对独立开展的检查、审核、评议、督促活动。”[5]民主党派民主监督旨在通过提出意见、建议和批评的方式,发挥其咨询、反馈、督责、警示功能,在本质上是一种纠错机制。在实践中,由于受政治文化传统的影响,大多数民主党派成员以团结合作为导向,将协商民主的方式变成了立足于正面评价的一团和气,讲成绩、重表态,避重就轻、谨言慎行,基本体现不出监视、检查、纠偏的意义。

(三)监督主体自身建设发展滞后

1. 监督主体地位尴尬。从理论上来讲,民主监督主要是民主党派监督

① 数据来源于山东省社会主义学院第十四期、第十五期、第十六期党外领导干部进修班调研问卷统计结果。

共产党，民主党派是监督主体，掌握着监督的主动权，理应积极作为、主动担当，这是民主党派自身独立性的重要体现。但是，在现实政治中，民主党派生存发展、履行职能所必须的政治资源很大程度上来自于执政党的支持和分配，加之自身存在社会基础不牢、结构趋同、特色模糊、行政化倾向等问题，民主党派自身的组织独立性、主体性、民主性正趋于淡化，政党特色日渐衰弱。如何在坚持共产党的领导与保持自身独立性之间找好平衡是民主党派自身建设首要解决的重大问题。

2. 监督动力缺失。帮助共产党执好政、用好权，保证权力始终掌握在人民手中是民主党派民主监督的动力所在。对于处于监督主体的民主党派来讲，如果缺乏必要的政治安全和完善的激励机制，就会普遍存在“不愿监督、不敢监督、不想监督”的状况。

3. 监督能力不足。民主党派民主监督能力是一项涉及政治、经济、文化以及社会生活方方面面的综合能力，既要求熟悉政党政治运行的一般规则和技能，准确把握民主监督的性质、定位和方式方法，又要求对相关领域的专业问题具有深刻的洞见和把握。民主党派成员绝大多数都是某一方面的专业精英，但这种专业优势不能自然而然地转化为监督优势。由于党派成员大多数兼职担任党务工作，自身成长经历单一，缺乏行政岗位的必要锻炼，民主监督所需要的政治技能和本领有待于进一步提高。

4. 监督人才匮乏。习近平在谈到党外代表人士队伍建设时说过“政无大小，以得人为重”。民主监督也一样，缺乏人才支撑，民主党派职能作用的发挥就无从谈起。近年来，民主党派在组织发展、后备干部储备、人才队伍成长方面面临着一系列现实问题。受网络政治、工作压力、资源分配等因素影响，民主党派作为政治组织的吸引力正在下降，对于“你周围的人对加入民主党派的政治热情”的问卷调查显示：认为“比较高”的占39.02%；认为“不高”的占51.22%；认为“比较低落”的占4.88%；另外还有占4.88%的人没填写。[①]（见图3）高层次人才越来越少，旗帜性人物、优质资源匮乏，后备

① 数据来源于山东省社会主义学院第十四期、第十五期、第十六期党外领导干部进修班调研问卷统计结果。

干部储备不足成为困扰各党派持续发展的一大难题。

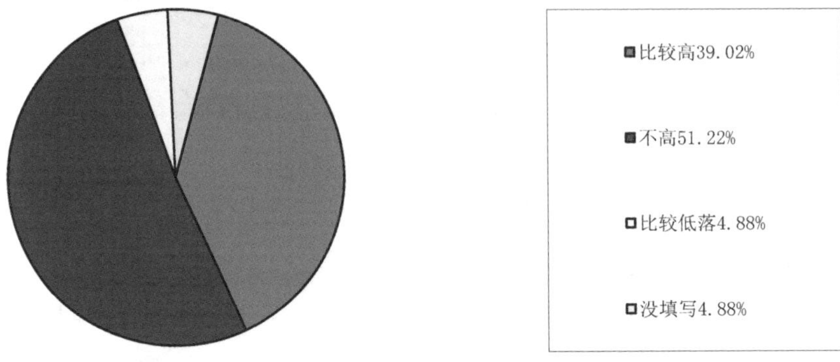

图3 对周围的人加入民主党派政治热情的统计

(四)政策规范与制度运行衔接不畅

1. 政策缺乏细化,知易行难。《条例》明确了民主监督的十种形式,初步构建了以政党为主体,以人大、政协、两院、特约人员为补充的民主监督体系,进一步畅通了民主监督的制度渠道。但是,总体来看,政策更多的是从畅通制度渠道、搭建载体和平台的角度来阐释,对于监督的具体内容和对象还过于宏观和原则。

针对"一些民主党派存在着不敢、不愿监督的现象,最重要的原因是什么"这一问题的调查显示,有70.1%的人选择了"操作性不强。"党派成员普遍感到民主监督的渠道已经不成问题,难以操作的是监督的对象和内容;对于到底"监督什么""监督谁""怎么来监督"这些具体问题难以把握。比如,民主监督的重点是党和国家重大方针政策和重要决策部署的贯彻落实情况。对于哪些问题属于"党和国家重大方针政策和重要决策部署",无论对于监督主体还是监督客体来讲都属于弹性很大、概念宽泛、不好界定的问题,缺乏对具体内容的精准对焦,实践中让人感觉"无的放矢""无从着手"。

2. 制度缺失,保障不力。民主监督的非权力性特质决定了在实践中缺乏有力的刚性约束,既没有国家法律法规层面的强力支撑,也缺乏制度和机制上的保障。调研显示:在"当前影响民主党派民主监督作用发挥的制度和机制方面的主要原因是什么"这一问题的回答上,69.5%的人选择了"监督没有专门法律保障,刚性约束力不足”,成为第一大选项。与其他监督形式相比,民主党派民主监督的制度化、法制化程度低,如党内监督有《党内监督条例》,人大监督有人大常委会《监督法》,行政监督有《行政监察法》、审计监督有《审计法》等,民主党派民主监督尚缺乏有力的制度保障。客观地说,在民主监督实践中,起主导作用的仍然是主观的、人为的因素,而不是制度的规范效应。“共产党的雅量与民主党派的胆量”之说形象揭示了民主监督的制度缺失:监督不是依法依规依章办事,而是取决于施受双方的自觉性。

3. 程序失范,机制运行不畅。中发 2005[5]号文件指出:“要在知情环节、沟通环节、反馈环节上建立健全制度,畅通民主监督的渠道。”从实践来看,这三个环节都缺乏规范有序的制度保障,随意性大。首先,知情渠道不畅、信息不对称是制约民主监督效力的首要因素。由于民主党派缺乏必要的手段和途径,主动知情很难,导致了解的信息不全面、不完整,要么是表层的、碎片化的信息,要么是延迟滞后甚至是经过选择的信息;从而造成监督过程“情况摸不透、问题找不准、建议不中用”的尴尬局面。在沟通环节,出于施受双方不同的政治心理,监督主客体都有所顾忌,理性的政治沟通往往被流于形式的客套所代替。反馈环节,对于民主党派的意见建议或批评是否采纳、意见如何普遍存在敷衍塞责、避重就轻、不了了之的现象,久而久之挫伤了民主党派成员的积极性。

三、全面从严治党视域下提升民主党派民主监督实效性路径分析

民主党派民主监督作为中国特色社会主义监督体系的有机构成部分,其效力的提升不仅取决于自身建设与能力的提升,更取决于整个监督体系的完善和民主政治环境的改善。破解民主监督难题要从理论和实践,主体和客体、制度和机制各方面共同提升和完善。

(一)正确认识民主党派民主监督的价值定位与监督效力

1. 党的领导与民主党派组织独立性的平衡。对中国共产党来讲,要充

分尊重民主党派的组织独立性，积极为他们履行职能提供必要的政策支持和相应帮助。对民主党派来讲，增强自身组织独立性，一方面需要进一步明确政治定位，强化政党意识、界别特色，逐步克服行政化、官僚化倾向，增强利益代表性、组织整合能力和解决自身问题能力。另一方面，要继承和发扬优良传统，突出民主党派政党特质和政治品格，使民主监督超越一党之私，因其自身对民族复兴、人民福祉的高度责任感，以对政治社会公平正义的价值追求而发挥效用，这是民主监督的精神动力和力量源泉。

2. 合作与监督之间的平衡。立足监督本义，逐步厘清合作与监督之间的相关性和差异性，民主监督不仅应当有自己明确的履职内容，还要有相对独立的履职形式。监督与参政议政、政治协商虽然无法完全割裂开来，但也不宜混为一谈。在合作意义上，重点突出民主党派与国家政权的关系，侧重于出谋划策，多为决策前行为，以提建设性意见为主。在监督意义上，重点突出民主党派与中国共产党的党际关系，重点是对国家宪法和法律法规实施情况、党和政府重要方针政策贯彻执行情况，中国共产党各级党委和党员履职情况和廉政情况进行监督，侧重于提出批评意见，多数为决策后行为，以警示、反馈、督责为主。

3. 非权力监督与监督效力的平衡。民主党派民主监督是非权力的柔性监督，不具有硬法的刚性约束，但是这并不意味着民主监督没有效力。这种效力的考量需要建立在科学理性的价值期望和现实政治基础上。一方面，民主监督是社会主义监督体系的重要组成部分，它必须通过增强横向合作，与其他监督形成合力，才能增加监督的制度效力。另一方面，民主监督的非权力性不是监督效果“虚化”“弱化”的根源和理由。中国共产党与民主党派的互相监督虽然不以分权为前提，却可以通过赋权的形式增强民主监督的政治压力和实质影响，在非权力监督与权力监督之间形成一个平衡。在不违背四项基本原则的基础之上，在宪法法律范围内赋予民主党派更多的知情权、批评权、质询权甚至是合法反对权，通过强化反馈环节，达到被监督者不得不重视、不得不回应的效果。

（二）完善监督机制，创新监督形式

1. 规范民主监督程序运行。一是建立健全知情明政渠道。推进政府信息公开的力度和广度，扩大民主党派知情范围。党委政府坚持重大事项协商制度，不定期向民主党派通报近期重点工作和本地区政治、经济、社会发展的具体情况和信息；深化政府有关部门与民主党派的对口联系制度。二是建立畅通的沟通机制。充分利用好制度平台，通过召开民主监督专题会议、与有关部门的联席会议等形式，推动民主监督进一步落实。山东省烟台市组织全市 36 个市直部门与各民主党派市委开展“面对面”座谈会，会前制定下发《支持民主党派履行职能指导手册》《关于各民主党派市委围绕我市重点改革事项开展民主监督工作实施方案》《关于支持民主党派开展考察调研的意见》，建立畅通的沟通联系机制，成效明显。此外，一些省市参考中央关于政党协商的做法，建立民主党派监督意见建议专报制度也是一项有益尝试。三是规范反馈环节，落实监督成果。反馈重在对监督成果的落实和督办，对于各类监督意见和建议，相关部门要归类整理，说明情况和原因，逐渐形成“提案办理”式的规范流程，做到“事事有回音，件件有答复”，并在一定范围内对监督结果进行公开。

2. 创新监督形式与方法。2016 年 6 月，中央统战部启动各民主党派中央脱贫攻坚专项民主监督，开创了民主监督新形式，取得良好成效。这种“项目化”的民主监督形式是对以往监督形式的重大突破，有助于实现与党委、政府工作的有效衔接，成为可复制的监督创新形式。目前，围绕党委政府重点工作的专项民主监督、专项检查监督成为一些地方破解民主监督难题的创新之举。2017 年，山东省各民主党派省委受中共山东省委委托，围绕全省重点改革事项开展专项民主监督（见图 4）；围绕“气（电）代煤”改造工作开展专项检查监督，深入调研督查，建诤言、献良言，为助力省委重大决策部署贯彻落实发挥了积极作用。可以预见，在中央的示范下，专项监督因其精准对焦、资源聚集、实效明显等优势逐步成为激活民主监督效能的重要突破口，成为民主监督的新渠道和新形式。

2017 年度各民主党派围绕重点改革事项开展民主监督情况

党　派	监督重点改革事项
民革山东省委	环境公益诉讼试点
民盟山东省委	大气污染综合治理
民建山东省委	混合所有制改革
民进山东省委	城镇普通中小学大班额问题
农工党山东省委	医联体建设
致公党山东省委	仿制药一致性评价工作
九三学社山东省委	科技型中小微企业扶持政策落实

（三）加强监督主体性建设，提升监督能力

1. 强化民主党派政治责任与担当。民主监督既是民主党派重要的政治权利，也是民主党派对国家和人民不可推卸的政治责任。新中国成立初期，民主人士就认识到，作为人民民主统一战线组成部分的民主党派参加了政权，也必须负政治上的责任。监督包含着协商、检查、批评和检举等方式，“就民主党派来说，只有认真发挥监督作用，才算是对国家尽了责任”。新时代，增强民主监督效能首先要强化民主党派政党意识和监督主体意识，深刻理解参政党在国家政治生活中的职责和使命，从更高的政治站位理解民主监督对于坚持和完善新型政党制度的重大意义，切实增强做好民主监督工作的政治意识、政党意识、使命意识和责任担当意识。

2. 提高民主党派组织化程度。一是成立专门负责民主监督的组织机构。在当前行政编制压缩的情况下，可充分发挥各党派监督委员会的作用，赋予监督委员会更多的职责和功能，使之成为一个能够涵盖自身监督与民主监督兼具对内对外双重监督功能的机构，以组织之名行使民主监督的职责与权力。二是整合党派人才资源优势，组建“民主监督专家智库”，充分发挥各领域人才的专业优势和政治优势，汇聚众智，提升组织的整体能力和水平。三是做好组织发展和后备干部储备工作，为民主监督持续发展提供人才支撑。注重吸收与本界别相关的高素质人才，发现和培养一支政治素质过硬、专业素质突出，敢于和善于提出意见、批评、建议，胜任民主监督重任

的人才队伍。

3. 提升民主监督能力与素质。一是加大对民主党派成员尤其是骨干成员的培训力度。基层党派成员普遍反映参加培训的机会少,对统一战线、政党制度、民主监督的基本政策了解不多、理解不深,影响和制约了能力提升。加大培训力度,扩大培训范围是提升能力素质的当务之急。二是加大社会主义学院教学改革力度,统筹考虑民主党派履职需要的专业技能和必备知识,加大民主监督方面的专题培训力度。

(四)拓宽监督渠道,形成监督合力

1. 与党内监督相结合。《中国共产党党内监督条例》明确提出:“党内监督和外部监督相结合”。尝试建立民主党派民主监督与党内巡视制度相结合的机制。探索将各级党委贯彻落实《统一战线工作条例》基本情况、自觉接受民主党派民主监督情况纳入巡视范围;将各单位民主党派负责人、政协委员、特约监督员纳入参加座谈会和谈话人员范围,将符合条件的民主党派成员吸收纳入巡视组,充分发挥“巡视利剑”的辐射带动作用。

2. 与人大监督相结合。《统一战线工作条例》明确规定:“民主党派成员、无党派人士中的人大代表在人大会议中提出意见建议,参加人大及其常委会和各专门委员会组织,参加人大及其常委会和各专门委员会组织的有关调查研究”。实践中,需进一步落实中央关于党外人士在人大任职的有关政策规定,按照比例要求做好民主党派成员担任人大代表、人大常委以及专门委员会委员工作,充分发挥人大代表中民主党派人士的监督作用。

3. 与行政监督和司法监督相结合。在国家监察体制改革的背景下,鼓励民主党派成员积极参与监察体制改革试点工作;既可以围绕改革积极建言献策,也可以充分利用监察委员会这一制度平台发挥作用。重点是改革特约人员管理制度,探索建立由监察委员会牵头、统战部协调、各党派推荐,统一聘任、委派、培训、考核的管理制度,完善民主党派与政府部门、司法部门、监察部门的对口联系制度,为特约人员履行职责创造条件,切实发挥特约人员监督作用。

4. 与舆论监督相结合。民主党派民主监督与舆论监督相结合,一是注

重网络平台建设。各民主党派在官方网站、微信公众号、APP 等公众平台上开设民主监督专栏，积极回应群众和党派成员关心关注的问题，同时也对外宣传本党派民主监督方面的最新动态、案例和经验总结、先进典型，扩大民主监督社会影响，增进民众认同。二是与新闻媒体建立定期合作机制。对于重点问题、重大项目的监督，在不涉及国家机密的情况下，定期召开新闻发布会，开展“电视问政”“网络问政”“民生连线”“委员面对面”等节目，邀请媒体实时跟踪报道或深度参与，引导舆论，提升民主监督的影响力和约束力。

5. 与群众监督相结合。民主党派作为政党组织，有其特定的社会基础，天然地与所代表群众有一定的联系。民主监督与群众监督相结合，一方面要突出自身界别特色，重点在所代表和联系的界别群众中树立品牌和威信。民主监督要实现精准对焦，发力有效，必须重点突出，有所选择，重点关注，长期积累，打造特色和品牌。另一方面注重基层组织建设。通过开展社会服务、调查研究等活动，真正走进群众，接地气，深入了解国情及民众需求，及时反映群众呼声和利益诉求；在此基础上扎实开展好基层党组织建设活动，把基层组织建设成为沟通党派和群众的桥梁和纽带，为上情下达和下情上达提供畅通渠道。

（五）推进民主政治深入发展，营造良好政治生态

1. 民主监督关键在党。全面从严治党关键在党。民主党派民主监督更多的是执政党从减少自身决策失误的监督所做出的选择，这一选择的主动权很大程度上掌握在共产党手中。监督能不能发挥效力、在多大程度上发挥效力更多地取决于地方党政领导干部对民主监督的重视和配合。调查显示，在影响民主党派民主监督的因素中，76%的受访者认为民主监督关键在党。一方面，执政党的各级领导干部要增强接受监督的自觉性和主动性。只有执政党自觉把监督看成是必须履行的责任和义务，从党和国家事业发展的大局出发，将接受民主党派民主监督作为加强和改善党的领导、提高党的执政能力、巩固党的执政地位的重要途径，才能改变“怕监督、不愿意被监督”的心态。另一方面，执政党要切实为民主监督创造良好的环境和氛围。

将民主党派民主监督嵌入全面从严治党的制度体系中，从监督议题的规划、确定，到贯彻落实反馈情况纳入领导干部考核体系，在党内外形成良性发展的政治惯例和政治程序。

2. 大力发展社会主义民主政治。拓展民主空间，发展民主政治是提升民主监督效力的根本途径。正如邓小平所言："监督问题本质上是个民主问题。无论党内的监督还是党外的监督，关键在于发展党和国家的民主政治生活。"①民主政治越发展，公民的民主意识、主体意识、权利意识发育越充分，才能激发参与政治、监督权力的政治自觉，在全社会营造"有权必有责，用权受监督"的良好氛围。尤其是民主党派民主监督是一种软监督，没有法律监督的刚性和强制性的功能，增强民主党派的民主监督实效性更加需要全社会的支持。各级党委要把多党合作理论列入党校、行政学院、社会主义学院的教学计划；有计划、有重点地组织新闻媒体宣传民主党派的民主监督职能和具体事例，营造全社会重视和支持开展民主监督工作的良好政治生态。

（作者单位：山东省社会主义学院）

① 《邓小平文选》（第1卷），人民出版社1994年版，第215页。

依托云计算平台，拓宽民主党派民主监督渠道提升新型政党制度实效性研究

刘春雷

一、依托云计算平台，拓宽民主党派民主监督渠道，提升新型政党制度实效性的现实意义

“新型政党制度”是习近平总书记2018年3月4日看望参加全国政协十三届一次会议的民盟、致公党、无党派人士、侨联界委员，并参加联组会时提出的。当时，习近平总书记指出，中国共产党领导的多党合作和政治协商制度作为我国一项基本政治制度，是中国共产党、中国人民和各民主党派、无党派人士的伟大政治创造，是从中国土壤中生长出来的新型政党制度。

民主党派的民主监督是践行新时代我国新型政党制度的极为重要的基本途径。所以我们要拓宽民主监督的渠道。随着大数据云计算的到来，大数据云平台的出现为拓宽民主党派民主监督工作，进而为提升新型政党制度实效性体现了其极为重要的现实意义。

（一）依托云计算平台，民主党派的民主监督形式变得更加多样

随着“信息时代”的到来，云计算平台这一概念已经逐渐进入我们日常生活之中。与此同时，“伴随着大数据和互联网的发展，政治活动逐步扩展

到虚拟空间,并改造着政府、公民等政治行为为主体的行为和互动模式……"[①]有了这样的政治互动平台,便为民主党派的民主监督工作展示了方便可行的互动交流模式。这种模式跳出了以提案、调研报告等诸多传统模式的藩篱;云计算平台的出现,冲击着传统意义上的民主党派民主监督的方式。应该说,云计算平台的出现为民主党派的民主监督工作注入了新鲜的血液。

(二)依托云计算平台,民主党派的民主监督运行程序变得更加方便快捷

依托云计算平台为民主党派的民主监督的科学化运行提供了极为方便的运行渠道。在云计算平台上,民主党派成员履行监督职责更加方便,可随时提出"参政党意见、批评和建议",随时与政府公职人员进行互动交流,监督政府公职人员在执政过程中践行"参政党意见、批评和建议"的具体落实情况。这样就大大增强了民主党派民主监督的工作效率。与此同时,依托云计算平台,"民主党派所收发的民主监督信息不但可以海量的存储,而且还能通过依托云计算平台的处理和分析功能,将党派成员所收发的民主监督信息很快进行处理,这样就大大避免了民主监督的滞后性,为进一步提高党派成员民主监督的积极性作出了巨大贡献。"[②]

二、云计算平台在民主党派民主监督工作中应用初探

从目前来看,民主党派的民主监督在我国社会主义监督体系中作用不够明显。2016 年"重庆社会主义学院邓凌教授调查北京、西安、重庆、厦门四个城市的参政党民主监督数据显示:在总体评价我国参政党民主监督实效如何的问题上,只有 7.2%的人认为好,15.2%的人认为较好,也就是说,认为

① 孟天广,李峰:《网络空间的政治互动:公民诉求与政府回应性—基于全国性网络问政平台的大数据分析》[J],《清华大学学报》(哲学社会科学版)2015 年第 3 期。

② 刘春雷:《大数据视域下增强民主党派民主监督实效性的路径初探》[J],《贵州省社会主义学院学报》2017 年第 2 期。

参政党民主监督实效一般、较差、差的人达到了70%以上。”[①]通过上述有关民主党派民主监督工作的调查研究,我们可知,目前参政党的民主监督工作实效性不强。如何提高民主党派民主监督的实效性?习总书记强调要“积极探索有利于破解工作难题的新举措新办法”[②],故笔者尝试将云计算平台运用于民主党派民主监督工作中的知情环节、沟通环节和反馈环节中,提高这三个环节的实效性,进而为增强民主党派民主监督工作实效性贡献力量。

(一)云计算平台在民主党派民主监督知情环节中的应用初探

民主党派民主监督知情环节重点强调党派成员在进行民主监督工作之前,需要对本地区政府部门政务信息充分了解。(应该说)知情环节“是参政党对执政党实施有效监督的先决条件。所以必须扩大各民主党派的知情度。”[③]

为增强该环节实效性,云计算平台可及时有效地发布本地区党政方面的政务信息,扩大民主党派民主监督工作的知情渠道。依托云计算平台,及时发布有关执政党实施国家宪法和法律法规的最新信息;有关执政党和政府制定和贯彻落实地方的重要方针政策的最新内容;有关执政党党委依法执政、履职尽责和为政清廉的相关工作。这样,大大拓宽了民主党派民主监督知情渠道,为增强民主党派民主监督工作实效性打好基础。

(二)云计算平台在民主党派民主监督沟通环节中应用初探

民主党派民主监督沟通环节主要强调参与到民主监督工作的民主党派成员围绕着存疑的政务工作以及相应的“意见、批评和建议”与相应的政府公职人员互动沟通,答疑解惑。为了增强民主党派民主监督沟通环节的实

---

① 胡建兰:《大数据运用于参政党民主监督初探》[J],《中央社会主义学院学报》2017年第1期。

② 《习近平总书记系列重要讲话读本》[M],北京:学习出版社、人民出版社2014年版,第107页。

③ 张世伟:《中国参政党对执政党的民主监督研究》[M],中央编译出版社2014版,第217页。

效性，云计算平台需要做好如下两个方面工作。

一是为党派成员与政府公职人员的互联提供“虚拟沟通空间”。通过这样的沟通空间，党派成员可按照自身党派界别通过文字、图表、视频、语音、动画等各种方式，“针对人民群众普遍关心的热点，难点和重点问题，对执政党和政府机关的工作及作风进行民主评议，并把相关批评意见和建议，”①与对口政府部门的公职人员进行互动交流。在交流中，党派成员要知无不言，要言无不尽。在交流中，政府公职人员要诚心诚意、要认认真真、要满腔热情。这样的交流是原汁原味的，这样的交流是实实在在的，这样的交流是推心置腹的，这样的交流是诚诚恳恳的，这样的交流是接地气的。通过云计算平台的互动交流，拉近了参政党与执政党之间的距离，进一步的密切了党群之间的关系。

二是依托云计算的统计分析大数据信息的功能，初步形成“参政党意见、批评和建议”，为政府公职人员的执政工作提供参考。云计算平台可通过大数据统计和分析的功能，统计出党派成员与相关政府公职人员沟通后共同形成的“意见、批评和建议”的关键语句的重叠度，再通过云计算平台分析这些关键语句，进而初步形成统一的“意见、批评和建议”。与此同时，民主党派内部可构建民主监督“意见和建议”审核小组，对云计算平台提供的“参政党的意见、批评和建议”进行归纳。最终整合成为切合实际且章法得当的“参政党意见、批评和建议”并将其上传至云计算平台，政府公职人员可以整理后的“参政党意见、批评和建议”为标准，在以后的政务工作中施政得法，查缺补漏，张弛有度。

（三）云计算平台在民主党派民主监督反馈环节中应用初探

民主党派民主监督的反馈环节重点强调民主党派成员对政府公职人员围绕着“参政党意见、批评和建议”履职尽责情况的回应。“只有监督而没有

① 张世伟：《中国参政党对执政党的民主监督研究》[M]，中央编译出版社2014版，第218页。

反馈,民主监督就缺乏活力和动力,监督功能就不能充分发挥。"①"反馈环节"在民主党派民主监督工作中至关重要。

为此,可在云计算平台上创建电子问卷调查表,党派成员可定期填写该调查表,进而为政府公职人员听取"参政党的意见、批评和建议"的具体情况进行有效性评估。在该表中需列出在"沟通环节"中依托云计算平台已形成的"参政党的意见、批评和建议"的具体内容。党派成员可围绕这些内容进行"优、良、中、差"四项评估。至年终,云计算平台通过大数据的统计功能,统计出相关政府公职人员在听取"参政党的意见、批评和建议"的具体情况,并计算出相关综合分数,该综合分数可作为政府公职人员年终评定的佐证材料。

总之,云计算平台运用在民主党派民主监督中的"知情""沟通"和"反馈"三个环节中,可进一步优化民主党派民主监督的工作程序,使民主党派民主监督工作运行得更加顺畅,更加民主,更加和谐,更加科学,更加高效,使其在参政党的民主监督工作中能更有用、有大用、有不可或缺的作用,从而极大地增强民主党派民主监督的实效性。

三、云计算平台在民主党派民主监督工作中的保障工作初探

云计算平台尽管在理论层面为民主党派民主监督工作的顺利进行带来极大的便利,但是如果不能进行很好的科学化、民主化的管理,该交互平台的作用就难以彰显,最终极有可能导致云计算平台因缺乏管理而变成了党派成员"泄愤吐槽"的社交平台。所以对该平台进行妥善管理,才能极大限度的杜绝此类情况的发生,才能进一步的确保民主党派的民主监督工作在云计算平台上有序进行,顺利开展。为此,我们要做好云计算平台在民主党派民主监督的知情环节、沟通环节和反馈环节合理化运行的保障工作。

---

① 张世伟:《中国参政党对执政党的民主监督研究》[M],中央编译出版社 2014 版,第 218 页。

1. 在民主党派民主监督知情环节中，将云计算平台与地方政务大数据网进行政务信息共享，为云计算平台的合理化运行提供政务信息来源保障。在信息共享的世界中，云计算平台可与其他政府相关部门网站进行信息数据的互动交流，为进一步增强民主党派民主监督的实效性提供重要保障。让参与到云计算平台的党派成员得知更全、更新的政务信息，为进一步做好民主党派民主监督提供了重要信息资源保障。从目前来看，全国各地的政府部门信息网站已经开始陆续上线。例如，2017 年黑龙江省政务服务网和哈尔滨市政府数据开放平台顺利上线（如图 1、2 所示）。

图 1

图 2

加强与这两个政府网站的信息资源共享，不仅可为龙江人寻求更快、更好的政务服务提供了极大帮助，而且也为省市各民主党派做好民主党派民主监督工作提供了大量的政务信息资源。党派成员可在这两个网站获得有关经济、政治、文化、教育、卫生、农业、交通等诸多方面的最新政策部署和实施情况，进而为党派成员进一步做好民主监督工作开了个好头，有了抓手。云计算平台可通过与这些政府信息网站“无缝链接”，让党派成员通过云计算平台方便有效地获得大量的政务信息，为做好民主党派民主监督的其他工作作出贡献。

2. 在民主党派民主监督的沟通环节中，做好对党派成员与政府公职人员之间互动交流迟滞情况进行大力度管控，进而为云计算在民主党派民主监督沟通环节合理化运行提供保障。在云计算平台上，民主党派成员与政府公职人员沟通交往的过程中，往往由于受到历史和现实因素的影响，政府公职人员出现回复信息慢甚至不回复情况，致使党派成员在沟通的过程中出现了“剃头挑子一头热”的情况，结果导致了该平台无法正常运转，最终极大地影响了民主党派民主监督的实效性。面对这样的情况，笔者以为可制定相关的规章制度加大这方面的管控，即对积极互动交流的民主党派成员和政府公职人员应予以奖励，反之应予以相应的处罚。

3. 在民主党派民主监督的反馈环节中，云计算平台要与本地人民政协、各民主党派网站、统战工作网以及本地区各个媒体网站进行有关民主监督信息的互联互通，形成联合性的反馈效应，进而为督促政府公职人员围绕“参政党意见、批评和建议”履职尽责，发挥民主党派民主监督反馈环节的积极作用。云计算平台要与本地区人民政协网、各民主党派网、统战工作网以及本地区各个媒体网站互联互通。在这些网站上开通网上政府信息反馈的公告信息宣传栏并公布目前通过云计算平台所提供的政务公职人员围绕“参政党意见、批评和建议”履职尽责的具体情况，其中包括“参政党意见、批评和建议”提交数量；政府公职人员已采纳的“参政党意见、批评和建议”的数量和未被政府公职人员采纳的“参政党意见、批评和建议”的数量。与此同时，公布政府公职人员未采纳“参政党意见、批评和建议”的具体原因以及处理办法。通过云计算平台与本地区各政府网站的互联互通，进一步加大民主党派民主监督的反馈环节工作力度，进而使民主党派民主监督工作做好、做透、做扎实、做出实效，进而为积极践行新时代新型政党制度贡献力量。

（作者单位：哈尔滨市社会主义学院）

科学把握中国特色社会主义参政党的基本标准

陈锦荣

2019年是新中国成立70周年,也是我国新型政党制度确立70周年。70年来,我国各民主党派性质发生了历史变化,履行职能和自身建设取得了重大成就。2013年,习近平总书记在同党外人士共迎新春并座谈时,将民主党派明确为“中国特色社会主义参政党”。党的十九大报告提出,“支持民主党派按照中国特色社会主义参政党要求更好履行职能”。2018年全国统战部长会议进一步强调,“要围绕深化政治交接,按照中国特色社会主义参政党的要求和标准,协助民主党派加强自身建设。”中国特色社会主义参政党“标准”问题的提出,既表明中国共产党对民主党派的期望要求不断提升,也预示着民主党派自身建设将步入规范化制度化发展的历史新阶段。然而,中国特色社会主义参政党的基本标准是什么?如何来进行界定?它又包含哪些具体要求?对此我们还缺乏一个比较清晰和一致的认识。因此,科学界定并提出中国特色社会主义参政党基本标准的内涵及要求,有助于深刻把握中国特色社会主义参政党的本质特征,进一步明确新时代民主党派自身建设目标任务,促进多党合作理论创新发展和新型政党制度效能提升。

一、科学界定中国特色社会主义参政党基本标准的重要意义

所谓标准,是指衡量事物的准则或规范,通常也是榜样、范式、基准等的代名词。标准具有标杆、约束、组织、指导、传播等功能,[①]在实践中体现为一种着力重点和方向。中国特色社会主义参政党的标准,是对中国特色社会主义参政党性质、地位、功能、特征等的集中反映和高度概括。它既是衡量民主党派是否为合格的中国特色社会主义参政党的基本尺度,也是民主党派加强自身建设和履行职能的重要依据。因此,科学界定中国特色社会主义参政党的标准,对于系统回答"什么是中国特色社会主义参政党"以及"建设一个什么样的参政党",具有重要的理论意义和实践价值。

一是有利于指导民主党派加强自身建设,巩固多党合作政治格局。多党合作制度是我国一项基本政治制度,共产党领导、多党派合作,共产党执政、多党派参政,构成了我国多党合作格局的基本特征。巩固这一政治格局,既取决于执政党全面加强自身建设,不断提高领导水平和执政本领,也离不开民主党派按照中国特色社会主义参政党标准要求加强自身建设,提高履职能力。当前,民主党派成员已达110多万,改革开放后成长起来的新成员已成为主体,一些新的社会阶层人士和非公有制经济人士纷纷加入民主党派,从而令其队伍构成、思想观念更加多样,自身建设面临许多新的课题。因此,科学界定中国特色社会主义参政党标准的内涵,能够为民主党派制定新时代发展目标提供基本依据,能够为民主党派全面加强思想政治建设、组织建设、能力建设、作风建设、制度建设提供重要遵循,能够为进一步提升中国特色社会主义参政党建设质量提供有力指引。

二是有利于促进民主党派更好发挥作用,提升多党合作制度效能。多党合作制度是我国政治制度的鲜明特色,在新时代彰显我国政治制度的优势,一个重要的方面就是要不断提升多党合作制度效能。习近平总书记指

---

① 麦绿波:《标准的功能与作用(下)》,《标准科学》2012年第11期。

出，“坚持和完善中国共产党领导的多党合作和政治协商制度，更好体现这项制度的效能，着力点在发挥好民主党派和无党派人士的积极作用。”因此，科学界定中国特色社会主义参政党标准的内涵，有利于明确民主党派在多党合作格局中、在中国特色社会主义政治发展道路中的履职新要求；有利于引导民主党派积极适应性质定位的新变化，自觉按照中国特色社会主义参政党要求更好履行参政议政、民主监督、参加中国共产党领导的政治协商职能，在国家政治社会生活中发挥积极作用，展示我国新型政党制度的独特魅力和优势。

三是有利于保持民主党派自身特点，彰显中国特色新型政党制度优势。近年来，随着经济社会不断发展，社会阶层不断变化，民主党派自身也在不断进步。但同过去相比，尤其同执政党相比，民主党派还面临特色不够鲜明、优势不够突出、认知不够广泛等现实挑战。据北京大学一项境外调查结果显示，有40%—50%的受访者认为我国实行的是一党制，表明西方国家对我国政党制度依旧缺乏了解。因此，科学界定中国特色社会主义参政党标准的内涵，有利于明确参政党的职责使命，引导民主党派增进自我认同，保持发展特色；有利于深刻阐明我国民主党派既不同于执政党、又不同于反对党的本质特征，树立中国特色社会主义参政党标杆，打破西方政党话语权垄断；有利于彰显我国新型政党制度的特色和优势，为世界政党政治发展贡献中国智慧、中国方案。

二、中国特色社会主义参政党基本标准的内涵及要求

中国特色社会主义参政党，其鲜明特征是中国特色、内在规定是社会主义、本质属性是参政党。界定中国特色社会主义参政党基本标准的内涵，要立足中西差别、新旧对比及与中国共产党的关系比较进行考量，最根本的是要从我国新型政党制度的要求出发，从民主党派的性质定位、担负的历史使命及中国共产党的要求期望出发，从民主党派自身建设和履行职能的效果着眼。具体来说，应当把握以下五个方面：

(一)政治坚定:始终坚持中国共产党的领导

界定中国特色社会主义参政党的基本标准,首先要从政治上看。民主党派最大的政治,就是坚定不移接受中国共产党领导,这是我国民主党派的基本共识,也是同西方政党的本质区别。按照西方政党理论,不存在一个党领导另一个党的问题,也没有哪个党公开承认接受其他政党的领导。因此,衡量民主党派是否为合格的中国特色社会主义参政党,首位的标准是看能否始终坚持党的领导。

中国共产党领导,是中国特色社会主义最本质的特征。坚持党的领导,是最根本的政治原则。1954 年,毛泽东在同缅甸总理吴努的谈话中曾指出,"中国的各种党派是有区别的……中国各民主党派承认中国共产党的领导。"[①]邓小平也指出,"中国的其他党,是在承认共产党领导这个前提下面,服务于社会主义事业的。"[②]2005 年,中共中央在《关于进一步加强中国共产党领导的多党合作和政治协商制度的意见》中,以法规形式将坚持党的领导作为多党合作的政治准则确定下来,并明确为参政党自身建设的基本原则。2019 年 3 月,十三届全国人大一次会议通过的宪法修正案明确指出,"中国共产党领导是中国特色社会主义最本质的特征。禁止任何组织或者个人破坏社会主义制度。"从而以根本大法形式进一步规定坚持党的领导是我国国家治理和各项事业管理的根本原则。

坚持党的领导,是各民主党派的优良传统,也是保障民主党派作用发挥的根本前提。中国共产党的领导地位不是天生的,也不是共产党强加的,而是各民主党派、无党派人士和中国人民历经曲折和反复比较后的自觉自愿选择。1948 年,中共中央发布"五一口号",各民主党派积极响应,选择接受党的领导,从此开启了历史进步的新篇章。70 年来,各民主党派在与中国共产党团结奋斗的历程中,切实感受党的伟大力量,亲身体会只有始终坚持党的正确领导,才是"在正道上行",才有实践政治抱负的舞台,才能永葆发展

① 《毛泽东文集》(第六卷),人民出版社 1999 年版,第 375 页。

② 《邓小平文集》(第二卷),人民出版社 1994 年版,第 267 页。

进步的生机活力，因而始终把拥护中国共产党领导写进各自章程，与党风雨同舟、携手共进。

总之，民主党派要成为合格的中国特色社会主义参政党，首先必须政治坚定，始终坚持党的领导，与中国共产党思想上同心同德、目标上同心同向、实践上同心同行。当前，必须牢固树立“四个意识”，坚决维护习近平总书记的核心地位，坚决维护中共中央权威和集中统一领导，这是民主党派要共同坚守的政治底线和生命线。同时，坚持党的领导不是被动接受领导。邓小平曾指出，“把接受共产党领导视为‘你说我听’，‘你拨我动’，这不是民主党派的共识，也不是共产党的要求，要以休戚相关，荣辱与共的心态对待党的领导。”这就要求民主党派树立政治自觉，善于通过批评监督，帮助改善党的领导，提高党的领导水平。

（二）信念牢固：坚持和捍卫中国特色社会主义

界定中国特色社会主义参政党的基本标准，核心要从性质上看。中国特色社会主义参政党，其政治性质是社会主义政党，首位要求是搞社会主义，这是最基本的规定性，也是它同自身过去及西方资产阶级政党的显著区别。因此，衡量民主党派是否为合格的中国特色社会主义参政党，最核心的标准是看方向信念上能否坚持和捍卫中国特色社会主义。

坚持和捍卫中国特色社会主义，是由民主党派性质发生历史飞跃所决定的。新中国成立以来，关于民主党派姓“资”姓“社”的争论，始终是困扰民主党派的核心问题。社会主义改造完成以后，民主党派所联系的成员都已成为社会主义的劳动者和拥护者。1955 年底，李维汉提出把民主党派“逐步改变成为社会主义政党”。[①] 刘少奇在中共八大的政治报告中指出，各民主党派将变成“劳动者的政党”。随着反右扩大化，“社会主义政党”的观点受到批判，对民主党派的定性也出现反复，又成为“资产阶级性质”的政党。改革开放后，邓小平对民主党派的性质重新做了规定，提出各民主党派是“三者联盟”。1986 年，中共中央在批转中央统战部《关于新时期党对民主党派

① 李维汉：《回忆与研究》，中共党史资料出版社 1986 年版，第 880 页。

工作的方针任务的报告》中，明确各民主党派是“为社会主义服务的政党”，从而确认了中共八大的判断。2005年，中共中央颁布的《关于进一步加强中国共产党领导的多党合作和政治协商制度的意见》，明确提出各民主党派是“致力于中国特色社会主义事业的参政党”。相比以往这是一大进步，但依旧没能对民主党派进行准确定性。直至2013年，习近平总书记提出民主党派是“与中国共产党通力合作的中国特色社会主义参政党”。这是多党合作的重大理论创新，一是深刻揭示了我国民主党派的社会主义性质；二是充分肯定了民主党派的历史性进步；三是对民主党派履行职能提出了更高期望，成为中国特色社会主义参政党后，积极投身中国特色社会主义事业，进一步增强“四个自信”，自觉成为中国特色社会主义的亲历者、实践者、维护者和捍卫者，就成为各民主党派的重要政治责任。

坚持和捍卫中国特色社会主义，是民主党派巩固共同思想基础的根本任务。当前，国际国内形势发生深刻变化，我国发展总体保持向上向好趋势，同时也面临错综复杂的内外环境，西方宪政民主、新自由主义、历史虚无主义等错误思潮抬头，国际反华势力也加紧渗透，特别在互联网时代，各种信息泥沙俱下。民主党派成员大多是高级知识分子，思想活跃，且深受互联网影响，有的容易被网络负面信息牵着走。中国特色社会主义作为执政党与参政党团结奋斗的共同思想基础，是民主党派需要不断坚持好、发展好的长期任务。不断巩固这一共同思想基础，增强“四个自信”，只有进行时，没有完成时。

总之，民主党派要成为合格的中国特色社会主义参政党，核心要求是始终坚持和捍卫中国特色社会主义，做中国特色社会主义的亲历者、实践者、维护者、捍卫者。一要以深入学习贯彻习近平新时代中国特色社会主义思想为主题主线，加强政治引领和思想引领，夯实共同思想政治基础，坚定在中共中央领导下走中国特色社会主义政治发展道路的自觉性和坚定性；二要把智慧和力量凝聚到党的十九大确定的目标任务上来，充分发挥自身优势特色，围绕推进“五位一体”总体布局、“四个全面”战略布局积极建言献策、集智聚力，共同致力于实现中华民族复兴伟业；三要在事关中国特色社会主义的大是大非面前，立场坚定，自觉抵制西方势力的渗透影响，组织引导领导班子成员、专家学者等积极主动正面发声，传递正能量。同时，也要加强对成员的思想引导，对一些模糊和错误的认识，要及时做好批评教育和引导。

（三）团结合作：坚持与中国共产党通力合作

界定中国特色社会主义参政党的基本标准，根本要从定位上看。在我国新型政党制度中，民主党派是参政党，与执政党形成了团结合作的政党关系，这是我国民主党派同西方政党的根本区别。在西方政党理论看来，政党为取得政治权力而存在，不以谋取执政为目标的政党不算严格意义上的政党。因此，衡量民主党派是否为合格的中国特色社会主义参政党，最根本的标准是看能否坚持与中国共产党通力合作。

坚持与中国共产党合作，是民主党派存在和发展的重要基础。早在1949年2月中共中央发出的《关于怎样对待民主党派地方组织的指示》中，就提出了界定民主党派的两个条件：一是1948年5月1日以前成立、参加过民主革命斗争、与共产党有过合作的历史；二是在反对帝国主义、封建主义、官僚资本主义的斗争中作出过贡献。从那时起，与中国共产党合作就成为了衡量民主党派的一条重要标志。新中国成立后，毛泽东提出了“长期共存、互联监督”八字方针。能否长期共存，要以合作为基础，没有合作或者不能有效合作，民主党派就将失去作为参政党的基本资格。

与中国共产党通力合作，是民主党派作为中国特色社会主义参政党的内在要求。在我国政党制度中，中国共产党是执政党，各民主党派是参政党，不是在野党或反对党，不是通过制约、反对把执政党搞下去。它虽然不同执政党竞争，但作为挚友和诤友通过提出不同意见和批评，帮助共产党更好执政，同时通过“一个参加三个参与”，在国家政治结构中长期稳定地发挥作用，因而同执政党形成了长期共存、相互监督、相濡以沫、肝胆相照的亲密关系。这既是我国民主党派区别于世界各国政党的一个重要特征，也创造了我国政党制度中共产党执政与民主党派参政相结合的崭新方式。①

① 张献生：《中国参政党的理论价值和实践意义》，《政治学研究》2010年第2期。

综上，民主党派要成为合格的中国特色社会主义参政党，必须坚持与中国共产党通力合作，按照习近平总书记提出的“四新”要求，做中国共产党的好参谋、好帮手、好同事。一要增强合作意识、强化责任担当，主动对标中共中央期望要求，增强团结合作的主动性、积极性；二要把握合作性质、明确自身定位，不能“各吹各的调、各拉各的号”，要在共同思想政治基础上实现“尽职不越位、帮忙不添乱”；三要提高合作本领、夯实合作基础，不断改进履职方式，深入调查研究，把身子俯下去、把民意反映上来，使参政议政更加专业化、精细化；四要提升合作实效、彰显党派价值，围绕防范化解“三大风险”、打好“三大攻坚战”等中心任务，找准履职尽责的切入点，为中共中央决策提出真知灼见，用好政党协商的平台和优势，通过协商凝聚共识、凝聚智慧、凝聚力量，积极做好沟通联系、解疑释惑工作，维护改革发展稳定大局，为党和人民分忧解难。

（四）进步广泛：坚持和实现进步性与广泛性相统一

界定中国特色社会主义参政党的基本标准，重点要从自身来看。民主党派从根本上说，是政党，而非一般的社会组织，其最大的政党特征是坚持进步性与广泛性相统一。同时，民主党派的进步性与中国共产党的先进性有着本质区别，二者不能随意混淆。因此，衡量民主党派是否为合格的中国特色社会主义参政党，最重要的标准是看能否始终坚持进步性与广泛性相统一。

民主党派进步性与广泛性的特点，是与其政治联盟的政党性质紧密相连的。现阶段，民主党派的进步性集中体现在同中国共产党通力合作，共同致力于中国特色社会主义事业。民主党派的广泛性，是同其社会基础及自身特点联系在一起的，具有广泛联系、吸纳社会各个阶层和群体的优势。从政党政治的一般原理来说，无论什么性质的政党，归根结底是民众控制公共权力之手的延伸，是联系民众和公共权力之间的纽带和桥梁，负有更多地反映和代表它们所联系的各部分群众的具体利益与要求的责任。作为中国特色社会主义参政党，民主党派应立足自身定位，主动作为，将其进步性与广泛性相结合的优势尽力转化为履职尽责的动能和价值。

坚持进步性与广泛性相统一，是民主党派作为中国特色社会主义参政党的根本要求，二者不能割裂。如果只片面强调进步性，使民主党派成为和中共一样的面孔，那么不仅不利于吸纳各种意见，而且民主党派也就没有存在的必要了。[①] 另一方面，如果只强调广泛性而忽视其进步性，不能坚持正确的政治原则，民主党派同中国共产党就不可能在政治上保持一致，自然也就失去了团结合作的共同政治基础。

所以，民主党派要成为合格的中国特色社会主义参政党，必须始终坚持进步性与广泛性相统一。一要把深入学习贯彻党的十九大精神作为首要政治任务，深化对习近平新时代中国特色社会主义思想的认识。要深入开展"不忘合作初心，继续携手前进"主题教育活动，提高教育的针对性和实效性，将坚持中国共产党领导变为自主意识和自觉行动。二要拓宽联系渠道，在巩固原有界别优势的基础上，吸纳新的社会阶层人士、留学人员等群体，加强代表人士队伍建设。三要参政有为，通过参政议政、政治协商来反映所联系群体的利益和诉求，架起党和群众之间的沟通桥梁。

（五）履职有力：具备适应新时代要求的能力素质

界定中国特色社会主义参政党的基本标准，关键要从能力上看。能力素质是一个政党生存发展的基本要件，如果没有较高的履职能力，民主党派就难以有所作为，自然也就够不上中国特色社会主义参政党。因此，衡量民主党派是否为合格的中国特色社会主义参政党，最关键的标准是看能否具备适应新时代要求的能力素质。

巩固和发展多党合作事业，既取决于共产党的领导和执政能力，也取决于民主党派的参政能力。我国多党合作制度确立以后，各民主党派自身建设不断加强，改革开放后逐步迈上制度化、规范化、程序化轨道。进入新世纪，民主党派的能力建设正式提上日程，提高政治把握能力、参政议政能力、组织领导能力、合作共事能力，成为中国共产党和各民主党派在多党合作中

① 袁廷华：《论在参政党建设中坚持进步性与广泛性相统一》，《中央社会主义学院学报》2001 年第 11 期。

的基本共识。2015年,习近平总书记在中央统战工作会议上的重要讲话中,把参政党建设的“四种能力”丰富发展为“五种能力”,明确要求“支持民主党派加强思想、组织、制度特别是领导班子建设,提高政治把握能力、参政议政能力、组织领导能力、合作共事能力、解决自身问题能力。”这对提高民主党派自身建设水平,提高班子凝聚力,带领广大成员更好履职尽责具有重大现实意义。

所以,民主党派要成为合格的中国特色社会主义参政党,关键是要履职有力,始终具备适应新时代要求的能力素质。一是着力提高政治把握能力,保持政治敏锐性和政治坚定性,在错综复杂的矛盾和变化莫测的形势中,能够明辨正误是非,始终保持清醒头脑;二是着力提高参政议政能力,善于围绕事关国计民生的重大问题,提出具有前瞻性、战略性、针对性、现实性和可操作性的意见建议,在推进党和政府决策科学化过程中发挥优化、防错和纠偏作用;三是着力提高合作共事能力,按照中共中央有关文件和《条例》有关要求和政策规范,在政党之间、政权之中和政协之内搞好合作共事;四是着力提高组织领导能力,加大实践锻炼力度,弥补经历和经验“短板”,不断提升运用民主集中制和“弹钢琴”的能力;五是着力提高解决自身问题能力,这一能力成为新元素新要求,既体现了执政党的殷切希望,也是加强参政党建设,进一步提高凝聚力战斗力的内在要求。提高解决自身问题能力,关键是紧紧抓住领导班子建设这个重点,着力在克服自身思想作风上的问题、自我化解班子内的各种矛盾、建立相关制度机制下功夫,注重发挥领导班子的整体作用。

综上所述,政治坚定、信念牢固、团结合作、进步广泛、履职有力是中国特色社会主义参政党的基本标准,也是民主党派自身建设和履行职能的根本要求。具体要求体现为:始终坚持中国共产党领导,牢固树立“四个意识”,与党在思想上同心同德、目标上同心同行、行动上同心同行;坚持和捍卫中国特色社会主义,增强“四个自信”,做中国特色社会主义的亲历者、实践者、维护者、捍卫者;坚持与中国共产党通力合作,做中国共产党的好参谋、好帮手、好同事;坚持进步性与广泛性相统一,着重保持自身特色、积极参政有为;始终具备适应新时代要求的能力素质,不断提升“五种能力”,做适应新时代要求的高素质参政党。

三、推动中国特色社会主义参政党标准要求落到实处

支持民主党派按照中国特色社会主义参政党标准和要求加强自身建设，更好履行职能，是完善中国特色新型政党制度的重要内容，也是提升多党合作制度效能的必然要求。要确保标准有效管用，必须进一步抓紧标准确立、搞好标准衔接、完善标准体系。

（一）抓紧标准确立

一是在政策制定层面予以规范。参政党标准这一提法，可以追溯到1989年《中共中央关于坚持和完善中国共产党领导的多党合作和政治协商制度的意见》中“参政党”概念的提出。翻阅文献可知，20世纪90年代初期就有关于“参政党标准”的讨论。比如民进就曾提出“按照参政党标准进行思想建设”。但是，近三十年来，关于参政党的标准至今未能做出清晰界定。2019年1月，汪洋主席在全国统战部长会议上明确提出要研究中国特色社会主义参政党标准的具体内涵。中央统战部也将这一问题纳入了研究计划。下一步，在制定参政党建设相关政策时，应重点考虑从顶层设计上予以明确。建议在适当时机，以中共中央名义，制定关于加强中国特色社会主义参政党建设的相关文件，并以中国特色社会主义参政党的标准要求作为逻辑起点。

二是深入调查研究。对中国特色社会主义参政党标准体系的界定，既要有理论分析，也要有实践检验。下一步，要在基本标准这一基础上，进一步梳理每条标准涵括的具体指标，通过深入调查研究来合理确定指标内容。

三是开展沟通协商。协商一致是标准确立的重要一环。中国特色社会主义参政党标准的确立离不开统战部牵头、民主党派具体负责、无党派人士及有关方面积极参与。各方主体须围绕标准问题反复论证，充分协商，以形成共识。

（二）搞好标准衔接

一是在理论上要做好中国特色社会主义参政党标准要求同参政党建设目标原则之间的衔接。在多党合作理论和实践中，常见“按照中国特色社会主义参政党标准和要求”和“按照中国特色社会主义参政党建设目标和原则”两种提法交替使用。在调研过程中，有学者认为这两种提法实际是一回事，只不过是同一要求的不同表述。也有学者认为，参政党标准要求比参政党建设目标原则的范围更窄，因而在文件表述中更适宜采用参政党建设目标原则。这两种观点都有一定道理，但它并没有深刻回答为什么要突出强调参政党标准这一问题。换言之，如果不能将参政党标准予以明确，那么这一提法依然起不到实际指导作用。因此，要发挥标准的功能价值，就必须与参政党建设目标和原则进行有机衔接。

具体而言，可以尝试把上文概括的五条标准融入参政党建设的指导思想，建议将其表述为：支持各民主党派按照政治坚定、信念牢固、团结合作、进步广泛、履职有力的标准，以思想政治建设为核心、组织建设为基础、履职能力建设为支撑、作风建设为抓手、制度建设为保障，努力建设政治过硬、组织扎实、履职有力、作风优良、制度健全的中国特色社会主义参政党。同时，把每条标准所含的具体要求体现到参政党履职和自身建设的目标任务中去。

二是在实践上要引导各民主党派做好各自目标与参政党标准之间的衔接。去年底，各民主党派相继召开了全国代表大会，在各自章程中提出了自身建设目标，比如“思想上坚定、履职上坚实、组织上坚强”，“思想政治合格、组织工作规范、履职能力突出、规章制度健全”，①等等。所以，要发挥参政党标准的指引作用，就必须支持各民主党派进一步做好建设目标与标准要求之间的衔接，并在继承基础上，根据实际变化不断创新。

---

① 详见2017年各民主党派全国代表大会工作文件。

(三)完善标准体系

就标准定义来看,对民主党派而言,“中国特色社会主义参政党”,本身即是一种标准,只不过这仅是一种原则规定。现实中,细化实化支撑中国特色社会主义参政党这一概念的各项具体标准,无疑将极大提升民主党派履职的规范化水平和自身建设质量。

从民主党派履职来看,包括参政议政、民主监督、参加中国共产党领导的政治协商三大职能。习近平总书记在2019年3月4日政协联组会上,对政党协商和参政议政提出了“会协商、善议政”的标准,具体包括“有事多商量、有事好商量、有事会商量,通过协商凝聚共识、凝聚智慧、凝聚力量”和“言之有据、言之有理、言之有度、言之有物,真诚协商、务实协商,道实情、建良言,参政参到要点上,议政议到关键处”等要求。目前的难点和薄弱环节是民主监督,人们习惯将西方反对党模式作为衡量我国民主监督成效的依据,从而导致社会评价并不高。当前,对民主监督标准的把握,除了监督效果这一维度,还应从民主监督的内容、程序、机制、环境等多方因素来制定和完善评价标准,才能准确反映我国民主监督实效,保障民主监督落到实处。

从民主党派建设来看,涵盖思想政治建设、组织建设、能力建设、作风建设、制度建设等内容。就思想政治建设而言,包括加强政治引领、思想引导、共识教育等任务,总的标准应该遵循理论清醒、政治坚定、信念牢固。就组织建设而言,包括领导班子建设、代表人士队伍建设、组织发展、基层组织建设、机关建设等任务。目前,代表人士队伍建设和组织发展工作的标准已经明确,分别是政治坚定、素质优良、代表性强、结构合理、充满活力和“三个为主”。根据民主党派各自章程及中央期望要求,班子建设应当遵循政治坚定、民主团结、求真务实、高效有为、廉洁自律的标准;基层组织建设应当遵循设置合理、运转有效、保障有力、制度健全的标准;机关建设应当遵循学习型、服务型、创新型、效能型、廉洁型、和谐型“六型”标准;机关干部队伍建设应当遵循政治过硬、能力过硬、作风过硬的标准。就作风建设而言,包括思想作风、工作作风、纪律要求等方面的内容,从各民主党派自身实践和要求来看,总的标准应当遵循求真务实、开拓进取、联系群众、纪律严明、廉洁自律。就制度建设而言,包括学习制度、决策制度、民主生活会制度、述职和民主评议制度、内部监督制度等。根据改革开放以来制度建设的基本经验及各党派实际情况,制度建设的标准应当遵循符合实际、系统完备、协调规范、运转有效。

总之,科学界定中国特色社会主义参政党标准,深刻把握其具体内涵及内在要求,对于推动新时代民主党派更好履职和加强自身建设具有重要的理论意义和实践价值。在实践中,人们对中国特色社会主义参政党标准的内容往往有不同看法,这是因为不同的研究视角和分析方法会得出不同的结论。但无论哪种界定,最根本的是要能集中反映中国特色社会主义参政党的本质要求。本研究认为,政治坚定、信念牢固、团结合作、进步广泛、履职有力,始终坚持中国共产党领导、坚持社会主义方向、坚持与中国共产党通力合作、坚持进步性与广泛性相统一、具备适应新时代要求的履职能力,是民主党派作为合格的中国特色社会主义参政党所绕不过去的基本标准和内在要求。

(作者单位:北京社会主义学院)

中国新型政党制度下民主党派参与社会治理研究

黎旭坤

一、新时期民主党派参与社会治理的特点和要求

十九大报告指出,加强和创新社会治理是新时期社会的主要矛盾决定的。人民日益增长的美好生活需要和不平衡不充分的发展之间的矛盾决定了新时期的社会治理要以保障和改善民生为重心,不断促进社会公平正义,使人民获得感、幸福感、安全感更加充实、更有保障、更可持续。从治理的方式看,与过去不同的是,新时期的社会治理更加强调社会协同、公众参与,扩大治理的参与主体,突出治理的社会化、法治化、智能化、专业化水平,将治理的重心往基层、社区下移。这为新型政党制度下民主党派参与新时期的社会治理提供了机遇和平台。

(一)打造共建共治共享新格局需要包括民主党派在内的社会力量和公众广泛参与

社会协同是加强和创新社会治理的重要途径,激发社会协同参与活力是构建共建共治共享社会治理格局的必然要求。其中社会组织是社会治理

的重要主体和依托，是协同参与社会治理的重要力量。民主党派由于其专业或行业特点，以及长期参政议政对社会调研的要求，不少民主党派人士加入各种社会组织当中，或者根据自身优势建立起相应的社会组织，服务社会。因此，社会组织在提供多样化公共服务和参加公益慈善事业方面具有巨大的优势，特别是在民办教育、医疗、科技、文化、教育、养老等方面，社会组织凭借社会化运作和市场化手段，扩大了公共服务供给，减轻了国家负担。此外，社会组织的参与也促进了经济的转型发展和降低社会治理的成本。

另外，部分民主党派人士通过志愿者的方式为社会提供志愿服务，回馈社会。志愿服务也是公众参与社会生活的重要方式，是扩大社会协同参与渠道的重要途径。在积极推进政府职能转变和深化市场经济体制改革的今天，大力发展志愿服务，能够对政府服务和市场服务进行有效补充，在满足人民群众日益多样化、个性化的社会服务需求，满足新时代人民群众日益增长的美好生活需要的同时，也能凝聚社会共识、增进社会团结，有效增强社会参与的内在动力。

（二）提升社会治理的社会化和专业化水平需要全社会，包括民主党派在内的知识、人才和资金支持

提高社会治理的“四化”水平，既是新形势下提升社会治理现代化水平的客观要求，又是推动社会治理创新的基本途径。推动社会治理社会化，需要政府在明确责任和职能的基础上，加强对社会参与治理的引导，扩大开放公共服务市场。通过政府购买服务、健全激励补偿机制等办法，鼓励和引导各类社会组织积极依法参与社会治理；而推动社会治理专业化，就是要把社会治理作为一门科学进行研究，既要注重社会治理专业队伍建设，也要善于运用先进的理念、科学的态度、专业的方法、精细的标准来提升社会治理效能。由于民主党派在个别行业的具有的独特优势，加之在新型政党制度下其参政议政的权利保障，在协助政府依法施政，实施治理的过程中掌握了政策的优势和“近水楼台”的便利，也为民主党派人士参与社会治理提供了机会。

但是,当前我国社会治理专业人才队伍的数量和质量与新时期社会治理的要求之间存在着不少差距,加快建设一支现代社会治理人才队伍势在必行。建设一支专业的人才队伍,首先要梳理社会治理的现状和需求,制定建设人才队伍的标准体系。再者是紧紧围绕各种基本公共服务和热点难点问题提供精细化的社会专业服务。最后是在不断提供服务的过程中建设专业化的队伍。它需要全社会同心协力,发挥各自的企业或行业特长,从不同渠道为提升社会治理的社会化和专业化水平提供知识、人才和资金支持。而民主党派集中了部分行业的精英和知识分子,他们不同于西方资本主义国家存在的行业垄断组织或利益集团,民主党派可以按照党员人士的各自特长,协调分配不同的社会治理工作;同时也可以发动党内企业家为社会治理提供相应的资金或物质支持。

(三)推动社会治理重心下移为社会组织提供广阔的发展空间

社会组织参与社会治理,服务基层或社区并不单纯是一个物质付出的过程,它对社会组织的自身发展而言也是一个锻炼的机会,在实践中获得经验,提高社会工作水平。从物质回报上看,社会组织配合官方参与基层治理,可以从不同途径获得诸如政策扶持、运营补贴、购买服务等政策或资金上的支持,这些支持对社会组织的内部发展、人才培养、提高服务能力有着较大意义。

从拓宽社会组织的社会网络,扩大他们的活动平台来看,由于不少是专门性,而非综合性的社会组织,他们的活动范围并不大,服务群体较为固定,社会影响力和知名度相对不高,造成社会组织之间的协同效应不强。随着社会治理重心下移,社会组织跟社区、居民的联系增多,缩短了两者间的距离。对于民主党派而言,深入基层、贴近群众,一方面可以利用基层的网络来扩大组织影响力,完善服务网络,合理协调社会资源,也使得他们社会组织真正扎根基层、服务群众、夯实基础成为可能;同时,也为新时期民主党派深入调研,了解社会民情民意,更好地发挥参政议政作用提供了机会。

二、民主党派参与社会治理的优势分析

随着新时期社会治理更加强调社会协同和公众参与,提高治理的社会化和专业化水平,可以预见的是,民主党派将会越来越多地参与到社会治理和基层治理工作当中。在新型政党制度下,民主党派参与社会治理有着其独特的制度和角色优势。一方面,坚持新型政党制度、保障民主党派参政议政的政治权利为他们参与社会治理提供了制度上的保障。另一方面,与执政党或官方相比,他们相对去政治化和去行政化、专业性和高效率的形象使其更好地开展社会工作。概括而言,民主党派参与社会治理主要有多方协调、咨政议政、民主监督、比较行业和资金专业等五个优势。

(一)民主党派参与社会治理的多方协调优势

在新型政党制度下,民主党派作为参政党和议政党,既不是掌握政权、制定政策的执政党或行政当局,也不能等同于社会上一般的政治组织或普罗大众。民主党派作为官方和社会之间的其中一个桥梁,在政治输入和输出方面,在协调社会方方面面的利益相关者(shareholders)的关系上,特别是社会治理在新时期面临着新环境、提出了新任务和新要求、突显出新特点的背景下,其角色显得尤为重要。民主党派参与社会治理一方面为打造共建共治共享的社会治理新格局扩大了公众参与的基础,它扩大了社会治理的覆盖面,特别是改革开放以来出现的各种新经济阶层和社会组织,为新时期的社会治理注入多样性和活力;同时民主党派也为打造共建共治共享的社会治理新格局发挥出社会协同的作用,在民主党派的参与下,发展一批、壮大一批社会组织,完善和创新社会治理的相关制度安排,提高国家治理能力现代化水平。

(二)民主党派参与社会治理的咨政议政优势

作为新型政党制度下不可缺少的一部分,民主党派在参政议政方面的权利受到充分保障,而其特殊的角色无论在社会调研、提供咨政还是理解政

策方面往往有着执政党或官方所缺少的“旁观者清”的优势。在建言献策上由于其所在的行业特性提出更加有针对性和可行的建议,同时也对执政党工作未能覆盖或考虑不到之处进行弥补。这对新时期民主党派在咨政议政、建设新型智库方面有着独特的作用。一方面民主党派可以根据自己的行业或专业建立一批有自身特色的新型智库,就如何发展和壮大自身行业、服务社会为官方和人民提供独特、专业、深入的建议;同时执政党可以鼓励民主党派支持和加入官方的智库建设当中,就国家的大政方针和官方关注的部分问题提供咨询。

(三)民主党派参与社会治理的民主监督优势

民主监督是民主党派的三大重要职能之一,其工作是否落到实处,成效的好坏关系到民主党派以及新型政党制度在新时期的健康发展。事实上,通过新时期扩大民主党派参与社会事务的广度和深度,让民主党派参与社会治理,特别是基层治理,提供社会服务等途径,一方面通过提供服务要求基层政府反馈社会工作的结果,通过对社会工作的监督来促进基层治理现代化;另一方面在民主党派参与基层治理的过程中也不断积累实践经验和基层资源,为更好地在新型政党制度下履职尽责提供相应的知识支持。随着新时期民主党派越来越多地参与到社会治理工作当中,增加了他们与执政党和官方之间的沟通交往渠道,为他们更好地履行三大重要职能提供了新的机会和平台。同时在新型政党制度下充分保障民主党派参政议政、民主监督和政治协商的权利也为其更好地参与新时期社会治理、提供社会服务提供了良好的政治环境和制度保障。

(四)民主党派参与社会治理的比较行业优势

与执政党及官方机构,无党派人士及一般群众相比,民主党派及其所在的社会组织在个别行业参与社会治理方面有其独特的行业优势。在民主党派成立早期,其成员主要是小资产阶级、民族资产阶级及其知识分子,他们不仅作为民族工商业的翘楚在经济活动方面有着丰富经验和行业优势,其党内的知识分子在科教文卫方面也做出了不少贡献。新中国成立后民主党派在教育和工商业的行业优势得到了继承和发展。与执政党及官方机构相比，民主党派在发展教育事业方面更加灵活，他们不管在知识经验还是资源保障方面通过实践社会办学、推动职业教育、深化产学研一体化来完善官方教育体系。

在提高就业质量和人民收入水平方面，由于不少民主党派成员是社会各行各业的企业家，一方面他们在鼓励社会勤劳守法致富，大众创业、万众创新方面提供就业机会、资金支持或榜样引领作用；同时他们作为企业一方在完善政府、工会、企业共同参与的协商协调机制，构建和谐劳动关系，解决劳动纠纷，缓和就业矛盾方面作出贡献。这是新时期企业家的企业道德的体现。

在加强社会保障体系建设上民主党派也可以大有作为。他们借助各类社会组织、通过志愿者服务等平台服务社会经验丰富，如关爱老年人、儿童和妇女、特殊群体，并为他们提供物质帮助和心理辅导，为农民工子女提供教育，配合官方开展社会救助，福利和慈善事业等。这些工作有利于新时期加强社会心理服务体系建设，培育自尊自信、理性平和、积极向上的社会心态，同时更好地培育和引导社会组织，让志愿服务制度化。这也是新时期企业家社会责任感的体现。

（五）民主党派参与社会治理的资金专业优势

由于民主党派大多由企业家、专业人士和知识分子组成，他们带着资金和专业知识参与社会治理对全社会和民主党派自身而言是一个互惠双赢的结果。对全社会而言，民主党派人士参与基层工作和社会工作，从经济上看缓解了部分公共服务资金缺乏的情况，在社区共建、特殊群体服务、脱贫解困、助老扶幼方面提供了不少资金补充。从管理上看，与执政党和官方主导的工作形式不同，部分企业去官僚化、去行政化的管理思路和工作形式的创新和多样化一定程度上提高了社会治理的效率。对民主党派而言，参与社会治理既可以培养或锻炼党内人士的行政管理能力，更好地做到知行合一；也为相关企业和专业人士调研民情、了解市场，打造企业形象和品牌效应，在群众中树立起既专业又接地气的形象提供了机会和平台。

三、共建共治共享新格局下民主党派参与社会治理的路径

(一)发挥协调优势,调动民间资源,扩大和完善社会治理的覆盖面

统一战线是中国共产党领导革命胜利的三大法宝之一。坚持统一战线,就是要充分利用民主党派在社会上的资源和优势,参与到中国特色社会主义建设和民族复兴事业当中。民主党派在统一战线中的资源和优势主要体现在两方面:一是民主党派聚集了大量爱国的知识分子、新经济阶层、华人华侨等社会各阶层人士,他们是执政党与社会沟通的其中一个重要桥梁。当执政党或官方在一些事情上不便亲自出面时、高调宣传,如发动侨胞回国造福桑梓等,可请求或委托民主党派和社会组织代为宣传、协助办理。

二是民主党派和社会组织参与社会治理相应表现出一定的灵活性,他们可以在官方未能覆盖到的领域,如对部分社会特殊群体、弱势群体、边缘群体提供辅导和康复服务。也可以说,由于新时期社会的主要矛盾为社会治理提出了新要求,给民主党派和社会组织发挥自身特长提供了广阔的空间和平台。

(二)发挥咨政优势,提高宣传质量,建立高水平有特色的新型智库

民主党派给社会一个较为去政治化和专业的形象,为其向官方提供咨政建议,和对大众进行政策宣传提供了便利条件。在咨政方面,执政党和官方应该坚持和完善新型政党制度,一方面拓宽民主党派的知情渠道,为他们的智库研究在收集信息、知情明政等方面提供便利;另一方面也可以通过政策或资金支持的方式,引导和鼓励民主党派智库对重大理论发展、政府中心工作和社会热点问题等进行调查研究。民主党派在智库建设方面可以循三个路径发展:一是建立行业研究智库,通过智库建设分享和发布行业发展和

研究成果;二是建立党内发展智库。新时期民主党派的发展普遍面临成员来源趋同化、入党动机利益化,履职水平不高、议政能力下降,群众基础不实、基层力量薄弱等消极现象。民主党派对相关课题成立智库进行研究,是为了在新时期更好地坚持和完善新型政党制度,履职尽责、发挥作用、健康发展;三是建立参政议政智库。民主党派可以在执政党和官方的引导和鼓励下,发挥自身的行业优势,一方面为执政党的决策部署提供调研和意见,同时对其政策施行提供论证和支持。

在宣传方面,民主党派作为执政党和社会大众沟通的其中一座桥梁,既需要有长期的宣传规划,又要做好关键时期的发声工作;既要与官方保持一致口径,又要发挥自身的专业特长。在日常的宣传工作当中,民主党派可以将党的政策和工作、行业发展动态、咨政调研成果、先进人物事迹等定期在官方网站和相应的报刊上发表;同时也要把执政党和国家的大政方针向各自党员和专业人士进行宣传和学习。在国家发展的关键时期,如出现突发性情况、影响面广的社会事件或群众较为关注的社会民生问题上,民主党派既要在宣传上与执政党和官方保持一致,也要运用和发挥其专业优势来分析事件、安抚和说服群众,为社会答疑解惑。

(三)发挥制度优势,深入基层工作,在提供服务同时完善社会监督

新时期民主党派继续发挥好三大职能,不仅需要从横向壮大其物质和人员力量,也应该往纵向发展,“深耕”基层,夯实基础。就社会治理而言,民主党派充分利用其党员在各级政协、各单位工作的便利条件,一方面配合执政党和官方在社区或村镇开展的便民利民活动,积累社会实践经验,同时也为培养社会人脉,和独立开展社会活动创造平台和机会;另一方面民主党派在基层提供社会服务,在掌握民情民意的同时也是更好地发挥民主监督职能,有的放矢地对执政党的基层工作提出批评和建议,以推动基层治理的社会化、法治化、智能化和科学化水平。

就民主党派的自身发展而言,深入基层工作不仅提高党员人士的实践和调研能力,更好地发挥三大职能和履职尽责,也为解决新时期政党发展面

临的相关问题，如成员来源趋同化、入党动机利益化，履职水平不高、议政能力下降，群众基础不实、基层力量薄弱等提供了一个路径。民主党派在参与社会治理的过程中要重视对基层党员的思想教育和能力培养，通过服务群众，为民干实事提高党员人士的政治思想觉悟，解决入党动机利益化的难题。而多接触不同行业、不同阶层人士能开阔党员人士的视野，以知识技能多元化来解决成员来源趋同化的问题。此外深入基层工作能够完善民主党派的社会网络，夯实民主党派的社会基础，提高他们的参政议政质量，为新时期新型政党制度的健康发展提供了实践支持。

（四）发挥行业优势，开展公益事业，提升社会科教文卫现代化水平

在社会治理需要社会协同和公众参与的新时期，民主党派的参与体现了企业家的资金优势和知识分子的专业技能优势。从资金上来说，企业家和社会人士可以通过出资建设中小学、购买教学设施设备、资助大学生和高等院校，以及开办一些非牟利性的特殊院校来回馈社会。同时企业家也可以投资开办与其行业相关的职业培训院校，既可为社会提供多渠道多元化的教育，也可促进就业和提高行业技能。在公益事业方面，民主党派人士可以根据自己的行业专长，募集资金建立相关社会组织或非政府组织，配合政府提供诸如就业培训、安居养老、文化建设、人文关怀、绿色环保等方面的社会民政服务。

从专业技能上看，民主党派当中的知识分子和行业精英根据自身的专业特长，不仅“出钱”，还可以为社会的科教文卫事业“出力”。例如：到教育资源较为落后的地区开展送教上门活动、培训行业相关人员、积极参与社会组织和公益组织的活动、提供志愿者服务等。事实证明，民主党派参与社会治理，不仅带来各自行业的物质和知识资源，其相对市场化的运作模式，专业高效的管理办法在一定程度上就像一条鲶鱼，活跃了传统的社会治理，提高了新时期国家治理现代化水平。

(五)发挥资源优势,倡导社企共建,培养新型社区的独立发展能力

社区建设作为社会治理的重要一环,是治理工作效果的体现。在市场经济的今天,企业参与社区工作,服务社区更多地被认为是一种社会责任的体现,它并不是义务的。新时期企业参与社会治理既要有的放矢地投放资源,也要强调“授之以渔”,从过去单纯地“输血”转变为提高社区的“造血”能力,以实现基层的独立健康发展。一方面可以创办社区企业,针对社区的人口特点为各年龄层次居民提供原地就业,兼顾家庭的便利,同时也可以发挥民主党派人士的专业和职业技能优势,在社区开办职业培训中心,引导居民就业。另一方面民主党派和社会力量可以帮助社区培养工作人员和志愿者,提高他们的社区工作能力,同时也可以发掘社区内的老年资源。部分退休人士工作期间可能是中高级管理人员、专业技术人员或知识分子,他们退休后可以发挥余热,作为兼职顾问为企业或行业的发展提供真知灼见,因此民主党派或社会在共建社区的过程中要打破只投入不产出的传统思维,善于挖掘社区资源,在社企共建的过程中最大限度地激活新型社区的活力和培养后者的独立发展能力。

(作者单位:新疆兵团党委党校)

政治交接与坚持发展中国特色新型政党制度

杨绪强

比较成熟的现代政党，都能够很好地传承和发展自身政治理念、政治价值和政治传统，实现政治交接，维护政党制度体系稳定。中国共产党领导的多党合作和政治协商制度是中国共产党、中国人民和各民主党派、无党派人士的伟大政治创造①，具有独特的中国文化根性和历史根基，它以政党合作、权力共享为运行模式，能够代表广大人民的利益，是独具中国特色的新型政党制度，具有强劲的生命力。在我国新型政党制度中，政治交接特指民主党派的政治交接，它是中国特色社会主义参政党建设的重要战略任务，事关新型政党制度的制度体系稳定，事关多党合作事业的永续发展。因此，深入研究政治交接的内涵，不断提升中国特色社会主义参政党建设水平，是新时代坚持好发展好完善好我国新型政党制度的必然要求。

一、政治交接的时代内涵

新型政党制度中的政治交接，是民主党派通过增进政治共识、弘扬优良

---

① 《习近平在看望参加政协会议的民盟致公党无党派人士侨联界委员时强调：坚持多党合作发展社会主义民主政治　为决胜全面建成小康社会而团结奋斗》，《人民日报》，2018 年 3 月 5 日第 1 版。

传统、积极发挥作用等方式,实现新老班子交替,使政党纲领、与中国共产党亲密合作关系以及老一代领导人的坚定政治信念、优秀品质和优良作风得到延续和发展的一项参政党建设的战略任务。在2013年中共中央举行的党外人士迎春座谈会上,习近平聚焦在新时代要建设一个什么样的参政党,如何建设参政党的重大时代命题,首次明确提出了“各民主党派是与中国共产党通力合作的中国特色社会主义参政党”的论断,这既为保持民主党派进步性提供了方向引领,也为政治交接注入了更加丰富的时代内涵。

(一)政治交接是中国特色社会主义参政党建设的重要战略任务

对民主党派性质定位直接影响着政治交接的方向、形式和内容,即影响着“交什么、接什么”“怎么交、怎么接”“交的形式、接的方式”“交的程度、接的效果”等方面的内容。1989年中共中央颁布《关于坚持和完善中国共产党领导的多党合作和政治协商制度的意见》,创新性地提出了民主党派是参政党的性质定位。1997年2月,江泽民在中共中央党外人士迎春座谈会上提出“政治交接”的概念,强调“各民主党派、工商联的新老交替,既是人事上的交替,也是政治上的交接”,这实质上也提出了“政治交接与加强参政党建设”这一时代命题。1999年5月,经各民主党派中央共同研究和反复修改,形成和联合下发了《关于加强自身建设若干问题座谈会纪要》,提出要以“搞好政治交接为主线”的民主党派自身建设的思路,各民主党派从参政党性质、地位、特点和发挥参政党作用的要求出发,确定了自身建设的目标任务①。此后,民主党派自身建设主要围绕“政治交接与加强参政党建设”进行探索,并不断明确政治交接的方向和地位。2005年,中共中央颁布《关于进一步加强中国共产党领导的多党合作和政治协商制度建设的意见》,明确提出民主党派是致力于中国特色社会主义事业的参政党,“搞好政治交接是参政党提高自身素质的首要任务”成为多党合作理论和实践的一个共识。

---

① 中共中央统战部:《中国共产党统一战线史》,中共党史出版社、华文出版社2017年版,第437页。

2013 年,习近平站在新的历史方位,提出“各民主党派是与中国共产党通力合作的中国特色社会主义参政党”的论断,这是中共中央在中国特色社会主义进入新时代,对民主党派自身发展做出的新定位。这一定位精炼地描述了民主党派不仅具有一般政党的特点,还具有参政党的特质,更融入了中国特色社会主义的内在气质,符合多党合作制度内在规定性[①]。建设中国特色社会主义参政党对民主党派政治交接提出了更高的标准和要求。民主党派、无党派人士和中共在新时代的多党合作实践中,愈加认识到政治交接已经是中国特色社会主义参政党建设的永恒主题,应更加注重政治交接的长期性、战略性,从新型政党制度演进的历史维度和中国特色社会主义民主政治发展的政治高度出发,不断丰富政治交接的阶段性内容。

(二)政治交接的主要内容是实现新老班子交替和“三个延续与发展”

纵观政治交接提出以来的 23 年里历经的 5 次换届活动,政治交接的主题随着时代和形势的发展而改变,但是政治交接的主要内容是相对稳定的,基本形成了“三点一线”的内容架构。“三点”指政治交接要做到“三个延续和发展”,即“各民主党派政治纲领延续与发展、与中国共产党亲密合作关系延续与发展、老一代领导人的坚定政治信念、优秀品质和优良作风延续与发展”。“三个延续和发展”是江泽民在 1997 年 2 月在中共中央党外人士迎春座谈会上强调提出的,它就如三个支点架构起了参政党建设的基本逻辑。“一线”指以实现新老班子交替为主线。政治交接最初就是民主党派中央为解决新老领导班子交替问题,在实践探索中提出的。1991 年 6 月,各民主党派中央有关负责人就 1992 年换届的方针、原则问题交换意见,经过协调,确定了贯彻团结、稳定的方针,积极、稳妥地进行领导班子成员新老合作和交替[②],1996 年,时任民盟中央主席的费孝通先生在民盟七届中常会第十三次

① 杨绪强:《论中国特色社会主义参政党与多党合作制度建设》,《上海市社会主义学院学报》,2015 年第 1 期。

② 中共中央统战部:《中国共产党统一战线史》,中共党史出版社、华文出版社 2017 年版,第 434 页。

会议上,针对民盟1997年换届做重要讲话时强调,“换届问题不仅是新老交替、人事调整的变化,更主要的是应当着眼于搞好政治上的交接。也就是说,新老班子在政治上要交好班”①。新老班子交替这条主线是“三点”支撑整体效果的集中体现,贯穿于换届工作始终,融入参政党履职实践过程。对新时代政治交接内涵的理解,就该牢牢扭住“三点一线”基本内容框架,把握变与不变的关系,为新型政党制度的发展完善提供政治保证。

二、政治交接与新型政党制度的演进

政治交接作为参政党建设战略任务,始终坚持中国共产党的领导、坚持中国特色社会主义,贯穿于新中国成立70年来新型政党制度演进全过程,推动了新型政党制度的演进。

(一)新中国成立之初和全面建设社会主义时期的政治交接,推动了新型政党制度的确立和多党合作基本格局的形成

新中国成立之初和全面建设社会主义时期的政治交接,是在新旧政权交替背景下,各民主党派、无党派民主人士和中国共产党从战略上解决民主党派存废问题的一次伟大政治交接,推动了新型政党制度的确立和多党合作基本格局的形成。

1948年各民主党派、无党派人士积极响应中共中央发布的“五一口号”,自觉接受中国共产党的领导,与中国共产党一起,协商成立新中国。1949年中国人民政治协商会议第一届全体会议的召开,标志着我国新型政党制度的确立。1949年11月,中国国民党民主派举行第二次代表会议,决定将中国国民党革命委员会、三民主义同志联合会和中国国民党民主促进会统一为一个组织,即中国国民革命委员会。同年12月,中国人民救国会认为其政治主张已经实现而宣布解散。在新中国成立过程中,无党派民主人士列为具有党派性质的单位,参加人民政协。1949年11月至1950年11月,除台

① 费孝通:《费孝通文集》(第14卷),群言出版社1999年版,第70页。

盟外，各民主党派召开全国代表大会和中央会议，围绕组织的存废问题和要不要以《共同纲领》为政治纲领进行了讨论。中共中央明确表示，凡是与中国共产党有合作奋斗历史的各民主党派，在政治上不存在存废问题，希望各民主党派内部作必要的整顿，以达到长期合作的目的。通过认真充分讨论，各民主党派的中央会议明确宣布接受中国共产党的领导，以《共同纲领》作为各自的政治纲领，并确定了今后的方针和任务①。1956 年，随着社会主义改造的基本完成，民主党派阶级基础发生改变，民主党派的存废问题以及中国共产党如何处理与民主党派的关系，成为当时政治交接面临的迫切问题，为此，中共八大提出了“长期共存、互相监督”的方针，为新型政党制度的发展提供了政策基础，并最终确定并形成了多党合作的基本格局。

（二）改革开放以来至党的十八大召开时期的政治交接，推动了多党合作的制度化、规范化和程序化进程

改革开放以来自党的十八大召开时期的政治交接，围绕如何实现民主党派领导班子新老交替和加强参政党建设等问题，进一步完善多党合作方针，开创性地提出民主党派是参政党的性质定位，并不断明晰参政党建设内容，推动了多党合作的制度化、规范化和程序化进程。

各民主党派、无党派人士与中国共产党经受了“文革”十年浩劫，但是广大民主人士在浩劫中一直没有动摇对中国共产党、对社会主义祖国的坚定信念。中国共产党十一届三中全会以后，民主党派组织逐步恢复。1986 年，为了总结新中国成立以来多党合作的基本经验，中共中央批转了中央统战部起草的《关于新时期党对民主党派工作的方针任务的报告》，明确指出要更好地发挥民主党派的积极作用，支持和帮助民主党派自身建设。在总结新中国成立以来多党合作经验基础上，1989 年中国共产党与各民主党派、无党派人士一起制定了《中共中央关于坚持和完善中国共产党领导的多党合作和政治协商制度的意见》，标志着多党合作开始了制度化、规范化和程序

① 中共中央统战部：《中国共产党统一战线史》，中共党史出版社、华文出版社 2017 年版，第 210 页。

化发展的进程。20世纪90年代,各民主党派中央和省级组织普遍存在领导班子年龄老化、骨干队伍亟待充实的情况,物色和培养新一代代表性人士,实现领导班子成员的新老交替,成为各民主党派领导班子建设的一项重要任务①。1993年第十八次全国统战工作会议强调,要依据民主党派的政治联盟特点,坚持进步性和广泛性相统一,推动民主党派加强自身建设,顺利实现新老交替与合作。1997年底,各民主党派全国代表大会认真总结了同中国共产党长期合作的基本经验,并将《关于民主党派组织发展若干问题座谈会纪要》(1996年)、《关于加强自身建设若干问题座谈会纪要》(1999年)的经验写进了各自的政治报告和章程。2004年,各民主党派中央提出了《关于进一步做好民主党派组织发展工作座谈会纪要》,主要强调了民主党派组织发展应该坚持"三个为主"、注重质量、保持特色、将组织发展与后备干部队伍建设相结合的原则。2005年颁布的《中共中央关于进一步加强中国共产党领导的多党合作和政治协商制度的意见》,明确指出各级党委应支持民主党派根据各自章程的参政党建设目标,加强自身建设。2010年、2012年分别出台的《2010—2020年党外代表人士教育培训改革和发展纲要》《中共中央关于加强新形势下党外代表人士队伍建设的意见》,将党外代表人士的教育培训纳入党和国家干部教育培训体系,并对党外代表人士发现、培养、使用和管理各个环节都提出了要求,这为民主党派领导班子和后备人才培养使用提供了政策支撑。以上一系列制度机制的颁布,不断地推动着多党合作制度体系的形成,也标志着政治交接开始了制度化的进程。

(三)党的十八大以来的政治交接,为提升新型政党制度效能提供了政治保证

党的十八大以来的政治交接,不断深化对多党合作"为人民谋幸福、为民族谋复兴"的初心和使命的认识,为激发新型政党制度效能提供了政治保证。

---

① 中共中央统战部:《中国共产党统一战线史》,中共党史出版社、华文出版社2017年版,第434页。

各民主党派在2012年换届完成后，开展了坚持和发展中国特色社会主义学习实践活动，引导广大成员深化政治共识、传承政治薪火，继承优良传统、巩固政治基础，切实承担起中国特色社会主义事业亲历者、实践者、维护者、捍卫者的政治责任，为全面建成小康社会，实现中华民族伟大复兴的凝心聚力①。2015年颁布的《中国共产党统一战线工作条例（试行）》《关于加强政党协商的实施意见》等文件，明确民主党派是中国特色社会主义参政党，将参加中国共产党领导的政治协商作为民主党派的职能，并对民主党派履职的内容、程序和形式进行了进一步规范。在2017年党外人士迎春座谈会上，林文漪代表各民主党派中央、全国工商联和无党派人士致辞，提出"2017年是各民主党派中央和全国工商联的换届之年，将把'不忘合作初心，继续携手前进'作为深化政治交接的关键"。习近平希望"把政治交接贯穿换届工作全过程，坚持德才兼备、以德为先的选人用人导向，做好人选酝酿、民主推荐、沟通协商、人选考察等各项工作"，希望"深入开展'不忘合作初心，继续携手前进'专题教育，教育引导广大成员增强'四个意识'，把思想和行动统一到中共中央对国际国内形势的判断上来，把智慧和力量凝聚到中共中央决策部署上来"②。中央统战部主要领导多次强调，要坚持以习近平新时代中国特色社会主义思想为指导，充分认识多党合作为人民谋幸福、为民族谋复兴这一初心和使命的历史底蕴和时代要求，不断提升制度效能③。这些活动和重要论述，不断赋予多党合作"初心"的时代内涵，激发着民主党派、无党派人士发挥积极作用的动力，形塑这新型政党制度的时代使命，为提升新型政党制度效能提供了政治保证。

---

① 中共中央统战部：《中国共产党统一战线史》，中共党史出版社、华文出版社2017年版，第554页。

② 《习近平同党外人士共迎新春》，《人民日报》，2017年1月23日，第1版。

③ 《尤权强调加强多党合作理论研究　推动我国新型政党制度完善发展》，《人民日报》，2018年4月13日，第4版。

三、政治交接视角下新型政党制度发展面临的主要问题

当前世界正处于百年未有之大变局，我国新型政党制度以政党合作、权力共享为运行模式，能够代表广大人民的利益，焕发出强劲生命力。但是，也应清醒地认识到，西方竞争性政党制度及其意识形态的挑战，以智能化为代表的新一轮科技革命所带来的社会结构调整，都渐进式地对政治交接产生影响，对新型政党制度发展产生一定程度的冲击。在这样的背景下，新型政党制度发展主要面临政治共识、队伍建设和履职尽责实效等问题。

（一）对多党合作政治共识的理解不到位

共同的思想政治基础是政治交接之魂，影响着新型政党制度发展的根基。当前，多种社会思潮激荡，西方竞争性政党制度及意识形态冲击，一定程度影响着新型政党制度在社会民众中的认同度。据《中国政治文化报告(2017)》调查显示，有将近一半的调研对象对“采用多党竞争制度更有利于中国发展”持肯定态度，有将近30%的调研对象还持不确定态度①。在这种背景下，除了一些中国共产党党员对多党合作政治共识认识是不够的以外，部分民主党派成员对多党合作的政治共识也亟待加强。目前我国民主党派成员已达110多万人，改革开放以后成长起来的新成员成为民主党派的主体，一些新的社会阶层人士和非公有制经济人士成为民主党派成员，队伍结构、思想观念更加多样②。年轻一代民主党派成员、无党派人士由于没有老一辈民主党派领导人与中共风雨同舟、合作共事的多党合作实践经历，都不同程度地存在对我国政党制度不了解或者了解不够，或者不够自信，他们中

① 邢元敏，魏大鹏，龚克：《中国政治文化报告(2017)》，社会科学文献出版社2017年版，第13页。

② 徐德安：《坚持新型政党制度　发挥多党合作效能》，《广西社会主义学院学报》，2018年第2期。

的一部分对新型政党制度、中国特色社会主义的合理性、合法性以及历史必然性认识还不够透彻，存在对西方政党制度盲目崇拜的现象。部分民主党派成员、无党派人士对坚持中国共产党的领导虽然能够坚持常挂嘴边，但是落实在行动上，还是缺乏情感和政治方面的内省自觉。据中央统战部在社科领域的抽样调查显示，还存在有极少数民主党派成员就对中国共产党在统一战线中的领导地位及未来发展具有不正确认识①。此外，部分民主党派成员对民主党派自身的历史缺乏认知，特别是新的民主党派成员，他们加入民主党派的动机，往往不是建立在对民主党派充分了解基础上的，甚至有的民主党派成员还存在有加入民主党派是为了“逃避政治”等错误认识，对民主党派政党功能的缺乏最基本的认知，这导致个别民主党派成员政党意识淡薄，容易出现有意识地淡化自身政治责任的现象。

（二）民主党派和无党派人士队伍建设不够科学合理

建设科学合理的民主党派和无党派人士队伍，是实现民主党派新老班子交替的战略性、系统性工程。与执政党建设相比，民主党派作为参政党，其领导班子建设和年轻干部队伍建设还是不够规范，尚未形成比较科学系统的选拔、推荐、培养和使用机制。有的部门和机构对党外干部培养认识有偏差，没有主动研判党外干部队伍建设情况，甚至有培养党外干部是“自找麻烦”错误认识，这容易造成换届时，由于培养对象还不够成熟，在民主党派干部任用中产生“突击提拔”“空降”等被动局面。有的部门和机构虽然已经重视党外干部培养，并且出台了党外干部培养选拔使用相关办法，但是在具体落实中，存在将党外干部培养比作“养花”的错误心理导向，过于强调党外干部成长规律的特殊性，不敢、不愿意或者舍不得拿出重要岗位为党外干部提供锻炼机会。在民主党派组织发展方面，民主党派成员在结构上不够合理，旗帜性人物比较少。特别是在市、县（区）两级普遍存在成员年龄偏大、学历偏低（县级大学本科学历较少，中专学历较高）的情况。民主党派成员

① 陈存根：《做好政治交接　巩固多党合作　为十九大胜利召开营造良好氛围》，《紫光阁》，2017 年第 6 期。

的行业结构分布也不太均衡，如广西现有的约2.7万民主党派成员中，科教文卫领域占比65.2%，金融、法律等领域较少，且成员的社会影响力偏弱①。

（三）民主党派履职尽责的成效有待提升

大多数民主党派和无党派人士主要从事专业技术工作，属于专业型干部，其履行参政议政、民主监督和政治协商的职能，具有鲜明的智力优势和专业优势，但是在多党合作实践中，他们中有很大一部分人缺少参政议政的实践经验，特别是对于刚担任领导岗位的年轻党外干部，有的本身就不太擅长行政管理和组织协调，对如何立足自身岗位较好地履职尽责产生迷茫，他们在任职之初压力都比较大，都要经历一段较长时间的适应期，这较大程度上影响着民主党派和无党派人士作用的发挥。民主党派成员调查研究的能力还不够强，习惯性地从自身专业的视角来思考问题，再加之民主党派履职存在的“不在其位，不明其政”困境制约，所提出的意见建议虽然有价值，但容易缺乏全局性、战略性和长效性。

四、深化政治交接，推动新型政党制度发展的着力点

（一）着力提升政治交接主题教育活动实效，夯实新型政党制度共同思想政治基础

开展政治交接教育活动，核心是加强思想引领、增进政治共识。中共十八大以来，各民主党派都深刻地认识到政治交接的长期性、重要性，将经常化地开展政治交接主题教育活动，作为夯实新型政党制度共同思想政治基础的重要抓手。

1. 树立“主题教育活动经常化”的意识，促进主题教育活动与参政党建设深度融合。主题教育活动是为民主党派、无党派人士在思想上答疑解惑的政治平台，是参政党建设的重要载体，而不能将之具体地等同于换届后的

① 自治区党委统战部民主党派工作处课题组：《提升我国新型政党制度效能的对策研究——以广西壮族自治区多党合作实践为例》，《调研参考》，2019年第1期。

一次培训、一次参观或者一次座谈等阶段性、短期性的活动。教育活动以根据形势设置相应主题为领,以政治交接“三点一线”基本内容为纲,将阶段性的集中教育学习,与经常、持续性的开展各种工作相结合,让主题教育活动真正融入民主党派日常工作中去①。

2. 整合政治交接资源,创新政治思想教育的方式方法。充分发挥社会主义学院“民主党派和无党派人士的联合党校”和“统一战线人才教育培养的主阵地”作用,整合全国各地政治交接教育优质资源,开发出较为系统的政治交接课程,综合运用讲授式、案例式、体验式等教学形式,集中讲清楚坚持中国共产党的领导、坚持新型政党制度、坚持中国特色社会主义的必然性和重要性,使能够深切体会多党合作风雨同舟的历程,进而强基固心,增进政治认同。如2018年广西社会主义学院围绕政治交接教育,在党外中青班、民主党派广西区委新任主委培训班等主体班次探索开发了“六个一”系列课程(“一次图片观摩”“一次影视课”“一次故事会”“一场情景教学”“一场演讲比赛”“一场现场教学”),学员参与度高,内心触动深刻,激发了党派成员的参政党意识与自豪感,增强了对中国特色社会主义的政治认同、思想认同、理论认同和情感认同。

(二)着力提升代表人士队伍建设科学化水平,完善参政党履职人才支撑体系

在党委统战部门的支持下,各民主党派以人才、机制、平台为核心的履职支撑体系已经基本形成。人才队伍是支撑体系的关键所在,要进一步增强党外干部发现、培养、使用和管理的科学性,推动完善履职支撑体系。

1. 主动研判队伍建设情况,强化民主党派和无党派代表人士队伍管理。一是对民主党派和无党派代表人士队伍建设开展专题调研,建立队伍数据库,对代表人士进行动态管理,并不定期对队伍建设发展情况进行研判,根

① 武汉市社会主义学院、民进武汉市委会联合课题组:《民主党派地方组织政治交接的实证研究——以民进武汉市委会工作实践为例》,《中央社会主义学院学报》,2018年第1期。

据代表人士政治成熟度以及党和国家事业需要，有预见性和针对性地做好长期培养规划。二是要扩大选人视野，拓宽对象领域，解决队伍建设中年龄结构、学历结构、专业结构不合理、不科学的状况，做好人才储备。

2. 建立完善民主党派、无党派代表人士培养选拔使用相关制度机制。一是根据2012年《中共中央关于加强新形势下党外代表人士队伍建设的意见》关于“建立科学实用的指标体系，对党外代表人士的政治素质、专业成就、群众基础进行综合评价，为选拔人才提供客观依据”的要求，以“政治坚定、业绩突出和群众认同”为标准，推动建立民主党派、无党派代表人综合评价体系。二是进一步规范中共党委组织部、统战部、社会主义学院以及各民主党派在培养选拔民主党派、无党派代表人士的工作内容和程序，整合吸收现有的党外代表人士定期推荐制度、培养选拔党外干部制度、与民主党派负责人联谊交友制度、党外干部培养培养选拔的多部门协调配合机制等，完善培养选拔民主党派代表人士、无党派代表人士制度。三是结合民主党派换届工作，不断完善领导班子的民主推荐机制、领导干部的考核评议机制和领导干部的正常进退机制，保证民主党派领导班子平稳交替。

（三）着力发挥民主党派、无党派人士积极作用，提升新型政党制度效能

1. 加强民主党派、无党派代表人士的使用锻炼。建立完善民主党派实践锻炼基地，做好党外干部“上派下挂”工作，多给年轻党外干部到基层锻炼机会，对符合条件的党外干部，要舍得拿出重要岗位，特别是要放在政府组成部门的正职进行锻炼。进一步明确市、县级领导班子应当配备党外干部比例。安排党外干部到县级政府挂职时，应当明确党外干部的领导排序。单位主要领导每年要不定期与党外干部谈心，帮助解决党外干部在工作和生活中遇到的实际困难。

2. 探索知情明政机制的实现形式，提高履职质量。近年来，知情明政机制的形式越来越丰富，如中共党委中心组学习可以邀请民主党派参与，中国共产党与民主党派定期联合调研、民主党派同步参加中国共产党最新理论成果学习教育活动等，既是合作共事的体现，也是知情明政比较直接的形

式。以广西为例,不定期邀请在政府部门任职的民主党派代表人士为广大党派成员通报或者讲授经济社会发展情况,帮助党派成员了解政府机关的运作模式和政府重大项目的决策程序,推动各级党委政府进一步细化和完善各民主党派知情明政、考察调研、与相关部门工作联系等方面的保障机制,并鼓励民主党派成员与中共党委政策研究室、政府有关智库、党校、社会主义学院等科研院所及智库群体联合开展重大课题攻关,提升献言献策的质量和水平。

3. 加大宣传力度,扩大履职成果社会影响力。主流媒体应该及时报道党委、政府邀请各民主党派负责人参加的协商会、座谈会、调研活动等,加大宣传力度,扩大政治协商影响力;运用新媒体传播优势,不断丰富宣传方式,加大对民主党派、无党派人士发挥作用的重要事件的宣传报道。

(作者单位:广西社会主义学院)

后　记

2019 年是中华人民共和国成立 70 周年，也是中国新型政党制度确立 70 周年。在这 70 年里，新型政党制度不断完善和发展，制度效能不断彰显，为中国实现从“站起来”到“富起来”到“强起来”的历史飞跃做出了重要贡献，成为国家治理体系和治理能力现代化的重要组成部分，是“中国模式”和“中国故事”的重要内容。

新中国 70 年的辉煌成就证明，中国共产党领导的多党合作和政治协商制度，具有巨大的优越性和强大的生命力。70 年来，发生了无数个多党合作共谋民生幸福、致力民族复兴的经典案例。会议安排在“多党合作示范区”毕节召开，具有特别的意义。各民主党派、工商联和无党派人士参与毕节建设的生动实践，创造了人类减贫史上的奇迹，是中国新型政党制度伟大实践的一个缩影。中国特色社会主义进入新时代，在中国共产党的坚强领导下，多党合作事业蓬勃发展，新型政党制度展现出旺盛的生命力，更需要我们更好地研究 70 年的历史经验，探讨新型政党制度的完善与发展，为把制度优势转化为治理效能贡献力量。

为了总结这一伟大政治创造的历史经验，推动这一制度的完善发展，2019 年 7 月 3 日，“新型政党制度 70 年”论坛暨中国政党制度研究中心第十七届年会在贵州省毕节市开幕，全国政协副主席、九三学社中央常务副主席邵鸿，民革中央副主席兼秘书长李惠东、民盟中央副主席张道宏、贵州省政协副主席陈坚、中共毕节市委书记周建琨出席会议并致辞，中央统战部相关负责人、各党派中央相关部门负责人和各级党派组织相关负责人、全国社院系统和高校的专家学者一百余人积极参与,收获了一定的理论成果,取得了良好的社会反响。

会议共收到论文50篇,本书优中选优精选部分论文辑录成书。中央社会主义学院统战理论教研部全体老师参与了论文的审读和编稿工作,研究中心秘书长孙信审读了全部书稿。

编者

2019年12月